大 学 问

始 于 问 而 终 于 明

守 望 学 术 的 视 界

# 昌明国粹

## 柳诒徵及其弟子之学术

区志坚 著

THRIVE THE QUINTESSENCE OF CHINESE CULTURE

广西师范大学出版社

·桂林·

昌明国粹：柳诒徵及其弟子之学术
CHANGMING GUOCUI：LIU YIZHENG JIQI DIZI ZHI XUESHU

**图书在版编目（CIP）数据**

昌明国粹 ： 柳诒徵及其弟子之学术 / 区志坚著. 
桂林 ： 广西师范大学出版社，2025. 5. -- ISBN 978-7 -5598-7642-3

Ⅰ．K092

中国国家版本馆 CIP 数据核字第 2025TP9096 号

广西师范大学出版社出版发行

（广西桂林市五里店路 9 号　邮政编码：541004）
网址：http://www.bbtpress.com

出版人：黄轩庄

全国新华书店经销

广西广大印务有限责任公司印刷

（桂林市临桂区秧塘工业园西城大道北侧广西师范大学出版社集团有限公司创意产业园内　邮政编码：541199）

开本：880 mm × 1 240 mm　1/32

印张：12.875　　　　字数：316 千

2025 年 5 月第 1 版　　2025 年 5 月第 1 次印刷

定价：89.00 元

如发现印装质量问题，影响阅读，请与出版社发行部门联系调换。

# 王汎森先生序

近代中国的新史学,在晚清已有其滥觞,以 20 世纪初梁启超掀起"史界革命"、倡议"新史学"为里程碑事件。1919 年五四运动爆发以后,北京大学成为新文化运动的重镇,北大及中央研究院主导的"以科学整理国故"运动,被视为"新史学"的代表;而持反对论调的学者,则被视为"保守"派,他们在史学界的地位,亦往往为时代所遗忘。但是历史是一个多层势力竞合的过程,当新派史学盛行之时,也有一些不同的史学主张存在。其中南京高等师范学校在民国初年一度与北大并称,有"北大南高"之誉,但南高史学系教授柳诒徵(1880—1956)及英文系教员吴宓、梅光迪等人,因反对北大师生胡适、顾颉刚等人的言论,而被人忽略,便是明显的一例。

柳诒徵及其学生张其昀、缪凤林、陈训慈、郑鹤声等人,在史地研究方面,尤其是在历史地理学、中国文化史、历史教育及中国史学史方面,均各有其独特的成就,且在史学研究日趋专业化的过程中,担当了重要角色。区书主旨是研究以柳诒徵为首的南高史学工作者，探讨他们在史学研究方面的成就和特色；借此也可见民国初年的史学研究，自史地合一至史地分途，各自独立发展，从而展示这批南高师生自八方聚集至分道扬镳的历程。柳诒徵出身传统经学，他借着对中国文化史及历史事件的研究，表明自己对中国传统道德文化的深切爱护，倡导历史撰述要肩负起重建传统文化、礼教伦理的责任。在近代中西文化交流的过程中，中国传统社会文化受到西方的冲击，他以一个时代见证人的身份教写中国文化史，尤具意义。

区书深入地阐发了南高史学的特点。

第一，南高师生受师范教育的影响，注意借史地研究推动道德教化及保存传统文化，从宏观及致用的角度研究史学，努力推动史地学研究及历史地理教育学的发展，同时也重视历史教科书的编写，有异于北大派"窄而深"的治史观念及方法。

第二，南高史地部师生以学术研究的眼光，来建构和解释中国过去历史文化的特色，在"发扬中国固有之文化"之余，亦冀"昌明世界最新之学术"，他们推崇中国文化，但并不一定排斥西学。虽然南高史学者注意史学与现实的关系，以致其史学研究未能朝向专业发展；然而，史地部学生由追随柳诒徵治传统史地学，渐转向史、地二学分途，及兼治中外史学，由此也可见近代史、地学科步向专业分科发展的历程。

第三，对于南高史地部师生创办的学术组织及出版物，柳诒徵担起了领导者的角色。1921年南高文史地部成立的史地研究会，及1930年中大史学系成立的中国史学会，均以柳氏为指导员；而这些学会的出版物《史地学报》《史学杂志》，也由柳氏任编辑或指导。

柳氏更为这些刊物撰写序言或发刊词,树立南高史学"史地通轨"的研究方法及借史学保存文化的研究方向。柳氏虽于1925年离开南高,但得学生张其昀的帮助,以东南大学史学系名义出版《史地学报》,并以东大史学系作为整理文稿的地方,使南高史学不因1925年的东大学潮而中断,柳氏始终是维系南高史学的中心人物。

第四,秉持重视历史"通则"但又兼及"独造"的文化史观。柳诒徵在《中国文化史》一书中所提出的通史观念,一方面求人类进化的通则,另一方面求民族"独造之真"。柳氏在该书的"绪论"中指出,历史本是研究因果的学问,人事不能有因而无果,亦不能有果而无因,而研究历史,应在于"综合人类过去时代复杂之事实,推求其因果而为之解析,以诏示来兹"。世界人类有"共同之轨辙",也有"特殊之蜕变",我们应明白世界各国共同的"轨辙",以"观其通",同时,也要知道个别地区的文化特色。

第五,主张学习西方的经典及中国经典文化,以中国传统道德为主,吸收西方学问,主要要吸收西方真正的经典道德文化。受美国白璧德思想的影响("Irving Babbit in China"),柳诒徵希望在中国建立一种"新古典"文化。在史学研究方面,柳诒徵也受日本东洋史学的影响,缪凤林、陈训慈、向达也提倡西方的兰克、鲁滨孙等人的作品,陈训慈即曾说,"西洋古史之再造,以及古文明之发见,多赖掘地事业之发达。吾国一二出土之物,……已大有助于历史",可见他们对于当时新兴的考古事业并不采取排斥的态度。

区志坚用力很勤,广泛罗掘各种资料。首先是利用1921年至1931年由柳诒徵及其学生张其昀、陈训慈、缪凤林、郑鹤声等一起出版的学术期刊,如《学衡》(1922—1933年)、《史地学报》(1921—

1926年)、《史学与地学》(1926—1928年)及《史学杂志》(1929—1931年),通过疏理这些刊物的内容,以见南高史学的发展及其观点。

本书又利用了中国第二历史档案馆的数据,如《1915年南京高等师范学校教职员一览表》《1919年南京高等师范学校教职员一览表》《南京高等师范学校章程》等;以及相关的校史数据,如南京大学图书馆藏《南高文史地部第一级会纪念刊》,台北"国史馆"藏《两江优级师范学堂地理历史选科学生履历表》《南京高等师范学校毕业生一览表》;还有1949年后南京大学学报编辑部《南京大学校史资料选辑》,南京大学校史编写组编《南京大学史(1902—1992)》,朱斐编《东南大学史》,朱一雄编《东南大学校史研究》等。以上数据包括南高、东大史学系的课程、教职员及学生名单,借着南高史学部、东大及中大史学系开设的科目,得见课程与南高史学发展的关系。

学界探讨柳诒徵的史学思想及治史方法,主要根据柳氏的《中国文化史》和《国史要义》,区书更运用了南京图书馆馆藏柳诒徵所撰《东亚各国史》等著作,这本书至今尚未为学界所注意。在研究缪凤林的治史特色时,他除了引用缪氏编著的《中国通史纲要》及《中国通史要略》,还参阅了台湾省图馆内罗刚纪念馆收藏的《中国礼俗史》一文,以探讨缪氏的礼学思想。论及陈训慈的治史情况时,除了引录陈氏以"陈叔谅"为名出版的《近世欧洲革命史》《世界大战史》,更运用南京图书馆藏本陈训慈所著《西洋通史》等,以见陈氏兼治中外史学的特色。论述张其昀治史地学的特色,多取材自张氏所编的地理教科书。至于郑鹤声的治史方法,除了参阅郑氏编著的《中国史部目录学》及《中国近世史》二书,也引用了上海青年会图书馆所藏郑氏编著的《中国历史教学法》。

我与区志坚教授认识超过二十年,从壮岁起,至今两鬓飞霜,其间讨论、切磋,时而有之。他多年致力于南高史学的研究,书成之后问序于我,爰采撷他书中的若干重点以为序。

王汎森
于南港

# 李帆先生序

自从 20 世纪初梁启超倡导"新史学"以来,中国史学发生了一系列革命性的变化,特别是到五四新文化运动时期,以学院化、专业化、独立化为标志的近代史学基本建立起来。由于中国史学具有悠久、深厚的传统,此时面对和引入的西方思潮也纷繁复杂,故而在两者基础上建立的近代史学亦非以单一面目出现,而是呈现出多元性的图景。自然,多元性不意味着无秩序,内中有所谓"主流"和"旁支"之分。源自五四时期的北大、以胡适的"研究问题,输入学理,整理国故,再造文明"为学术纲领的"整理国故"运动,以及奠基其上的新历史考证学,如顾颉刚的疑古史学和傅斯年主导的中央研究院历史语言研究所的学术研究,便居于史坛主导地位;而对之持有不同看法,代表所谓"保守"势力的"南高史学",即南京高等师范学校文史地部师生所认同和坚守的史学,则成了所谓"旁支"。后来的学术史和史学史研究也往往依据时人的这种见解,更倾向于重视对"主流"的研究,而相对忽视对"旁支"的探讨,令人遗憾。可喜的是,区志坚教授所著《昌明国粹——柳诒徵及其弟子之学术》一书的问世,将大大改善这一局面。

《昌明国粹——柳诒徵及其弟子之学术》一书主要以柳诒徵执教南高史学部、东南大学史学系及国立中央大学史学系的历程为主线,以1919年至1923年于南高文史地部修读史学部课程为主的学生为研究对象,尤以张其昀、陈训慈、缪凤林及郑鹤声四人的治史观点及方法作为研究的重点。作者指出,柳诒徵及其学生张其昀、缪凤林、陈训慈、郑鹤声等人,在史地研究方面,尤其是在中国文化史、中国史学史、历史地理学及历史教育方面,各有其独特的成就,在中国史学研究日趋专业化的过程中,担当了重要角色,值得我们对之进行深入探讨。柳诒徵的学问出自中国传统的经学,他凭借对中国典籍、历史,特别是中国文化史的研究,倡导历史撰述要肩负起重建传统文化、维护礼教伦理的责任,表明自己对中国传统道德文化的深切爱护的态度。他一生著述繁多,被奉为南高史学的"精神领袖"。其弟子张其昀、缪凤林、陈训慈、郑鹤声等人,皆在学界独当一面,各有不凡建树。目前学界对于南高"学衡派"已进行过一些综合性的探讨,对于柳诒徵个人的思想、学术也不乏研讨,但对于由柳诒徵及其弟子所构成的南高史学群体却相对缺乏深入讨论,尤其是缺乏在"新史学"演进背景下,以及与北大史学相比较视野下的具体研讨,《昌明国粹——柳诒徵及其弟子之学术》恰是在这方面多所用力之作,其弥补了学术研究的薄弱环节,重要价值不言而喻。

在具体论述上,该书不乏独到见解。众所周知,近代中国史学的革命性变化,起自20世纪初的"新史学"运动。五四新文化运动之后,"新史学"分途发展,南高史学代表其中的一种方向。该书首先将这一点明确化,作为论述前提。在此基础上,该书充分论说南高史学的特色与价值。例如,基于南京高等师范学校的定位,师范教育是南高的办学主体,文史地部师生受此影响,注重借史地研究推动道德教化,故多从宏观及致用的角度从事研究,努力推动贯通性的史地研究、史地教育的开展,实有异于北大"窄而深"的治史理念及方法,即更强调治学的博通而非专精;再如,基于对以北大为代表的"新文化"的反思,南高史学更注重以学术研究的眼光,来建构和解释中国历史文化的特色,在"发扬中国固有之文化"之余,亦"昌明世界最新之学术",不仅成为"学衡派"之主张在史学研究领域的具体体现,而且表明对于中国史学传统的更多坚守;等等。此类见解抓住了南高史学的主要特色,阐明了南高史学的独特价值所在,非常值得学界同行关注和借鉴。

总体而言,作为学界首部全面探讨柳诒徵与南高史学群体的学术专著,该书可谓站到了学术前沿,创新性强,而且内容充实,个案鲜明,说理充分,叙述得当。不过尽管如此,该书的个别论述还是有再发挥的空间的。例如,南高史学与北大史学的分途发展,强调博通而非专精,就关联到民国史坛对于"通史"和"专史"研究取向的褒贬与判断,似应结合当时的讨论多展开一些论述;再如,南高史学对历史研究与历史教育关系的注重,实则关联到对史学研究中的一个老问题也是大问题的思考,即如何处理求真与致用的关系问题,书中对这方面的论述也稍显不足。当然,以作者的扎实功力和雄厚实力,相信他一定会在未来的研究中予以补充完善。

是为序。

李 帆

2020年1月18日于北京师范大学历史学院

## 周佳荣先生序

20世纪70年代初,我在大学历史系就读时,梁启超提倡的"新史学"引起了我的注意,蔡元培与北京大学几位著名学者的著作也在诵读之列。当时我已知道柳诒徵编撰的《中国文化史》和《国史要义》,并且用作参考,但没有特别留心南京高等师范学校的教授学者们。缪凤林、郑鹤声的书我也看的,不过未曾深究他们与柳诒徵的师生关系。

其后我在香港浸会大学历史系任教,渐多参与校务和行政工作,致力于使学系所开课程获得学位资格,又渐次开设硕士、博士课程。区志坚君为我校毕业生,在香港中文大学取得硕士学位后,继续在浸大历史系进修,成为我系培养出来的第一位博士。记得他向我提出,计划以柳诒徵的史学教研成果为研究对象,我甚为赞成,自此"北大南高"和"南高学人""南高史学"等课题,有好几年成为我们谈话的口头禅,直至他的博士论文完成和顺利通过。

志坚毕业后在香港理工大学和树仁大学等校任教,研究兴趣渐广，不过南高学人一直在他的注视范围之内，曾发表了好几篇相关的学术论文，讨论的问题更广，见解更为深入。有一个时期，我见"学衡派"引起学界重视，曾建议志坚把博士论文尽早整理出版，如是者又等了好几年。最近志坚告诉我，此书将由广西师范大学出版社出版，我的欣喜之情，不下于看到自己撰写的书可以与读者见面。

其实，我一直认为，处理博士论文出版事宜，有两种不同的方式。一是在取得博士学位后迅速出版，向学界公开内容和简介；另一是先发表相关论文，使学界对该课题加以注意。志坚采取第二种方式，态度是审慎和认真的。记得当年他交来一份厚达一百多页的研究述评，我建议他另行发表，然后精简内容，放在博士论文第一章。他搜罗文献著作的勤奋态度，我是十分欣赏的。

志坚撰著之多、题材之广，可能受到我的一些影响，若细心考究，则应是南高学术给予他的熏陶。在本书中，读者或可看到一些端倪。首先，志坚指出，柳诒徵深切爱护中国传统文化，倡导历史撰述要肩负起时代和专业的责任。其次，南高学术强调教研工作的结合、对历史教育的重视，这在郑鹤声的生平和著作中亦明显地展示出来。

南高学者文史兼容、史地并重，由中国史至西洋史均见措意，又以成立学会和出版刊物互相配合，于治史方法和学术观点上都彰显其特色。在新文化运动时期，南高学者大体上站于北大学者的对立面，甚至被认为是反对以北大为首的新文化运动的一派。但既以"北大南高"并称，个人认为，时人对于南高，是认同其重要地位的，北大学术与南高学术是新文化运动时期中国学术的一体两面,忽视南高,对于五四新文化尤其是"新史学"的认识就显得不够全面和深入了。

总的来说,志坚此书论述了柳诒徵与南高治史风尚的形成,南高史学的发展、成长以至史地分途的过程,进而阐明柳诒徵的史学观点及其治史方法,南高学者张其昀、陈训慈、缪凤林、郑鹤声的史学研究成果等,对师生传承和学派特色都能顾及。此书出版,有助于重新肯定南高学风的历史位置。

我特别注意到,史地结合是中国学术传统,中国早期的大学多设有史地系。后来历史和地理分系甚至互不闻问,是很值得去反思的。在21世纪的今日,跨学科研究成为时尚,文史结合、史地并济再度备受注意,南高当年的办学经验,以及志坚此书,相信能提供宝贵的参考,有益于大学教育和史学研究。

周佳荣

2020年2月5日

# 李金强先生序

区志坚博士邀约为其新书写序,遂忆起20世纪60—70年代台湾、香港两地中文史学界的点滴,此即"民国史学南移"之流风。就台湾而言,则见"北大南高"学风流播于斯时。北大者,以北京大学出身的胡适(1891—1962)、顾颉刚(1893—1980)及傅斯年(1896—1950)为首,上承清代乾嘉考证之学,并结合德国兰克(Leopold von Ranke,1795—1886)的科学方法治史,主张重视史料之收全、考订及考释,进而立说。而"旧域维新"之中央研究院历史语言研究所之创立,最能反映此一学风,时人目之为史料学派。创所之傅斯年,主张的"上穷碧落下黄泉,动手动脚找东西",即为此派学养最生动之说明。就南高而言,由源起南京高等师范学校,演变而成东南大学,以至国立中央大学所创建的史学风气,主张绍继传统,吸纳西学,以会通中西文化为其治史特色,此即志坚博士新书所研究者。而香港一地,则由钱穆(1895—1990)创建新亚书院及新亚研究所,以"保存及发扬中国文化于当今世界为宗旨",而以培训中国历史文化学者为职志，尤重以温情礼敬国史。国史研究，一时之间，大盛于港台两地。由是于台港两地别树一帜，为中国史研究推陈出新，另创新局。

北大学风影响下之史料学派，以台湾大学历史系及"中研院"历史语言研究所为其大本营，亦为其时中文史学之重要一派。至于南高学风，得见于张其昀（1901—1985）创立"中国文化大学"（时为学院），发扬史地之学。尚有毕业于东南大学之郭廷以师（1904—1975），先后任教于国立中央大学及台湾师范大学之史地系。廷以师日后创设近代史研究所于"中研院"，推动中国近代史研究，尤重史事与近（现）代化理论之结合，自成一派。

余之史学受业，其初即在台湾师范大学及香港新亚研究所，得以目睹港台及海外中国史研究之鼎盛，实为一生从学之机遇，由是浸沉民国史学之学风，故入浸会大学历史系任教时，每每向生徒展示民国史家及其研究之特色。其时志坚博士就学于浸会大学中文系，然性喜史学，于历史系修读余所任教之科目，由是结识。其毕业后，被推荐至香港中文大学历史系修读硕士，师从罗炳绵先生。其后再返浸大历史系攻读博士，师从周佳荣兄。时余即建议志坚研究南高史学，终以此为题，取得学位。今得见其出书，尤感欣然，故乐为之序。

李金强

2020 年 6 月 1 日

# 目　录

导言 …………………………………………………………… 1
第一章　柳诒徵与南高治史风尚的形成 ………………… 25
　第一节　柳诒徵的生平及其学术 ………………………… 27
　第二节　清末民初师范教育的发展 ……………………… 54
　第三节　江浙学风和江南藏书业的发展 ………………… 63
　第四节　反传统思想及中西文化调和论的出现 ………… 75
　第五节　南高留美教员与西方学术思想的传入 ………… 89
第二章　南高史学系的成立与发展（1915—1925）……… 107
　第一节　南高史学部的成立 ……………………………… 108
　第二节　南高史学部的课程 ……………………………… 113
　第三节　南高史学系学生概况 …………………………… 124
　第四节　史地研究会及《史地学报》……………………… 128
　第五节　学衡社与《学衡》杂志 …………………………… 135
第三章　南高史学者的分合关系（1926—1931）………… 141

第一节　《史学与地学》的出版 …………………… 143
　　第二节　中大史学系成立及《史学杂志》的创办 …… 148
　　第三节　《史学杂志》的内容 ………………………… 164
　　第四节　南高史学系出版物的流通及其特色 ………… 166
第四章　柳诒徵的史学观点及其治史方法 ……………… 177
　　第一节　以礼为中心的史观 …………………………… 178
　　第二节　通史及"通则""独造"的文化史观 ………… 193
　　第三节　信古的史观及反疑古史学 …………………… 203
　　第四节　地方史及史地学的提倡 ……………………… 212
　　第五节　致用的考证方法 ……………………………… 219
第五章　南高史学的继承与发扬
　　　　——缪凤林、郑鹤声、陈训慈、张其昀等人的史学研究
　　　　………………………………………………………… 233
　　第一节　缪凤林的中国通史及中国礼俗史研究 ……… 237
　　第二节　郑鹤声的中国史学史及历史教育研究 ……… 257
　　第三节　陈训慈的地方学术史及中西史学研究 ……… 270
　　第四节　张其昀的人文地理学和地理教育学 ………… 282
　　第五节　其他从事史地学研究的南高学生 …………… 293
结论 ……………………………………………………………… 310

附录一　1915—1923年南高国文史地部教员表 …………… 321
附录二　南高史学工作者在《史地学报》发表论文数目表
　　　　………………………………………………………… 323
附录三　南高史学工作者在《史学与地学》发表论文数目表

............................................ 326

附录四　南高史学工作者在《史学杂志》发表论文数目表
............................................ 327

附录五　国立中央大学的源流与变迁简表 ............ 328

附录六　南高史学工作者大事年表 .................. 330

附录七　南高文史地部教员及学生照片(1923年) ...... 332

参考书目 ............................................ 337

# 导 言

近代中国史学的发端，应以20世纪初梁启超（1873—1929）掀起"史界革命"、倡议"新史学"的义例为起始，然而探讨近代史学的演变，绝不能把有关问题独立于传统史学与时代世变之外。与此同时，学界往往注重一些被视为"主流"的史学思潮，而忽视了不少被认为是反对"主流"的历史学者及其研究成果，甚至以这些反对"主流"的言论为"旁支"，以致很多历史学者的贡献被湮没。在21世纪之际，处于"世纪回眸"的风气下，实在有必要重新检视"主流"以外的历史研究，从而得见近代史学发展历程的整体面貌。①

当代学者曾经指出，中国近代史学的发展特色是"学院化、专业化与独立化"。学院制度集中了从事历史研究的人才，史学研究在专人负责下愈趋精密，由于注意史学专业的培训，史学研究更加专门化；及后随着历史学确立其专门学科的地位，史学研究摆脱非学术因素的影响，尤其是政治因素的干扰，而成为独立自主的学问。②

---

① 梁启超在1902年已在《新民丛报》发表《新史学》一文，由是标举"新史学"发展的趋势。有关梁启超对新史学的提倡，参见周佳荣：《梁启超与近代中国学术文化的更新》，见《新民与复兴——近代中国思想论》，151—167页，香港，香港教育图书公司，1999。同时，有关踏入21世纪初，台湾学界展开回眸20世纪学风活动的研究成果甚多，如王汎森主编的《新学术之路："中央研究院"历史语言研究所七十周年纪念文集》上、下册（台北，"中研院"历史语言研究所，1998），中华民国史专题第四届讨论会秘书处编的《中华民国史专题论文集（第四届讨论会）》上、下册（台北，"国史馆"，1998）。大陆也出版了多套有关世纪回眸研究学术史的丛书，如"二十世纪中国著名学者传记丛书"，其中有汪学群的《钱穆学术思想评传》（北京，北京图书馆出版社，1998），牛润珍的《陈垣学术思想评传》（北京，北京图书馆出版社，1999）等，也有"国学大师丛书"，其中有孙永如的《柳诒徵评传》（南昌，百花洲文艺出版社，1993），刘烜的《王国维评传》（南昌，百花洲文艺出版社，1996），顾潮、顾洪的《顾颉刚评传》（南昌，百花洲文艺出版社，1995）等。有关国内近年讨论20世纪学术思潮的研究情况，参见陈平原：《学术史研究随想》，见陈平原、王守常、汪晖主编：《学人》第1辑，2—5页，南京，江苏文艺出版社，1991；余三定：《学术的自觉与学者的自立——20世纪八九十年代中国学术一瞥》，见《学术的自觉与学者的自立：当代学者研究》，3—15页，武汉，华中师范大学出版社，1998。
② 汪荣祖：《五四与民国史学之发展》，见汪荣祖编：《五四研究论文集》，221—223页，台北，联经出版事业公司，1979。亦参见刘龙心：《学术与制度：学科体制与现代中国史学的建立》，台北，远流出版事业股份有限公司，2002；[美]麦哲维：《学海堂与晚清岭南学术文化》，沈正邦译，29—68页，广州，广东人民出版社，2018。

然而，中国的史学研究，直至1919年五四事件①后，才趋于"学院化、专业化与独立化"的。中国古代有经学、史学、子学等部分，经学被视为"经禀圣裁，垂型万世"，而成为治世的依据；②加上乾嘉学者的研究重心在经不在史，史学被视为经学的"附庸"，考证之旨不仅是厘清史事的真伪，且是疏通文字、通达经义，考证的重心，也在经而不在史。③嘉道以降，西力入侵，边疆史地学始日渐受到重视。至晚清康有为(1858—1927)倡导疑经风尚，不但动摇了经学的地位，也带动疑旧史学的风尚，对传统史学也是一种挑战。但若没有学院从事专科知识培训，以及专业史学工作者的钻研，历史学是不能成为独立及专业的学科的。及后，1903年京师大学堂设立文学科史学门，1905年清政府废科举，加上留学生日增，一方面输入了西方史学方法，另一方面亦促使本来在经学笼罩下的史学得与经学并列。五四事件爆发前的北京大学(以下简称北大)当时是全国最高学府，其史学门虽于1919年前进行课程改革，但已经学院化的历史教育和研究，尚未谈到专业自主，史学仍被视为"国学"的一部分。及至五四运动

---

① 本书对"五四运动"一词采取广义的说法，包括民国四年(1915)至民国十二年(1923)各种思想、文化、政治、经济、社会方面的重大事件及论争；而以"五四事件"一词指称民国八年(1919)五月四日发生的学生爱国运动。有关五四运动时间断限的讨论，详见 Chow Tse-tsung(周策纵), The May Fourth Movement: Intellectual Revolution in Modern China, Cambridge: Harvard University Press, 1960, pp.5-6。
② (清)永瑢等撰：《四库全书总目提要》卷一上册，1页，北京，中华书局，1987。有关中国经学史的发展，参见皮锡瑞：《经学历史》，香港，香港中华书局，1961。
③ 有关乾嘉学者治史风尚的研究，参见杜维运：《清乾嘉时代之历史考证学》，见杜维运、黄进兴编：《中国史学史论文选集》，855—893页，台北，华世出版社，1976。

后，大量留学生回国执教，又受到"德先生"(Democracy)、"赛先生"(Science)即民主与科学两种思想的影响，而开始进行学科课程的改革。1919年8月，北大史学门改名为"史学系"，但史学系只开设有关中外史学的课程，而修读史学系的学生，也不必修读经学课程，自此史学发展遂趋向学院化、专业化、独立化。①

随着五四运动的发展，批判传统文化被视为"新文化"的特点，而北大史学系因顾颉刚(1893—1980)等人主张"疑古"史学，批判古史，由是也被视为"新文化"的代表。当时一些曾经批评新文化运动的人物，却往往被忽视，其中南京高等师范学校(以下简称南高)学者的地位，更为人们所忽略。

五四运动时期的文史学界，已有南北对峙之势，② 北京大学是北方的大本营，而南方的代表则为南高文史地部的教员和学生，他们在1921年至1922年创办《学衡》《史地学报》，其后又创办《史学杂志》等刊物，以言论、著作与北大学者做正面的抗衡，③ 学界因而流传"北有北大，南有南高"之说。南高师生曾反对胡适(1891—1962)的白话文运动及顾颉刚的疑古运动，在"新文化"大受重视的学术气氛下，南高学者的地位便被忽略了。

---

① 有关北京大学史学系的发展，参见牛大勇：《北京大学史学系沿革纪略(一)》，载《北大史学》第1期，1993年，254—268页。有关民初史学的兴起与经学的式微之间的关系，参见罗志田：《清季民初经学的边缘化与史学的走向中心》，载《汉学研究》第15卷第2期，1997年，1—35页。
② 梁敬錞：《记北大》，见《然疑录》，43页，台北，中外杂志出版社，1975。
③ 钱穆在《维新与守旧》一文中说："以余一人所交，在北大如孟心史(孟森)、汤锡予(汤用彤)，清华如陈寅恪，燕大如张孟劬，其他南方学者如马一浮、熊十力诸人，余皆与之一一上下其议论，固同对适之(胡适)有反感，而国立中央大学教授柳诒徵，曾撰一文，力斥章太炎、梁任公(梁启超)与胡适之三人。"(钱穆：《维新与守旧》，见《钱宾四先生全集》第23册，29页，台北，联经出版事业公司，1998。)由此可见其时学界已有北方与南方相拒的情况。

南京高等师范学校创办于1915年，原址为1902年成立的三江师范学堂(以下简称三江师范)，此后校名屡有更易。1923年与东南大学合并，改名为国立东南大学(以下简称东大)，1927年改名为国立第四中山大学，1928年改名为江苏大学，同年5月又改名为国立中央大学(以下简称中大)。该校校友往往把南高至中大的发展视为一个整体，诚如胡焕庸(1919年入读南高)所言："自南高至中大，学校校名虽经数易，而学校内容，实一线相承，绝少变易；凡治学于此，不论时间之先后，多具有同一之好尚。"①陈训慈也说："南京高师固然为今日中央大学始基之所自，不惟其图书设备犹多沿用至今，其精神遗产保留于今之中大。"②该校的学生，视南高和中大为同一个教育事业机构，并视中大整个教育事业的发展建基于南高时期。又因三江师范至中大，均是同在一个校址，编写校史的作者亦把南高至中大的发展视为一个整体，也承认南高时期是整个教育事业发展的"建基时期"。③ 由此可见，南高时期的发展是极为重要的。南高之所以为学界所注意，主要是因为1919年至1923年执教及就读于南高文

---

① 胡焕庸：《南高精神》，载《国风》第7卷第2号，1935年，25—26页。
② 陈训慈：《南高小史》，载《国风》第7卷第2号，1935年，54页。
③ 编辑南京大学校史、东南大学校史的作者，把1949年后成立的南京大学及东南大学拓源自三江师范，并认为南高时期(1915—1923)是自1915年至1949年国立中央大学教育发展的"建基时期"。参见朱斐主编：《东南大学史》第1卷，1—90页，南京，东南大学出版社，1991；南京大学校史编写组编著：《南京大学史(1902—1992)》，1—39页，南京，南京大学出版社，1992。此外，台湾"中央大学"的前身，亦为南京的国立中央大学，编校史者也把"中央大学"的发展拓源自三江师范，并认为"中央大学"的发展，建基在南高时期，参见余传韬：《"中大"七十年》，见"中央大学"七十周年校庆纪念特刊编辑委员会编：《"中央大学"七十周年纪念特刊》，62—65页，中坜，"中央大学"出版社，1985。

史地部的师生，反对以北大学者为首发表的激烈批判传统文化的言论，但学者往往忽视了南高师生的治史特色。

现先讨论南高在民国(1912—1949)学术界的地位。曾参与古史辨论战的杨宽(1914—2005)说："古史辨论战实为北京派和南高派的一场论争。"①所谓"南高派"，就是指称执教于南高史地部的教员柳诒徵和他的学生缪凤林、张其昀等人，他们反对以顾颉刚为首的疑古史言论。此外，曾是东大学生的顾翊群在回忆母校生活时也说：

> 民国四年(1915)南高成立，所聘请知名教师中，人文学者如刘伯明(1887—1923)、吴宓(1894—1978)、柳诒徵诸先生，为当代泰斗，努力启迪生徒，而隐然与资深望重之北京大学分庭抗礼焉。……北大除旧扬新，而南高则对新旧学术兼收并重，端观其(南京高等师范)有无价值以为评断，其(南京高等师范)态度较北大更为开放。②

顾翊群指出，南高学人不如北大学者般强调反传统文化的思想，一部分留学美国的教员如吴宓、刘伯明等人，均与接受传统学术训练的史学系教员柳诒徵结交，一起教授学生中外文史哲知识，对中外文化采取融通的态度，由是形成一种有别于北大的南高治学风尚。东大毕业生王焕镳在回忆东大的发展时，也认为南高学

---

① 杨宽：《历史激流中的动荡和曲折——杨宽自传》，71页，台北，时报文化出版公司，1993。
② 顾翊群：《敬悼郭秉文先生》，载《中外杂志》第6卷第4期，1954年，28页。

风盛极一时。他说:

> 民国八、九年(1919—1920),朝野时彦,拾近世西洋论文论政,偏曲之见,暴蔑孔孟以来诸儒阐明讲说之理,谓不足存……当是时,南雍诸先生深谓叹息,以为此非孔孟之厄,实中国文化之厄,创办《学衡》杂志,柳(诒徵)师尤反对顾颉刚疑古之论,昌言抵排,为一时之风。①

"南雍诸先生"就是指柳、刘及吴三位学人,他们深叹北大批判传统文化的论点,创办《学衡》杂志,标举"昌明国粹,融化新知"的口号,与北大学者只知输入西方文化及激烈批判传统文化的观点相抗。郭廷以(1904—1975)忆述他初到南京,其友乐焕文介绍南高学风时说:"南高名气不大,但在国内,北方是北大,南方是南高,算是最有名的学府了。"②可见时人已认为南高既与其时反对传统文化的重镇北大相为并立,又是南方学界言论的代表。但应注意,时人所说的"南高",主要应指执教及修读南高史学部课程的师生,特别是指柳诒徵和教西洋史科目的徐则陵(1886—1972)、教地学通论等科的竺可桢(1890—1974)、教西洋哲学史科目的刘伯明,以及一批主修史学课程的学生,而不包括外文系的吴宓。因为吴氏自1921年至1924年执教于南高,时间只有三

---

① 王焕镳:《梅光迪生先生文录序》,见梅光迪:《梅光迪文录》,30页,台北,"国防研究院""中华大典编印会",1968。
② 原文未见,转引自张朋园、陈三井、陈存恭等访问,陈三井、陈存恭记录:《郭廷以先生访问纪录》,95页,台北,"中研院"近代史研究所,1987。

年，对该校学术的影响尚未明确。而哲学系的刘伯明，自1919年起已是南高的全职教员，至1923年逝世，被南高史学部学生奉为"精神领袖"之一。① 徐、竺及刘氏三人开设的课程都是史学部学生的必修科目，对日后南高史学的发展甚有影响。最重要的"精神领袖"柳诒徵，自1915年至1925年执教南高，若论时间之长久，实超过吴、刘、徐等人。况且，柳氏曾为《学衡》写序言，又是1925年前学衡社的编辑，在学衡社担当领导者的角色，更是实践其所标举的"昌明国粹，融化新知"之治学精神的人物。故"南高"一词，一方面指称执教南高史学部课程的人物，当中柳诒徵更是南高史学的中心人物；② 另一方面，"南高"也指修读南高史学部课程的学生，因为他们既为《学衡》的编辑成员，又在求学阶段办《史地学报》，毕业后仍协助出版《史学与地学》及《史学杂志》，努力介绍中外史地学知识，借史学研究保存中国文化，继承及实践"昌明国粹，融化新知"的口号。至于当时任教及修读国文科、外文科的师生，则并无类似的活动。本书以"南高史学工作者"或"南高史学者"一词，指称柳诒徵及以他为中心而致力于史学研究的学生，特别是张其昀、陈训慈、缪凤林、郑鹤声四人；而"南高史学"，主要就是指柳氏及上述四位学生的史学研究观点及治史方法。

---

① 张其昀：《"南高"之精神》，载《国风》第7卷第2号，1935年，15页。
② 因为日后南高史学系学生出版的《史地学报》《史学与地学》及《史学杂志》，均由柳诒徵写序言，而这些学术期刊，尤多引介中外史地学知识，并提倡借学术研究以保存中国文化，实践了学衡社标举的"昌明国粹，融化新知"的口号。柳氏或任这些学报的编辑，或为指导员，可见南高史学的活动，实以柳氏及就读于史学部的学生为中心。

南高于1920年进行课程改革，国文系、史学系、地学系先后成立，依课程规定，学生在选择本科及辅修学科后，按指定本科所修的学分，定其所属的学部。以修读史学课程为本科的学生，必须要修读一部分地学系及哲学系开设的课程，故史学部学生能兼及地学与哲学，其中结合史地学的研究方法，尤为南高史学特色之所在。其时学生所属的学部，名为南高文史地学部，实则国文、史学、地学三个学系独立发展，而统属于文史地部之下，学生选取史学系或地学系或国文系为本科后，定其修读课程所属的学部。本书为求清楚交代南高史学的发展，便以"南高史学部学生"一词，指称1919年至1923年在南高修读史学系开设课程的"本科"学生。由于学生同时要修读地学部的课程，故书中亦涉及南高地学部的发展，后来地学部进一步独立，由是形成南高史地学分途发展的局面。

　　然而，对南高史学的研究尚付阙如。近人对民国史学发展的研究，主要集中在下列四方面：(1)史学通史式的介绍；[1] (2)以学派的研究方法分析民国史学发展；[2] (3)以专题研究方法进行

---

[1] 如顾颉刚：《当代中国史学》，南京，胜利出版公司，1947；吴泽主编：《中国近代史学史》，南京，江苏古籍出版社，1989；胡逢祥、张文建：《中国近代史学思潮与流派》，上海，华东师范大学出版社，1991；马金科、洪京陵编著：《中国近代史学发展叙论(1840—1949)》，北京，中国人民大学出版社，1994；蒋俊：《中国史学近代化进程》，济南，齐鲁书社，1995。

[2] 如钱穆：《国史大纲》，3页，台北，台湾商务印书馆，1980(据1940年版)；周予同：《五十年来中国之新史学》，见杜维运、陈锦忠编：《中国史学史论文选集》(三)，371—428页，台北，华世出版社，1980；余英时：《中国史学的现阶段：反省与展望》，见《史学与传统》，1—29页，台北，时报文化出版事业有限公司，1982；侯云灏：《20世纪前期中国史学流派略论》，载《史学理论研究》第2期，1999年，28—37页；周文玖：《我国二十世纪三四十年代的史学评述》，载《史学理论研究》第2期，1999年，38—49页。

研究,这些专题多集中于"中国社会史论战"①"古史辨运动"②等;
(4)对个别史家进行研究,如陈寅恪③、陈垣④、傅斯年⑤、钱

---

① 如 Arif Dirlik, *Revolution and History: The Origins of Marxist Historiography in China, 1919-1937*, Berkeley: University of California Press, 1978;郑学稼:《社会史论战简史》,台北,黎明文化事业股份有限公司,1978;赵庆河:《读书杂志与中国社会史论战(一九三一——一九三三)》,新北,稻禾出版社,1995。
② 如 Laurence A. Schneider, *Ku Chieh-kang and China's New History: Nationalism and the Quest for Alternative Traditions*, Berkeley: University of California Press, 1971;王汎森:《古史辨运动的兴起》,台北,允晨文化实业股份有限公司,1987;彭明辉:《疑古思想与现代中国史学的发展》,台北,台湾商务印书馆,1991;刘起釪:《顾颉刚先生学述》,北京,中华书局,1986;Ursula Richter, "Historical Scepticism in the New Culture Era. Gu Jiegang and 'Debate on Ancient History'",载《"中央研究院"近代史研究所集刊》第23期,1994年,353—389页。
③ 汪荣祖:《陈寅恪评传》,南昌,百花洲文艺出版社,1992;纪念陈寅恪教授国际学术讨论会秘书组编:《纪念陈寅恪教授国际学术讨论会文集》,广州,中山大学出版社,1989;北京大学中国中古史研究中心编:《纪念陈寅恪先生诞辰百年学术论文集》,北京,北京大学出版社,1989;王永兴编:《纪念陈寅恪先生百年诞辰学术论文集》,南昌,江西教育出版社,1994;李玉梅:《陈寅恪之史学》,香港,三联书店(香港)有限公司,1997。
④ 有关近人研究陈垣治史方法的成果,详见北京师范大学编《陈垣校长诞生百年纪念文集》(北京,北京师范大学出版社,1980),纪念陈垣校长诞生110周年筹委会编《纪念陈垣校长诞生110周年学术论文集》(北京,北京师范大学出版社,1990)二书内的文章;亦参见刘乃和:《励耘承学录》,北京,北京师范大学出版社,1992。
⑤ Wang Fan-shen(王汎森), "Fu Ssu-nien: History and Politics in Modern China"; Ph. D. Dissertation(Unpublished), Princeton University, 1993;岳玉玺、李泉、马亮宽:《傅斯年:大气磅礴的一代学人》,天津,天津人民出版社,1994。

穆①、胡适②、李大钊③、李达④、郭沫若⑤、王国维⑥等。以上研究中国史学的论著，多着眼于主流的学派或显而易见的史学发展，鲜有谈及史学的其他流派，南高史学就是这样一处被忽略的伏流。

同时，学者还因下列两项意见，而每多贬斥南高史学的地位。其一，近人多持"新文化"与"旧文化"相对的概念，认为五四

---

① Jerry Dennerline, *Qian Mu and the World of Seven Mansions*, New Haven: Yale University Press, 1988；郭齐勇、汪学群：《钱穆评传》，南昌，百花洲文艺出版社，1995；崔庆泳：《钱穆史学思想初探》，硕士学位论文（未刊稿），台湾大学历史研究所，1986。

② 近人多注意胡适治史的方法，但相关专著不多，暂见只有谭宇权：《胡适思想评论》，台北，文津出版社，1996。

③ 近人研究李大钊的著作，可参见中共中央党史研究室科研局编：《李大钊研究文集》，北京，中共党史出版社，1991。

④ 对李达唯物史观之研究，详见中国现代哲学史研究会、中共湖南省冷水滩市委、湖南大学等合编：《纪念李达诞辰一百周年——中国现代哲学与文化思潮（续集）》，长沙，湖南出版社，1991。

⑤ 中国学者已有很多研究郭沫若治史方法的成果，此处只略取专著做介绍，如叶桂生、谢保成：《郭沫若的史学生涯》，北京，社会科学文献出版社，1992；中国郭沫若研究学会、巴蜀文化研究基金会编：《郭沫若的史学研究》，成都，成都出版社，1990；郭沫若故居、中国郭沫若研究会编：《郭沫若百年诞辰纪念文集》，北京，社会科学文献出版社，1994。

⑥ 研究王国维的治史思想及方法的成果，多见于吴泽主编：《王国维学术研究论集》第1辑，上海，华东师范大学出版社，1983；吴泽主编：《王国维学术研究论集》第2辑，上海，华东师范大学出版社，1987；吴泽主编：《王国维学术研究集》第3辑，上海，华东师范大学出版社，1990；孙敦恒、钱竞编：《纪念王国维先生诞辰120周年学术论文集》，广州，广东教育出版社，1999；Joey Bonner, *Wang Kuo-wei: An Intellectual Biography*, London: Harvard University Press, 1986。有关近人对民国史学的研究成果，详见区志坚：《一九四九年以来大陆对民国史家及其史学方法的研究概况》，载《"国史馆"馆刊复刊》第25期，1998年，223—250页。

运动期间，吴宓、柳诒徵等执教于南高的学者，曾反对胡适提倡的白话文运动、顾颉刚的疑古史学及陈独秀批判传统文化的言论，胡适等人的言论被视为新文化运动的代表，而持相反论调的南高学者，便被视为"保守"或"守旧"的学者，治五四运动史的专家周策纵也以"保守的教育者"一词指称这些反对"新文化"言论的南高学者。在这种情况下，他们自然也忽视了南高史学的地位。①

其二，近人多注意学衡派研究，而忽视了南高史学。早自20世纪70年代，学界在否定"保守"与"现代"冲突的研究学风下，②对那些曾反对新文化运动的学者，重新展开评价，然而这些南高史学者多被视为学衡派成员，他们治史的特色往往被忽视了。近人注意的南高学者包括执教外文系的吴宓、梅光迪（1890—1945），哲学系的刘伯明，及史学系的柳诒徵，学界把他们视为学衡派的成员，他们出版的《学衡》杂志亦被视为反对新文化运动言论的代表。③在重评保守派地位的气氛下，学衡派首先

---

① Chow Tse-tsung（周策纵），*The May Fourth Movement: Intellectual Revolution in Modern China*, p. 283.
② Benjamin I. Schwartz, "The Limits of 'Tradition Versus Modernity' as Categories of Explanation: The Case of the Chinese Intellectuals", *Daedalus*, Vol. 101, No. 2, 1972, pp. 85-94. Charlotte Furth, "Preface"（coll.）, in Charlotte Furth ed., *The Limits of Change: Essays on Conservative Alternative in Republican China*, Cambridge: Harvard University Press, 1976, pp. vi-vii.
③ 胡适曾批评执教南高的教员及其出版的《学衡》为："老胡没有看见什么《学衡》，只看见了一本学骂。"（胡适：《题学衡》，见《尝试集》，85页，台北，胡适纪念馆，1978。）批评传统文化弊点甚力的鲁迅（周树人）也认为："夫所谓《学衡》者，据我看来，实不过聚在'聚宝之门'左近的几个假古董所放的假毫光；虽然自称为'衡'，而本身的称星尚且未曾钉好，更何论于他所衡的轻重的是非。"（鲁迅：《估〈学衡〉》，原文刊于《热风》，因未见原文，现转引自《鲁迅全集》第2卷，98页，北京，人民文学出版社，1973。）

受到注意,中外学者先后完成多篇博士、硕士论文。① 主要如侯健于1980年完成有关白璧德与中国学者的研究成果,及后侯氏更把其博士论文改写成《从文学革命到革命文学》一书,在侯氏指导下的沈松侨,也完成了题为《学衡派与五四时期的反新文化运动》的硕士论文,并出版成书,由是推动了学术界对学衡派的研究。单篇论文方面,也有林丽月的《〈学衡〉与新文化运动》等。② 此外,近人也对学衡社的领导人物吴宓、梅光迪、汤用彤做了专题研究。③ 但以上著作,多注意学衡派的发展,以及学衡派对中西

---

① Hou Chien(侯健),"Irving Babbit in China", Ph. D. Dissertation(Unpublished), State University of New York at Stony Brook, 1980; Rosen Richard Barry, "The National Heritage Opposition to the New Culture and Literary Movements of China in the 1920's", Ph. D. Dissertation(Unpublished), University of California, 1969.

② 侯健的《从文学革命到革命文学》(台北,中外文学月刊社、台湾大学外文系,1974),林丽月的《〈学衡〉与新文化运动》(见张玉法主编:《中国现代史论集》第6辑,505—530页,台北,联经出版事业公司,1981),沈松侨的《学衡派与五四时期的反新文化运动》(台北,台湾大学出版委员会,1984),王洪钧的《学衡派对文学革命思潮的反响》[硕士学位论文(未刊稿),"中国文化大学"哲学研究所新闻组,1981]多讨论学衡派的文学理论,但对学衡派重视格律、规范与传统儒家道德教化的秩序的特点尚未进行探讨。

③ 有关吴宓思想的研究,详见李赋宁、孙天义、蔡恒编:《第一届吴宓学术讨论会论文选集》,西安,陕西人民教育出版社,1992;《第二届吴宓学术讨论会论文选集》,西安,陕西人民教育出版社,1994。研究梅光迪的思想,可参见侯健:《梅光迪与儒家思想》,见傅乐诗等:《近代中国思想人物论——保守主义》,259—274页,台北,时报文化出版事业有限公司,1980。有关汤用彤的中西文化思想研究,参见麻天祥:《汤用彤评传》,南昌,百花洲文艺出版社,1993;孙尚扬:《汤用彤》,台北,东大图书股份有限公司,1996;乐黛云:《昌明国粹,融化新知——汤用彤与〈学衡〉杂志》,颜尚文:《汤用彤的汉唐佛教史研究》,黄心川、宫静:《汤用彤对印度哲学研究的贡献》,见汤一介编:《国故新知:中国传统文化的再诠释——汤用彤先生诞辰百周年纪念论文集》,30—36、43—65、89—95页,北京,北京大学出版社,1993。

文学和文化的评价，尤多讨论吴、梅、汤三人的治学思想及方法，却未注意南高史学者如柳诒徵的治史思想，及南高史学部学生借办学术刊物延伸"昌明国粹，融化新知"思想的特色。

至90年代初，学者在重评学衡派地位之风的带动下，开始注意研究南高史学工作者的治史特色。孙永如的《柳诒徵评传》一书，已肯定柳氏不是一位保守主义者，反对把柳氏"打入反动文人的行列"①，但孙氏尚未探讨柳氏治史的核心是礼教文化的观点。至于专注研究柳氏史学方法及史学理论的文章，有康虹丽的《论梁任公的新史学和柳翼谋的国史论》、李宇平的《柳诒徵的史学》、李洪岩的《史术通贯经术——柳诒徵文化思想析论》，以上论文多探讨柳氏治文化史、考源史料的特色，尚未注意他提出的"吾国以礼为核心之史"的史学要义，也未谈及其学生如张其昀、缪凤林等人，如何传承与开拓柳氏的治史观念及方法。②

最近五年，才有学者注意到南高史学者的治史特色。论文有郑师渠的《学衡派史学思想初探》及《"古今事无殊，东西迹岂两"——论学衡派的文化观》，张文建的《学衡派的史学研究》及

---

① 孙永如：《柳诒徵评传》，77页。
② 康虹丽：《论梁任公的新史学和柳翼谋的国史论》，载《幼师学志》第10卷第2期，1972年，35—72页。李宇平：《柳诒徵的史学》，载《台湾师范大学历史学报》第16期，1988年，285—308页。张文建：《传统史学的反思——柳诒徵和〈国史要义〉》，载《学术月刊》第4期，1988年，58—64页；《柳诒徵和〈中国文化史〉》，载《学术月刊》第5期，1985年，68—72页。李洪岩：《史术通贯经术——柳诒徵文化思想析论》，见国际儒学联合会编：《国际儒学研究》第3辑，54—76页，北京，中国社会科学出版社，1997。陈淑铢：《民初以来之中国文化史研究》，于1997年12月18日至20日在台北"国史馆"举行的"中华民国史专题第四届讨论会——民国以来的史料与史学"中宣读。

《学衡派的文化保守主义及其影响》。① 彭明辉的《历史地理学与现代中国史学》一书，则将顾颉刚主编的《禹贡半月刊》与南高史地研究会刊行的《史地学报》做比较，并认为"以北大为主体的《禹贡半月刊》，和以南高为主体的《史地学报》，应可视为现代中国历史地理学的重要奠基者"②，书中也开始注意南高学生如张其昀、陈训慈等人治史地学的观点。但以上论著，只撷取南高师生在后期刊行的《史地学报》及《学衡》杂志上所发表的史学研究言论，对南高师生在《史学与地学》及《史学杂志》上发表的论点未加探讨，也没有说明他们在后期学术上分流发展的情况。

如上所述，前人只注意北大的反传统风尚，以致忽视南高史学的地位，故本书旨在对南高史学展开全面的研究，阐明南高史学的特色，从而肯定其贡献。从以下几点，可见南高史学甚具研究价值。第一，南高师生受师范教育的影响，注意借史地学研究推动道德教化及保存传统文化，从宏观及致用的角度研究史学，努力推动史地学研究及历史地理教育学的发展，实有异于北大"窄而深"的治史观念及方法。③ 第二，南高史学者以学术研究的

---

① 郑师渠：《学衡派史学思想初探》，载《北京师范大学学报（社会科学版）》第4期，1998年，31—38页；《"古今事无殊，东西迹岂两"——论学衡派的文化观》，载《近代史研究》第4期，1998年，55—88页。张文建：《学衡派的史学研究》，载《史学史研究》第2期，1994年，35—41页；《学衡派的文化保守主义及其影响》，载《史学理论研究》第4期，1995年，89—102页。
② 彭明辉：《历史地理学与现代中国史学》，33页，台北，东大图书股份有限公司，1995。
③ 钱穆认为北大史学是"窄而深"的研究，参见钱穆：《学龠》，138页，台北，自印本，1958。又有关北大史学尚"窄而深"的研究，参见王汎森：《民国史学中的新派及其批评者》（未刊稿），1—17页。

眼光,来建构和解释中国历史文化的特色,在"发扬中国固有之文化"之余,亦冀"昌明世界最新之学术"①,他们推崇中国文化,但并不排斥西学,所以不应因他们反对激烈地批判传统文化的言论,而将他们视为"保守派"的学者。虽然南高史学者注意史学与现实的关系,致其史学研究未能朝向专业方面发展;然而,史地部学生由追随柳诒徵治传统史地学,渐转向史、地二学分途,并兼治中外史学,由此也可见近代史、地学科步向专业分科发展的历程,故学界不应忽视对南高史学的研究。

本书主要以柳诒徵执教南高史学部(包括国立东南大学史学系及国立中央大学史学系)的历程为主线,并以1919年至1923年于南高文史地部修读史学部课程为主的学生为研究对象,尤以张其昀、陈训慈、缪凤林及郑鹤声四人的治史观点及方法,作为本书的研究重点。以柳诒徵为本书论述主线的原因有四:

其一,1919年起,南高文史地部独立发展,史、地二科分别成立学系,不再是国文科的附庸,史学研究趋向专业化,学生就读的学部,名为南高文史地部。学制规定,按修读学系的课程多寡,定其为国文部、史学部或地学部的毕业生;而教员则按其专业研究范围,定其所属学系。柳诒徵是第一届南高史学系的全职教员,至1925年离校为止,其间未尝间断,执教共十年之久;此后又于1928年以兼任史学教员的身份,执教中大史学系。他长期从事南高史学部学生的教育工作,影响甚大。

其二,1919年至1923年就读于南高史学部的第一届学生,

---

① 柳诒徵:《本刊宗旨》,载《国风》创刊号,1932年,1页。(第1期至第10期均没有卷数,至1933年出版的《国风》才列出卷数。)

被认为是南高文史地部历来"最优秀之一班（空前而绝后）"①。这届学生最具南高史学特色，他们又都奉柳诒徵为"精神领袖"②，故柳氏的治史方法和观点，亦最足以反映南高史学的特色。

其三，对于南高文史地部师生创办的学术组织及出版物，柳诒徵担当了领导者的角色。1921年南高文史地部成立的史地研究会，及1930年中大史学系成立的中国史学会，均以柳氏为指导员；而这些学会的出版物《史地学报》《史学杂志》，也由柳氏任编辑或指导员。柳氏更为这些刊物撰写序言或发刊词，树立南高史学"史地通轨"的研究方法及借着史学保存文化的研究方向。柳氏虽于1925年离开南高，但得学生张其昀的帮助，以东南大学史学系名义出版《史地学报》，并以东大史学系作为整理文稿的地方，使南高史学不因1925年东大学潮而中断，柳氏始终是维系南高史学的中心人物。

其四，柳诒徵是南高史学发展的启导者，如南高史学部学生陈训慈，日后成为浙江省立图书馆馆长后，从事辑校乡土文献的工作，他认为"此次之始辑校史，开始即受柳师之启迪"③。史学部第四届学生郑鹤声也指出，"在南京高师学历史的人，大半受

---

① 吴宓著，吴学昭整理：《吴宓自编年谱（1894—1925）》，223页，北京，生活·读书·新知三联书店，1995。
② 张其昀：《"南高"之精神》，载《国风》第7卷第2号，1935年，15页。陈训慈也认为柳诒徵是南高史学的"精神领袖"，参见陈训慈：《南高小史》，载《国风》第7卷第2号，1935年，55页。
③ 陈训慈：《劬堂师从游胜记》，见中国人民政治协商会议镇江市委员会文史资料研究委员会编：《镇江文史资料》第11辑《柳翼谋先生纪念文集》，115页，中国人民政治协商会议镇江委员会，1986。

柳先生的影响"，柳氏在评定学生的论文后，"择优选登在《史地学报》或《学衡》上"，可见柳氏极力扶持后进，而郑鹤声也在柳氏的指导下，进行汉至隋代史学的研究。① 故此探讨南高师生之间史学方法的传承与开拓，可以进一步得知南高史学的发展情形。

至于本书以 1919 年至 1923 年修读南高史学部课程的第一届学生张其昀、陈训慈、缪凤林，及在 1921 年入学的第四届学生郑鹤声作为主要的研究对象，探讨南高史学者之间的师生关系，是基于下列原因：

第一，1919 年后入读南高史学部的学生，其修读的课程甚具特色。前文已提到，1919 年南高文史地部成立，代表了史学专业发展的先声，而南高史学部在此年开始，规定学生除了修读史学科课程，还必须修读史学系开设的人文地理及地学系开设的地学通论，此二科由留美学者竺可桢教授，传授西方地理及地理教育的研究方法，此与南高师范教育的办学宗旨，及柳诒徵提倡的"史地通轨"的治史方法互相阐发，形成南高史学结合史、地及史地教育的特色；同时，哲学系开设的西洋哲学史科目，及史学系开设的西洋史科目，都是史学部学生的必修科目，这使他们能够吸收西方道德哲学思想和治史方法，由是形成南高史学部学生结合中外史学及哲学的研究特色。以上的课程结构，对 1919 年后入读南高史学部的学生起了启导和模铸的作用。

第二，张其昀、陈训慈、缪凤林及郑鹤声四人，均为柳氏及其他教员所称道。在 1919 年入读南高史学部的学生当中，张其昀

---

① 郑鹤声：《郑鹤声自传》，见晋阳学刊编辑部编：《中国现代社会科学家传略》第 2 辑，237 页，太原，山西人民出版社，1982。

"长于史学",陈训慈"好深思,长于史学,喜谈江浙学风",缪凤林"甚博学,恒勤学,喜评论,长于历史,多作文章"①;柳诒徵除了欣赏这三个学生,又认为1921年入学的郑鹤声是"得力最深,用功最勤"的学生。② 他们都承认在治史方法及观点上,受到柳氏的影响,借研究他们的治学情况,自可见师生间的传承及开拓关系。陈训慈及郑鹤声承认其治史方法受到柳氏的启导,已见上文引录。张其昀也说:"柳(诒徵)先生的教泽,是终生受用不尽的。因为当时我校(南高)新设地理课程,他指示我们应多读地理,研习科学,并以追踪二顾之学——顾亭林(顾炎武)的史学和顾景范(顾祖禹)的地理学——相勖勉。现在回想起来,得益最多的有三点,就是(一)方志学……。(二)图谱学……。(三)史料学。"③足见张其昀是因得到柳氏的启导,而开始注意传统地理学研究的方法的。缪凤林亦谓:"吾就学南高,每念及柳师曾言'吾国礼乐制度崩坏,急宜补弊起废,求明先圣之志,达万世之思',深喟叹息,今欲承吾师之志不敢殆!"④缪氏研究中国礼学史,就是受到柳氏的引导。此外,这四位学生均是积极参与南高史学活动的人物。他们就读南高期间,成立南高史地研究会,并任《史地学报》编辑;毕业后,或返回其时已改名为东大的史学系继续

---

① 吴宓著,吴学昭整理:《吴宓自编年谱(1894—1925)》,224页,"1921 民国十年"条。
② 柳诒徵:《我的自述》,见中国人民政治协商会议镇江市委员会文史资料研究委员会编:《镇江文史资料》第11辑《柳翼谋先生纪念文集》,8页。
③ 张其昀:《自序》,见《中华五千年史》第1册,3页,台北,"中国文化大学"出版部,1981。
④ 缪凤林:《中国礼学史》,1页,"中央训练团"党政高级训练班印,台湾省图书馆罗刚纪念馆文库藏本。

学业，或任教于其中，都在同一个学术机构内，且以机构的名义出版学术刊物，并协助柳氏出版《史学与地学》及《史学杂志》，使南高史学得以传承下去。

最后还需指出，本书以1915年至1931年为研究断限。因为南高成立于1915年，柳诒徵于此年执教于该校，而文史地部乃拓源自南高的国文史地部，故本书以1915年南高国文史地部的发展为论述的起点。虽然柳氏在1925年离校，在此之前，陈、张、缪三人又于1923年毕业，但1926年后柳氏因张其昀回校执教于史学系，以及陈、郑二人转读东大史学系课程，故能一起以东大史学系为整理文稿及师生聚会的地方，《史学与地学》因此得于1926年顺利出版，由是延续了南高史学的发展。及至1928年，张其昀离开史学系，执教于地学系，但柳氏与陈、缪三人，因在中大史学系任教，成立中国史学会，并以中大史学系名义出版《史学杂志》，中大史学系由是成为南高史学者收集文稿及聚集往来的地方，使南高史学仍能相承不替。而至1931年，《史学杂志》第2卷第5、6期合刊出版之后，没有继续出版，除了缪凤林仍执教于中大史学系，柳氏与张、陈、郑诸人此后皆不在同一学术机构工作，亦不以同一学术机构的名义出版刊物。况且，1931年后各人虽出版不同的学术刊物，但这些刊物上的发刊词或序言，已不奉南高史学的"史地通轨"及借史地学研究以保存中国文化的宗旨。因有关教员分散各地，又没有一同出版学术刊物，各人的治学方向有了改变，故1931年实为南高史学由"史地通轨"改为分途发展的转折点。

本书参考的数据，主要运用了1921年至1931年，由柳诒徵及其学生张其昀、陈训慈、缪凤林、郑鹤声等一起出版的学术期刊，如《学衡》(1922—1933年)、《史地学报》(1921—1926年)、《史学与地学》(1926—1928年)及《史学杂志》(1929—1931年)，借这些刊物的内容，以见南高史学的发展，以及有关史学研究者的观点。

本书又利用了中国第二历史档案馆的数据，如《1915年南京高等师范学校教职员一览表》《1919年南京高等师范学校教职员一览表》《南京高等师范学校章程》等；以及相关的校史数据，如南京大学图书馆藏《南高文史地部第一级会纪念刊》，台北"国史馆"藏《两江优级师范学堂地理历史选科学生履历表》《南京高等师范学校毕业生一览表》，还有1949年后南京大学校史编辑组编《南京大学校史资料选辑》，南京大学校史编写组编《南京大学史(1902—1992)》，朱斐编《东南大学史》，朱一雄编《东南大学校史研究》等。以上数据包括南高、东大史学系的课程、教职员及学生名单，借着南高史学部、东大及中大史学系开设的科目，从而得见课程与南高史学发展的关系。

学界探讨柳诒徵的史学思想及治史方法，主要根据柳氏著《中国文化史》和《国史要义》，本书更运用了南京图书馆馆藏柳诒徵所撰《东亚各国史》等著作，这本书至今尚未为学界所注意。在研究缪凤林的治史特色时，本书除了引用缪氏编著的《中国通史纲要》及《中国通史要略》，还参阅了台湾省图书馆内罗刚纪念馆收藏的《中国礼俗史》一文，以探讨缪氏的礼学思想。论及陈训慈的治史情况时，除了引录陈氏以"陈叔谅"为名出版的《近世欧洲革命史》《世界大战史》，更运用南京图书馆藏本陈训慈所著《西洋通史》等，以见陈氏治中外史学特色。论述张其昀治史地学的特色，多取材自张氏所编的地理教科书。至于郑鹤声的治史方法，除了参阅郑氏编著的《中国史部目录学》及《中国近世史》二书，也引用了上海青年会图书馆所藏郑氏编著的《中国历史教学法》。

本书主要采用人物史学思想的研究方法，并从史学与学术机构发展的互动关系的角度做出分析。全书共分三部分。第一部分为引言。第二部分为专章论述。第一章论述柳诒徵与南高史学风尚形成的时代背景。柳氏既被南高史学工作者奉为"精神领袖"，所以本书先介绍他的史学及传统道德文化知识的来源，并略述其生平；接着从晚清师范教育、江浙学风、江浙藏书事业，五四前后激进的反传统文化言论及第一次世界大战后出现的中西文化调和论等方面，探讨形成南高史学工作者重视传统文化、推动史地教育及治史地学特色的原因，并注意西方哲学、历史学及地理学思想在南高文史地部传授的情形。第二章、第三章阐述南高史学的发展概况，以其"精神领袖"柳诒徵在南高史学部任教的经历为主线，结合南高文史地部、东大史学系及中大史学系的发展，师生一同编印《史地学报》《史学与地学》《史学杂志》的始末，将南高史学发展分为三个时期：1915 年至 1918 年是"成立阶段"，1919 年至 1925 年为"成长阶段"，而 1926 年至 1931 年为"分途发展阶段"。第四章析论柳诒徵的史学观点、治史方法，以及其史学思想特色，特别指出柳氏所提"吾国以礼为核心之史"，是柳氏治史的重心所在。第五章介绍柳氏曾加以称许的南高史学部学生张其昀、陈训慈、郑鹤声、缪凤林的史学研究，以见师生之间在学问方面的传承关系，这批学生也曾师事不同的教员，各自又有不同的研究取向，因此开拓了柳氏未加注意的史学研究领域。第三部分为结论，对南高史学做出评价，厘清一些尚未受到重视的课题，使民国史学发展的面貌更见完整。

# 第一章　柳诒徵与南高治史风尚的形成

南高办学上承两江师范学堂(以下简称两江师范)①,提倡师范教育及道德教化的办学宗旨;南高的"精神领袖"柳诒徵,本执教于两江师范,由是柳氏也借史学研究,达到提倡道德教化的目的。师范学堂尚孔子的道德教化,对南高史学尚中国传统文化亦有一定影响。此外,南高史学工作者多为江浙人士,他们甚为欣赏江浙先贤顾炎武、顾祖禹及章学诚治史地学的成果,这三位著名学者的治学方法,也多少在南高史学者的治史特色中表现了出来。

柳诒徵及南高文史地部学生多前往江苏国学图书馆借阅藏书,此图书馆的藏书,也影响了他们的治史风尚。柳氏早已崇尚中国传统文化,正值五四运动时期出现了陈独秀、吴虞等人激烈

---

① 两江师范学堂本名为三江师范学堂,成立于1902年,至1905年才改名为两江师范学堂。有关三江师范至两江师范的发展,详见苏云峰《三(两)江师范学堂:南京大学的前身,1903—1911》(台北,"中研院"近代史研究所,1998)一书。

反对传统文化的言论,在五四运动带动下,顾颉刚等人提倡疑古史学,由是激起柳诒徵与顾氏展开史学论争,又借着《中国文化史》以保存中国文化于不坠。在柳氏的教导下,一批南高史学部学生被培养出来,他们坚持借学术研究以保存中国文化的研究方向,并借学术研究发表反对激烈批判传统文化的言论。所以,要了解南高史学特色形成的原因,也要注意五四时期出现的反传统言论。

南高史地部的学生,尤多介绍中外史地学的知识,他们虽尚传统文化,但又不排除西学,这种融通中外知识的言论,早见于第一次世界大战之后在国内外出现的中西文化调和论。而另一位南高"精神领袖"刘伯明,也主张治学应融通中外文化,所以探讨南高史学融通中外哲学、史学、地理学的治学特色如何形成,也应注意第一次世界大战后出现的中西文化调和论。正如南高学生所言,"南高又有一最可自负之点,即留学生与国学大师的合作"①,终使"南高师生一方尊重本国文化,一方复努力认识西方文化"②。南高史学部学生在传统学术方面主要获益于柳氏,至于吸收西方知识方面,则得自讲授西方哲学史的刘伯明、讲授西洋史的徐则陵及讲授人文地理和地学通论科目的竺可桢。故此要进一步了解南高史学部学生获取融通中外史地及哲学文化知识的途径,便要注意这三位留美教员的教学情形和他们所发表的言论。

最重要的是,柳诒徵乃南高史学的开山人物,他的治史及行

---

① 张其昀:《"南高"之精神》,载《国风》第7卷第2号,1935年,20页。
② 郭斌龢:《南京高等师范学校二十周年纪念之意义》,载《国风》第7卷第2号,1935年,3页。郭氏为刘伯明在南高执教时的学生。

事方法，对南高史学发展有重大的影响。因此在叙述南高史学出现的时代背景之前，应先介绍柳诒徵早年的学习情况及其生平学术。

## 第一节　柳诒徵的生平及其学术

柳诒徵是开拓和发展南高史学的关键人物，他早年的学习环境及其获得史地知识的由来，对于南高史学特色的形成，是有一定影响的。作为东南方学术界的代表，柳氏与执教于清华大学国学院的陈寅恪并列，时人誉为"南柳北陈"，这位南高"精神领袖"的生平和学术是有必要首先加以讨论的。①

柳诒徵(1880—1956)，字翼谋，晚号劬堂，又号龙蟠迁叟，江苏镇江人，妻吴素鸾，育有一子岂生(1910—1977)、一女定生(1913—2006)，享年77岁。他的一生，可分为以下几个阶段：(1)早年接受中国传统学术熏陶时期(1880—1900)；(2)兼习中外史地知识时期(1901—1906)；(3)从事教研工作及主持国学图

---

① 卞孝萱：《序》，见孙永如：《柳诒徵评传》，1页。本节主要介绍南高"精神领袖"柳诒徵在执教南高之前(1880—1914)受学及教学的经过，以见柳诒徵怎样孕育借史学研究以重建道德教化、吸收传统及中外史地学知识的治学理路。至于柳氏在1915年后至1949年前执教南高的情况及其与南高史学发展的关系，请详见本书第二、第三章。同时，本节取材多依据柳定生：《柳诒徵先生年谱》，载《华冈文科学报》第18期，1991年，335—378页。下文凡引用《柳诒徵先生年谱》，皆简称《年谱》。

书馆时期(1906—1937);(4)逃避战乱及晚年生活时期(1938—1956)。①

## 一、早年接受中国传统学术熏陶时期(1880—1900)

柳诒徵生长在一个重视礼学及孝道的塾师家庭。② 母鲍还珠(1845—1910),年幼时已"读四子书,强记异常,间制诗草"。③ 外祖父替柳诒徵取名自《诗经·大雅·文王有声》篇"诒厥孙谋,以燕翼子",意谓保护诒徵成才。④ 诒徵高祖柳棽,曾撰《性理汇解考》。族祖柳兴恩(1795—1880),为道光十二年(1832)举人,任句容县教谕,著《穀梁大义述》,收入王先谦编《皇清经解续编》。叔父柳翼南,曾著《说文引经考异》及《尚书解》。⑤ 父柳泉(1834—1885),咸丰年间因避太平天国攻打居地江苏丹徒

---

① 前人已研究柳诒徵生平,如孙永如、张文建及张其昀,但尚未利用柳定生的《年谱》。此《年谱》甚多资料尚未被学者注意,以下在介绍柳氏生平部分详加介绍,本节多依据《年谱》及柳诒徵的《自传》及《我的自述》(见中国人民政治协商会议镇江市委员会文史资料研究委员会编:《镇江文史资料》第11辑《柳翼谋先生纪念文集》,4—12页)。
② 有关清代镇江在太平天国运动之前教育事业的繁荣情况,参见贾玉书:《镇江书坛概述》,见中国人民政治协商会议镇江市委员会文史资料研究委员会编:《镇江文史资料》第29辑,258—274页,1996。
③ 柳定生:《年谱》,载《华冈文科学报》第18期,1991年,338页。
④ 柳诒徵:《我的自述》,见中国人民政治协商会议镇江市委员会文史资料研究委员会编:《镇江文史资料》第11辑《柳翼谋先生纪念文集》,4页。亦可参见柳定生:《年谱》,337页。
⑤ 柳荣宗(字翼南):《尚书解》,载《国学图书馆年刊》第9年刊(1936年),(总)6235—6342页,台北,成文出版社,1985(据1928—1937年刊本影印)。

县，遂移居崔梁，至清军平定太平天国后，屡应科考不第，后入地方邑庠，教授里甲，但丹徒一地，自太平天国一役后，已是"地方贫乏，贫无立锥地"①，"学者生计困乏，官厅虑书院之膏火无以均济，乃月试之，升降厚薄无定"②。及后，他的父亲更患肺病，恶疾缠绵，只收私塾膏火，以资生活，"撙节食用，已极清贫，益以肺疾，馆谷减于前，生计更窘"③。至1885年，诒徵年六岁，父病死，家庭经济失去支柱，只有靠外祖父供给衣食，为了生计，其母以针线售钱。其后柳诒徵回忆这段生活时说："小时候（得）不到营养，餐时经常只有红酱豆腐，母亲姐弟三人赖以下饭。"④在传统社会中，教导本是父职，如今母兼其职，督教诒徵。五六岁时，其母口授唐人五七律。稍长口授四子书、五经、《孝经》、《周官》及《尔雅》等古文诸书。母亲令其天天背诵，逐日念书，书不背完，不能吃饭。⑤与母相依，及得到乡邻接济生活，培养了他孝敬母亲、仁爱乡里的品德，长大后自号"劬堂"，就是不忘幼孤家贫，母教成才、终身自励的意思。母亲教课时，经常指出"为学之道，在明德"，故诒徵受母教的启发，以为"做诗做文不可好发牢骚，专说苦话，以及攻讦他人，触犯忌

---

① 柳诒徵：《里乘》，载《国学图书馆年刊》第8年刊（1935年），（总）5026页，台北，成文出版社，1985（据1928—1937年刊本影印）。
② 柳诒徵：《记早年事》，见中国人民政治协商会议镇江市委员会文史资料研究委员会编：《镇江文史资料》第17辑，230页，1990。
③ 柳诒徵语，转引自柳定生：《年谱》，338页。
④ 柳诒徵语，转引自张其昀：《吾师柳翼谋先生》，载《中央日报》，1968年1月16日，4页。
⑤ 柳诒徵：《记早年事》，见中国人民政治协商会议镇江市委员会文史资料研究委员会编：《镇江文史资料》第17辑，214页。

讳等等。所以平生谨守范围,固不屑以诗文为干谒谀谄之具,亦不敢用为玩世骂人之武器"①,吾家"习于家庭礼法,亦从先妣舅妗后,承事惟谨"②,因受其母的教导,柳诒徵由是孕育了以提倡道德教化为己任的思想。

除了母亲为柳诒徵提供了学术知识的来源,柳氏也受赵申甫及其父亲一位学生兼舅父陈庆年(1863—1929)所影响。在陈氏的教导下,柳氏由治经学转向治史学及注意通史研究。③

在1898年之前,柳氏主要受母亲及外祖父的教导,并读书于镇江培风书院,治学以经书、骈文为主。乃至1899年,他结交赵申甫及陈庆年,治学自此转向史学。柳诒徵在《我的自述》中强调他在廿岁前后,"最得此二先生之力",陈庆年听说他很好学,时常找他去谈论,他因而"得到许多讲学问的门径"。④ 赵申甫是陈庆年的朋友,镇江人,因柳氏家贫,便常借家中藏书给柳氏,并经常与柳氏谈及镇江掌故,以及清朝学者的事迹,柳氏日后注意整理乡邦文献,与赵氏的教导也有关系。⑤ 陈庆年为镇江丹徒县(今镇江市丹徒区)人,早年毕业于江阴南菁书院,长于史学,主

---

① 柳诒徵:《我的自述》,见中国人民政治协商会议镇江市委员会文史资料研究委员会编:《镇江文史资料》第11辑《柳翼谋先生纪念文集》,9页。
② 柳诒徵:《记早年事》,见中国人民政治协商会议镇江市委员会文史资料研究委员会编:《镇江文史资料》第17辑,216页。
③ 前人所写有关柳诒徵的传记,尚未注意到陈庆年对柳诒徵治学思想的影响,可能是因为未能阅读陈庆年的著作。
④ 柳诒徵:《我的自述》,见中国人民政治协商会议镇江市委员会文史资料研究委员会编:《镇江文史资料》第11辑《柳翼谋先生纪念文集》,7页。
⑤ 柳诒徵:《我的自述》,见中国人民政治协商会议镇江市委员会文史资料研究委员会编:《镇江文史资料》第11辑《柳翼谋先生纪念文集》,7页。

要研究法制史、兵制史及地理学。① 他继承了清代考据学的研究风气，主张经学在礼学，认为实践礼学是重建秩序的工具，又宗浙东学者，言性命必折中于史，但处于清末这个列强入侵的时势下，陈氏认为士子应多注意研究通贯历代的史学，明了历代变化的原则，从而掌握治世的方略。他说，"汉儒欲救治经之弊，非玩经文存大体，求通今致用，宜取史学，如其事有关鉴戒宜少下己意为之发明，广取历代通事，观无涯涘"②，所以他曾撰《兵法史略学》，并辅佐江苏巡抚端方，任幕府僚佐。③ 陈氏于光绪二十三年(1897)再次强调只考证文字的治经学方法，不足以处变列强入侵的时势，求通今必要提倡研治通史，以求通达古今，教员也

---

① 陈庆年的学生陈毅认为，其师最专心法制史、兵制史及地学专论。[陈毅：《致那珂通世的信》(1902)，见李庆编注：《东瀛遗墨——近代中日文化交流稀见史料辑注》，111 页，上海，上海人民出版社，1999。] 有关陈庆年收藏中外兵志的情况，参见缪凤林编：《缪凤林先生藏书目录》，6 页，"中研院"中国文哲研究所藏本。
② 陈庆年：《上张广雅书》(1898)，见《横山乡人类稿》卷十，29 页，香港中文大学新亚图书馆藏本。
③ 清代南菁书院的学风，在鸦片战争后，自研究经学转向注意经世致用，参见吴新雷：《南菁书院的学术研究及其对文化界的贡献》，载《南京大学学报》第 2 期，1985 年，15—23 页；Barry Kennan, *Imperial China's Last Classical Academies Period: Social Chang in the Lower Yangzi*, Berkeley: University of California Press, 1994, pp. 18-31; Barry Kennan, "Diary Pedagogy in Lower Yangzi Academies, 1830 - 1900", pp. 10-14(未发表，由作者于 1996 年 8 月 25 日至 29 日在湖南"儒家教育理念与人类文明国际研讨会暨岳麓书院创建 1020 周年纪念会"上宣读)。有关端方在任江苏督抚期间对江浙教育的贡献，参见张海林：《论端方的渐进主义思想及其在江苏的实践》，载《南京大学学报》第 2 期，1997 年，179—186 页；尚小明：《学人游幕与清代学术》，165—170 页，北京，社会科学文献出版社，1999；缪全吉：《清代幕府人事制度》，87—96 页，台北，"中国人事行政"月刊社，1971。

可利用中国文明发达的历史知识,以振奋民心,增强民族自尊心,"以史教天下,即以疏通知远教天下","教育指归,至令人爱国而极矣,然爱国之理必先由于知国,盖治历史者之多少,验爱国心之多少","观通百代,处变时方"。① 为此,他也非常重视乡土的历史地理教材,认为"以仁爱乡土思想,而仁爱一县以渐被于全国",《兵法史略学》一书就是在"通今致用,史学所急"的思想下写出来的,② 此书更成为晚清学堂兵学一科的教科书。③ 陈庆年曾劝柳氏:"今世欲以辞章出人头地,曳曳乎难矣。曷至力经史根柢之学乎?"④而柳氏也承认"陈善余(庆年)最深于史学,劝我(柳诒徵)不要专攻词章,因此我也就不大很做诗和骈文。陈(庆年)的志愿是讲学不做官,我也就只愿讲学不做官"⑤,由此可见柳氏受陈庆年的经世思想和言论影响之深。

## 二、兼习中外史地知识时期(1901—1906)

1901 年至 1906 年,为柳氏学习中西方知识的主要阶段。

---

① 陈庆年:《与黄鲜庵学士书》(1904),见《横山乡人类稿》卷十,33 页。
② 陈庆年:《兵法史略学序》(1901),见《横山乡人类稿》卷二,7 页。
③ 有关《兵法史略学》成为晚清学堂兵学一科教科书的情况及此书的内容,参见张文建:《陈庆年和〈兵法史略学〉》,见中国人民政治协商会议镇江市委员会文史资料研究委员会编:《镇江文史资料》第 17 辑,179—189 页。
④ 陈庆年对柳诒徵说的话,未见原文,转引自柳曾符:《陈善余先生与先祖柳翼谋》,见中国人民政治协商会议镇江市委员会文史资料研究委员会编:《镇江文史资料》第 29 辑,143 页。
⑤ 柳诒徵:《我的自述》,见中国人民政治协商会议镇江市委员会文史资料研究委员会编:《镇江文史资料》第 11 辑《柳翼谋先生纪念文集》,7 页。

1901年，诒徵二十一岁，因陈庆年命录其骈散文十余篇，转交给任江楚编译局总纂的缪荃孙①，诒徵的文章受到缪氏称许，故被缪氏任命为此局编纂，至1907年止。江楚编译局是刘坤一、张之洞昌言变法而设立的，缪荃孙任总纂，更积极鼓励陈庆年购买日本学者所译的西洋书籍，②此局收藏东西文书共五百三十六种。江南图书馆的部分藏书继承自江楚编译局。依《江南图书馆善本书目》所见，馆中收藏关于东亚史研究的著作，计有日本学者岩垣松苗撰《日本国史略》五卷，朝鲜学者郑麟趾撰《高丽史》精钞本，《朝鲜史略》十二卷，明人董越撰《朝鲜赋》一卷，江楚编译局编《日本历史》二卷和《日本史纲》二卷，姚文栋撰《琉球地理志》等；③而馆中收藏有关东南亚史地的著作，有元人汪大渊撰《岛夷志略》一卷及清人许之祯撰《南洋见闻录》等。这些书都成为日后柳氏撰写《东亚各国史》的重要凭借。江南图书馆藏书除了中国史著作，在"史部"中，以收藏研究日本历史的书籍为大宗，共七十九种；其次为美国史，共十九种。④由是柳诒徵不独因钻研馆藏

---

① 有关缪荃孙的生平，参见张碧惠：《晚清藏书家缪荃孙研究》，8—22页，台北，汉美图书有限公司，1991。
② 有关缪荃孙鼓励陈庆年向日本购书的情况，参见柳诒徵著，柳曾符整理：《缪荃孙与盛孙怀书跋》，载《学林》第7卷，1996年，7—8页。
③ 江南图书馆的藏书情况，参见江南图书馆编：《江南图书馆善本书目》，"史部"15号，14—18页，台北，广文书局有限公司，1970(据1936年江苏国学图书馆编印本影印)；柳诒徵主编：《江苏省立国学图书馆现存书目》，24页，台北，广文书局有限公司，1970(据1930版影印)。有关馆藏日本学人研究中国历史及地理学的著作，及柳氏任职馆中可以汲收日本及西方史地知识的情况，参见柳曾符：《陈善余先生与先祖柳翼谋》，见中国人民政治协商会议镇江市委员会文史资料研究委员会编：《镇江文史资料》第29辑，143—146页。
④ 柳诒徵主编：《江苏省立国学图书馆现存书目》，"史部·外国史"，25—27页。

那珂通世撰《支那通史》(此书以中文著述),而终成《历代史略》①;更在任职编译局期间,阅读编译局及江南图书馆中所藏有关中国历史、日本史、东南亚史的典籍,而有一系列有关中国史地、东南亚历史与文化的研究成果。②

同时,此局主要编译新式教科书,③ 如曾出版陈作霖编《礼书初编》及《元宁乡土教科书》,那珂通世的《支那通史》,陈寿彭译《万国史略》,刘鉴的《埃及近事考》《日本历史》二卷及《地理学参考》一册,引发了柳诒徵注意史地学知识的传播及编撰历史教科书的兴趣,④ 故柳氏曾说:"予于壬寅(1902)癸卯(1903)间,在江楚编译局,阅那珂通世所纂《支那通史》,略事删润,增辑元明两朝,易名《历代史略》,由局付剞劂,中等学校多采用之。"⑤(按:1899年罗振玉主办的东文学堂,刊印那珂通世所纂的《支那通

---

① 柳诒徵主编:《江苏省立国学图书馆现存书目》,"史部·外国史",21页。
② 有关柳氏利用江楚编译局、江南图书馆藏典籍,而撰成《东亚各国史》《朝鲜史》《日本史》《中国文化史》的情形,详见柳诒徵:《我的自述》,见中国人民政治协商会议镇江市委员会文史资料研究委员会编:《镇江文史资料》第11辑《柳翼谋先生纪念文集》,5页。
③ 有关缪荃孙处理江楚编译局工作的情况,暂见梅宪华:《晚清官书局》,载《出版史料》1989年第3、4期合刊,3—5页;Kenneth E. Folsom, *Friends, Guests, and Colleagues: The Mu-Fu System in the Late Ch'ing Period*, Berkeley: University of California Press, 1968, pp. 123-126。然而专就这方面做详细研究的,尚未多见。
④ 有关江楚编译局收藏日本学者翻译的西方史地学著作的情况,参见缪荃孙:《致柳翼谋书》,载《学林》第7卷,1996年,1—3页。有关江南图书馆藏的一部分典籍上承自江楚编译局的情况,参见柳诒徵主编:《江苏省立国学图书馆现存书目》,21—25页。
⑤ 柳诒徵:《中新书局铅印本历代史略跋》,见柳定生、柳曾符编:《柳诒徵劬堂题跋》,48页,台北,华正书局,1996。

史》，柳氏据馆中藏书，进行转录及改编；①《历代史略》成为清代学部指定的史学部教科书，日后柳氏执教的三江及两江师范学堂的史学部课程亦加以采用。②)除了《历代史略》，柳氏还在局中先后编辑《字课图说》《中国商业史》及《中国商业道德史》等教科书。③

缪荃孙间接推动了柳氏对教育事业的注意。1901年，清政府宣布推行教育改革，④ 同年12月，令缪荃孙与徐乃昌赴日本考察学务，⑤ 次年1月，柳诒徵随缪荃孙等人，游日本横滨、大阪、神户及西京各地，尤考察日本的学校建制、课程改革、教材编写。⑥ 柳氏在日本逗留至3月返国，其间他得知日本推行的教育制度与国家强大甚有关系，故立志以启导民智为己任。后来他接纳日本东京高等师范学校校长嘉纳治五郎"宜先办小学和高等师范"的建议，于1902年7月与友人陶逊、陈义在南京创办思益小

---

① 柳诒徵：《序》，见《历代史略》，1页，南京大学图书馆藏本[据光绪二十九年(1903)江楚编译局本]。
② 《审定学堂暂用书目》，载《学部官报》第57期，1905年，5页。亦参见(缺编者)：《商务印书馆出版教科书目》，香港商务印书馆藏本[据光绪三十一年(1905)刊本]。
③ 《中国商业史》及《中国商业道德史》已失传，参见柳定生：《年谱》，载《华冈文科学报》第8期，1991年，343页。
④ 有关晚清的教育改革，参见王凤喈：《中国教育史》，15—32页，台北，正中书局，1995(据1945年版)；Sally Borthwick, *Education and Social Change in China: The Beginnings of the Modern Era*, Stanford: Hoover Institution Press, 1983, pp. 23-42; Ruth Hayhoe, *Education and Modernization: The Chinese Experience*, Oxford: Pergamon, 1992, pp. 28-35。
⑤ 缪荃孙：《艺风老人年谱》，14页，北平，文禄堂，1936。
⑥ 有关柳诒徵游日的情况，参见柳诒徵：《记早年事》，见中国人民政治协商会议镇江市委员会文史资料研究委员会编：《镇江文史资料》第17辑，235页。

学堂，自任国文、历史、伦理、书法科教习。① 所以，随缪荃孙前往日本考察，使柳氏对教育事业的志趣大大提高。

此外，缪氏刻书及撰述，亦推动了柳诒徵撰述方志及研究地方史的兴趣的发展。缪氏曾参加《顺天府志》《湖北通志》《常州府志》及《江阴县续志》的编撰工作。1881年，张之洞任缪氏为《顺天府志》总纂，缪氏更编撰《地理志》中《疆域》《寺观》《沿革》，《经政志》中《矿厂》《钱法》，《人物志》中《乡贤》，《艺文志》，《金石志》及《序志》各部分。在编志时，他多借地方兴废，以见治乱的关键，治地方史时尤重经世，不全取文献考据及沿革史地的方向。他在《地理志》中认为，"规划疆域，脉络山川"及"城郭建置之方，治所兴废之迹"尤为重要，"览形势厄塞，则思握险控，防患于未然；验风俗盛衰，则思与民休息，维之于不敝"②，行军与地势分布有关，驻兵扼险要的地势，自然能防变于未然，所以在《故事志》中，缪氏要求述志"由今溯昔，纲举条系"，以见"兵事之成败，地势不可不讲也"。③ 晚清外患主要是"海波一角，摇动全燕，轮舸炮台，锁钥勾连"，故借撰以上诸志，以明"不忘武备""居安思危"。④ 在《地理志十二·边关》中，他详述咸丰年间英法联军侵华之役，指出"咸、同之际，洋舶驶至天津，通商内

---

① 柳定生：《年谱》，载《华冈文科学报》第8期，1991年，341—342页。
② 缪荃孙：《地理志》，见李鸿章等监修、张之洞等总纂：《光绪顺天府志》第19卷第3册，（总）1237页，台北，文海出版社，1965（影印版）。
③ 缪荃孙：《故事志》，见李鸿章等监修、张之洞等总纂：《光绪顺天府志》第57卷第7册，（总）3707—3714页。
④ 缪荃孙：《序录》，见李鸿章等监修、张之洞等总纂：《光绪顺天府志》第130卷第16册，（总）10353页。

地者二十余国，海口设防不虞是戒。有心时事者，不能无世变之感矣"①。在《经政志四·矿厂》中，缪氏认为海禁大开，使外力入侵，为求应世，中国也应效法"泰西，煤铁要需，尤宜筹划"②。"西北多山，民习勤苦；东南多水，民忧泛滥；惟通州、武清下接津沽，近年各国通商，轮舶翔集，大舠长舸，百货荟萃，民食其利"，边疆大吏应按地理环境、民习风尚，以筹划地方发展。故方志可以提供一地的风貌、地形的分布，人们可将方志作为开发地方的参考，官员亦可将方志作为安边政策的依据，可见治方志与治世甚有关系。

此外，缪荃孙又喜保存文献，既注意考订文献的真伪，也注意借保存地方文献，使世人知地方兴废所由。缪氏认为："掌故，军国大事，治乱攸关，祖宗家法，沿革备载，诚立国者之所资，亦秉笔者之盛业也。"③保存文献，非徒是辑录散佚的工作，而是将保存昔日的文献，以为后世立国的借鉴，故缪氏在《云自在龛随笔》《古学汇刊》中先后写作"顺治朝补记""列朝一""列朝二""康熙朝诸臣""经济名臣""经世诸臣"等部分，使"士子取自圣裁，明治世方略"。缪氏为了使学子了解他个人的藏书状况，方便局员借阅，又撰写书籍目录，在1900年把家中藏书"按籍编目"，撰成《艺风堂藏书记》，尽录题跋印记，书中略举撰者的履

---

① 缪荃孙：《地理志》，见李鸿章等监修、张之洞等总纂：《光绪顺天府志》第19卷第3册，（总）1246页。
② 缪荃孙：《经政志》，见李鸿章等监修、张之洞等总纂：《光绪顺天府志》第59卷第7册，（总）3927页。
③ 缪荃孙：《江阴先哲遗书序》，见《艺风堂文集》第5卷第1册，3页，台北，文海出版社，1985。

历及书籍的内容大意。① 及后缪氏掌管江南图书馆，先后购买了杭州丁丙的藏书，并扩充南京龙蟠里图书馆，增添馆员，补充图籍，更收藏宋元旧版；为方便读者查阅，他清理书籍，按经史子集分类，行字、尺寸另成一编，于1903年撰成《江南图书馆书目》。② 日后，柳诒徵也上承缪氏编辑书目，公布馆藏书籍于世，以发扬借"书目"保存文献的美意。

缪氏还刊刻地方乡贤丛书。他从书籍流传的角度，以为学者应如黄丕烈、顾千里等人，"公其书于天下"，反对"私其书于一己"，所以存文献，"举古人欲绝之迹，海内未见之本，传之艺苑，播之寰宇，俾又可绵延一二百年，不致泯没"，以免先贤典籍因为兵火摧毁，或为"外洋捆载以去"，失传于中国，故藏书家应以使书籍"广被流传"为要务。③ 他刻刊的书籍主要以江浙乡贤的文籍为主，如"云自在龛丛书"共五集十九种，其中有《吴兴山墟名》《吴兴记》《元和郡县图志阙卷逸文》《三水小牍》《东湖丛记》等；他更受盛宣怀嘱托，利用江南图书馆所藏书籍，编刻了《常州先哲遗书》四十二种，其中保存了不少舆地、地方掌故方面的书籍。④ 柳诒徵也承认保存地方文献的思想，得自缪荃孙的启导，从中得到许多整理地方文献的门径。

---

① 缪荃孙：《艺风堂藏书记》，见《艺风堂文漫存（乙丁稿）》第3卷，466—467页，台北，文史哲出版社，1973。
② 缪氏也完成了《清学部图书馆善本书目》，但此书成于1912年，缪氏已离开江苏，而对南高学人治史风尚的影响不大，故不述其内容。
③ 缪荃孙：《艺风堂藏书记》，见《艺风堂文漫存（乙丁稿）》第3卷，466页。
④ 缪氏刊刻丛书，除了"云自在龛丛书"，还有"藕香零拾""对雨楼丛书""烟画东堂小品"。

## 三、从事教研工作及主持国学图书馆时期(1906—1937)

柳诒徵在此阶段致力于教育工作及学术研究,这对南高史学的发展尤为重要。1906年至1907年,柳氏以江楚编译局分纂的职位,兼任思益小学堂、江南高等学堂及江南高中两等商业学堂教习,开始参与教育工作。至1908年,两江师范监督李瑞清聘请柳氏任该校历史学门教员。两江师范的前身是1902年成立的三江师范学堂①,这亦是日后南京高等师范学校的前身,而校址即今

---

① 有关三江师范命名的问题今天也未有定断:其一以两江总督管辖区为立论;其二,以为历史上安徽属江南省,"三江"即江苏、安徽、江西三省之简称,学堂招生的范围也以此三省为本,因而得名;其三为兼采以上两种说法。然而负责编辑校史的人员也未有定断。有关"三江师范"的命名问题,详见杨振亚:《三江师范学堂的创建及其发展》,载《高校研究与探索·校史研究专刊》第2期,1987年,60页;南京大学校史编写组编著:《南京大学史(1902—1992)》,8—9页;[日]松元孝次郎:《南清教育近况》,载《教育学术界外报》第21卷第6号,1911年,95—99页,第22卷第2号,1912年,81—85页。

天南京的东南大学。① 柳诒徵自 1908 年起执教于两江师范学堂，由是与师范教育结下了不解之缘。②

1911 年武昌起义后，各省纷纷独立，镇江也于 11 月宣布独立，驻江宁第九镇统制徐绍桢（1861—1936）亦宣布起义，进攻南京城，终取得胜利，却使两江师范大受破坏，该校成为驻兵之所，"寄宿舍百余间被毁，所余书籍操衣帐子等件，本部封存"③。据当时《时报》上的报道，两江师范破坏的情况如下：

> 南京闭城时，监督李瑞清驻守校中，全校保存。光复后驻扎军队，兵士因天寒燃草取暖，以致失慎，斋舍洋楼半为

---

① 大陆与台湾的校方编撰有关中央大学的校史时，也把其拓源自三江师范，历经南京高等师范学校、东南大学及国立中央大学，参见南京大学校史编写组编著：《南京大学史（1902—1992）》，3—234 页；朱斐主编：《东南大学史》第 1 卷，9—304 页；"中央大学"七十周年校庆纪念特刊编辑委员会编：《"中央大学"七十周年纪念特刊》，140—153 页。苏云峰也承认东南大学、"中央大学"和南京大学源自三江师范的发展体系，详见苏云峰：《三（两）江师范学堂：南京大学的前身，1903—1911》，165—166 页，台北，"中研院"近代史研究所，1998；"中大"八十年校庆特刊编辑委员会编：《"中大"八十年：校庆特刊》，2—8 页，中坜，"中央大学"出版社，1995；陈训慈：《本校（南高）沿革史略》，见《南高文史地部第一级会纪念刊》，8—9 页，南京大学图书馆特藏部藏南高文史地部 1924 年刊本。

② 有关三江师范学堂的创办情形，参见刘坤一：《奏陈筹办学堂情形折》（1902 年 5 月），见南京大学校庆办公室校史资料编辑组、南京大学学报编辑部编：《南京大学校史资料选辑》，1—2 页，南京，南京大学出版社，1982；张之洞：《创办三江师范学堂折》，见《张文襄公全集》第 58 卷第 6 册，15—16 页，台北，文海出版社，1963[据北平楚学精庐藏版（1937 年版）影印]。

③ 《记事》，载《教育杂志》第 3 卷第 11 期，1913 年，77—79 页。有关两江师范学堂的破坏情况，参见苏云峰：《三（两）江师范学堂：南京大学的前身，1903—1911》，156—158 页。

灰烬。有两江师范毕业生吴逸(仙)，以保管自居，而贵重仪器，至此荡然无存。……该校规模宏大，于江南教育界首屈一指，从前用款达二百万，光复后风潮变幻，竟成废墟。①

两江师范学堂经历战乱后，校园设施遭到破坏，师生也未能上课。1913年宋教仁被刺后，李烈钧和黄兴在南京先后起兵，声伐袁世凯违背宪法。袁氏命冯国璋率领江防营攻陷南京，致使两江师范再被冯国璋的部下及其他土匪先后洗劫，"军队屯集，炮弹纷飞，校具之移置，校舍之破坏，一日数起"，"乱兵土匪混杂其间，无由辨识，所有全堂校具顿成瓦砾，见封锁之室，即横加捣撬，纷纷攘夺，户限几穿，未及三朝，抢毁迨尽"。② 自1911年至1914年，柳诒徵也因南京战乱及学校受到破坏而避居镇江；1915年他回到南京，应南京高等师范学校校长江谦之聘，任国文、历史部教员。江谦早于柳氏执教两江师范时，已欣赏柳氏行谊，自1915年任南高校长后，网罗人才，邀请柳氏任教其中。江谦更确立了师范教育的办学宗旨，并以南高作为东南地区教育学术发展的中心。

1918年郭秉文(1880—1969)继任南高校长，于1919年秋把国文史地部改名为文史地部，并于1920年推行专科发展方向，史

---

① 原文刊于《时报》1913年2月13日，未见此文，转引自苏云峰：《三(两)江师范学堂：南京大学的前身，1903—1911》，157页。
② 《李承颐呈报兵劫学堂文》(1913年9月30日)，见南京大学校庆办公室校史资料编辑组、南京大学学报编辑部编：《南京大学校史资料选辑》，21—22页。亦参见：《江苏省行政公署饬驻军迁出学堂的训令》，见南京大学校庆办公室校史资料编辑组、南京大学学报编辑部编：《南京大学校史资料选辑》，22—23页。

学系、地学系由是成立。而柳诒徵也于1920年后成为史学部专任教授，柳氏借此学术机构以传播史学知识，并培训学生从事史学专科的教研工作。① 自1919年五四运动后，南高聘请了一群曾留学美国的学者执教文史地部，这些学者——如哲学部主任刘伯明，外文部教员吴宓、梅光迪——与史学部柳诒徵均认为："今国中所谓'文化运动'，其所提倡之事，皆西方所视为病毒者。上流人士，防止之，遏绝之，不遗余力。而吾国反雷厉风行，虔诚趋奉。如此破坏之后，安能再事建设？如此纷扰之后，安能再图整理？只见万众息心敛手，同入于陆沉之劫运而已。"② 柳氏与吴、梅、刘氏更认为南高是一群反对过于激烈地批判传统文化，致力弘扬传统学术文化的"同志"的聚居之地。③ 他们也因反对以胡适、陈独秀等人为首的激烈批判传统文化的言论，被视为"保守"的、"反新文化运动"的学者。④

柳氏极力倡导学术研究，担任南高史地学部学生举办的"史

---

① 有关郭秉文对南高课程的改革，以及柳氏自执教南高国文史地部至南高史学部的过程，见本书第二章"南高史学系的成立与发展(1915—1925)"。
② 吴宓著，吴学昭整理注释：《吴宓日记》第2册，"1920年庚申(民国九年)四月十九日"条，154页，北京，生活·读书·新知三联书店，1998。
③ 吴宓著，吴学昭整理：《吴宓自编年谱(1894—1925)》，214页。
④ 有关因南高学者反对激烈地批判传统文化言论，而认为南高学者属于"保守"的学者，参见鲁迅：《估〈学衡〉》，见《鲁迅全集》第2卷，98—101页；《对于批评家的希望》，见《鲁迅全集》第2卷，122—123页。有关这方面的研究，详见本书引言；亦参见金观涛、刘青峰：《新文化运动的另一图像》，见吕芳上、张哲郎主编：《五四运动八十周年学术研讨会论文集》，809—843页，台北，政治大学文学院，1999。有关近代奉"反传统"文化为"新文化"的代表，参见 Vera Schwartz, *The Chinese Enlightenment: Intellectuals and the Legacy of the May Fourth Movement of 1919*, Berkeley: University of California Press, 1986, pp.132-140。

地研究会"指导员,1921年与学生张其昀、缪凤林、陈训慈等人创办《史地学报》;又与吴宓、梅光迪及刘伯明组织学衡社,出版《学衡》杂志。柳氏又为这些学术刊物撰写序或弁言,尤其是在《史地学报》上撰写的序,标举出了"史地通轨"的研究方向,及借学术研究以阐明中国文化的治学精神,这些研究特色均成为南高学生从事史学研究的指导方向。① 1923年南高改名为国立东南大学,确立"师范教育专业",特重教学、研究与教育事业相结合的发展方向,东大由是积极推动学术研究的风气。当时,东大所处的南方,相较于北方而言,尚为安定,这种环境使整个南高教育事业也走入专业发展的阶段②,师生一起生活在一个较安定的学术环境下,自能促进学术发展。柳诒徵执教史学系,并开设中国文化史、东亚各国史、中国通史等科目,他要求学生读原著,记心得,撰写笔记,对学生的笔记,均能逐字眉批。③ 顾颉刚在1924年发表论文讨论传说中的禹帝,认为其本是古代的"虫",怀疑古代圣君贤相均是后人伪造的,由是掀起"古史辨"的运动;而柳诒徵也从文字的本义批判顾氏的说法,开了批评古史辨运动的先河。④

张其昀、缪凤林、陈训慈、郑鹤声等学生,于1919年至

---

① 有关柳氏与《史地学报》及《学衡》杂志的关系,详见本书第二章"南高史学系的成立与发展(1915—1925)"。
② 有关此阶段南高的发展,参见南京大学校史编写组编著:《南京大学史(1902—1992)》,13—28页。
③ 郭廷以入学虽在1923年东南大学成立后,但郭氏也承认他以笔记方式抄录数据的方法,是受到柳氏的影响,详见张朋园、陈三井、陈存恭访问,陈三井、陈存恭记录:《郭廷以先生访问纪录》,118页。
④ 柳定生:《年谱》,载《华冈文科学报》第18期,1991年,250页。

1921年入读南高(东大),他们四人因为积极参与史地研究会举办的学术活动,以及积极在《学衡》《史地学报》上发表论文,故与柳诒徵及刘伯明、竺可桢等南高史地部的教员接触较多,治学方法上也显然受到柳氏等人的影响。

1922年爆发了第一次直奉战争,直系军阀吴佩孚属下将领齐燮元围攻上海,江浙大战一触即发,结果齐氏大败。东大校长郭秉文因得齐氏资助,成功筹办孟氏图书馆,这使校内一些学者认为郭氏与齐氏有政治上的关系;加上,段祺瑞控制的北洋政府欲直接管理东大,由是支持"反郭"的言论,迫使郭秉文辞职,改任北洋政府所派的胡敦复为校长。而郭秉文对东大力行改革,甚得民心,学生多支持郭秉文复职,终于演变成学生们涌入校长室殴伤刚到任的胡敦复的事件,而校内方面也分成"拥郭派""反郭派"。史学系教员徐则陵支持郭,反郭派的成员有杨杏佛、柳诒徵等。柳氏发表《学潮征故》及《罪言》二文,以为学生只有在安定的学习环境中才可上课,故应安处课堂,不应参与校园殴斗事件,此二文也表露出柳氏不满校董会负责人沈恩孚(1864—1944)操纵省教育会,以及批评郭秉文与士绅沈恩孚相为交往,使学术发展受到政治影响。最后柳氏更与萧纯锦、熊正理及段调元等教授发出《给教育部总长函》,明确反对学生殴伤部聘校长。该函认为:

> 东大学潮,纯由沈恩孚等造成,擅裁工科,不报教部,职查决算,久不报算,造法自违,而责部"违法",以至酿成"三·九之变"(1925年3月9日学潮),实则沈恩孚欲独立

耳！江苏一省，现全在中央统制之内，独教育不受中央统治，沈恩孚等是何居心？董职久停，哓哓无耻，乞发明令，以正是非。但问沈恩孚等：大学教授率领学生殴辱部聘校长，是何处理？沈等所董何事？则片言可析，公理立昭矣。①

结果政府派蒋维乔任东大校长，才结束学潮。而学生们认为，"教育部突然更动我们校长，是因为校内有汉奸。汉奸是谁？就是柳翼谋"②。柳氏因被学生指为与政治交结，愤而离职。

据就读东大的学生郭廷以回忆，这次发生的学潮是一个政治事件。国民政府的周佛海，也采取联合北洋政府段祺瑞的政策，欲支持胡敦复，而江苏省的一部分地方士绅欲借支持郭秉文，反对政府借任命胡敦复以削弱地方官绅势力，另一部分地方士绅又欲借支持胡氏，以联结段氏北洋政府。③ 可惜，柳氏尚未看清时势，认为学生殴辱部聘校长，"有违学校风纪"，而教育归中央统辖是因为全国既已统一，中央政府也应统一政令，地方不应自行其是，他反对学潮及支持胡敦复任校长的原因，全不涉及政治考

---

① 《给教育部总长函》，原刊1925年3月20日，未见原文，转引自江苏省教育厅编审室编：《江苏省教育概览》，42页，台北，传记文学出版社影印（据1932年刊本）。
② 陈训慈的回忆，参见陈训慈：《劬堂师从游賸记》，见中国人民政治协商会议镇江市委员会文史资料研究委员会编：《镇江文史资料》第11辑《柳翼谋先生纪念文集》，130页。
③ 有关东南大学学潮的情况，参见张朋园、陈三井、陈存恭等访问，陈三井、陈存恭记录：《郭廷以先生访问纪录》，144—145页；吕芳上：《"学阀"乎？"党化"乎？民国十四年的东南大学学潮》，见"国父"建党革命一百周年学术讨论集编辑委员会编：《"国父"建党革命一百周年学术讨论集》第1册，125—160页，台北，近代中国出版社，1995。

虑，只是未能清楚局势的全貌，而做出决断。①

自学潮后，东大师生遇此"奇变"②，纷纷离校③。西洋史教授徐则陵，物理学家叶企荪，数学专家熊庆来，化学教授任鸿隽，心理学家陆志韦，生物学家秉志及地理学家竺可桢等人也离校。柳氏也因不满东大的校政及被学生指斥而离校。此后柳氏任教于天津南开大学及北京高等师范学校。

然而自1926年起，柳氏虽居北京，却因学生张其昀任教东大

---

① 柳诒徵：《罪言》，载《学衡》第40期，1925年，（总）5415—5417页；《学潮征故》，《学衡》第42期，1925年，（总）5418—5420页。
② 胡敦复称东大学潮为"东大奇变"，陶孟和称此学潮为"东大暴动"，转引自吕芳上：《"学阀"乎？"党化"乎？民国十四年的东南大学学潮》，见"国父"建党革命一百周年学术讨论集编辑委员会编：《"国父"建党革命一百周年学术讨论集》第1册，135页。有关在东大出现的学潮与国民党、共产党的关系，参见吕芳上：《"学阀"乎？"党化"乎？民国十四年的东南大学学潮》，见"国父"建党革命一百周年学术讨论集编辑委员会编：《"国父"建党革命一百周年学术讨论集》第1册，125—160页；黄一鸾：《东南大学十英烈》，见《东南大学校史资料》（内部文件）第4期，1988年，30—47页。有关是次易校长的问题，参见王炽昌：《东大易长问题之症结及其解决方法》，中国第二历史档案馆藏国立中央大学档案，档案编号：64838316J3072。（以下凡引用中国第二历史档案馆藏国立中央大学档案，皆简称国立中央大学档案。）
③ 有关东大学潮对东大办学风尚造成的破坏，参见罗时实：《十四年东大学潮与我》，载《传记文学》第1卷第5期，1965年，27—29页。有关东南大学学潮的发展概况，详见吕芳上：《"学阀"乎？"党化"乎？民国十四年的东南大学学潮》，见"国父"建党革命一百周年学术讨论集编辑委员会编：《"国父"建党革命一百周年学术讨论集》第1册，127—151页。学生也因学潮而停课，参见秦蒙生：《从东大附中到中央大学——大学生活回忆》，载《中外杂志》第14卷第3期，1973年，30—31页。郭廷以甚至认为，"到了十四年（1925）春，学校发生易长大风潮，半年动荡不安，有些老师因此离校，学校——尤其是我们学生，蒙受极大的损失"，详见张朋园、陈三井、陈存恭等访问，陈三井、陈存恭记录：《郭廷以先生访问纪录》，131页。

史学系，得以以东大史学系为文稿收集及整理的阵地，① 而郑鹤声及陈训慈也以东大史学系学生的身份，于1926年年初至1928年参与及协助《史学与地学》的出版，柳氏也欲以此刊物延伸《史地学报》倡议的"史地通轨"研究方向。

自1928年，柳氏因任南京国立中央大学国学图书馆馆长，遂返回南京国立中央大学（国立中央大学前身即东大，以下简称中大），并以兼任教授的身份执教于史学系，课余时协助缪凤林、陈训慈等昔日南高史学部的学生——当时已是史学系的教员，成立中国史学会。1928至1929年间，有感于执教中大地学系的系主任竺可桢创办《地理杂志》，并在此刊物的《发刊辞》上提出把昔日史学系开设的人文地理学及经济地理学两科，改由地学系开设，这样终将导致地理学独立发展，也会导致"史地分途"②，实有违柳氏主张的治史方法，柳氏遂与学生以中大史学系的名义，合作出版《史学杂志》，并撰写序言，再次标举"史地合一"的研究方法，以相抗衡。

无奈，柳氏只得以兼任史学系教员的身份执教中大，他的工作地点仍是国学图书馆，不是史学部，故未能发挥南高时期领导学生的作用。也因为自1931年后，昔日一起合作及积极参与南高学术活动的学生，如张其昀已执教中大地学系，郑鹤声任职南京

---

① 有关张其昀、陈训慈、郑鹤声协助柳氏主编《史学与地学》的情况，参见柳诒徵：《弁言》，载《史学与地学》第1期，1926年，（总）1页。
② 有关柳诒徵不满竺可桢倡言史地分途发展的言论，参见柳诒徵：《发刊辞》，载《史学杂志》第1卷第1期，1929年，1页。竺可桢倡言地理学独立发展的言论，参见竺可桢：《发刊辞》，载《地理杂志》第1卷第1期，1928年，（总）3页；《中央大学地学系之前途》，载《地理杂志》第1卷第1期，1928年，（总）5—7页。

国民政府教育部及国立编译馆，陈训慈任浙江省立图书馆馆长，只有缪凤林以全职身份执教中大史学系，故《史学杂志》出版至1931年4月第2卷第5、6期合刊后，便没有再出版。

另外，柳氏自1928年任中大国学图书馆馆长，此馆的前身是江苏省立国学图书馆，不仅接收了昔日的江楚编译局，更因为江苏省立国学图书馆的前身是江南图书馆，江南图书馆又收藏了清代藏书家丁丙(1832—1899)[①]的八千卷楼藏书，因此馆中不独收藏有昔日江楚编译局的西学典籍，也包括了八千卷楼所藏的中文经籍。[②] 馆中藏书以宋元刊本及明代精刊本、旧钞本、稿本、名人校本为主，其中以集部的著作为最多，其次是史部，但史部以地理类为多，共一千七百六十一种，其中又以江苏、浙江地方志及研究此二地的地理书为大宗，这些资料成为研究地区文化及史地成果的宝贵资料。在柳氏未任馆长之前，这些藏书早已成为南高师生从事史学研究的重要凭借，这些图籍由是与南高师生的治史风尚结下不解之缘。又因丁丙曾撰《善本书室藏书志》，提倡把馆中藏书公之于世，故柳氏既上承缪、丁二氏欲把馆中藏书公之于世的美意，也受到西方力倡图书馆为知识宝库的思想影响，认为为提高国民素养，便应把馆中藏书供国民阅读，"研阅其中，卒成魁儒，殆难缕计，学术为天下公器"，及欲使学生能"与吾国

---

[①] 丁丙，字嘉鱼，号松生，晚年自号松存，浙江钱塘(今杭州市)人。有关丁丙的生平，参见杨立诚、金步瀛编：《中国藏书家考略》，23—25页，台北，文海出版社有限公司，1971；吴辰伯：《江浙藏书家史略》，5—6页，台北，文史哲出版社，1982。

[②] 其实早在柳氏任馆长之前，此馆馆藏图籍早与南高史学发展产生关系。南高学生在柳诒徵执教南高时，因学校藏书不足，遂多往江苏省立国学图书馆借书。

先民风矩,接构国人,乃益拓其心量,谋化群私而輓大公,语其权舆"。因此柳氏一方面把馆中秘本、珍本、掌故文献开放给民间,"以待稽古通今泛览专攻之士","以待群彦之责索",① 国民能够阅读馆藏书籍,对研究古人思想、史事,自然有所裨益;另一方面,因为图书馆为传承文化的基地,而国学图书馆所藏古代典籍甚丰,为使他人得知馆中藏籍,柳氏遂上承缪荃孙、丁丙编撰书目的遗意,"惟是拘录职责,亦既有年,兢兢奉艺风师(缪荃孙)、横山徵君(陈庆年)之绪,不敢失坠,赖诸子之勤,举凡要而布诸当世,使海内外学者手是而循省之"②,又刊印《江苏省立国学图书馆图书总目》、《陶风楼藏名贤手札》(陶风楼是江苏省立国学图书馆的别名)等。柳氏又认为图书馆应"征求海内外世族谱牒,储之本馆,以供史学家、统计学家、善种学家之研究。大雅宏达,志光家国",故征求各地家谱,以保存"吾华全民族之自信之史"。③ 他为了世人可以得知馆中藏籍,并利用馆中藏籍进行研究,遂于1928年编刊《国学图书馆年刊》,柳氏在该年刊的发刊词中曾说:"诒徵无似,未尝攻图书馆学,承乏盋山,忽已经岁,既刊《馆章》(《江苏省立国学图书馆馆章》),缉馆史,理董馆书,增益而刊布之,爰综一岁中,同人黾勉图维讨议施行之迹,都为

---

① 柳诒徵:《发刊词》,载《国学图书馆年刊》第1年刊(1928年),(总)15页,台北,成文出版社,1985(据1928—1937年刊本影印)。
② 柳诒徵:《序》,原载《国学图书馆总目》(原刊1935年),转引自柳定生、柳曾符编:《柳诒徵劬堂题跋》,42页。
③ 南京旱西门龙蟠里中央大学国学图书馆:《中央大学国学图书馆征求海内世族谱牒启事》,载《国学图书馆年刊》第1年刊(1928年),(总)1页。

《年报》,贡之邦人,非以稽绩,昭不敏也。"①编刊《国学图书馆年刊》的目的,就是把馆中藏书的数量及内容公布于世,以便国人借阅。又因为中大国学图书馆藏书来自江南图书馆及江苏省立国学图书馆,为使世人了解国学图书馆的沿革及前贤的功绩,柳氏又撰《中央大学国学图书馆小史》。其学生王焕镳、向达、范希曾等先后任馆员,又与柳氏一起为《国学图书馆年刊》撰写论文,而治近代思想史的学者蔡尚思,也因得阅馆中藏书而撰成《中国思想史》。②

及至1937年抗日战争全面爆发,柳氏发挥了史学致用的作用,重刊馆中所藏由明代人物撰写的抗倭寇等典籍,如《经略复国要编》《辽事纪闻经略》《嘉靖东南平倭通录》③,以振奋民族抗战的精神。

及后,南京告急,柳氏既为国学图书馆馆长,遂想到怎样把馆藏典籍运往他方,免被日军侵略及毁于炮火中,但因交通运输不便,经费不足,只好把国学图书馆图书运往南京朝天宫,可惜此宫本身藏品已多,只可保存一部分馆内的图书,柳氏只好把余下的部分存在南京龙蟠里图书馆内。及后,当他知道朝天宫被日军掠夺,库中图书全部遗失时,遂发出自责的声明,称"我(柳诒

---

① 柳诒徵:《发刊词》,载《国学图书馆年刊》第1年刊(1928年),(总)3页。
② 详见蔡尚思:《柳诒徵先生之最》,见中国人民政治协商会议镇江市委员会文史资料研究委员会编:《镇江文史资料》第11辑《柳翼谋先生纪念文集》,158—162页。
③ 柳诒徵重刊的《辽事纪闻经略》(原刊1936年)、《经略复国要编》(原刊1937年)、《嘉靖东南平倭通录》(原刊1937年)三文没有注明原刊地方,此处参见柳定生、柳曾符编:《柳诒徵劬堂题跋》,266—270页。

徵)视图书馆重于自己的家,重视馆藏图书甚于自己的家产,爱护无微不至。抗战前夕,我把馆藏书籍搬运迁藏,但至今已损失了一部份(分)。我对祖国文化未克尽全责"①,且自责未能把馆中藏籍运往他地。居于南京时的柳诒徵,因居馆长之职,以力保图书为己任,迟迟未随团迁往四川重庆以避战祸,及至得悉朝天宫图书被日军破坏,在朋友催促下,才离开南京。②

## 四、逃避战乱及晚年生活时期(1938—1956)

1938年,柳氏逃避战祸,初到杭州,受浙江大学校长竺可桢邀请,与张其昀共事。及后,日军相迫,他只好再次经浙江、江西,绕道广东、云南、贵州,到达四川重庆,然而他未尝执教于四川的中大。③ 在四川休养期间,教育部组织清点文物委员会,令其负责考察地方文物及考订文献。柳氏更进一步整理多年讲授史学方法、中国文化史等课的讲义,准备撰写《国史要义》一书。

---

① 蔡尚思:《柳诒徵先生之最》,见中国人民政治协商会议镇江市委员会文史资料研究委员会编:《镇江文史资料》第11辑《柳翼谋先生纪念文集》,161页。
② 有关柳诒徵在抗战前后的生活,参见柳曾符:《霞崦检书记》,见中国人民政治协商会议镇江市委员会文史资料研究委员会编:《镇江文史资料》第11辑《柳翼谋先生纪念文集》,204—215页。
③ 孙永如在《柳诒徵评传》中指出柳氏曾执教四川重庆的中大,但依《年谱》所见,未曾有此记录,又依以四川中大名义出版的《史学述林》(1942)刊载文章的内容所见,也没有柳氏发表的论文。此外,在《史学述林》中所列自1942年至1945年在中大的讲学者中,也未见柳氏的名字。又《(1939—1945)各学院院长、系主任、教授、讲师、助教一览》(国立中央大学档案,档案编号:64816J1272)及《国立中央大学教员名册》(国立中央大学档案,档案编号:64816J1232)中未尝有记录柳氏的名字。故可见柳氏在抗战时期,未尝执教中大。

1945年，他更被教育部聘为教授。① 同年9月抗日战争结束后，柳氏复任南京国立中央大学国学图书馆(1929年定名为江苏省立国学图书馆)馆长及党史会编纂。柳氏也曾致教育部《接收收复区图书文物函》，指出"敌伪(抗日战争时期汪精卫在南京建立的政权)对于公私书籍尽私人剽窃分据，而后汇为公藏"，建议"须对于敌伪劫去之图书文物，彻底追查，各归其主"，"严密关防，勿令彼方所留职员得乘我交替之时，隐藏盗窃"，对于"敌伪劫掠图籍不限地域"，展开全国调查，并与海外学者"订一共同办法，互相联络"，确保国人能接收流失的文物及图籍。② 1948年3月，柳诒徵当选为中央研究院第一届院士。③ 1949年后，柳氏任上海市文物管理(也有称保管)委员会委员，整理委员会内的图籍，研究方向有所转变，专注于辑录奴隶史的资料，先后撰成《奴隶史料》及《人民生活史》。同时，他也进行辑录乡邦文献及校点《续资治通鉴长编》的工作，但因眼疾，致"目光日昏，不克多抄，又无写官相助，只可就力所能就者为之耳"④。1951年后，柳氏与顾颉刚和版本目录学家顾廷龙合力开办上海图书馆，又被任命为镇

---

① 柳定生：《年谱》，载《华冈文科学报》第18期，1991年，362—366页。
② 未见原文，转引自柳定生：《年谱》，载《华冈文科学报》第18期，1991年，372页。
③ 有关中央研究院的组织及被选为中央研究院第一届院士的成员，参见林文照：《中央研究院概述》，载《中国科技史料》第2期，1985年，21—28页；"中研院"编辑委员会编：《"中央研究院"概况》，台北，"中研院"编辑委员会，1988。
④ 柳诒徵：《与陈叔谅书》(1952年11月3日)，见《柳诒徵说文化》，353页，上海，上海古籍出版社，1999。亦参见盛essa：《仰止劬堂老师》，见中国人民政治协商会议镇江市委员会文史资料研究委员会编：《镇江文史资料》第11辑《柳翼谋先生纪念文集》，95—98页。

江市文物名胜保管委员会委员,直至1956年2月3日逝世。①

综观柳氏一生,早年家贫,劳力自学,先从其母学习传统礼教思想及古代经籍,以传承中国传统礼仪、孝道为依归。及后,从陈庆年处"得到许多讲学问的门径"②,因陈氏教导经世致用之学,又最深于史学,劝他不要专攻辞章,因此他"也就不大很做诗和骈文"。在陈庆年的影响下,柳氏自治经学、辞章转向治史学,喜通观历代社会、经济及民生的变化,以见当代治乱的缘由。同时,又因陈庆年的引荐,柳氏被江楚编译局总纂缪荃孙聘为馆中编纂,得以在局中接触新学;又从缪荃孙治方志学、目录学,"得到许多整理地方文献的门径"③。柳氏因随缪氏访学日本,深明教育开启民智的关系,乃于1902年开始办学,更于1908年执教两江师范,由是与师范教育结下不解之缘。终其一生,对史学研究工作从不倦怠,毕生的精力均付诸研究学术和推动教育的工作。作为南高史学部的"精神领袖",柳诒徵可说是一

---

① 顾廷龙:《柳翼谋先生与国学图书馆》,见中国人民政治协商会议镇江市委员会文史资料研究委员会编:《镇江文史资料》第11辑《柳翼谋先生纪念文集》,147—151页。晚年情况参见柳曾符:《衰翁尽瘁绍宗楼》,见中国人民政治协商会议镇江市委员会文史资料研究委员会编:《镇江文史资料》第11辑《柳翼谋先生纪念文集》,216—226页;崔宗玮:《纪念柳翼谋老伯》,见中国人民政治协商会议镇江市委员会文史资料研究委员会编:《镇江文史资料》第11辑《柳翼谋先生纪念文集》,193—195页。
② 柳诒徵:《我的自述》,见中国人民政治协商会议镇江市委员会文史资料研究委员会编:《镇江文史资料》第11辑《柳翼谋先生纪念文集》,7页。
③ 柳诒徵:《我的自述》,见中国人民政治协商会议镇江市委员会文史资料研究委员会编:《镇江文史资料》第11辑《柳翼谋先生纪念文集》,7页。

个身体力行的人。

## 第二节　清末民初师范教育的发展

在留美学者如刘伯明等人执教南高之前，南高已确立了其师范教育的办学精神，这种精神使南高史学者注意对历史教育、地理教育及道德教育的推动。古代没有设立师范学校，国子监负有培养地方上教职员及官员的责任，柳诒徵认为国子监"为养成守礼绩学之士之良法"，监生"为文化之中枢，亦礼教之钤辖"①，他们不独是知识丰硕的鸿儒，更是道德情操甚高、移风易俗及传播礼乐文化的国子博士。而南高史学部的学生，也继承柳氏这个说法，既把南高拓源至明代国子监，以为"今日吾校之校址，实明代国学之西北一部分，存亡续绝，犹有今日"②，又认为南高不独要上承国子监培养地方人才的责任，更要效法监生们"存""续"已亡的礼教文化。同时，南高校长江谦（1914—1919年在任）也认为南高的办校方针是"注意于道德，实利军国民美感诸要目，以养成国民模范人格为目的"③，确立南高师生师范教育的治学宗

---

① 柳诒徵：《五百年前南京之国立大学》，载《学衡》第13期，1923年，（总）70—93页。
② 《南高文史地部第一级会纪念刊》，3页。张其昀也把国立中央大学的发展拓源至明代国学的发展，参见张其昀：《源远流长之南京国学》，载《国风》第7卷第2号，1935年，34页。
③ 《江谦关于南京高等师范学校开办状况报告书》（1915年8月），见南京大学校庆办公室校史资料编辑组、南京大学学报编辑部编：《南京大学校史资料选辑》，36页。

旨。然而,南高的办学宗旨上承三江师范学堂,所以应先探讨两者的传承关系。

庚子国变(1900—1901)后,清政府推行新政,新教育应运而生,普及教育成为全国努力的目标。要推行普及教育,便要培训中小学堂教员,师范教育由是而兴。清政府先后设立南洋公学师范院、京师大学堂师范馆、通州师范学堂、直隶高等师范学堂及三江师范学堂,而南高就是在三江师范学堂的原址上建立的。①

三江师范学堂成立于1902年,1905年改名为两江优级师范学堂,校名虽改,但学堂的办学宗旨是前后相承的,这个办学宗旨强调:

> 于智育、体育外,尤重德育,平日谨守规则,不得沾染习气,以免误入岐(歧)途。务期养成完全师范为以本身作则,敷教训俗之本,庶无负朝廷兴学之至意。②

因师范毕业生日后会成为地方人士的道德模范,设立师范学堂的目的,不独为东南一带培养教员,更要培育师范生的道德情操及修养,以求日后他们能去社会之败风弊俗,所以师范学堂十分重视道德敷教,特别注意师范生的节行、出游及容止。在学堂仪节

---

① 有关晚清师范教育的发展,参见罗廷光编著:《师范教育》,13—53页,上海,正中书局,1948;李华兴主编:《民国教育史》,651—654页,上海,上海教育出版社,1997;刘謦豪:《民国初年的师范教育》,13—21页,硕士学位论文(未刊稿),台湾大学历史研究所,1997。
② 《三江师范学堂章程》,转引自苏云峰:《三(两)江师范学堂:南京大学的前身,1903—1911》,176页。

上,也要礼奠孔子,在校规中明令学员不得"离经畔(叛)道,妄发狂言怪论",更不准发表批判先圣孔子的言论。①

学堂校监李瑞清(1867—1920)②也强调师范生负有传播道德教化的责任,李氏更认为师范学生应效法孔子,致力于推动道德教化的工作。他曾说,"师者,所以存亡强弱而致伯王之具也",师范生不独要保存知识,更要把中国传统文化的精义,传往后世,③君子贵在道德的承传与维护,"天之所贵者道也,天之所忌者道也,道存则我存,道亡则我亡。福我者我也,祸我者我也,我自祸福之,天安能祸福我耶"④。教员也如君子一样,以传承道德教化为己任,"如无教育,便无人,安有国?吾教育诸公,人人皆有此责,愿以此负之"⑤。即使国亡,教育者也应以振兴民族仁德教化为己任。为实现这理想,李氏在校内积极推行道德教育,学生的伦理科成绩也表现较佳,而伦理科所教者,不独孔孟

---

① 详见《三江师范学堂章程》,转引自苏云峰:《三(两)江师范学堂:南京大学的前身,1903—1911》,175—196 页。
② 李瑞清生平,参见袁李来:《李瑞清——近代师范教育的开拓者》,见陈乃林主编:《师范群英 光耀中华》第 11 卷下册,1—7 页,西安,陕西人民教育出版社,1994。
③ 李瑞清:《两江师范学堂同学录序》,见《清道人遗集》第 2 卷,4—7 页,香港中文大学崇基书院图书馆藏本(据 1939 年刊本)。
④ 李瑞清:《与朱邑芬书》,见《清道人遗集》第 2 卷,9 页。
⑤ 李瑞清:《喻星斋七十双寿序》,见《清道人遗集》第 2 卷,74—75 页。

圣言，学生更要注意实践操行。①

从现时所存《两江师范学堂历史地理选科讲义录》中可见，师范学生除了要修读伦理、教育、法制、经济、外文、地质、体操各科，更要在历史及地理学门中，修读上古史、中古史、近世史、日本维新史、国朝史、西洋史、本国地理、东洋地理、亚洲地理、欧洲地理、非洲地理、美洲地理、澳洲地理。这些课程的特别之处，是结合历史、地理二门为一科，而不同于其时的北京京师大学堂史学门、地理门分立二科。师范学堂这种结合史学、地学、教育学三方面知识的传授方法，为日后的南高文史地部所承袭。②

1915年南高第一任校长江谦，在两江师范的原址上建立南

---

① 台北"国史馆"馆藏有关三江师范学堂历史地理选科的学生成绩中，以道德成绩为全科之冠，其中学生陈亦卢、柳肇嘉、程永成、刘鲁璜、王家吉、狄咏棠、赵宪、贾观霄、余湘、施保昌、姚鹏、章顺湘、张国翰、蒋贞金、金守城、钱振椿、潘姚瑞、杨匡、黄翟时、钟腾瀚、谢霆锐、鲍光清、祝公望、李云鹏、张宝琳、潘宗煦、刘世英、林葆坊、叶学远、凌毅、江起鹏、奚先、巫祺历年各科的成绩中，均以伦理科为最佳，可见修读历史地理科的学生，均以伦理为尚。参见《两江优级师范学堂造呈历史地理科学生历期历年及毕业考试分数清册》，台北"国史馆"藏档案，档案编号：195150。
② 若比较京师大学堂开设史地课程与三江师范之别，可见三江师范具有中外史、地、教育三合一的课程特色。京师大学堂的《中国史学门科目》，把史、地二科分立不同的学门，地理科列入中外地理学门，史学科列入中国史学门、万国史学门；三江师范学堂则把史地学合为一科。有关京师大学堂开设史、地二门学科的情形，参见《中国史学门科目》《万国史学门科目》《地理学门科目》，见北京大学校史研究室编：《北京大学史料》第1卷，103—106页，北京，北京大学出版社，1993。

高。① 江谦②认为道德教育科为众科之首，师范教育本是敦品立教，不独以成就中小学教师为己任，更要树立地方上的道德典范，师范教育应求身体力行，以实践道德教化为要务。但有感于革命以后，江苏一地师资缺乏，师道失传，而高等师范学校为"全省教育根本，关系之为重要"，乃倡导地方教化的起点，故在两江师范的原址上兴办南高。③ 自此，南高以至日后成立的国立东南大学，都在师范教育的基础上进一步发展，欲达"寓师范教育于研究之中"的目的。

江谦确立德育为尚的办学宗旨，并以孔子为道德实践的代表，注意推动校园内的精神教育。他强调训育为办学的首要任务，以使全体师生"注意于道德，实利军国民美感诸要目，以养成国民模范人格为目的"，认为道德修善的重心是塑造国民的完善人格，而完善人格包括坚强的体魄、充实的精神，具备道德、学术、才识三方面的特色。师范学员为全民模范人格的代表，负有移风易俗的责任。

江谦更为南高树立道德教育的办学宗旨。其一，以"至诚"为校训。江谦说，"诚乃教育精神之根本，诚者自成"，"诚乃有信

---

① 江谦生平，参见杭江：《筚路蓝缕　创业维艰——南京高等师范学校的奠基人江谦》，见朱一雄主编：《东南大学校史研究》第1辑，40—50页。
② 《江苏巡按使齐耀琳饬江谦筹备开学文》(1915年1月8日)，见南京大学校庆办公室校史资料编辑组、南京大学学报编辑部编：《南京大学校史资料选辑》，27—28页。
③ 《江苏巡按使齐耀琳饬江谦筹备开学文》(1915年1月8日)，见南京大学校庆办公室校史资料编辑组、南京大学学报编辑部编：《南京大学校史资料选辑》，27—28页。

心,有信力。有信心,乃知非教育不足以救国;有信力,乃知非实行教育无以救国。以信心为体,以信力为用,此本校(南高)教育之主旨"。而师范教育以"立诚"为开始,师范生修业其中,自然养成知行合一的道德品性,进而推动社会教化。① 其二,撰写校歌。校歌为办学精神的写照,也是团结师生的工具,江谦以诚为训,以诚为本,他亲自撰写的校歌,首句便是"大哉一诚天下动,如鼎足三兮,曰智、曰仁、曰勇","诚"涵智、仁、勇,"诚"是孕育德、智的根本,师生以"诚"立身,以"诚"修业,以"诚"健身,以"诚"待人,树立了师生间"自珍自重,互敬互重"的风气。歌词更以孔子为历代圣贤典范,明确南高上承孔子所传的道德教化的办学思想,"千圣会归兮,集成于孔。下开万代旁万方兮,一趋兮同。踵海西上兮,江东;巍巍北极兮,金城之中"②。因为道德教化的事业无穷无尽,以至"天开教泽兮,吾道无穷;吾愿无穷兮,如日方暾"③,而道德教化更成为南高办学性质的代表。

由此可见,在1919年五四事件前,南高已确立道德教化、尊孔、崇道德的办学宗旨,师生也为这种校风所感染。柳诒徵秉承江谦的办学宗旨而执教南高,他曾说:"与江易园先生(谦)相晤,

---

① 《江苏巡按使齐耀琳饬江谦筹备开学文》(1915年1月8日),见南京大学校庆办公室校史资料编辑组、南京大学学报编辑部编:《南京大学校史资料选辑》,27—28页。
② 江谦(词)、李叔同(谱):《南京高等师范校歌》,见朱斐主编:《东南大学史》第1卷,图31。
③ 江谦(词)、李叔同(谱):《南京高等师范校歌》,见朱斐主编:《东南大学史》第1卷,图31。

江先生告我以'三不敷衍'宗旨：一不敷衍自己，二不敷衍古人，三不敷衍今人，我为之极端倾倒。"①刘伯明执教南高时，也认为南高已培养出道德教化的学风，并以南高为理想大学，"人生之真谛，生而不有，为而不恃，功成而不居。南雍贤者，唯以育才是重"，"南高独宜秉持士林气节，保持朴茂之学风"。②

南高教育推崇孔子、崇尚传统的道德节行，使得南高史学者反对新文化运动中激烈批判传统文化的言论。但在治学上，南高学者并不排斥西学，由是南高史学亦有兼集中西学术的特色。同时，南高学风尚道德教化，以儒家知行言论为本，对传统文化采取"谨慎"的态度，故有学人认为，"世人多称南高学风偏于保守，这是一种误解，与其称为保守，不如称为谨慎"③，"不走极端，一方面接受我国固有文化，一方面拼命吸收西洋文化"④，并不像北大学人那样发出疑古及反对传统文化的激烈言论。

南高教员尤喜以传播儒家道德为己任，故南高史学部的学生也喜以著述作为宣扬儒家道德的工具。江谦早认为师范教育"应该顾念先贤的使命及当年受国家优待的至意，忠心于教育，忠心

---

① 柳诒徵：《我的自述》，见中国人民政治协商会议镇江市委员会文史资料研究委员会编：《镇江文史资料》第11辑《柳翼谋先生纪念文集》，8页。
② 刘伯明语转引自张其昀：《"南高"之精神》，载《国风》第7卷第2号，1935年，18页。
③ 张其昀：《"南高"之精神》，载《国风》第7卷第2号，1935年，18页。
④ 张朋园、陈三井、陈存恭等访问，陈三井、陈存恭记录：《郭廷以先生访问纪录》，124页。

于学术，而尽师范生应尽的责任"①。师范生移风易俗的责任，使学术研究成为移风易俗、道德教化的工具，由是南高史学工作者，多借编撰历史地理教科书，承担教化社会的责任，如柳诒徵著《中国文化史》，其学生缪凤林撰《中国通史纲要》及《中国通史要略》，并发表讨论历史教育的文章②，郑鹤声也编有《中国历史教学法》及《中国近世史》，张其昀著高中《本国地理》及《世界地理》等，这些都是大学及高中史地科的教科书；南高师生尤喜在《史地学报》上发表研究史地教育的文章，就此可见南高史学者积极推动及研究史地教育，此与南高师范教育的办学特色甚有关系③。

同时，师范教育的课程设计，使执教者在编写讲义时，多注意先教授基础的知识，及后才传授专门学科的知识，这种课程有利于学生把所学知识传至地方中小学。就史地学门的课程而言，三江师范学堂先后设立上古史、中古史、近世史、西洋史、东洋史等科，务求使学生对中外历史有一个全面的了解，故柳氏于1908年执教两江师范，教授历史地理学上古史、中古史、近世史等科目时，④为使学生获得中国历史的基础知识，便改译日本学

---

① 《江苏巡按使齐耀琳饬江谦筹备开学文》(1915年1月8日)，见南京大学校庆办公室校史资料编辑组、南京大学学报编辑部编：《南京大学校史资料选辑》，28页。
② 缪凤林：《中学国史教学目标论》，载《国风》第7卷第4号，1935年，45—60页。
③ 在《史地学报》上刊载的南高史学部师生讨论中学历史教育的文章，有徐则陵的《历史教学之设备问题及其解决之方法》(第1卷第3期)、《高级中学世界文化史纲要》(第2卷第4期)，陈训慈译《战后之德意志历史教学》(第2卷第2期)等。
④ 柳曾符：《柳诒徵——胸罗万卷，钟情师范》，见陈乃林主编：《师范群英 光耀中华》第11卷下册，21—30页。

者那珂通世(1851—1908)撰写的《支那通史》,而为《历代史略》,此书成为两江师范史学门的教科书。同时,这些上课的讲义,就是传授基础知识、简化专门学问的工具,使学生获得基础知识后,再进行研究。故柳氏在治史方法上,尤注意普及历史知识,而普及的途径莫如编写教科书。柳氏在编写教科书之前,便把上课的讲义,做进一步整理而成书,例如,他在执教南高时撰成的《东亚各国史》及《中国文化史》,就是整理上课讲义而成的历史科教科书。① 日后,南高史学部的学生因读柳氏著述,及受师范教育结合历史学、地理学、教育学的研究方法所影响,多注意把专科知识推广至民间;为达到此目的,他们也喜欢编著历史、地理科的教科书,以及讨论"通史式"的研究方向,此与北大学人喜"窄而深"的专题研究甚有分别。②

---

① 有关《中国文化史》一书成为中国通史及中国文化史二科的教科书的情况,参见郭秉文:《南京师范学校文史地部简章》,国立中央大学档案,档案编号:648123216J3092。
② "窄而深"的研究进路,是相对于南高史学者的研究方法而言的。因为北大史学工作者,如胡适、顾颉刚、傅斯年等,喜用"窄而深"的考证方法;反之,南高史学者,较喜著中国通史、西洋通史等一般通论性的史学著作,如柳诒徵所著《中国文化史》、缪凤林所著《中国通史纲要》、张其昀所著《中华五千年史》、陈训慈所著《西洋通史》、郑鹤声编著的《中国近世史》及《中国史部目录学》等,均属于通论性的著作。有关民国时北大史学者多采用"窄而深"的研究方法,参见王汎森主编:《新学术之路:"中央研究院"历史语言研究所七十周年纪念文集》上册,119—134页。

## 第三节　江浙学风和江南藏书业的发展

南高史学者柳诒徵及其学生缪凤林、张其昀、陈训慈等人，不是治通史，就是治史地学；在史地学的研究领域中，他们主要从事整理及研究江浙地方史的工作。南高的这些史学特色，实与江浙两地的学风甚有关系。同时，在1925年东大发生学潮之前，南高图书馆所藏中国史籍尚未充足，柳诒徵和他的学生多前往江苏国学图书馆借书，此图书馆的前身即为江南图书馆，以收藏江苏、浙江先贤及研究此两地的史地著述为主，故此馆"馆藏江浙典籍为全国之冠"①。学生身处其中，得阅藏书，培养了他们治江浙地方史及史地学的兴趣，故本节欲说明南高史学者喜治江浙地方史的风尚，实与馆中藏书及江浙学风有莫大关系，由此得见南高史学上承中国传统文化的特色。

因为张其昀、陈训慈等人极推崇顾炎武(1613—1682)、顾祖禹(1631—1692)及章学诚(1738—1801)的史地学研究成果，② 以下介绍二顾和章氏的治史方法及思想，探讨其与南高史学的关

---

① 吴晗：《江浙藏书家史略》，220页，北京，中华书局，1981。
② 柳诒徵曾盛称顾炎武在史学上的贡献是："论近代学者之学术，莫易于顾氏(顾炎武)。顾氏生平学术宗旨，久经自襮，凡稍读其书者，类能言之。"[柳诒徵：《顾氏学述——附陈第毛诗古音考序》，载《学衡》第5期，1922年，(总)623—624页。]彭明辉在《历史地理学与现代中国史学》中，只把南高学人的史地学传统溯自章学诚，尚未注意到南高史学工作者的治史风尚与顾炎武、顾祖禹的关系。

系。张其昀曾言因师事柳诒徵,他得以"追踪二顾之学——顾亭林的史学和顾景范的地理学——相勖勉"①;又说治新史学的两大宏愿是"据章君(章学诚)所言史料之征集与保存及其著录之道而发","据章君详言自注之益而发"。②陈训慈在《清代浙东之史学》中也说:"实斋(章学诚)虽不用于时,而于史学经世致用之旨,可谓阐发无遗。"③由此可知,二顾、章氏的治史方法与南高史学部学生的治史特色,有着内在的关联。

顾炎武④,号亭林,提倡通史研究,主张史学以求致用。顾炎武认为研究历史,要通古今,"史书之作,鉴往所以训今"⑤,古今历史发展是前后相承的,历史虽为过去的事情,却可为人们所借鉴,为今之"训"。因"鉴往训今",顾炎武便在《日知录》中研究历代兴衰,将周朝亡国,归因于"政以贿成,而官之师旅不胜其富。又其甚也,私人之子皆得进而服官,而文武周公之法尽矣",认为周朝亡于贪贿成风;⑥"秦以任刀笔之吏而亡天下",

---

① 张其昀:《自序》,见《中华五千年史》第1册,2页。
② 张其昀:《读〈史通〉与〈文史通义〉〈校雠通义〉》,载《史地学报》第1卷第3期,1922年,133—149页。
③ 陈训慈:《清代浙东之史学》,载《史学杂志》第2卷第5、6期合刊,1931年,34页。
④ 顾炎武生平,参见沈嘉荣:《顾炎武论考》,1—125页,南京,江苏人民出版社,1994。
⑤ 顾炎武:《予一以贯之》,见《原抄本顾亭林日知录》第9卷,201页,台北,文史哲出版社,1979。
⑥ 顾炎武:《私人之子百僚是试》,见《原抄本顾亭林日知录》第3卷,73页,台北,文史哲出版社,1979。

严行法治,中央集权,事决于上,是为亡国之因。① 又顾炎武编纂《天下郡国利病书》,也欲达"探讨国家治乱之原,生民根本之计"的目的,以辑录历代记载的各省数据,"历览二十一史以及天下郡县志书,一代名公文集及章奏文册之类,有得即录,共成四十余帙"②,通贯历代的精神面貌。张其昀提出的借考察个别区域,结合分类研究及分区研究的方法,与其有一脉相承之关系。

因为历代治乱相承,故考察一地的兴衰,自可见社会民生的全貌,由是顾炎武注意治地方史。他不独辑录历代史志,如先后撰成《天下郡国利病书》和《肇域志》等地方志书,更认为:"其人生而在监司守令之位者,不悉一方之地形土俗、因革利病,不可以作。今之人未通乎此,而妄为人作志,史家又不考而承用之,是以牴牾不合。"地方为全国的组成部分,地方良治与全国政治甚有关系,地方史料可助研究者了解治乱的关键。他收集地方数据,全从时间及空间上着眼,收集史料的对象,远至夏商周,近至他所生活的明末清初的史事;如从空间上看,收在《天下郡国利病书》中的资料,不独是各省县及四邻的史事,更有文集、章奏、笔记、地方志、邸报、实录、谱牒、遗闻逸事等,由此可见顾炎武不像昔日一样只取官方编修的正史,而是扩大了史料的收集范围。

此外,顾炎武也重视地方志的价值,他认为志书的作用是:

---

① 顾炎武:《吏胥》《法制》,见《原抄本顾亭林日知录》第11卷,238—239页,台北,文史哲出版社,1979。
② 顾炎武:《天下郡国利病书序》,见《天下郡国利病书》,1页,台北,台湾商务印书馆,1965(四部丛刊本)。

65

> 昔神庙之初，边陲无事，大帅(戚继光)得以治兵之暇留意图籍。……世之人能读全史者罕矣，宋宣和(1119—1125)与金结盟，徒以不考营、平、滦三州之旧，至于争地构兵，以此三州之故而亡其天下，岂非后代之龟鉴哉！异日有能修志者，古事备矣，续今可也。①

修志的目的在于探究历代边防问题，并希望借修志书，"为后代之龟鉴"，发挥资治通鉴的作用。因为顾炎武治方志学，故特别强调利用方志达到治世目的，认为方志不独是文献的整理，更具治世的作用。此与南高史学者柳诒徵治方志、"求实用"的论点，有着相承之处。

顾祖禹在《读史方舆纪要》一书中强调，"以史为主，以志证之；形势为主，以理通之。河渠沟洫，足备式遏；关隘尤重，则增入之。朝贡、四夷、诸蛮，严别内外，风土嗜好，则详载之。山川设险，所以守国，游观诗赋，何与人事？则汰去之。此书之立体者也"②。又说："是书以古今之方舆，衷之于史，即以古今之史，质之于方舆。史其方舆之乡(向)导乎？方舆其史之图籍乎？苟无当于史，史之所载不尽合于方舆者，不敢滥登也，故曰

---

① 顾炎武：《营平二州史事序》，见《顾亭林诗文集》卷二，28 页，北京，中华书局，1983。
② 顾祖禹语，转引自彭士望：《序》，见顾祖禹：《读史方舆纪要》第 1 册，(总)16 页，台北，新兴书局，1956。有关清代地理学发展至顾炎武及顾祖禹时的转变，参见赵荣、杨正泰：《中国地理学史(清代)》，21—25 页，北京，商务印书馆，1998。

《读史方舆纪要》。"①他运用沿革地理的方法,考察各地区自古至今的发展情况,并把历史事件放入特定时期和特定地点进行研究。顾氏虽然注意沿革地理,然而《读史方舆纪要》一书与历代方志不同的地方,就是此书具有"军事地理"的特色。②

顾祖禹认为前人所撰方志,偏于记载名胜古迹,不详述山川攻守。顾祖禹曾引其父之言曰,"尝怪我明《一统志》,先达推为善本,然于古今战守攻取之要,类皆不详,于山川条例,又复割裂失伦,源流不备",遂因父命,成《读史方舆纪要》。此书详列"一代之方舆,发四千年之形势,治乱兴亡,于此判焉",从地理的角度,分析历代治乱相因、统治分合的原因。

顾祖禹又注意各地形势。他以为得地利是"行军之本","盖地利之于兵,如养生者必借于饮食,远行者必资于舟车也",明乡邑之地利,才可安排及布置军法,终获"以动无不胜"③;行军能够灵活运用"地利",攻守合宜,制地利而权衡,"攻守万端,巧拙异用,神而明之,亦存乎其人而已矣"④。顾祖禹强调治沿革地理,及其与国防建设的关系。柳诒徵在教课时,也强调顾氏结合地理与国防的治史方法。张其昀为柳氏的学生,也借柳氏的教导了解了顾祖禹治史的精义,故张其昀在五四运动后,提出从人文地理、历史地理的角度考察国防地理的论点,这与顾祖禹治地

---

① 《凡例》,见顾祖禹:《读史方舆纪要》第1册,(总)17页。
② 此详语出自张其昀:《中华五千年史·自序(二)》,见"中国文化大学"华冈学会编:《张其昀博士的生活和思想》上册,35页,台北,"中国文化大学"出版部,1982。
③ 顾祖禹:《总叙三》,见《读史方舆纪要》第1册,(总)13页。
④ 顾祖禹:《读史方舆纪要》第5册,卷九十三《浙江五》,(总)3996页。

理学的观点也有相承之处。①

　　章学诚提倡方志及地方史研究，此对南高学人治史的方向影响最大。柳诒徵与学生王焕镳合撰《首都志》，而柳氏也撰写了《江苏社会志》中的《礼俗篇》《江苏书院志》；张其昀也撰方志，以及治章氏方志学；陈训慈也喜治江浙学术史，以及研究江浙地方文化。凡此均与章学诚治方志学的特色有着内在的关联。

　　章学诚认为方志是一国历史的写照，所以在《方志立三书议》中认为："方志虽小，其所承奉，而施布者，吏户礼兵刑工，无所不备，是则所谓具体而微矣，国史于是取裁，方将如春秋之籍资于百国宝书也，又何可忽欤？"②在《州县请立志科议》中，他谈及"有天下之史，有一国之史，有一家之史，有一人之史。传状志述，一人之史也；家乘谱牒，一家之史也；部府县志，一国之史也；综纪一朝，天下之史也"③。府州县志，均是地方的历史，能提升至"国史"的地位。所不同者，国史与志书只有述事范围之别，国史是记全国的事情，地方志则记一地的史迹，二者的内容没有主次之分，故考虑到方志的内容与体裁，其不应只作为"地理专书"，而应具有"经世"作用。

---

① 有关柳氏在南高上课时介绍顾祖禹治史地学方法的情况，张其昀于1933年曾发表《国防丛谈》（原刊《中央时事周报》1933年3月至5月），参见"中国文化大学""国史馆"编：《张其昀先生文集》第11册"政论类"，（总）5321—5369页，台北，"国史馆"，1985。
② 章学诚：《方志立三书议》，见章学诚著，叶瑛校注：《文史通义校注》卷六《外篇一》，573页，北京，中华书局，1985。
③ 章学诚：《州县请立志科议》，见章学诚著，叶瑛校注：《文史通义校注》卷六《外篇一》，589页。

章氏在《答甄秀才论修志第一书》中言:"史志之书,有裨益风教者,传忠孝节义,懔懔烈烈,有声有息,使百世而下,怯者勇生,贪者廉立。……况天地间大节大义,纲常赖以扶持,世教赖以掌柱者乎?"①方志也就是垂训、征劝的教育工具,志就是"政教所施,经要所重",方志对社会教化甚有帮助,所以章学诚建议各省立"志乘科房",方志为正史所取,又可为地方保存民情风俗。地理沿革的知识,成为研究历史地理学的材料,章氏这种重视方志的态度,及扩大史料研究范围的做法,均为南高史学者所效法。例如,张其昀便在《读〈史通〉与〈文史通义〉〈校雠通义〉》一文中,对章学诚的史学加以发挥,呼吁新史学建立的三大希望,其中一点为"希望于大学史科者:广罗史籍,分别部居",张氏直言此说法是"据章君所言史料之征集与保存及其著录之道而发",另一点"希望于史书及史学杂志者:行文自注,言必征信",则是据"章君详言自注之益而发,章君又言著史宜多列图表,图表亦自注之例也"。可见南高学人在《史地学报》上提倡"行文自注,多列图表"的看法,也是启导自章学诚的观点。② 陈训慈在《晚近浙江省文献述概》中曾言,"溯浙东于学宋儒而畅论其在清初之流传者,殆以章氏言最为著名"③,又在《清代浙东之史学》一文中认为,"浙东学者会通汉宋,破除门户之精神,得章氏

---

① 章学诚:《答甄秀才论修志第一书》,见章学诚著,叶瑛校注:《文史通义校注》卷八《外篇三》,821页。
② 张其昀:《读〈史通〉与〈文史通义〉〈校雠通义〉》,载《史地学报》第1卷第4期,1922年,131页。
③ 陈训慈:《晚近浙江省文献述概》,载《文澜学报》第1卷第1期,1935年,5—32页。

可谓阐发益彰矣"。陈训慈与章氏同为浙江人，章氏在《浙东学术》中总结浙东学者的成果，陈训慈因之而撰《清代浙东之史学》，对"学风递嬗，浸成乡习，源深流长，由来以渐"的浙东学风有甚多研究。陈氏对乡邦文化的发扬，实深受章氏一文的启发。①

以上主要略述二顾和章学诚的治史方法及思想，从日后南高史学工作者的治史方向及有关治地方史和修方志的见解可见，南高史学工作者的史学思想与其有传统的内在关系。但应多注意南高史地部学生就学南高期间，常前往江苏国学图书馆借阅藏书，此图书馆即日后的国立中央大学国学图书馆，而柳诒徵也先后任此二馆的馆长。故江苏国学图书馆的藏书特色，对南高史学工作者从事其研究甚有影响。②

柳诒徵在《国立中央大学国学图书馆小史》中曾说：

> 国立中央大学国学图书馆，远承江南图书馆、江苏国学图书馆之典藏，国学图籍、经史之书，渐为充裕……顾一事之兴，函（含）有地域、人事流衍兴感之因，非皆无端而崛起，虽其影响有远有迩，而文化之渊源及区域之关系，往往

---

① 陈训慈：《清代浙东之史学》，载《史学杂志》第 2 卷第 5、6 期合刊，1931 年，5 页。
② 江苏国学图书馆的前身是晚清的江南图书馆，而江南图书馆已是藏书甚丰的地方，再加上，江苏国学图书馆接收了八千卷楼藏书，馆藏典籍更为丰富；其中以收藏江浙历代文人的著述及研究江浙的史地资料为主。故江苏国学图书馆成为南高史学者的一个知识宝库，也成为他们喜治江浙地方史的导因。有关江南图书馆藏书的情形，可参见张碧惠《晚清藏书家缪荃孙研究》一书。

有蹊径相通之故。①

根据上文可知，江苏国学图书馆的发展情况：其一，南京一地有图书馆甚久，图书馆与营造一地学风甚有关系，各地的文化背景与区域学风的形成也有关系；其二，民国时期成立的国立中央大学，其国学图书馆的藏书，主要继承自缪荃孙办的江南图书馆及日后的江苏国学图书馆。又因南高学生在校就读时多前往江苏国学图书馆借阅图书，故下文从江苏国学图书馆的藏书特色入手，以见其与南高史学发展的关系。

第一，江苏国学图书馆馆藏以集部为最多，其次为史部，在史部中以地理类为最多，共1761种，其中又以江苏、浙江地方志及研究此二地的地理书、史书为大宗。馆藏的资料，成为研究地区文化及史地成果的凭借，培养了南高史学工作者研究地理学及江浙地方史的兴趣。江苏国学图书馆以收藏江浙一带的文献为主，希望达到"存文献与筹教养"，"发扬乡邦学风之志焉"的目的，将保存文献以存江浙一带学风及教化于后世作为图书馆的责任。②

馆中收藏了不少乡人著述及志乘，推动了江浙地方史的研究。依柳诒徵编《江苏省立国学图书馆现存书目》的"志部"所见，馆藏的志书，其分布如表2.1：

---

① 柳诒徵：《国立中央大学图书馆小史》，1页，南京大学图书馆藏本（缺出版年份）。
② 陈训慈：《丁松生先生与浙江文献》，载《浙江省立图书馆馆刊》第1卷第7、8期合刊，1932年，33页。

表 2.1 江苏省立国学图书馆馆藏志书统计表

| 省 | 种数 | 省 | 种数 | 省 | 种数 |
|---|---|---|---|---|---|
| 新疆 | 1 | 台湾 | 11 | 湖北 | 51 |
| 热河 | 1 | 甘肃 | 12 | 江西 | 55 |
| 青海 | 1 | 察哈尔 | 13 | 湖南 | 59 |
| 西康 | 1 | 贵州 | 15 | 四川 | 60 |
| 陕西 | 2 | 福建 | 24 | 河北 | 85 |
| 绥远 | 2 | 安徽 | 29 | 河南 | 119 |
| 山东 | 8 | 广东 | 31 | 江苏 | 161 |
| 广西 | 9 | 山西 | 49 | 浙江 | 195 |
| 云南 | 10 | | | | |
| 总计 | 1004 | | | | |

江苏省立国学图书馆收藏的志书以浙江志为大宗，共 195 种；次者为江苏志，共 161 种；再次为河南志，共 119 种。而浙江志占全馆馆藏志书的约 19%，江苏志占全馆馆藏志书的 16%。因为江苏省立国学图书馆自清代以还就是江苏省的重要图书馆，又曾与修志局合并，成为该地藏志书的中心，故馆中藏有不少江苏、浙江的志书，这对南高史学工作者进行江浙史地研究甚有帮助。同时，馆藏以明清文人著作为大宗，江苏明人文集计有 406 种，浙江明人文集亦有 201 种。① 日后任馆长的柳诒徵为江苏丹

---

① 馆中所藏以明清文人集为主，此处只以馆藏明人文集为例，各省明人文集的分布情况是：江苏籍者 406 种，浙江籍者 201 种，次者为福建籍者 70 种，余此类推。就此可见馆中所藏以江苏明人文集为大宗，次者为浙江明人文集。

徒人，其学生张其昀为浙江鄞县人，陈训慈为浙江慈溪人，师生间也以"缅维先哲笃生二千祀前，楬橥大义曰：'大道之行也，天下为公'"①，"扬吾越之懿风，以为乡人奋发之资"②为要，故他们均能利用馆藏乡贤资料，推动研究江浙地方史的风气。

举例来说，柳氏利用馆中数据撰成《江苏书院志初稿》《江苏社会志初稿》，并积极刊行馆中所藏江苏先贤著作，如江苏人靳贵的《戒庵文集》、江苏丹徒人章性良的《詹詹吟稿》、杭州人卢文弨的《卢抱经诸家校正王伯厚诗考》等学人的作品。③ 又为求使世人知道江苏国学图书馆典藏文籍的内容，柳氏与陈训慈在1933年举办"丁氏（丁丙）文物展览会"及"浙江文献展览会"，借举办这些活动"以激发本省（浙江）人士继往开来之精神"。④

第二，南高史学工作者，尤喜编书目及撰写一些介绍史料文献的文章，此与江南图书馆馆长喜编书目的研究习惯甚有关系。江苏国学图书馆馆藏古代典籍甚丰，为使他人得知馆中藏籍内容，以及利用馆藏史籍做研究，柳氏承继缪荃孙编撰书目的精神，"惟是拘录职责，亦既有年，兢兢奉艺风师（缪荃孙）、横山征君（陈庆年）之绪，不敢失坠，赖诸子之勤，举凡要而布诸当世，使海内外学者，手是目而循之"⑤，遂刊印《江苏国学图书馆

---

① 柳诒徵：《发刊词》，载《国学图书馆年刊》第1年刊（1928年），（总）1页。
② 陈训慈：《四明万氏之民族精神》，载《越风》第13期，1936年，15页。
③ 有关江苏国学图书馆出版的书籍，参见《本馆新印书籍售价表》，载《国学图书馆年刊》第9年刊（1936年），（总）6746页。
④ 陈训慈：《丁松生先生与浙江文献》，载《浙江省立图书馆馆刊》第1卷第7、8期合刊，1932年，32页。
⑤ 柳诒徵：《序》，载《国学图书馆总目》（原刊1935年），转引自柳定生、柳曾符编：《柳诒徵劬堂题跋》，42页。

馆藏书目》《陶风楼藏名贤手札》，并撰文介绍馆藏有关明清年谱、中大国学图书馆发展史。柳氏又指导任馆员的南高史学部学生多利用馆藏文献进行研究，或补正前人所撰写书目的缺失。例如，范希曾以馆藏文献注《南献遗征笺》、补正《书目答问补证》，缪凤林撰《明人著与日本有关史籍提要四种》，向达撰《唐代刊书考》，王焕镳撰《曾南丰先生年谱》《本馆图书总目叙例》。以上著作均注意江苏国学图书馆藏书及书籍的版本问题，而郑鹤声更按馆中所藏典籍，撰成《中国文献学概要》及《中国史部目录学》，介绍国学的四部分类法，国人在文献审订、编纂、刻印方面的特色，并介绍史部的源流及发展。

因为江苏国学图书馆馆藏典籍甚丰，故此地又成为南高史学者的聚居地方，"龙蟠里一隅遂成为南京学术界之奥区，他书院莫之比也"[1]。为求使读者多阅读乡土文献，"本馆设立编辑部办理编辑书目卡片、年刊及整理档案集乡土艺文等项事宜"[2]，又因为南高史学者充当图书馆馆员，他们得以参与图书馆的文献整理及书目编刊工作，因此南高史学者除了治史地学，也多注意版本的整理、书目的编撰，并将书目作为治学的基本知识。所以江苏国学图书馆不独是"人才的'摇篮'"，更是培养南高史学者的"文

---

[1] 柳诒徵：《国立中央大学图书馆小史》，57页。
[2] 柳诒徵：《国立中央大学图书馆小史》，78页。

化摇篮"。①

本节并非说南高学人的治史特色,就是顾炎武、顾祖禹、章学诚治史方法的翻版,而是以此说明二顾和章氏的治史方法,以及江苏国学图书馆的藏书特色,与南高史学者的治史方法和研究取向有着内在关联,这说明近代中国史学的发展,并未与传统文化及治学特色相断绝,其中尤以南高史学者的治史方法,与传统学术有千丝万缕的关系。既然南高史学部师生自觉继承传统文化及其治学方法,自然会对五四时期激烈的反传统文化言论加以批判。

## 第四节 反传统思想及中西文化调和论的出现

南高史学既有吸收中国传统学术文化的特色,也有融合西方学术方法的地方,它既不反对中国传统文化,也不排除西学,这种融和中西文化的治史方针,与新文化运动及中西文化调和论的出现甚有关系。下文试就新文化运动前后出现的反传统思想及中西文化调和论,以见南高学者融合中外文化的特色,及其与时代背景的关系。

---

① 李植中:《柳诒征如何主持国学图书馆》,见中国人民政治协商会议镇江市委员会文史资料研究委员会编:《镇江文史资料》第29辑,149—150页,1996。柳氏另一位学生蔡尚思认为:"在南京龙蟠里的国学图书馆住读,也常在晚上向柳诒征馆长请教……我把南京国学图书馆当作'太上研究院',是我的'最高学府'。"(蔡尚思:《蔡尚思自传》,7页,四川,巴蜀书社,1993。)

新文化运动兴起初期，国内先后出现以胡适为首发起的白话文运动，以及以陈独秀(1879—1942)、李大钊(1889—1927)等人为首发表的激烈批判传统文化的言论。① 南高史学者素尚中国传统文化，又因师范教育以孔子道德教化为效法对象，故极力反对这些只知输入西方文化，而否定中国传统文化的论调。同时，在新文化运动带动下，史学界也出现以顾颉刚为首发表的激烈批判传统文化的言论，柳氏素尚古代史籍为圣贤传道的工具，由是展开了与顾氏的论争；而在柳氏的影响下，南高史学部学生缪凤林也参与论战。故欲了解南高史学者所思所想，先要认识五四运动时期激烈的反传统文化言论。

另外，在1914年第一次世界大战爆发之后，一些西方学者重新肯定中国儒家文化及精神文明的价值，并高唱中西文化调和论；这些观点对曾经留学美国而在南高史学部任职的教员产生了影响。尤其是在五四运动初期，激烈批判传统文化的言论出现后，这些反对批判传统文化的学者，逐渐凝聚起来，与批判传统文化的学者互相批评，但这些反对激烈批判传统文化者，一时尚缺乏理论根据；及至20年代初，这些提倡中西文化调和论的声音，才有系统地在南高国文史地部一群师生所办的《学衡》杂志上

---

① 有关以胡适为首的白话文运动之情况及其与学衡派的论争，参见沈松侨：《学衡派与五四时期的反新文化运动》，86—120 页。有关五四运动时期激烈的批判传统文化的言论，参见林毓生：《五四式反传统思想与中国意识的危机——兼论五四精神、五四目标与五四思想》，见《思想与人物》，121—138 页，台北，联经出版事业公司，1983；Lin Yu-sheng(林毓生)，*The Crisis of Chinese Consciousness*: *Radical Antitraditionalism in the May Fourth Era*, Madison: The University of Wisconsin Press, 1979。

出现。他们标举"昌明国粹,融化新知"这一口号。

在五四运动期间,激烈批判传统文化者以陈独秀、李大钊及吴虞最具代表性,陈、李二人的文章多刊在《新青年》杂志,此刊物被视为五四运动言论的代表。① 陈独秀先在1916年发表《吾人最后之觉悟》一文,谈及"自西洋文明输入吾国,最初促吾人之觉悟者为学术,相形见绌,举国所知矣;其次为政治,年来政象所证明,已有不克守缺抱残之势。继今以往,国人所怀疑莫决者,当为伦理问题",甚至认为,"伦理的觉悟,为吾人最后之最后觉悟",国人应检讨中国伦理的价值。② 陈氏更认为中西是两个完全对立的异质文化体系,绝无兼容之理,中西政治最大的不同,在于中国一向以儒家三纲五常为实行政治控制的工具,而"三纲之根本义,阶级制度是也。所谓名教,所谓礼教,皆以拥护此别尊卑明贵贱制度者也"。三纲成为君主专制的工具,是造成社会不平等的主因;反之,近世西洋政治重视平等,强调个人自由,中西根本就是不同的文化体系。批判传统伦理思想,由是掀起批判以孔子为代表的儒家伦理思想的风潮。及后,陈氏更撰《宪法与孔教》,不独反对孔教,更认为孔教以孔门之道为修道的大本,这就是中国的不幸;孔教问题实是启导"伦理道德革命之先声",

---

① Chow Tse-tsung(周策纵), *The May Fourth Movement: Intellectual Revolution in Modern China*, pp. 16-19.
② 陈独秀:《吾人最后之觉悟》,载《新青年》第1卷第6号,1916年,1—3页,东京,汲古书院,1971年影印版。其实他们主要反对民初的孔教活动,参见黄克武:《民国初年孔教问题之争论(1912—1917)》,载《台湾师范大学历史学报》第12期,1984年,197—219页;欧阳军喜:《五四新文化运动与儒学:误解及其他》,载《历史研究》第3期,1999年,42—53页。

而孔子的道德伦常观根本不适合今世，以不适合的孔道支配社会，遂阻碍国家文明的发展。①

李大钊也在《孔子与宪法》一文中强调孔子教化是旧的，既然重自由，何必迫人笃守孔子教导。孔子既为"数千年前之残骸枯骨"，"历代帝王专制之护符"，"国民中一部分所谓孔子之徒者之圣人也"，与宪法精神相悖。② 其后他更是在《自然的伦理观与孔子》一文中批判孔子提倡的道德教化是"今日之社会为不适于生存，任诸自然之淘汰，其势力迟早必归于消灭"，消灭了孔子所代表的旧道德，才能有"新道德之进展，企于自然之进化"。③ 李氏又认为，"君主专制制度，完全是父权为中心的大家族制度的发达体"，孔子伦理在君臣关系上强调"忠"，即牺牲被治者的个性，是"与治者以绝对的权力，责被治者以片面的义务的道德"。孔子强调修身齐家治国平天下，"'一以贯之'，全是'以修身为本'"，使人不能有完美的个性，此又是牺牲个性以就君主专政的学说，而且孔子倡"孝"道，终于产生君臣、父子、夫妇的隶属关系，为求个性的发展，就要打破这些"义务的道德"，"社会上种种解放的运动是打破大家族制度的运动，是打破父权（家长）专制的运动，是打破夫权（家长）专制的运动，是打破男子专制社会的运动，也就是推翻孔子的孝父主义、顺夫主义、贱女主义的运动"，"打破孔子主义的运动"。④

---

① 陈独秀：《宪法与孔教》，载《新青年》第 2 卷第 3 号，1916 年，3—4 页。
② 李大钊：《孔子与宪法》，《甲寅》，1917 年 1 月 30 日。
③ 李大钊：《自然的伦理观与孔子》，载《甲寅》，1917 年 2 月 4 日。
④ 李大钊：《由经济上解释中国近代思想变动的原因》，载《新青年》第 7 卷第 2 号，1920 年，2—3 页。

在反传统文化的言论中,以吴虞(1872—1949)反对儒家的孝道思想最为激烈。吴氏认为儒家学者主张尊贵卑贱的阶级制度,为专制政府的"御天下之大法",终于产生"法为势屈,刑以情淆",造成社会不公平的现象。而这种严分阶级的思想,乃源自孔子。吴氏认为孔子的救世思想出自孔子求干禄的名利之心,"以礼为霸者时君所须,可以使贵贱有等,长幼有差,贫富轻重皆有称,意在趋时阿世",由是"专制之朝,极之由礼而止",所以孔子就是"专制时代官僚派之万世师表",导致"专制之根源,万恶之首"。① 吴虞更认为,礼制不独成为君主专制的工具,更因为孔子提倡孝道的思想,这个"孝"就成为控制家族伦理关系、戕害人性的工具。孔子以孝为百行之首,以孝为起点,事亲、事君、立身为孝,孝"无所不包,家族制度之与专制政治,遂胶固而不可分析"②,专制君主以孝悌为防乱的根本,家族以孝悌控制家族成员的心灵,儒家伦理思想成为专制政治与家族发展的助力,所以吴氏在《吃人与礼教》一文中言,君主倡"孝"道,使一般人被在上位的人愚弄,"把中国弄成一个'制造顺民的大工厂',孝字的大作用,便是如此",故"吃人的就是讲礼教的!讲礼教的就是吃人的呀!"③中国礼教就是数千年害死无辜人的关键。为求使中国社会进步,便要反对传统儒家"孝"道的思想,更要全部打倒旧礼教。

---

① 吴虞:《礼论》《儒家主张阶级制度之害》,见《吴虞集》,137、97页,成都,四川人民出版社,1985。
② 吴虞:《家族制度为专制主义之根据论》,见《吴虞集》,61页。
③ 吴虞:《吃人与礼教》,载《新青年》第6卷第6号,1919年,578—580页。

总之，在五四时期全盘否定传统文化价值的风气下，人们视儒家伦理思想为"封建糟粕"，以为儒家思想是造成国民弊病的根源。① 孔子所言的忠、孝思想成为被攻击的对象，孔子思想及儒家的道德伦理成为旧道德的代表，在全盘批判传统的道德言论下，人们更加否定传统文化的价值。

五四运动的展开，带动史学界兴起了以顾颉刚为首的古史辨运动，以及疑古、疑圣的风尚，这促使相信经典为圣人载道工具之柳诒徵，与顾氏产生论战。② 南高学人一方面奉孔子及儒家代表的传统道德为效法对象，另一方面认为古代史料是真实可信的，故对古史的态度是信而不疑，面对疑古史及疑经、疑圣的观点，自然加以反对。领导疑古史学的人物顾颉刚曾言，"不逢到《新青年》的思想革命的鼓吹，我的胸中积着的许多打破传统学说的见解也不敢大胆宣布"，在一个激烈批判传统文化思潮的冲击下，便发出"批判的勇气"，由是激发古史辨运动的兴起。③ 以下便略述五四新文化运动中古史辨运动的兴起及其要点。④

由前文可见，五四运动时，李大钊、陈独秀、吴虞先后发表

---

① 这是一种借批判孔子以批判传统文化的思想，参见林毓生：《五四式反传统思想与中国意识的危机——兼论五四精神、五四目标与五四思想》，见《思想与人物》，121—138页。
② 有关五四运动与古史辨运动的关系，参见王汎森：《古史辨运动的兴起》，1—28页；Laurence A. Schneider, *Ku Chieh-Kang and China's New History: Nationalism and the Quest for Alternative Traditions*, pp. 60—75。
③ 顾颉刚：《自序》，见《古史辨》第1册，1页，上海，上海书店，1930(据朴社本影印)。以下有关《古史辨》的内容，全取自此版本。近人分析顾氏的研究成果很多，本书主要参考刘起釪：《顾颉刚先生学述》，85—102页。
④ 有关古史辨运动与康有为疑圣、崔东璧辨伪问题，非本书谈论的范围，参见王汎森：《古史辨运动的兴起》，63—208页。

多篇反对孔子思想的文章,胡适也在此时发表"重新估定一切价值"①的言论,不独要求攻击传统思想,也要求从事研究的学者求古圣贤、史事的真相;正值此时,顾颉刚入读北京大学,他深受启发。而陈独秀提倡的思想革命,打破了"传统思想的压迫",他的言论"给予我们以自由批评的勇气","解除了道统的束缚",顾氏知道清朝学者因束缚于信古的旧思想下,不敢疑圣,终为孔孟的思想所控制,"妨碍了自己的求真的工作",只有在攻击传统文化的思想气氛下,知识分子才能从儒家"偶像"下解放出来,所以顾颉刚决意"要使古书仅为古书而不为现代的知识,要使古史仅为古史而不为现代的政治与伦理,要使古人仅为古人而不为现代思想的权威者"。顾氏又认为所有的"旧道德的权威"即藏在古书的"神秘"面貌之中,越多研读便越神秘,故要求研究人员把这些古籍的内容"翻译出来,大家知道原是这么一回事,它就要站不住了",借不断考辨以见古圣人贤相与古恶人的形象均是后人造的。

顾氏在1923年5月6日发表《与钱玄同先生论古史书》,提出"层累地造成的中国古史",认为古代帝王谱系是随"时代愈后",层累地造成的。顾氏以西周(公元前1046—前771年)时宋

---

① 胡适:《导言》,见《中国哲学史大纲》,20页,台北,远流出版社,1994(原出版于1919年)。亦参见胡适:《治学的方法与材料》,见《胡适文存三集》(一),346页,上海,亚东图书馆,1930;《实验主义》,见《胡适文存》(二),292—297页,上海,亚东图书馆,1930。有关胡适创造文明的研究,参见罗志田:《再造文明之梦——胡适传》,148—196页,成都,四川人民出版社,1995;Jerome B. Grieder, *Hu Shih and the Chinese Renaissance: Liberalism in the Chinese Revolution, 1917-1937*, Cambridge: Harvard University Press, 1970, pp. 23-42。

国人所作的《商颂·长发》一诗为例，此诗中"洪水茫茫，禹敷下土方……帝立子生商"所记就是在洪水茫茫中，上帝派禹帝下凡人间，使商人立国一事；又依西周时人所作的《鲁颂·闷宫》一诗中"是生后稷，……俾民稼穑；……奄有下土，缵禹之绪"①的内容，指出在西周时，并没有黄帝、尧、舜的圣帝形象，最古的人王只是禹。禹被商朝（约公元前16—约前11世纪）的民众视为下凡的天神。商人感谢禹帝的敷土恩德，才奉禹为神明，可知禹帝就不是夏朝的统治者。顾氏进一步指出，后人以为禹帝是夏朝的统治者，而这位"禹帝"其实是"从九鼎上来"的动物。因为顾氏在《说文解字》中找到"禹"字的本义，就是"以虫而有足蹂地，大约是蜥蜴之类"的意思，② 而这种动物与夏朝所铸九鼎上的动物形貌十分相近，这动物本是夏人奉为神明的信仰象征，随着这个九鼎成为三代传承的信物，族人便把本族中一两位具有领导才能的人物，配为九鼎上被"奉为神明"的动物，其中一位具有领导才能的人，就是被奉为神明及圣君的禹帝，故禹帝本是这群夏人认为具有领导才能的人物，而禹帝形象来自夏鼎，由是禹帝便成为夏民族的始祖。总之，结合文字的本义及出土的夏鼎所见，"禹帝"中的"禹"字本义是古代的"虫"，禹帝的圣人形象，是后人在古书上增加的，所以顾氏认为一切古代的圣人形象，也是后人在经书及史籍上所增加的，这样上古史也是为后人所增改，古代根本不存

---

① 顾颉刚：《与钱玄同先生论古史书》（原文发表于1923年2月25日），见《古史辨》第1册，59页。
② 顾颉刚：《与钱玄同先生论古史书》（原文发表于1923年2月25日），见《古史辨》第1册，61—63页。

在圣帝贤君的谱系。①

顾氏又依据以上《诗经》中的文献，指出西周初只有禹的记载，但战国时人编辑的《论语》中，又载有尧、舜的事迹；若细心考证可见，在《论语》中，没有明确描写出尧、舜的形象，书中只推崇他们的德行，至于他们二人建立的典章制度、开国规模，要到春秋战国后出现的篇章中才有较鲜明的记录。换言之，尧、舜的形象在东周后才出现，他们的圣人形象根本不是周代之前出现的。所以顾氏认为整个古史系统是后人所伪造的，后人又在尧、舜之上加上许多古皇帝，故春秋初称最古的禹，到了战国，经过方士的鼓吹，便列在黄帝及尧、舜之后，神农帝又被列在黄帝之前；后人又从《易·系辞》中抬出了庖牺氏，因此神话故事中的庖牺，又在神农之前；再经秦朝（公元前221—前206年）的李斯一辈人创造天皇、地皇、泰皇的神话，这三皇又被立于庖牺之前，就这样建立了一个皇帝谱系。最后，顾氏归纳皇帝谱系形成的原因，就是以下三个因素："时代愈后，传说的古史期愈长"，"时代愈后，传说中的中心人物愈放愈大"，"时代越后，知道的古史越前，文籍越无征，知道的古史越多"。② 这就是顾氏在20世纪20年代因疑古史而提出的"层累地造成的中国古史"的学说。

由此可知，顾颉刚先假设了古史及古代史籍均是后人伪造的，依此观点，重新估计古史及古书上的记载，质疑上古史的真

---

① 顾颉刚：《与钱玄同先生论古史书》（原文发表于1923年2月25日），见《古史辨》第1册，65—66页。
② 顾颉刚：《与钱玄同先生论古史书》（原文发表于1923年2月25日），见《古史辨》第1册，60页。

实。那些已确信上古史,以及习于传统古史和古书的学者,如刘掞藜(1899—1935)、张荫麟(1905—1942)等早已发出反对顾氏的疑古史的言论①,但他们的看法多偏于质疑顾氏的观点,尚没有如柳诒徵和南高史学工作者那样组织研究学会及出版刊物,积极借史地学研究以重建中国文化的要义。1921年后,柳诒徵一方面与南高师生创办《史地学报》《学衡》,从事中国文化史及中国史地学的研究;另一方面,柳氏也力斥顾颉刚的疑古史学是"勇于疑古,实属疏于读书"②。可见南高史学者不独注意反对疑古史学,更注意整理文献及研究中国历史的特色,借学术研究以重建中国文化的面貌。

同时,自第一次世界大战以后,国内出现了一种中西文化调和论,虽然持此论调的学者,缺乏引介西方学理知识而得出的研究成果,但这种中西文化调和论的观点,已为南高史学工作者所采用,同时他们也积极引介西方史地学知识,阐明中国文化的特色。

1918年第一次世界大战结束后,西人每谓"西方文化没落",或西方"文化破产",从否定西方科技文化,转向寻求建立精神文

---

① 张荫麟:《评近人对中国古史之讨论》(原刊1925年),见顾颉刚:《古史辨》第2册,271—283页。刘掞藜:《读顾颉刚君"与钱玄同先生论古史书"的疑问》(原文发表于1923年5月13日),见顾颉刚:《古史辨》第1册,82—83、93—95页。
② 柳诒徵:《论以说文证史必先知说文之谊例》,载《史地学报》第3卷第1、2期合刊,1924年,5—9页。

明，并向东方学术文化借镜。① 另外，从国内的报道可见，第一次世界大战不独导致死亡无数，家园破坏，更是"四海震惊，血海飞腾"，军人以"摧毁为能，所向当前，罔知护惜，举国为烬，古物荡然"，战火蹂躏，社会破坏，"欧洲直沦为地狱，欧民悉化为鬼魅"。② 第一次世界大战传给中国人的讯息，是欧洲文明已经破坏，昔日西方繁荣的景象已不存在，如其时出版的《东方杂志》，更刊出译文《新欧洲文明思潮之归趋及基础》，以为欧洲文明已被破坏，要使国家富强，只有"东西两洋，互取其固有文明之所长，浑融而调和之，以造成创造的新文明，是则吾人之所期望者也"③。第一次世界大战代表西方文明仍未可以救民脱离悲惨的生活，而中国欲借西方文明实现美好生活的论据，"不能不为之消灭"④；更有文章否定西方科技文化的价值，指出"西洋诸国日以其科学所发明之利器，戕杀其同类，悲惨剧烈之状态，不但

---

① 有关其时国内外批评第一次世界大战对西方社会、文化的破坏的言论，参见黄金麟：《历史的仪式戏剧——"欧战"在中国》，载《新史学》第7卷第3期，1996年，91—129页；林志宏：《战时中国学界的"文化保守"思潮（1941—1948）——以〈思想与时代〉为中心》，52—54页，硕士学位论文（未刊稿），"中央大学"历史研究所，1997。
② 钱兆骙、苏颂恩合译：《大战争之第二年》，载《东方杂志》第13卷第11号，1916年，19—25页。
③ 君实：《新欧洲文明思潮之归趋及基础》，载《东方杂志》第16卷第5号，1919年，100页。
④ 伧父（杜亚泉）：《战后东西文明之调和》，载《东方杂志》第14卷第4号，1917年，8—19页。有关杜亚泉提出的"中西文化调和论"，参见高力克：《调适的智慧——杜亚泉思想研究》，38—65页，杭州，浙江人民出版社，1998。

为吾国历史之所无,亦且为世界从来所未有"①。学界还否定西方文明,进而提倡运用东方文明救中国之弊,如杜亚泉指出:"吾人今日在迷途中之救济,决不能希望于自外输入之西洋文明,而当希望于己国固有之文明,此为吾人所深信不疑者。"②所以第一次世界大战之后,只好恢复"吾国人素爱和平,博爱仁恕为归宿"的道德文化和精神文化,以中国道德文明救世界文明,中国文明"既为人类文明之一部分,则对于世界之未来文明,亦宜有所努力,有所贡献",中国文明虽与西方文明发展相异,却可证明"西洋文明之错误",可成为"世界未来文明之指导者"。"现时代之新思想"虽然要接受西洋文明,但也不应完全放弃中国文化,一个新思潮的出现,就是中国固有的精神文化与西洋文明之结合,以及新旧中外文化思想之折衷的产物。③

再加上,国外学人于第一次世界大战结束后相继访华,使调和东西文化之论更为流行。杜威(John Dewey,1859—1952)于1919年应邀到中国,停留两年期间,不独宣扬"实用主义"(pragmatism),也多言及东西文化调和论。他更认为中国人的人生哲学对于人类文化发展有重要的贡献,了解中国人的人生哲学,不但对于了解中国问题十分重要,而且对了解其他各国民族

---

① 伧父(杜亚泉):《静的文明与动的文明》,载《东方杂志》第13卷第10号,1916年,1页。
② 伧父(杜亚泉):《迷乱之现代人心》,载《东方杂志》第15卷第4号,1918年,2页。
③ 伧父(杜亚泉):《新旧思想之折衷》,载《东方杂志》第16卷第9号,1919年,1—8页。

断"①。南高哲学系教授汤用彤(1893—1964)指出这些持文化调和论的学者,只知两方文化的弊点,便以适合"好的文化,合用的文化",以中西文化互相比附,相为调和。他们不了解各国文化的特色,也未注意各地文化发展各有其理据②,故学者应着手对东西方学理加以研究,先知东西方文化的本义,再进行批判。其时主张文化调和论的杜亚泉(1873—1933)也认为:"世界各国之贤哲所阐发之名理,所留遗之言论,精深透辟,足以使吾人固有之观念益明益确者,吾人皆当研究之。"国人不但要输入西学,更要"读西洋道德史,不论何学派、何宗教,皆有无数之伟人杰士,大冒险、大奋斗,以排除异论,贯彻主张",研究西方学术思想,在西学中汲取西方学理,印证己说。可见这时已有学者注

---

① 梁漱溟评语,见梁漱溟:《东西文化及其哲学》,15页,上海,商务印书馆,1930。五四事件后,梁启超赴欧游历,见第一次世界大战后,西方文化受到战火破坏,因而思考:第一,国人应"爱护本国文化";第二,用西洋人研究学问的方法去研究;第三,把文化综合起来;第四,有系统地往外扩充。由此可见梁氏也提倡中西文化调和论。有关梁氏的观点,参见梁启超:《欧游心影录》,37页,台北,台湾中华书局,1976(据1926年版影印)。

② 汤用彤:《评近人之文化研究》,载《学衡》第12期,1922年,(总)1545—1548页。在南高执教的西洋文学系的吴宓、梅光迪及哲学系的刘伯明及汤用彤等学衡社员所信奉的白璧德(Irving Babbitt)主张的"人文精神",在第一次世界大战后也曾昌盛,而白璧德的思想也主要是反对重物质而轻精神,并且认为将来的文明是中国的儒学、西方的基督教、西方上古哲学及印度的佛教相为调和。有关吴宓等人对白璧德思想的介绍,参见[法]马西尔(Louis J. Mercier):《白璧德之人文主义》,吴宓译,载《学衡》第19期,1923年,(总)2494—2535页;有关白璧德思想内容的简单介绍,参见 Thomas R. Nevin, *Irving Babbitt: An Intellectual Study*, Chapel Hill: The University of North California Press, 1984, pp. 14-25;而有关白氏的思想与学衡派成员思想的关系,参见 Rosen Richard Barry, *The National Heritage Opposition to the New Culture and Literary Movements of China in the 1920's*, pp. 85-109。

意深入研究西方学理的内容，找出中西学术思想的底蕴，再做出批判。此点已超脱泛泛而论的中西调和论，以及晚清提倡的"中体西用"的立场。①

在反传统文化言论及学界宣扬中西文化调和论的气氛下，继曾经留美而主张中西文化调和论的刘伯明等人执教于南高文史地部之后，研习西洋气象学及地理学的竺可桢，以及研习西方历史学的徐则陵，亦成为南高教员，促使利用传入西方学理以达到"昌明国粹，融化新知"目的的治学特色在南高流播开来，史学部学生从而发扬了这种治学方法和精神。

## 第五节　南高留美教员与西方学术思想的传入

南高史学工作者的治史特色之一，是引介传统史学，这方面

---

① 国故学社、国粹派也从"中体西用论"及民族主义立场，肯定中学为体，再吸收西方科技知识，并未把西学放在平等的地位上考察，学衡社社员虽以捍卫固有传统价值为主，但他们不再拘泥于既有思想，反而从西方观念的内涵中汲取言论，引证己说。最重要者，把中西文化置在平等地位做考察，并因南高学人如梅光迪、刘伯明、吴宓、徐则陵等均留学美国，因此他们致力于引介西学，从而阐明中西学理。有关学衡社社员及南高学人对西学之研究，与前二者之别，参见 Lydia H. Liu, *Translingual Practice: Literature, National Culture, and Translated Modernity China, 1900-1937*, Stanford: Stanford University Press, 1995, pp. 239-255。"中体西用论"的特色，正如梁启超所言——"盖当时之人，绝不承认欧美人除能制造、能测量、能驾驶、能操练之外，更有其他学问；而在译出西书中求之，亦确无他种学问可见"（梁启超：《清代学术概论》，71 页，台北，台湾中华书局，1989），明显指出"中体西用"的意思，是暂不探讨西方的学理。参见薛化元：《晚清"中体西用"思想论（1861—1900）——官定意识形态的西化理论》，1—35 页，台北，稻乡出版社，1991。

得力于柳诒徵及师范教育的影响；另一特色是引介西方史地学及哲学知识，这方面得力于刘伯明、徐则陵及竺可桢。上述三人所教的科目，均为南高史学部学生的必修科。南高史学部的毕业生更认为，以上三位留洋学者与国学大师柳诒徵的合作，就是形成"南高的人文学，如史学、哲学、教育学、中国文学、外国文学等，其造诣之深，渐为社会所认识"①之局面的原因。以下探讨这三位学者执教南高时的思想，尤其是授课讲义的内容，了解南高学生接触西学的情形。

先说南高"精神领袖"之一的刘伯明对南高史学部学生的影响。刘伯明开设的西洋哲学史课程，是史学部学生吸收西洋哲学思想的主要途径。② 刘氏早年在美国西北大学学习哲学及教育学，1915年(29岁)获哲学部博士学位。他喜欢研究希伯来及希腊哲学，认为此两大文化体系为西方文化的根源。1916年回国，执教于汇文书院(即后来的金陵大学)国文部，并于1918年兼任南高国文史地部西洋哲学史科目的教员；至1919年应江谦邀请，任南高训育主任及文史地部主任，及后更任南高副校长、文理科主任、哲学系系主任。因他任教南高(包括日后的东大)，遂招聘了留美的同志梅光迪、吴宓入校执教。梅氏开设的科目，并非南高史学部学生的必修科；吴氏开设有关西洋文学的科目，为史学部学生所必修。但吴氏执教南高只有三年，不及刘氏之久。③ 最重

---

① 张其昀：《"南高"之精神》，载《国风》第7卷第2号，1935年，20页。
② 刘伯明的生平，参见郭秉文：《刘伯明先生事略》，载《国风》第9号，1932年，73—76页。
③ 梅光迪自1920年至1924年执教南高，而吴宓自1921年至1924年执教南高，刘伯明全职任教南高的时间为1919年至1923年。

要者,刘伯明被南高史学部学生奉为"精神领袖","高标硕望、领袖群伦"①,皆说"刘先生为全校重心所寄。……四方学子,闻风来集,皆信服刘先生之精神"②;校长郭秉文更说刘伯明被"东南大学奉为魁宿"③。

刘伯明任教南高时,开设了近代西洋哲学史、西洋上古哲学史及伦理学三科,这些都是史学部学生的必修科目,所以他直接影响学生所思所想。他主张治学应融通中西哲学,他尤其反对只言西方文化,及全面批判中国文化的言论。他认为中西文化应调和,救中国固然要输入西方文化,但不是毁灭中国固有的美德,而所谓输入西方文化,就是输入西方的"希腊学者穷理致知不计功利之科学精神"及"基督教之仁博之爱",并认为这两种文化思想与中国文化"人道人伦之精髓",应"力求融和"。④ 刘氏对南高史学部学生的影响,主要是培养他们撷取东西传统道德文化的精义,以及结合历史学、地理学与哲学的研究方法。

当时史学部学生缪凤林,更把刘伯明在西洋古代中世哲学史及近代西洋哲学的授课讲义,撰成《西洋古代中世哲学史大纲》及《近代西洋哲学史大纲》二书,书中载有"刘伯明校阅"的字样,故借此二书,大体上可以知道刘氏的授课内容。

刘氏十分欣赏西方的道德哲学。他认为,西洋哲学不是尚玄虚、空谈的;而是如中国道学一样,是一种重实践德性的学问。

---

① 朱斐主编:《东南大学史 1902—1949》第一卷,南京,东南大学出版社,2012。
② 张其昀:《刘伯明先生逝世纪念日》,载《国风》第 9 号,1932 年,67 页。
③ 郭秉文:《刘伯明先生事略》,载《国风》第 9 号,1932 年,73 页。
④ 缪凤林:《刘先生论西方文化》,载《国风》第 9 号,1932 年,58 页。

"哲学一名,翻译自英文斐罗琐斐(philosophy),此本名道学,九流言道,要在躬行实践",西方也指称"斐罗琐斐"为"智慧";只有古希腊苏格拉底(Socrates,公元前470—前399年)所言"爱知"(love of wisdom)才是"西土哲学之本意也"。既然西洋哲学起源自希腊,希腊人生活最重者,为"中节"(moderation, mean, middle and temperance),而"中节"的内涵就是"以救世立德为怀","无太过"(nothing too much, nothing in excess),凡事守中和,则为最善,不流于纵情,不求利诱,故"西方哲学家言中节,即吾国孔、孟言中庸、中和之理也"。① 日后苏格拉底、柏拉图更把"中节"演绎为"执中"的思想,所谓"执中"就是"节制","无论快乐,资财等等,皆须由理性执其两端而用其中",而这个"执中"的标准,是存于人们心中的"内灵之美",人们"扩充执中之思",便能"谐合"自然,"身心谐合","美术与道德结合"。② 同时,刘氏认为这两位哲人倡言的哲学思想,具有纯化心灵、使人们归向至善及"伦理善教化"的功用,而美术达到的最高境地就是"合伦理为众善端",所以"伦理的标准即是美术之标准",世上也只有古代希腊哲学才具有这种"伦理为美术最优善之标准";换言之,在刘伯明心中,美术不独为观赏,也有教化伦理的目的,美术的优劣不是取决于艺术的效果,而是取决于道德标准。

此外,刘氏曾言只有苏格拉底才具有"道德高凡之美感"。刘伯明以苏格拉底为道德情操高尚的哲人,因为苏格拉底提出了一套越国界、越种族、人们共守的"公共之标准"。刘氏在讲授西洋

---

① 缪凤林:《刘先生论西方文化》,载《国风》第9号,1932年,43—58页。
② 刘伯明:《西洋古代中世哲学史大纲》,12—14页,上海,中华书局,1922。

哲学史一科时，辟专章介绍苏格拉底的思想。讲义中叙述苏格拉底对哲学界的贡献是，"教人最要之目的，即在改良人之品性"，"人格"，教导学生以践德性，不求物质，超脱经济。苏格拉底个人不独空言哲理，而是身体力行，积修善德，故受雅典民众欢迎，成为"其和悦可亲，蔼然肃立之仁者"；同时，苏格拉底所言的"知"，乃是"真知灼鉴(见)(insight)，与书本之智识异趣"，苏格拉底心中的"知"不独是知识，更是深明"择善固执，为善去恶，判断是非"的"道德智慧"，苏格拉底的"知"就是"知识即德行"(knowledge is virtue)，后来希腊人学习苏格拉底"养善积德"的知行，便拥有此"善之本"的"知"，即行即知，为善最乐，真知愈多，善亦多，乐亦多。希腊人推广苏格拉底所言"择善之知"，使之成为万事万物、世界人类普遍永恒的"公共之标准"。因为刘氏也认为"世人共守之法，应求善德之知"，同于苏格拉底的观点，故刘氏盛称苏格拉底所倡的"真知"就是世人共守的标准，苏格拉底即为"西洋人之道师，世界人之道师，其贡献于人类正不唯其学说，而以其人格为大也"。[①] 由此可知，刘伯明是从道德判断的立场，评价西方圣哲的地位的。

尤要注意，刘氏以历史学及地理学的研究方法，分析西方各国哲学兴起的原因，推动了结合学术思想、历史学及地理学的研究方法的发展。刘氏认为思想变迁及兴废，与时代历史的发展甚有关系，要探求一个地方哲学思想的发展，便要"求因""明变"及从地理环境上做分析。[②] 他研究希腊哲学出现的原因，除了从学

---

[①] 刘伯明：《西洋古代中世哲学史大纲》，70页。
[②] 刘伯明：《西洋古代中世哲学史大纲》，4—5页。

者师承的角度进行分析,更从希腊民族历史及地理环境的角度做探讨。他运用历史学上讨源溯流的方法,指出古希腊人的来源有二:一为爱奥尼亚人(Ionians),以雅典人为代表;二为多利安人(Dorians),以斯巴达人为代表。因为斯巴达人身处山中,四周仇杀,耕于生活,他们形成重视实用的思辨方法。反之,雅典人生活在低地平原,"生活悠游自得,宛如游戏场中之赤子,心身不受丝毫之约束"。希腊地处通商要地,"海阔天空,胸怀开拓,而经济富裕,无物质之忧虑,专心致志",而雅典更是风光秀美,气候温和,生活在雅典的人,自然"精神纯为入世,贯注于外界事物而不知其他",形成求个人修养与自然环境契合的思想。刘氏归纳希腊哲学思想兴起的原因为:"其在岛国,则因地势之斩截,人民之脑海,常灵敏而明晰。……希人(希腊人)为岛民,此种特质,更为复绝。科学、哲学、美术各方面,无一不启示此种精神,而尤以美术为最。"希腊地处交通要地,又拥有优美的生活环境,其人民思想开阔,重玄思,所以希腊哲学的兴起就是"外缘之足以唤起人类之反应或能影响其动作也"。① 由此可知,刘伯明叙述古代哲学兴起的原因,不是单单追溯哲学概念的发展,而是从地理环境及历史学的角度做分析。张其昀、陈训慈、缪凤林等学生修读其中,既可了解西方哲学思想的内容,又能学习结合地理、历史及哲学三者的研究方法。②

南高史学部学生,除了学习西方哲学思想,还从留美学者竺

---

① 刘伯明:《西洋古代中世哲学史大纲》,13—14 页。
② 陈训慈也认为希腊文化的兴起,与雅典地处爱琴海及城邦制度的建立甚有关系,参见陈训慈:《西洋通史》,24 页,南京图书馆藏本,1929。

可桢、徐则陵二人那里吸收西方历史及地理学的知识。竺可桢开设的人文地理学、地学通论两科，均为史地学部学生的必修科目；徐则陵开设的西洋史课程，亦为史学部学生之必修。① 同时，徐、竺二氏又任南高史地学会的指导员，对《史地学报》的出版及所刊文章提供不少意见。徐则陵治西洋史的方法及观点，日后也为陈训慈所承。竺可桢治地理学的观点，也影响了张其昀治人文地理学及利用西方地理学知识研究中国地理的方法。

徐则陵②，江苏金坛人，1917年留学美国伊利诺伊大学，获史学硕士学位；1918年至1920年又前往哥伦比亚大学修读教育学、教育史等课程，获教育学硕士学位。于1920年9月至1927年，受聘为南高（及东大）史学系主任。他执教南高期间，主要开设西洋史科目。

徐氏认为"历史"就是"学者对于人类群体活动意义之研究"，而人类群体活动的推动力，不独是经济及地理因素，而主张这两种因素为推动人类活动的主因之论，是"误在偏重客观而抹煞主观方面，殊不知人类活动以主观的势力为主要原因"。推动人类社会的进步，有其内部及外部因素，内部因素是人类感情、人类智慧及个人所思所想，外部因素是历史环境、经济力量及政治变动问题。人类为求生存，往往有所选择，面对困难而做出不同的思考，这就使个人的思想与外部环境相结合，个人思想与环境相融合，又成为推动历史发展的要素，"人类活动之起于保生一需

---

① 《南京师范学校文史地部简章》，缺页数。
② 徐则陵的生平，参见鲁还、晼芬：《徐养秋——慈父　尊师》，见陈乃林主编：《师范群英　光耀中华》第11卷下册，44—51页。

要矣。治史者果能得其要领，即足以贯通一切有生之物而见其同"。人类为求生存而订立各种制度，为研究历史的真貌，便要探讨"内因与外因，相为依存"的各方面因素，不可片面地认为经济及地理的原因，是推动人类社会进步的唯一要素。①

因为人类面对不同的环境有不同的思考，故研究人类群体生活，必须要从广泛的领域进行研究。治史者应从政治经济活动、宗教活动、学术活动、美术活动四方面分析人类生活的整体面貌，"史也者，研究个己求生适应之过程，见于保生动作，见于寄生主义，见于造幻境自娱，见于力求真知各方面之学也"②。历史研究为了解"人群生活及保存礼教制度，适应外缘之相互努力"，历史研究就是了解古人的整体生活面貌，而了解古人面貌便要分析人类整体的生活状况，只有从通史及文化史的角度，才可了解古人的整体面貌，不致误于一端，所以他说："文化史者，通史者也，网罗众旨，条理万端，人类群体生活之情状，无有不见。"③

徐氏又说，治史的目的应是切合现实政治发展。他认为研究历史的目的是为国民"开阔视野，了解国际事务"，故国民要吸收中外历史知识，了解国内外的情况，便能"说明各国特有历史文化，以提倡国际谅解，是亦免去国际冲突之一道也"。由是这位国民不独是中国的"国民"，更是"国际"的"国民"，而历史科正可以为这位"国民"提供"正谊之观念与国际同情"。同时，研究历

---

① 徐则陵：《史之一种解释》，载《史地学报》第1卷第1期，1921年，2—6页。
② 徐则陵：《史之一种解释》，载《史地学报》第1卷第1期，1921年，3—7页。
③ 徐则陵：《史之一种解释》，载《史地学报》第1卷第1期，1921年，5页。

史也可培养"国民"的正当兴趣,"正当兴趣愈多,不良兴趣愈少,好古敏求,得不谓之良好兴趣乎",使历史成为道德教化的工具。①

因为历史知识与现实政治发展甚有关系,所以徐氏又提倡历史教育。他认为历史教育的目的是:"大言之,关于世界。小言之,关于一国一人。"②历史教育不独使学生了解本国人群的发展面貌,也要注意世界人群的发展情况,使学生的历史知识由本国史,扩展至世界各国历史;同时,历史与现实生活的关系十分密切,要了解个人与国家所需,便先要领会现代生活的状貌,而任何现代生活均有沿革,所以"原委不明,即难言真知现状"。此外,教员在讲述历史课时,应注意培养学生"发展领会人群现状之能力","发展生活贯通文化演进之观念",借"贯通中外古今史事",以了解古今历史事件相连的关系,故在徐氏教导下,南高史学部学生尤注重探讨古今世界通史、文化史,以及求中外文化

---

① 徐则陵:《学校设历史一科应以何者为目的》,载《史地学报》第1卷第1期,1921年,4页。
② 徐则陵:《学校设历史一科应以何者为目的》,载《史地学报》第2卷第2期,1923年,1页。

融通的要道。①

为求推行历史教育,徐则陵也提出了有关历史教具及教材的意见。在教学法上,徐氏强调历史科教员应注意学生学习心理的发展。② 因为初中至大学学生,学习历史始自想象,继为"断裁与理解",终为"记忆",故教员在设计课程时,应多利用历史图片吸引学生阅读的兴趣,日后才能带领学生进行研究。同时,教员为求学生了解古人状貌,应多利用"实物之设备",多带学生参观博物院、美术馆,了解古代文物及人类艺术上的造诣,以见"人类精神文化之进步";又应在学校设立历史陈列室,达到"使学生暗中摸索而无所失"的目的。最后,借参观博物馆,使学生得见"庶几吾国人得真知吾国过去之文化在世界古代文化上所占的地位",了解中华文化在世界文化中扮演的角色。"吾国人言本国文化之衰落,实不明西学与中学,有其融和相通之处",教员可以多注意运用西方的科技知识及历史教育的方法,重现中国文化最

---

① 如柳诒徵的《中国文化史》、陈训慈的《西洋通史》、缪凤林的《中国通史纲要》,1949年后张其昀也撰有《中华五千年史》。可见南高学人尤喜治通史,不求断代史,也不专注于文献考证,但不可以因此而认为他们忽视了利用考证文献的方法治史,只是相异于其时北大国学门及清华国学研究院学人治史以考证见长的特色。有关北大国学门的研究参见陈以爱:《北京大学国学门早期的发展(1922—1927)——兼论中国现代学术研究机构的兴起》,111—160页,硕士学位论文(未刊稿),政治大学历史研究所,1997;有关清华大学国学研究院的治学方法,参见苏云峰:《从清华学堂到清华大学(1911—1929)——近代中国高等教育研究》,359—367页,台北,"中研院"近代史研究所,1996。
② 徐则陵:《历史教育上之心理问题》,载《史地学报》第2卷第1期,1922年,1—3页。

美的地方，以证明"吾国文化无有不及他人之价值"。①

在教科书的内容上，徐氏认为历史教科书应使学生了解历代史事的发展。"文化史宜用重要潮流与时代特征以统率史事"，在内容上要注意分析史事与史事之间的相互关系，以及个别事件在历史上扮演的角色，进而归纳各类历史事件的要点，以见历史现象及文化现象。所以，他要求编文化史及历史教科书的学者，不应只注意一时的政治发展，更要注意"宗教的""知识的""经济的""社会的"活动、状况、关系及组织，形成"生活一体"及"因果可寻"的特色。编者在选材上，也要注意"凡史事能解释现代文化者可选为教材。选取教材时目光须注射现代"，先了解现实生活现象的成因，如战争纷乱、民族冲突，进一步了解现象的"源流"，从"世界文化源头"澄清现世纷乱的要素，使历史研究与现实生活发生关联。为达到这些目的，他又在《高级中学世界文化史学程纲要》一文中，建议世界史课程先介绍欧洲大战的文化现象及民族特色，说明战乱是民族数千年以来积怨的结果，及后才介绍上古至近世欧洲文化的发展情况，最后以"教育与世界民治"一课为终结，说明历史教育与国民道德培养的问题，希望人类借了解各民族的文化，使战争不会再次爆发。②

---

① 徐则陵：《学校设历史一科应以何者为目的》，载《史地学报》第 2 卷第 2 期，1923 年，4—5 页。
② 在徐氏讨论世界文化史的课程时，尚未知徐氏为何没有谈及中国史及亚洲史的地位。有关徐氏讨论世界史的课程问题，参见徐则陵：《高级中学世界文化史学程纲要》，载《史地学报》第 2 卷第 4 期，1923 年，49—55 页。徐则陵：《今夏中华教育改进社关于史地教育之提案及历史教育组地理教学组之会议纪录》，载《史地学报》第 2 卷第 1 期，1922 年，2—3 页。

总括徐氏治史的特色是：强调治史与人类道德教化的关系，由是推动历史教育的活动；又为了解过去人类群体的生活，以及中外古今的文化及史事的发展，所以提倡治文化史及通史。为求了解西洋文化的发展，他也介绍外国史学及历史教育的情况，由是巩固了南高史学部学生的通史及历史致用的观念。

竺可桢，字藕舫，绍兴东关人。1913年修读哈佛大学气象学的课程，1918年获哈佛大学气象学博士。旋于1921年至1932年，任南高文史地系教授、东大地学系及中大地理系系主任。他任教南高时，主要开设地学通论、人文地理、气象学等课程，前两科均是南高史地部学生所必修。① 他执教南高，使南高与北方从事沿革地理研究的禹贡学者相为并立。② 也因他提倡自然地理学、人文地理学及地理教育学的研究方法，南高成为中国另一个研究地理学的重镇。③

---

① 张朋园、陈三井、陈存恭等访问，陈三井、陈存恭记录：《郭廷以先生访问纪录》，119页。竺可桢对南高史学部学生张其昀的影响，参见贺忠儒：《张晓峰先生对中国地理学之贡献》，见"中国文化大学"华冈学会编：《张其昀博士的生活和思想》下册，963页。有关晚清至民初外国地理思想在中国的传播，参见邹振环：《晚清西方地理学在中国——以1815至1911年西方地理学译著的传播与影响为中心》，309—352页，上海，上海古籍出版社，2000。
② 有关北方禹贡学会研究史地学的特色及成果，参见彭明辉：《历史地理学与现代中国史学》，139—260页。又近人已注意五四运动期间科学方法及观念的传入与史学研究的关系，但因重视以北大为首的治史风貌，而忽视了南高史学工作者也受这种"科学"观念所影响，有关科学观念的传入与史学研究的关系，参见罗志田：《走向国学与史学的"赛先生"——五四前后中国人心目中的"科学"一例》，载《近代史研究》第3期，2000年，59—94页。
③ 张其昀：《中国地理学研究》，见《张其昀全集》第1册，293页，台北，"国史馆"、中国国民党中央党史委员会、"中国文化大学"，1988。

## 第一章 柳诒徵与南高治史风尚的形成

竺可桢任教南高期间，主要输入西方气象学及人文地理学的知识。① 竺氏在"地学通论"的讲义中认为："地理学者，研究地球上各种物质与人类关系之一种科学也"②；而地学（地理学）的内容，分为天文地理、地文地理、生物地理、人文地理、政治及军事地理。在现存的讲义中，只有"天文地理""地文地理"两部分，前者介绍地球、月球、地图，包括历法、地理测量等知识，后者介绍地形、空气、雨量、江河、冰河、湖泽对陆地及历史发展的影响。他授课时，尤注意人类文化发展与自然地理、天文现象的关系。③

竺氏认为地学知识与人生发展甚有关系，地理与现实政治的发展也有关系，因此影响了南高史学部学生，使他们尤喜结合地理学知识与当代治世问题作为研究的方法。竺可桢在《我国地学家之责任》一文中指出：甲午战争中，李鸿章（1823—1901）缺乏地理知识，以致不了解台湾的矿产、石炭、石油的分布，及樟脑业、糖业的发展，终失去"足以增进一国之富源"的地方；反之，

---

① 从竺氏在《史地学报》发表的文章内容得知，竺氏多介绍及研究人文地理学，如他曾发表《地理对于人生之影响》《地理教学法之商榷》《我国地学家之责任》等文章；但不可忽视竺氏此时也调查南京气候。与此同时，结合竺氏执教南高时在其他刊物上也发表了许多文章，如《杭州西湖生成的原因》《本月江浙滨海之两台风》《说飓风》、"A New Classification of Typhoons of the Far East"，以及研究历史气候的文章，如《南宋时代我国气候之揣测》《中国历史上之旱灾》，以及考订古籍文献的文章，如《论以岁差定尚书尧典四仲中星之年代》，可见竺氏研究虽偏向人文地理，但仍有探讨气候及历史气象学。
② 竺可桢的《地学通论》为南高、东大时期的地学通论一科的讲义，可惜未见原文，现转引自《竺可桢传》编辑组编：《竺可桢传》，17 页，北京，科学出版社，1990。
③ 《竺可桢传》编辑组编：《竺可桢传》，17—18 页。

英国政治家对全球地理形势"了如指掌","欧美日本以迄印度,其对于国内耕地草地森林多寡之分配,均有详细之调查,而我国各省则独付阙如"。故国民应组织史地学会,考察十八行省及满蒙藏疆,以"调查全国之地形气候人种及动植物矿物为己任,设立调查之标准,定进行先后之次序,择暑假或其他相当时期,结队考察……此则今日我国地学家之责任也"。[①] 研究地学的目的,应是匡扶国家政事,所以人们应利用测量天地的方法,制成舆图,又调查全国风物、气候、物产,以开资源,由是自然地理的考察,便与人文生活产生了必然的联系。

竺氏认为,"人生因所处不同的环境,人的性情体格,不得不适应环境而变迁,因此便生出文化程度高低的差异",其中以地形、气候对人生的影响尤为重大。中国南、北二地人民体格不同,粤东一带人民不如北方人高大,而地形上如山岭、平原、河流、海洋均影响人类五官的发展,影响交通运输,也影响文明及人类体质。人类的食物多取给于植物,畜牧也借植物给养,植物生存为人类存亡的关键,温度高低、雨量多寡也影响植物生长、人类兴衰及人类文化的发展。既然肯定自然地理对人类文化的影响,故勉励国人调查全国地理环境:"即无巨万之资,凡吾人目所见、耳所闻、手所触,各种天然现象,皆有可记之价值。或持斧入野以探矿石标本,或以寒暑表测定空气之温度。日日而为之,则数年而后,成其效必可观矣。至于国内各高等学校及学会中之专心地学者,当不乏人,苟能组织机关,募捐巨款,以调查

---

[①] 竺可桢:《我国地学家之责任》,载《史地学报》第1卷第1期,1921年,1—5页。

全国之地形、气候、人种,及动植矿物产为己任,设立调查之标准,定进行先后之次序。择暑假或其他相当时期,结队考查,自十八省以至满蒙藏疆,庶几东陵不致再有'秦无人'之诮。此则今日我国地学家之责任也。"①由此可见,竺氏从地理学的角度欲使国人洞悉国家之气候、物产、地形、交通、人情、风俗等,寻求保存中国文化的方法,使中国文化立足于世界文化之林,以防"国政之不修","他人之越俎代谋"。

竺可桢既然认为地学的研究对国家建设十分重要,而南高又以培育中小学教员为己任,所以竺氏尤积极推动地理教育。他在《地理教学法之商榷》一文中认为,地理学是研究地面上各种事物的分配及地理环境对人类影响的一种科学,故中小学应开设有关地球物质对于人类影响的课程,并认为这是推动"人文地理科学知识传往中小学校的唯一途径"。他更认为专论地球上之事物分配,而不谈及其与人生的关系,不是"良善之地学","我国中小学地理教师向多专述地面上事物之分配,对于人生之影响,毫未顾及,取其糟粕,遗其精神,地理学遂成为省县山川物产名称之字典,宜其干枯无味,为学者所不喜"。教师的职责应是扩大地理教学研究范围,取地形、气候、物产、人口、铁道、航线等资料为要素,编成各种地学教材,使地学成为系统学科。② 在课程编排上,他认为中小学的地理科不独教授自然地理,也应传授人文地理的知识,为了有效地教授气象学的知识,他撰写《气象学》一书传播气象与人生关系的知识,并把空气、天色、虹、气压、

---

① 竺可桢:《我国地学家之责任》,载《史地学报》第1卷第1期,1921年,5页。
② 竺可桢:《地理教学法之商榷》,载《史地学报》第2卷第3期,1923年,17页。

雨露、雪、云、雹、风暴等知识推介到民间。①

竺可桢为使南高史地部学生实践气象学的知识，特于1921年至1922年，在南高兴建气象测候所，使学生记录气候报告，并把这些报告陆续刊登在《史地学报》上，②这样学生便可实践所学习的西方气象学的知识。③他又引领张其昀、郑鹤声等南高史学部学生，摘录报刊上刊载的西方地理学知识，编成《地理新资料》，在《史地学报》上分期刊登，进一步使学生吸收西方地理学知识。

此外，竺可桢划分气候区域的方法，启导了张其昀利用人文地理学划分区域的方法。竺氏在《中国气候区域论》一文中，提出划分中国气候区的三个原则：(1)分类必须简单而明确；(2)分区界线须与一国的天然区域相符合；(3)在中国出现的气旋与反气旋范围内，气候区域之决定，应视此范围为准。依此准则，他把中国气候分为八类④，并且认为昔日"天然区域"的划分方法，只

---

① 详见竺可桢《气象学》(上海，商务印书馆，1933年)一书的内容。
② 竺可桢：《本年(1922)一月至三月南京气象报告》，载《史地学报》第1卷第1期，1921年，207—216页。
③ 例如，郑鹤声在竺氏带领下完成了对南京一地的地理考察，参见郑鹤声：《地学考察报告——汤山》，载《史地学报》第1卷第3期，1922年，249—253页；《地学考察报告(岩山)》，载《史地学报》第1卷第4期，1922年，217—223页。
④ 竺氏所指的"八大气候区"是：中国南部类、中国中部或长江流域类、中国北部类、满洲类、云南高原类、草原区、西藏类及蒙古类。参见竺可桢：《中国气候区域论》(原刊《气象研究所集刊》第1号，1931年)，见《竺可桢文集》，124—132页，北京，科学出版社，1979。此文虽发表于1931年，竺氏已离开南高，然而据张其昀忆述，竺氏在1922年至1923年执教南高地理学通论及气象学科时，已讲授气象区域的论点，及后才整理这些资料，成为专文。而张其昀也承认其自然区域的划分方法，受竺氏气象区域学说的影响，参见张其昀：《七十自述》，见"中国文化大学"华冈学会编：《张其昀博士的生活和思想》上册，102页。

注意自然气候的形成，没有注意气候与人生的关系，而他提出的气候区域的划分方法，不独取决于自然气候、雨量多寡，更要考虑风速、台风及气温的升降与人类生活及经济活动的关系。这种划分方法，注意自然气候与人生的相互关系，比昔日只注意自然气候区的划分方法更为全面，故其学生张其昀也说："竺先生的分区，以气候为主，同时兼顾地形方面。近年新的研究像土壤区域植物区域等，与竺先生的气候区域相比观，当有相得益彰之妙。"张其昀把竺氏划分的八大气候区域，扩充为二十三个人文地理区域。①

就此可见，竺氏对南高学生治地理学的贡献，主要是传授西方的地理学、气象学的专业科学知识，尤其是史学部的学生既能学习柳诒徵以治考据文献的方法治地理学，又能获取西方地理学及气象学新知，在传统地理学上注入新的研究方法和内容，从而形成20世纪20年代南高史学部学生从宏观的角度，展示人文生活与地理的相互关系的特色，与北方禹贡学者考订史地文献、沿革地理学的研究方法不同。② 其后，张其昀自沿革地理转向人文地理及地理教育的研究方向，亦与竺可桢的教导甚有关系。难怪南高毕业生都说："同学自修，课外研究……策勉指导之助，得诸柳师(柳诒徵)、竺师者尤多。"③

---

① 详见张其昀：《中国自然区域简说》，载《中央周报》第410期，1936年，5页。有关近人对竺氏八大气候区域的评价，参见《竺可桢传》编辑组编：《竺可桢传》，253页。
② 有关禹贡学者以考证文献的方法治地理学的特色，参见彭明辉：《历史地理学与现代中国史学》，164—214页。
③ 《南京高等师范文史地部第一级会纪念刊》，39页。

刘伯明、竺可桢、徐则陵对南高文史地部学生的治史方法及研究志趣，均有一定的影响，当中尤以输入西方人文精神、西方史地学的研究方法及研究范围为重，使学生增加对西方学术界的认识。但最具影响力的，当推柳诒徵。缪凤林、郑鹤声、陈训慈、张其昀等人，均直言继承柳氏的观点及其治史方法，在柳氏的教导下，另辟蹊径，开拓各自的研究领域。

# 第二章 南高史学系的成立与发展(1915—1925)

南高史学系的发展,包括1915年至1931年南高国文史地部、南高史学部、东大文科史学系、中大史学系及地理系几个阶段。又史、地两个学系于1920年脱离国文部独立发展,及后地学系更于1931年与史学系进一步分立,可见南高史学及地学研究日趋专业化的发展过程;不过,史、地分科发展,不同于南高史学工作者倡导的"史地通轨"的研究方法,最终导致南高史学系与地学系分立。

从南高史学工作者出版学术期刊的情形,以及出版地点的改变、出版委员会成员的变更、刊物宣言的不同,尤其是新学术刊物的发刊词等,可以看到南高史学的转变。自1921年至1931年,南高史学工作者出版的学术期刊,计有《史地学报》《史学与地学》

的发展也甚有价值。① 罗素（Bertrand Russell，1872—1970）也于1920年来中国讲学。② 罗素肯定中国文化的地位，认为中国人在追求物质文明时，要注意保存中国固有的文化遗产，并应以"综合新文化目标来寻求他们自己的出路"，"保留他们自己的美德，也接受我们的美德"。③

这些文化调和论，代表了中国文化对西方文化的反抗，但这些文化调和论只流为"迷离含混的希望，而非明白确切的论

---

① ［美］杜威：《中国人的人生哲学》，愉之译，载《东方杂志》第19卷第3期，1922年，28—32页。杜威在华的演讲中，虽然曾就中西文化调和的论题做分析，但其在华演讲主要是有关其思维术、逻辑方法、道德行为及修养、当代美国教育及教育学的问题，就现时收集的杜威在华的言论论文集可见，杜威在华做了39个演讲，其中只有4个演讲专论中西文化调和的问题，分别是"The Constant and the Changing Elements in Morality"，"Morality and Human Nature"，"Virtue and Vice"，"A Comparison of Eastern Thought and Western Thought"，故不可太强调杜威认同中西文化调和论。有关杜威在华的演讲，参见 Robert W. Clopton and Tsuin-chen Ou eds., *John Dewey Lectures in China*, *1919-1920 on Logics*, *Ethics*, *Education and Democracy*, Taipei："Chinese Culture University" Press，1985，pp. 1-2，3-5，6-10，11-14.
② 有关罗素在华演讲的情形，参见蔡元培：《五十年来中国人生哲学》，见《蔡元培全集》第4卷，365页，北京，中华书局，1984。
③ 详见 Bertrand Russell, *The Problems of China*, New York：The Century Company，1922，pp. 204-205。关于罗素思想对中国知识界的影响，参见冯崇义：《罗素与中国：西方思想在中国的一次经历》，34—58页，北京，生活·读书·新知三联书店，1994。

及《史学杂志》；① 协助出版的学术刊物，则有《学衡》杂志。借着这些期刊的宗旨，或所刊登论文的内容，自可得悉南高史学工作者在不同阶段的学术活动，包括南高"精神领袖"柳诒徵及其学生张其昀、缪凤林、陈训慈、郑鹤声等人的情况。

1919年至1923年，可被视为南高史学初步发展的时期。南高师生组织的第一个学术研究机构史地研究会，就是在这阶段成立的；师生一起合作出版的第一本学术刊物《史地学报》，创于1921年，而南高史学工作者采取的"史地通轨"的研究方法，及借学术研究以提倡教化的言论，也体现在刊载于《史地学报》的文章中。1923年，张、陈及缪氏三人毕业离校；至1925年，柳诒徵因东大潮而离校，故南高史学发展在1925年即告一段落。因此本章以自1919年至1925年南高史学部的成立及其发展为中心，分为：①南高史学部的成立阶段（1915—1918）；②南高史学部的发展阶段（1919—1925）。

## 第一节　南高史学部的成立

南高史学部本属于南高文史地部，此学部前身即南高国文史地部。1915年至1918年是南高的草创时期，亦是南高史学的孕

---

① 有关学术期刊与五四运动以后学术关系的初步研究，参见罗志田：《学术与社会视野下的20世纪中国史学——编书之余的一些反思》，载《近代史研究》第6期，1999年，183—199页；陈以爱：《"整理国故"运动的普及化》，见吕芳上、张哲郎主编：《五四运动八十周年学术研讨会论文集》，37—62页。但此二文尚未研究南高学者主编的有关史学刊物与史学研究的关系。

育阶段；其间，南高开设了文理二科，在文科之下设立国文史地部，然而史学、地学两个科目，只附属于国文部开设课程之下，并非独立的学系；当时学生均要修读文史地部课程，没有本科及辅修科的分别。在此阶段中，柳诒徵虽已执教南高，并为国文史地部主任，但只是兼教杂文及中国历史科目。此时史学系尚未独立发展，南高学生多在国学范围内钻研经史学问。至于西方哲学及史地学知识的传授方面，只有未曾留学外国的朱进之[①]，和留学美国的刘伯明在国文史地部兼任教员，可见南高史学部学生只能初步接触西方的地理学及历史学的知识；但南高在草创阶段已确立了师范教育的办学宗旨，加上刘、柳二氏对中国传统文化的爱好，使南高初步成为一个汇聚中外传统文化、兼容中外学术思想的地方。[②]

1915年成立的南高，在三江师范学堂的原址上兴建。这年秋天，校长江谦在《南京高等师范学校招考简章》中，宣布成立国文部及理化部，各部均开设四年制课程，当时尚未采用学分制及区分主修科、副修科，国文部学生均要修读以下科目：杂文、心理学、教育史、经学、国语、文字、中国历史、西洋史、中国地理、英文、哲学、伦理、图画、体操、英文阅读。[③] 为鼓励学生

---

[①] 依《1915年南京高等师范学校教职员一览表》（国立中央大学档案，档案编号：6483916J3046）所见，朱进之毕业于京师大学堂，尚未留学欧美或日本。
[②] 吴宓在留学美国期间，因倾慕刘伯明、柳诒徵等人在南高的办学精神，故称南高执教者为"同志"及"同道"，并以"此校为聚集同志知友，发展理想事业之地"，参见吴宓著，吴学昭整理：《吴宓自编年谱（1894—1925）》，214页。
[③] 江谦：《南京高等师范学校招考简章》，见南京大学校庆办公室校史资料编辑组、南京大学学报编辑部编：《南京大学校史资料选辑》，33页。

接受师范教育及从事教学的工作,南高学生均由官方提供学费、生活费、膳食及住宿。①

就1918年6月发布的《南京高等师范学校调查表》所见,南高国文史地部一、二年级学生共66人,占全校学生的23%,成为全校收生人数最多的学部,学生年龄由19岁至31岁不等。②国文史地部开办后,至1919年夏天才有第一届毕业生,其时毕业生人数为26人。③自1915年至1919年五四事件之前,全职(不包括兼职)任教国文史地部的教授名录及开设课程如表3.1:

**表3.1 1915—1919年南京高等师范学校教职员表**

| 科目 | 教授 | 性别 | 年龄 | 节数 | 备注 |
| --- | --- | --- | --- | --- | --- |
| 中国历史 | 柳诒徵 | 男 | 39 | 2 | 1915年8月就职,后任国文部主任,兼教杂文(国文)、历史二科(四年共分上古、中古、近世) |
| 杂文 | 柳诒徵 | 男 | 39 | 2 | |
| 西洋史 | 朱进之 | 男 | 32 | 2 | 1916年8月就职,选修科 |
| 经学 | 王瀣 | 男 | 47 | 2 | 1915年8月就职 |

---

① 《江谦关于南京高等师范学校开办状况报告书》,见南京大学校庆办公室校史资料编辑组、南京大学学报编辑部编:《南京大学校史资料选辑》,34—35页。
② 《南京高等师范学校调查表》(1917年7月至1918年6月),见南京大学校庆办公室校史资料编辑组、南京大学学报编辑部编:《南京大学校史资料选辑》,38页。
③ 《南高时期毕业同学(1917年国文专修科)》,见《国立中央大学二十四级毕业纪念刊》,南京大学图书馆藏本(据1936年刊本)。

续表

| 科目 | 教授 | 性别 | 年龄 | 节数 | 备注 |
|------|------|------|------|------|------|
| 文字 | 顾实 | 男 | (没有记录) | 2 | 1918年4月就职 |
| 中国地理 | 童季通 | 男 | (没有记录) | 2 | |
| 伦理 | 刘伯明 | 男 | 29 | 2 | 1919年后兼任训育主任、国文史地部主任① |
| 哲学 | 刘伯明 | 男 | 29 | 2 | |
| 国语 | 周盘 | 男 | (没有记录) | 2 | |
| 英文阅读 | 张枝一 | 男 | (没有记录) | 2 | |
| 图画 | 周玲孙 | 女 | (没有记录) | 2 | |
| 体操 | 陆佩萱 | 男 | (没有记录) | 2 | |
| 教育史 | 姜琦 | 男 | (没有记录) | 2 | |
| 教育 | 陶知行② | 男 | (没有记录) | 2 | 1915年就职 |
| 心理学 | 吴康 | 男 | (没有记录) | 2 | 1916年9月就职 |

数据来源：《1915年南京高等师范学校教职员一览表》，国立中央大学档案，档案编号：6483916J3046；《1919年南京高等师范学校教职员一览表》，国立中央大学档案，档案编号：6483916J3048。

除了表3.1所列出的教职员，还有历史科辅导员李以炳(执教年份：1915—?)，35岁；国文科辅导员向楚(执教年份：1915—?)，40岁。此时开设的学科，是校方先设定科目后，才招请教员的，不会因不同的教员而改变开设科目，故南高自1915年

---

① 刘伯明已于1915年至1918年以兼任教授的身份，执教南高的伦理、言语、哲学科，参见张其昀：《源远流长之南京国学》，载《国风》第7卷第2号，1935年，51页。

② 后改名为陶行知。

至1919年五四事件之前，每年所开设的学科都是一样的；而且，课程共分上、下两个学期，每周上课六天，各科上课每节两小时。

从《南高文史地部第一级会纪念刊》可见，南高国文史地部的学生所修习的学科有杂文、读经、文字、英文阅读、哲学、国语、伦理学、教育、教育史、体育兵操、中国历史、中国地理、心理学、图画、西洋史。① 每科每周共上课两节，每节两小时，学生要修读十五科，换言之，一周之内学生要上课六十小时；教职员在一周内共教四级，四级共授课十六小时。从表3.1可见，南高在草创初期，国文史地部学生要修读的经学、文字、国语及杂文等"国文"四科，每周上课合共十六小时；而修读中国历史、中国地理及西洋史三科，每周上课合共十二小时；至于心理学、教育、教育史、伦理及经学这些属于培养学生道德情操及教育思想的学科，每周上课合共二十小时；英文、文字及国语科这些属于中外语文基础训练的学科，每周上课合共十二小时。由此可见，南高国文史地部学生主要学习国文科、中英语文、教育学及注意道德的培养。而中、外历史及中国地理三科合共的上课时间和节数，显然不及"国文"四科(经学、文字、国语、杂文)，也不及有关教育学及道德伦理的科目。故其时的史学部学生也认为："当时之课程甚为简易，盖校中之定专科学程，重在普通，史地知识，未言及之。"②

总之，此时南高国文史地部开设的课程，以国文科及道德伦

---

① 《南高文史地部第一级会纪念刊》，28页。
② 《南高文史地部第一级会纪念刊》，28页。

理科为主，尚未注意教授学生史地学的专科知识，研究方法上则以传统经学文献考证的方法为主。但在此阶段中，南高国文史地部聘请了刘伯明及柳诒徵任教，日后此两位教员均成为南高史学部学员的"精神领袖"。而刘伯明到校任教，促使梅光迪、吴宓等留美学生亦相继执教其中。辛亥革命(1911)后，原有的学校设施被军队占用，课室及设备亦遭破坏；① 至1915年南高成立，学校设施始日渐充裕，教员队伍日渐安稳下来。教员得以从事学术研究及开设相关课程，学生得以学习中外史地及哲学知识；而南高师生借史地学研究推动道德教化的特色，实乃承接江谦所确立的南高师范教育的办学宗旨。及至江谦聘请郭秉文任教南高，郭氏推动学系改革，终于导致1920年后史学与地学二系分开，与国文系并立，成为南高文科的三个学系，故若没有江谦任用郭秉文，也未必会出现日后"寓专科于师范教育"之中的特色及史地学系的专科发展方向。由此可见，此阶段南高国文史地部的发展，已为下一阶段南高史学的发展定下了基础。

## 第二节 南高史学部的课程

这时的南高史学部，发展日趋稳定，不独吸引了一群志同道

---

① 有关南高成立之初，因经清末民初的战乱，课室被军队所占而不能用的情况，参见《李承颐接管两江师范学堂情形的呈报》《江苏省行政公署饬驻军迁出学堂的训令》，见南京大学校庆办公室校史资料编辑组、南京大学学报编辑部编：《南京大学校史资料选辑》，20—21、22—23页。亦参见苏云峰：《三(两)江师范学堂：南京大学的前身，1903—1911》，155—166页。

合的教员,学校课程亦日趋完备;其间国内爆发五四运动,各地学潮屡生①,但南高(于1923年秋已改名为东南大学)延至1925年,才发生大规模学潮,故相较于北方的大学而言,此阶段的南高发展较为稳定。学生在一个安定的学术环境中学习,自能掌握师说。当时不少留美学人归国,部分执教于南高的留美学生,与从事史学研究的学者相处融合,渐渐形成南高学者的治学特色,其风尚与北方学派的不同:"北方学派以文学革命整理国故相标榜,立言务求恢诡,抨击不厌吹求,而南雍师生乃以继往开来,融贯中西为职志。"②他们又不断出版学术刊物,组织学会,发布"宣言",更推荐学生在他们办的学术刊物上发表论文,借文章的意见、论点及选择研究方向,来巩固学术研究工作。而教员也借出版学术期刊,推动校内研究风气,并鼓励学生发表文章,从而增加学生与教员之间的了解。最重要者,此时南高史学部的学生,仍是求学阶段的年轻人,他们由于出版活动,及参与师生一起组织的研究会,在课余时能多受教员的指导。在教员带领下,研究会渐渐发展起来,借着学术刊物不断传播其学术宗旨,南高史学系亦因而有更大的发展。

1918年郭秉文任南高校长,在1919年秋他把国文史地部改

---

① 据吕芳上所指,自1919年5月出现五四事件至1929年10月,北方各大学共出现了33次学潮,而南高乃至1925年1月才出现东南大学学潮;可见1919年至1925年的南高,相对于北方的大学而言,其发展较为稳定。有关1919年至1929年中国各地发生学潮的情况,参见吕芳上:《从学生运动到运动学生:民国八年至十八年》,431—440页,台北,"中研院"近代史研究所,1994;John Isreal, *Student Nationalism in China, 1927-1937*, Stanford: Stanford University Press, 1966, pp.184-196。
② 胡先骕:《朴学之精神》,载《国风》第8卷第1期,1936年,15页。

名为文史地部,并于次年成立史学系与地学系。这两个学系只是提供学科给学生修读及方便行政管理,学生在选择"本科"及"辅修"学科后,按指定的学分进修,定其毕业时所属学部,称为"国文部毕业生""史学部毕业生"及"地学部毕业生"。① 自1919年至1927年中大成立之前,校方为求行政管理上的方便,便把所有进入南高(或东南大学)就读文科的学生,统称为"文史地部学生",至学生毕业时才称为某学部毕业生。② 学生在选择"本科"及"辅修"科后,以修读某一系提供的学科为主修科,某一系提供的学科为辅修科,所以就读于文史地部的学生,除了主修科,也可以修读史学系、地学系、哲学系提供的课程。

其时的地学系,只开设地质、地学通论及气象科,至于经济地理、人文地理科③,则设在史学系开设课程之内;竺可桢执教的地学通论、人文地理二科,均为主修史学课程的学生所必修。④

由此可见,南高开设的史地学课程有以下特色。第一,从20

---

① 此时史学系、地学系已脱离国文部的附属地位,并与国文系并立。有关南高文史地部的发展及学生修读本科及辅修科的情形,参见郭秉文:《南京高等师范学校章程》(1920),国立中央大学档案,档案编号:6483916J3023。
② 《南高文史地部第一级会纪念刊》,32页。
③ 人文地理(Human Geography)一科,包括经济地理、人文地理、历史地理、军事地理、商业地理、政治地理、区域地理、民族地理、人口地理;而自然地理(Physical Geography)包括对气象、地质、地形、气候、湖泽、山川、雨量、空气等自然现象的研究。有关此二科的发展及内容,参见 D. F. Putnam, *Geography in the Twentieth Century*: *Geography is a Practical*, New York: Philosophy Library, 1951, pp. 1–9。
④ 因人文地理及经济地理二科为史学系开设的课程,为使地学系进一步独立发展,所以竺可桢提出改革地学系课程,人文地理及经济地理二科由地学系开设,使地学系开设的课程更为完备。有关竺可桢的论点,参见竺可桢:《中央大学地学系之前途》,载《地理杂志》第1卷第1期,1928年,(总)6页。

世纪起,从地学系的教学内容包括地质、地学通论、气象科的角度而言,南高的地学系尚未独立发展。第二,南高史、地两个学系开设的课程没有明确划分史地学的特色,因为人文地理为史学系开设了必修科,而地学通论又是主修史学系课程的学生所必修,所以主修史学系课程的学生,既要修读史学系开设的人文地理,又要修读地学系开设的地学通论,他们既具备史学知识,也有人文地理、地质学及气象学的基础知识。第三,南高及东大文史地部提供的学科,呈现了结合传统史地学知识训练的特色。自清代的史地学研究开始,本来未有划分何者属史学范围,何者属地理学范围,学者也以考史、证史的方法考证地名或地界,如柳诒徵对史地学的研究就是一例。而地学上属于人文地理科的研究范围,主要是研究人生与地理的相互关系,在柳诒徵心目中,这是属于"史地通轨"的研究方法,故此人文地理科,被划入史学系的课程范围。① 史学系及地学系的密切关系,培养了南高史学部师生研究史地学的兴趣,加以出版有关史学研究的学术刊物日多,也在一定程度上带动师生采取结合史地学知识的研究方法。

此阶段南高史学部收录的学生,均成为南高史学的代表人物,张其昀、缪凤林、陈训慈及郑鹤声,都在这时期入学。同时,此阶段也可见南高史学研究队伍的日渐壮大,1919年至1923

---

① 前人尚未从南高学科发展的角度,探讨传统史地学与南高史学发展的关系。近人彭明辉已注意到南高师生在《史地学报》上的言论与传统乾嘉史地学的相连关系,但未注意到学科的专业训练对培养南高学生的史地知识甚为重要;有关彭氏的观点,参见彭明辉:《历史地理学与现代中国史学》,39—50页。有关柳诒徵对史地学的研究及提出时、空与人的关系,参见柳诒徵:《序》,载《史地学报》第1卷第1期,1921年,卷首。

年就读国文史地部的学生被誉为"南京高师校多年之培植,为最优秀之一班。空前而绝后"①,上述四人更受到称赞。其间除柳诒徵及刘伯明执教于史学部,教员尚有竺可桢、徐则陵、吴宓及梅光迪,实具有糅合中外史学、地理学及哲学的特色。而以史学部师生为主要编辑成员出版的刊物有《史地学报》,师生们一起协助出版的刊物也有《学衡》杂志。故从学术传承立场而言,此阶段可视为南高史学部及其史学研究的发展阶段。

此阶段继承了师范教育的办学宗旨,更注意学科知识的培训。郭秉文继任南高校长后,宣布"本校以养成中等学校教职员及教育行政人员为宗旨"②,以推动师范教育发展为依归,并希望"寓师范教育于专业之中",推动各学部独立发展。1923年,校方为扩充资源,更把南高与东大合并,从学制而言,此年可代表南高的结束。

《南京高等师范学校文史地部科课程》列明学校沿用师范学校的四年制课程,并分上、下学期。该文件又规定文史地部一年级全体学生,均要修读两个学期的课程,每个学期修读41个学分,其中9个学分为伦理学,其余是由各学系开设的科目,计国文科6个学分、史学科6个学分、地学科6个学分、哲学科6个学分、西洋文学科3个学分、教育科3个学分、英文科2个学分;体育为必修科,但没有学分。③ 可见南高对学生道德伦理及史地学科

---

① 此语出自吴宓著,吴学昭整理:《吴宓自编年谱(1894—1925)》,223页。
② 《1918年南京高等师范学校现行规章》,见南京大学校庆办公室校史资料编辑组、南京大学学报编辑部编:《南京大学校史资料选辑》,43页。
③ 《南京高等师范学校文史地部科课程》,国立中央大学档案,档案编号:648127216J3013。

的知识是十分重视的。为求使学生吸收基础知识，1920年下学期在文史地部增设西洋哲学课程，并行本科及选科制。又在文史地部之下设立五个学系，分别为：国文系，系主任王瀣（1871—1944）；西洋文学系，系主任梅光迪；哲学系，系主任刘伯明；史学系，系主任徐则陵；地学系，系主任竺可桢。而刘伯明又为文史地部主任，管理五个学系。

同时，课程规定史学部的学生，均要在四年内，修读王瀣任教的国学概要、音韵文字，竺可桢任教的人文地理学一及二、地学通论一及二，刘伯明开设的西洋上古哲学史、近代西洋哲学史及伦理学，吴宓任教的西洋文学介绍，柳诒徵任教的中国文化史、中国通史，及徐则陵任教的西洋史。换言之，以上课程均为史学部学生的必修课。① 1923年南高与东大合并，东大成立之初沿用南高旧制，史、地、哲及西洋文学系仍从属于文史地部，南高开设的课程因而得以持续。

此外，史学部的学生也可以选读他系开设的课程，吸收不同的知识，这可在1923年《国立东南大学文理科一览目录》所载《史学部规》中知其大略。因为此年是南高文史地部毕业生转读东大文科文学部、史学部或地学部的第一学年，《国立东南大学概况》及《国立东南大学文理科一览目录》中说明，为求连接昔日南高史地学部的课程，以及使南高学生修读的学分得以保留，② 所以东大在学制上仍沿用南高本科及选科制，故此《国立东南大学文理科一览

---

① 《南京高等师范学校文史地部科课程》，缺页数。
② 详见《弁言》，见《国立东南大学概况》，1—2页，南京大学图书馆藏本（据1924年刊本）；《史学部学规》，见《国立东南大学文理科一览目录（改订实行本）》，5—6页，南京大学图书馆藏本（据1923年刊本）。

目录》足以反映1923年前南高史学部学生修读学分制的情形。

表3.2　东南大学史学部课程表

| 类别 | 科目 | 备注 |
|---|---|---|
| A. 公共 | (1)伦理科9学分、国文科6学分、史学科6学分、地学科6学分、哲学科6学分、西洋文学科3学分、教育科6学分、英文科2学分，以上课程须在一年级修毕，一年级共修44学分<br>(2)体育科为各级必修课 | (1)本学部为四年制课程，分上下学期，本科及选科学规一切依南京高等师范学校规则<br>(2)南高学生每年均要修读体育科，但此科没有学分计算 |
| B. 公共 | (1)四年课程内必修以下科目各3学分：国学概论、音韵、文字、散文选、西洋文学介绍、英文。四年内共修18学分<br>(2)四年课程内必修以下科目各6学分：人文地理一及二、地学通论一及二、西洋哲学史(西洋上古哲学史、近代西洋哲学史)、伦理学、西洋史、中国文化史(上古、中古、近世)、中国通史(上古、中古、近世)、教育。四年内共修读48学分 | |

续表

| 类别 | 科目 | 备注 |
|---|---|---|
| C. 本科、辅修科 | (1)修读本科课程学生每年必修读本科科目38学分,每年自行选择本科至少须修读15学分<br>(2)辅修由学生选定一系,每年至少须修6学分,若本科及辅导科目为必修课程,修读学分可列入本科及辅修学分之内 | (1)每科3学分,共五科,所以修读本科课程的学生,每年最少修读15学分<br>(2)四年共修辅修科24学分 |

数据来源:《国立东南大学文理科一览目录(改订实行本)》。

南高自行选课制度后,史学部学生若辅修地学部课程,毕业时最少需修读194学分①;尤要注意者,南高(包括东大)特别注意基础教育,史学部学生在四个学年内,要学习国学概论、散文选、人文地理、地学通论、西洋哲学史、伦理学、西洋史、西洋文学介绍、中国文化史、中国通史、教育、英文等包括中外文史哲及地理学各方面的基础知识。

而依《南高文史地部第一级会纪念刊》自1919年至1923年对读文史地部学生所做的统计,可以得知学生以修读史地系开设的课程为主,其次是修读哲学系、国文系及西洋文学系开设的

---

① 除去了人文地理一及二、地学通论一及二、西洋史、中国文化史(上古、中古、近世)、中国通史(上古、中古、近世)的学分(共占30学分)及一年级史学6学分、地学6学分(共占12学分),这些属于必修科的学分可以列入本科及辅修学科的学分之内。故修读史学部课程为本科,同时辅修地学部课程的学生,他们在四年内理应修读245学分,但除去以上科目的学分,所以他们在毕业时应修203学分。

课程。①

在此阶段中,文史地部学科大为扩充,除了必修科及主修科,还有选修科。学生可依其兴趣选习学科,选择的科目见表3.3所列南高自1920年至1924年所开设的科目。

表3.3 南高自1920年至1924年开设的科目表

| 系 | 科目 |
| --- | --- |
| 国文系 | 读经、散文选、韵文选、诗选、曲选、诗赋、通论、词学通论、国语、目录学、国学概要、中国文学史、音韵文字(字音、字形、字义、金石古文) |
| 西洋文学系 | 西洋文学概论、小说概论、近代文学思想家、修辞原理、西洋小说、十九世纪英文、西洋文学史、安诺德(其他科目还有近代文学、戏剧诗歌、莎士比亚、约翰生,均为专题研究,但较少同学选修,多为主修英文科的同学修读) |
| 史学系 | 中国文化史(上古、中古、近世)、朝鲜史、日本史、中国通史、西洋史(古代、中世)、亚洲文化史、史学问题、历史教学法、人文地理学、经济地理 |
| 地学系 | 地学通论、亚洲地理、欧洲地理、美洲地理、沿革地理、地质学、历史地质学、气象学、气候学、地图绘法、地质测量、地形测量 |
| 哲学系 | 论理学、伦理学、哲学问题、西洋哲学史(古代、中世、近代)、近今哲学趋势、新理想主义、印度哲学、宗教史 |

数据来源:《南高文史地部第一级会纪念刊》,19页;《国立东南大学文理科一览目录(改订实行本)》,7—9页;《东南大学西洋文学

---

① 《南高文史地部第一级会纪念刊》,18页。

系、哲学系、史学系、地学系课程一览》，见《国立东南大学概况》，10—25页，南京大学图书馆藏本（据1924年刊本）。

按：正文已指出东大成立之初，为求课程上与南高相接，故开设的课程，均依南高时所编的课程，未尝改变。由此可见1923年至1924年，南高及东大的文史地部的课程内容，均是一样的。

自1919年起，南高虽仍续设读经、文字学、中国通史等课程，但1920年后文史地部（包括东大文科）的课程，与前期相较有了很大的转变，除了中国传统史学知识，还逐渐增加西洋哲学和史学知识，至于地理学方面，也为学生提供人文地理学及自然地理学知识（如地质学、气象学）。这些科目的开设，使东大成为中西兼重的综合大学。

南高（包括东大）史地学部的课程，要求教研并重及实践所学。学校曾在《十三年（1924）本校教育事业》中明言，成立文科史地学部的要务是："注重根本知识之输入与应用能力之养成，于教室讲授外，兼由教员指定所读之书，或指定题目，俾学生自行研究报告。"①而南高史学部学生，因为要修读教育系开设的历史教育科目，而此科尤重视"甲、研究学校课程最低标准及各科教材；乙、研究学习心理各种问题；丙、研究及编订各种教育及心理测验"，因此史学部学生也多注意实践历史教育的知识，按学生的智力发展，编辑适当的教科书。② 又学校不独要求学生在课堂上学习知识，更要求实践所学，故史学部的学生曾多次与中华

---

① 《十三年（1924）本校教育事业》，见《国立东南大学概况》，9页。此文应成于1924年，虽然此年东南大学已经成立，但因东大成立之初的课程与南高相承接，故可借此文得见南高教育事业的要求。

② 《史学部学规》，见《国立东南大学文理科一览目录（改订实行本）》，5页。

教育社合作举行"中学学校历史测验",按测验成绩提出修改历史教科书的意见,故南高史学的特色之一,就是注意推动历史教育。学生毕业后在这方面仍多有努力。例如,郑鹤声于1935年举办"中学历史教育研讨会"①,并编撰《中国近世史》等历史教科书;缪凤林也编有《中国通史纲要》等历史教科书,又多在《史地学报》上讨论历史教学方法的问题。此外,南高史学部学生因修读竺可桢的人文地理及地学通论二科,在竺氏带领下前往南京聚宝山、汤山、紫金山进行地质考察及有关气候的研究,实践所学知识。②

由于1920年后实行选科制,史学部学生可借修读科目,扩阔其知识和眼界。例如,张其昀在南高期间除了研习历史科、地理科,也曾修读西洋文学、西洋哲学等科;缪凤林除了治历史,更研究西洋哲学史;陈训慈除了专治中国历史,也注意西洋历史、历史教育及西洋哲学。③

---

① 郑鹤声编:《中学历史教学法》,1页,南京,正中书局,1935。
② 例如,郑鹤声在竺可桢带领下,完成了对南京聚宝山、汤山、紫金山的考察。参见郑鹤声:《地学考查报告——聚宝山》,载《史地学报》第2卷第5期,1923年,135—137页;《地学考查报告——汤山》,载《史地学报》第1卷第3期,1922年,249—253页;《地学考查报告——紫金山》,载《史地学报》第2卷第1期,1922年,131—133页。
③ 有关学生修读这些科目的情况,参见《南高文史地部第一级会纪念刊》,13页。

## 第三节　南高史学系学生概况

从 1919 年南高文史地部成立，至 1923 年南高改名为国立东南大学，此学部共录取了三届学生；由于校方已决定于 1923 年秋天把南高改名为东大，为了准备东大的发展，本于 1922 年开设的文史地部课程暂停一年，至 1923 年才开设东南大学文史地部课程。以下略述当时入读南高文史地部的学生情况，以此探讨该学部的发展。

1919 年秋至 1923 年夏，为南高文史地部第一届学生的就学期。文史地部的前身为国文史地部，成立于 1915 年；1919 年夏，国文史地部第一届学生毕业，毕业学生共 30 人；1920 年夏，第二届毕业生有 36 人。1919 年秋，国文史地部改名为文史地部，1917 年及 1918 年招收的学生，多转入文史地部[①]；而文史地部也于秋天正式招收新生。

1919 年秋录取的学生有 36 人，包括张其昀、陈训慈、缪凤林等；1920 年秋又招收一级，1921 年仍继续招生，郑鹤声就是在这年入校就读的。1922 年 9 月，校方决定下学年把南高并入东南

---

[①] 张其昀在《"南高"之精神》一文中曾谈及南高文史地部学生转读东大文史地部的情况，可惜在查阅有关文史地部的资料时，资料尚没有指出那些东大文史地部的学生，就是昔日就读于南高文史地部的学生。有关张其昀谈及南高文史地部学生转读东大文史地部的情况，参见张其昀：《"南高"之精神》，载《国风》第 7 卷第 2 号，1935 年，15 页。

大学,此年南高并无收录学生。① 换言之,文史地部共收录了三届学生。② 1923 年秋,国立东南大学成立,南高文史地部的学生,可转读东大国文系、史学系、地学系、哲学系及西洋文学系开设的课程,继续沿用本科及辅修科的学制,并承认南高时所修习的学分。但张其昀、缪凤林均未修读东大开设的课程,他们于 1923 年夏毕业后离开;至 1926 年及 1928 年,先后返回中大执教。陈训慈于 1923 年毕业,及后又在 1926 年就读东大史学系,翌年毕业;郑鹤声原定 1925 年毕业,但因学分的转换,他在 1925 年秋主修东大史学系课程,延至 1926 年毕业。

1919 年至 1925 年入读南高文史地部的学生名单如下:

表 3.4　1919 年至 1925 年南高文史地部录取学生名单

| 年份 | 名单 | 备注 |
| --- | --- | --- |
| 1919—1923 | 初录取:<br>孙齐康　(曹铨楼)　张其昀<br>汤　爻　何惟科　陈训慈<br>胡焕庸　唐兆祥　范希曾<br>姜子润　徐震堮　(沈振声)<br>仇良虎　钱　新　孙士枬<br>赵鉴光　景昌极　徐景铨<br>诸晋生　王　庸　(欧阳翥)<br>(陈启天)　王学素　缪凤林<br>刘文翮　诸葛麒　田耀章 | 1. 括号( )代表先就读国文史地系,后离校或转系者<br>2. 及后,陈启天没有就读南高,沈振声、欧阳翥转入教育科,陆鸿图自理科转入人文预科,徐启铭自农科转入,又高国栋、王玉章、张廷休、欧阳育恩、罗会澧、阮真六人加 |

---

① 详见《弁言》,见《国立东南大学概况》,1—2 页。亦参见《南高文史地部第一级会纪念刊》,13—14 页。
②《南高文史地部第一级会纪念刊》,13 页。

续表

| 年份 | 名单 | 备注 |
|---|---|---|
| 1919—1923 | 黄英伟　杨　楷　王锡睿<br>盛奎修　周光倬　夏崇璞<br>张书绅　方培智　袁鹏程<br><br>后录取：<br>高国栋　王玉章　张廷休<br>欧阳育恩　徐启铭　陆鸿图<br>罗会澧　阮　真　向　达 | 入，所以一增一减，此级学生人数增至41人<br>3. 向达本为南高理科二年级学生，于1920年转入史地学部，见《南京高等师范学校学生分组名单》 |
| 1920—1923 | 黄应欢　周　惷　芮九如<br>陈兆馨　宋兆珩　王焕镳<br>陈人文　江圣壤　沈庆佁<br>陈　旦　赵祥瑗　田少林<br>王福隆　李尉祖　王　觉<br>邬德恩　龙文杉　谢　群<br>束世澂　陈　洙　胡翼成 | 1923年秋天，东大招收一年级学生，从学制上而言，代表了南高的结束，故列出1920年至1923年就读南高文史地部的学生名字，以见在东大成立之前，南高文史地部所收的学生 |
| 1921—1925 | 孙留生　姚寅宝　邵　森<br>谢焕文　陆祖鼎　洪瑞钊<br>翁之镛　徐尔信　萧宗训<br>刘启文　方应尧　沈孝凰<br>杨克增　陈继钊　郑宽裕<br>沈思璜　闵毅成　曹松叶<br>刘作舟　邓光禹　郑鹤声<br><br>后补录学生名单如下：<br>许仁章　庞树家　吴文照<br>李莹壁　黄昌鼎 |  |

数据来源：《南高文史地部第一级会纪念刊》，13、26页；《南京高等师范学校学生分组名单》，国立中央大学档案，档案编号：64831516J3033。

有三点尤需注意：(1)周悫、王焕镳、赵祥瑗、向达数人，日后均随柳诒徵在江苏国学图书馆研究明末清初史料及整理馆藏史料；(2)郑鹤声在柳氏指导下，对中国史学史产生研究兴趣，他治中国史学的成绩，甚受柳氏欣赏①，郑氏亦是后期《史地学报》的编辑成员，更协助柳诒徵出版《史学与地学》及《史学杂志》，成为后期南高史学发展的重要人物之一；(3)自东大文科成立后，南高文史地部的学生可以转读东大四年级，修读国文系、史学系、地学系、哲学系及西洋文学系的课程，故东大文科文史地部第一届第四年级的学生，就是南高文史地部最后一届的学生。②

1921年至1926年，南高史学工作者出版了4卷20期的《史

---

① 郑鹤声曾说，"柳先生(柳诒徵)、竺先生(竺可桢)两位老师对我指导最多，师生关系也最为密切"；又说"在南京高师学历史的人，大半受柳先生的影响"。而且郑氏完成《汉隋间之史学》一文后，更被柳诒徵称为"南都学子，不染此俗，沉潜乙部，时有英杰，郑生鹤声，尤好深思，枕菲典籍，力探变奥……董理国故，殊非易言，钻研古书，运以新法，恢扩史域，张我国光，厥涂孔多，生其益勖"。转引自郑鹤声：《郑鹤声自传》，见晋阳学刊编辑部编：《中国现代社会科学家传略》第2辑，237—238页。
② 《弁言》，见《国立东南大学概况》，2页。

地学报》，南高史学部学生也协助出版了共 34 期的《学衡》杂志。① 还要注意，此阶段成立的史地研究会，为史学部师生提供了师生间首次合作组成学术研究会的机会，日后张其昀等人协助柳诒徵成立"中国史学会"及出版《史学与地学》，缪凤林等人主编《史学杂志》，也种因于此。

## 第四节　史地研究会及《史地学报》

史地研究会于 1920 年成立，成员主要是南高史学部及地学部师生②，会址及通讯处为南京高等师范学校史学系及地学系，以研究史地学为宗旨；并于 1921 年创刊《史地学报》，至 1926 年出版第 4 卷第 1 期后，没有继续出版，总共 20 期。1919 年以前，南高把史地学科视为国文科的附庸，随着文史地部独立发展，1919 年 9 月，遂有地学研究会的成立；次年，学生鉴于"地学与

---

① 《学衡》自 1922 年至 1933 年共出版了 79 期，但此学术刊物的主编吴宓，于 1924 年秋离开南高，此后《学衡》的出版及集稿的地点，主要是清华大学。但吴氏曾于 1924 年秋谈及，其在到达清华之前，已于南高定下 1924 年第 34 期《学衡》所收录的文章，因此可见自 1922 年至 1924 年，《学衡》集稿的地点也是南高。此外，他谈及执教南高期间，协助出版《学衡》的学生，主要是张其昀、缪凤林及陈训慈，由此可见首 34 期《学衡》的出版，与南高史学工作者甚有关系。参见吴宓著，吴学昭整理注释：《吴宓日记》第 2 册，"1924 年（民国十三年）八月二十八日"条，280 页。有关郑鹤声、缪凤林自 1922 年至 1933 年任《学衡》编辑的情况，参见沈松侨：《学衡派与五四时期的反新文化运动》，72—77 页。

② 史地研究会简称为"史地会"，该会自称"史地会"，对外称为"史地研究会"，《史地学报》上的编辑单位也为"史地研究会"，故本书也以"史地研究会"一词，指称这个于南高从事史地学研究的学会。

史学，似不宜偏此忽彼"①，决定改地学研究会为史地研究会，请柳诒徵等三位先生为指导员，并于同年5月13日宣布成立。在《史地学报》创刊时的序言中，可以得见史地研究会成立的宗旨。②

史地研究会成员以南高史地部的师生为主，其职员皆为学生，组织为总干事制。史地研究会前身为地学研究会，其首任总干事为龚励之，第二届总干事为诸葛麒，诸葛麒任内通过简章，成立史地研究会，因此地学研究会的第二届干事会成员，即史地研究会的第一届干事会成员。③

1920年9月至1921年1月，史地研究会的第二届总干事为陈训慈，会员62人，请得柳诒徵、徐则陵和竺可桢为指导员。学会的主要工作是进行地学考察及筹备出版会刊。④ 第三届职员是：总干事胡焕庸，副总干事钱堃新，干事王学素、陈旦，总编辑张其昀，编辑诸葛麒、缪凤林、邵森（文学部）、谢群，书记陈训慈、景昌极（哲学部）、赵祥瑗、王玉璋、唐兆祥、王庸，会计何惟科。⑤ 以上的成员，除了邵、景二人，多是南高史地学部的学生。自1921年9月至1922年1月，第四届的总编辑为缪凤林，曾在第三届任编辑；第一届的总干事诸葛麒，第三届的总编辑张

---

① 关于史地研究会的发展，参见《记录》，载《史地学报》第1卷第1期，1921年，3页。
② 《记录》，载《史地学报》第1卷第1期，1921年，3页。
③ 《记录》，载《史地学报》第1卷第1期，1921年，3页。
④ 因为《史地学报》未在第二届史地研究会成立期间出版，到了第三届才正式刊行，所以史地研究会前两届的职员名录尚未公布。乃至1921年2月至6月的第三届职员才有详细的记录。
⑤ 《记录》，载《史地学报》第1卷第1期，1921年，3页。

其昀、总干事胡焕庸,均在第四届任编辑。①

在第五届以前,史地研究会编辑《史地学报》,是一届负责一期,自第五届起,改为每届出版两期,学刊成为季刊;至第六届以后改为月刊,一年共出八期。

第五届史地研究会的组织,因应会务而略有改变,《史地学报》的编辑改为编辑主任,指导员加入教员曾膺联及萧纯锦。因为学刊增为两期,故采用分工方式,把文稿详加分类。在《编辑要则》中,说明《史地学报》依文稿的性质,将文稿分为19类,细目为评论、通论、史地教育、研究、古书新评、读书录、杂缀、世界新闻、气象报告、书报介绍、史地消息、调查、史地家传记、谈屑、专件、选录、书报目录、会务、通讯,另立卷首插图共20类。纵观整份《史地学报》,并非每期均完全包括以上内容。

1922年8月至1922年11月的第六届史地研究会,保留总干事一职,取消副总干事,编辑主任成为总编辑;取消发行部,改立调查部、出版部及图书部,设调查部的动机在于实地考察。至第六届时,郑鹤声及向达加入史地研究会。② 这一届由诸葛麒任总干事,张其昀任总编辑,王学素、缪凤林、陈训慈、景昌极、胡焕庸、仇良虎、周憨、陆维钊都继续任要职,可见学会的主要职员均没有大的变动,会务得以持续发展。

1923年1月至1923年8月的第七届史地研究会又有改变,主要进行分组研究,细分中国史组为七门——种族(附地理环

---

① 《职员录》,载《史地学报》第1卷第2期,1922年,1页。
② 《史地研究会第五届纪事》,载《史地学报》第2卷第1期,1922年,147页。

境)、社会、政治、经济、宗教、学术、国际;各门立主任一人,各组均有负责人。此时南高扩充为东大,史地研究会的名称仍旧。① 此年夏天,南高文史地部第一届毕业学生中的张其昀、缪凤林及陈训慈均是史地研究会的活跃会员,他们的离校对《史地学报》的出版甚有影响。幸而郑鹤声仍未离校,继续协助出版《史地学报》,使《史地学报》不因张、缪、陈三人离校而停刊。

从1923年9月至1924年7月,第八届史地研究会的职员与第七届相近,人员变动不大,只有编辑主任改为学报主任,图书部主任和副主任对调。② 但《史地学报》在编排上有大的变动,该刊因应读者的要求,由横排改为直排。而在第3卷第1期及第2期的合刊上,又把《史地学报》卷入古史辨运动中,并与《学衡》杂志相为呼应,从而使南高史学工作者与学衡社的成员结合,由是凝聚了一股反对古史辨运动的学术势力。③

1925年出版的第3卷第8期中,有一篇郑鹤声的声明,就编辑事务做出交代:"蒙诸同学不弃,委为本报编辑,缪承任斯职,数年于兹,汲深绠短,时虞陨越,幸恃张君其昀,向君达,极力扶植,稍垂旧型,负望阅者,歉仄甚矣!现以修学期满,离校伊迩,所有编辑事务已移交下届职员负责办理,海内学者幸鉴宥焉。"④ 可能由于郑氏在此年离校,《史地学报》难以为继,结果于

---

① 《职员录》,载《史地学报》第2卷第8期,1924年,166页。
② 《本会第八届职员录》,载《史地学报》第3卷第4期,1924年,147页。
③ 近人渐已从地缘方面分析南高与北大学风相抗的情况,参见桑兵:《近代中国学术的地缘与流派》,载《历史研究》第3期,1999年,24—41页。但此文主要分析北大的治学特色,未专注研究南高史学研究的特色。
④ 《总编辑郑鹤声启事》,载《史地学报》第3卷第8期,1925年,未编页码。

同年第 4 卷第 1 期以后，便没有继续出版。

史地研究会中最活跃的成员计有：张其昀曾任第五届副干事，第三届及第六届总编辑，第四届、第七届及第八届编辑及特种编辑；缪凤林曾任第三届及第六届编辑，第四届总编辑，第五届干事；陈训慈曾任第三届书记，第四届及第八届编辑，第五届编辑主任，第一届、第六届及第八届丛刊编辑；郑鹤声曾任第六届编辑，第七届及第八届副主任；向达曾任第八届编辑，第六届编辑，第七届主任及第八届总主任；诸葛麒曾任第三届编辑，第四届总干事，第五届发行主任及编辑，第六届总干事，第七届演讲部副主任及第八届调查部副主任；胡焕庸曾任第三届及第五届总干事，第四届、第六届编辑。由此可见：第一，从任职情况来看，诸葛麒是史地研究会成员中最积极参与学会活动的人物，其次为张其昀及陈训慈，再次为向达、郑鹤声、胡焕庸；第二，诸葛麒日后再没有参与南高史学工作者举办的学术活动，只有张其昀、陈训慈、缪凤林及郑鹤声仍继续协助柳诒徵及南高史学者出版《史学与地学》及《史学杂志》，使南高史学相沿不绝。自此可知张、陈、缪及郑氏四人，由始至终都相当支持南高史学工作者所举办的学术活动。

《学衡》主要为柳诒徵及南高史学部学生发表批评新文化运动言论和哲学观点的阵地；《史地学报》则是南高史地学部师生共同发表史地研究成果的园地，《史地学报》的内容反映了他们在有关中国传统史学及西方史地学方面的研究成果。《史地学报》的主要作者中，教员有柳诒徵、徐则陵、竺可桢；学生方面，则有张其昀、郑鹤声、缪凤林、胡焕庸、向达、陈训慈等人。在刊物上发表论文的，总共有80人，南高史地部师生有37人，占46%；发表的论文总数共318篇，南高史地部师生所撰的有186篇，占总数的58%，多于半数。① 换言之，从《史地学报》刊载的论文可见南高史学工作者的主要研究兴趣和学术趋向。

虽然史地研究会本身没有列明成立的"宗旨"，但1921年柳诒徵替《史地学报》写《序》，强调以提倡史地学研究为职志，实可作为史地研究会的"方针"。而继《史地学报》之后，南高史学者合作出版的刊物，尚有1926年至1928年的《史学与地学》，及1929年至1931年的《史学杂志》，这两份学术刊物都继承了《史地学报》的创办宗旨，故此《史地学报》上刊载的《序》，在相当程度上亦为整个南高史学发展的指导方向。以下先介绍该《序》的内容。

柳诒徵在《序》中提及人类一切政术及哲理学问，均在地上发生，人类的生活也受地理环境的影响；人类发展源远流长，累积了丰富的经验，这种丰富经验便是"历史知识"，人类的进步有赖承传前人的历史知识，所以欲认识人类的生活，必先研究人类的历史及地理情况，"广宇长宙，万物皆备，故吾尝谓人类心量，当以所得于历史地理之知识为差"。晚清改革期间（1901—1911），各大学堂已经开设史地学科。但第一，"师不善教，弟不悦学，尽教科讲义为封畛，计年毕之，他匪所及，于是历史地理之知识，几几乎由小而降于零"②，近世中小学校教员也不注意教导史地知识，只是"剽拾"讲义，终致国人不了解世界的历史地理情况；第二，国人只取外国人的研究成果，"震眩于殊方绝国钜人

---

① 详见本书附录二"南高史学工作者在《史地学报》发表论文数目表"。
② 柳诒徵：《序》，载《史地学报》第1卷第1期，1921年，卷首。

硕学之浩博",不了解国内的历史地理情况,终致"国有珍闻,家有瑰宝,叩之学者,举不之知"。国人忽视中国历史及地理知识,以致"局蹐于数十年之饮食作息之事,钓游贾宦之所,而外此则充耳不闻,掩目不睹",更使中华民族"举先民之已知者,而失坠之",放弃了中国传统历史文化及先民所遗留下的历史知识。所以柳氏及史学部学生便出版《史地学报》,提倡史地学研究,"鸣其学之不逮人,而策吾之耻也",以及救国人于"举先民之已知者,而失坠之"及"历史地理之知识,几几乎由小而降于零"之弊。①

《史地学报》的创办,主要提倡结合中外历史地理学的知识进行研究,以及使国人深明国内外历史地理的情况,最后借史地学研究保存中国传统文化,不致失坠"先民之已知者"。为求达到这些目的,《史地学报》更上承师范教育的特色,借此推动历史及地理的教育,方便史地知识传于民间。②

综观《史地学报》的内容,是以介绍中外史地学知识为主的。在史学方面,刊登的文章多讨论中外史学,其中对传统史学的引申尤为关注,并较集中地研究司马迁、刘知几、章学诚的史学思想及治史方法,尤注意章学诚的《文史通义》,提出整理史料、重视地方志及整理地方文献的观点。对传统史学的引介,以柳诒徵、郑鹤声、张其昀、缪凤林四人为主。而徐则陵、陈训慈及缪凤林,尤多引介外国史学的成果;其中张其昀既研究刘知几和章学诚的传统史学,又致力于引介西方地理学史观,突出了中西史地学术并重的特色。

---

① 柳诒徵:《序》,载《史地学报》第 1 卷第 1 期,1921 年,卷首。
② 柳诒徵:《序》,载《史地学报》第 1 卷第 1 期,1921 年,卷首。

《史地学报》上刊登地理学的研究成果亦甚多,尤重历史地理学,这方面以柳诒徵为主;而注意考察地理环境的特色,以竺可桢及郑鹤声为主;至于介绍西方地理学方面,以竺可桢、张其昀、胡焕庸的研究为主。上述内容,显示了"史地通轨"的学术特质。

## 第五节 学衡社与《学衡》杂志

以南高文史地部师生为主要成员的学衡社,成立于1922年,并出版《学衡》杂志,提出"昌明国粹,融化新知"的口号,以此为治学宗旨,欲借西学阐明中国文化的要义,与其时北大激烈批判中国传统文化思想的言论相为抗衡。自学衡社成立,至编辑委员吴宓于1924年秋离开东大,学衡社的社员也多是史地研究会成员;而从1922年至1924年出版的《学衡》杂志的内容及其发展来看,其与南高文史地部师生的研究方向及南高史学的发展甚有关系。这主要表现于以下几点:

其一,总计在《学衡》上刊登文章最多者,依次为:南高西洋文学系教授吴宓,共35篇;史学系教授柳诒徵,共33篇;南高文史地部学生景昌极(1919年入学),共22篇;另外缪凤林也有19篇。《学衡》与南高史学工作者的关系,不言而喻。

其二,《学衡》自第1期至第79期均由吴宓任编辑,此后未见继续出版,可见吴宓为《学衡》杂志的主要编辑人员。然吴宓于1924年8月3日离开南高,至8月28日晚,他说把南高取来的稿件整理完毕，"是夕发出《学衡》三十四期全稿"①。他虽然身处北方，却把从南高收回的稿件做最后的整理，并定下《学衡》杂志第34期刊登的论文目录，准备出版，可见首34期收集文稿的地方，是在南高，及至第35期，因吴宓执教于清华大学，收集文稿的地方才改在北京。② 换言之，自1922年创刊至1924年8月，即《学衡》第1—34期，学衡社与外界的联络地点是在南高文史地部。

其三，南高史学工作者在《学衡》上发表的文章，主要是针对新文化运动的言论的，总计前34期《学衡》上的文章，以哲学思想及文化评论为主，史学研究为辅。柳诒徵发表有关史学研究的文章只有5篇，其余有：张其昀《刘知几与章实斋之史学》、缪凤林《历史之意义与研究》、郑鹤声《汉隋间之史学》、王庸《李二曲学述》、王焕镳《论周代婚制》及徐则陵《近今西洋史学之发展》。柳氏在《学衡》上发表有关文化评论、时评、书评及政论的文章共11篇；缪凤林发表有关评论文化的文章共5篇，哲学的文章共9篇；此外还有向达译《亚里士多德伦理学》，吴宓、陈训慈合译《葛兰坚论新》。可见南高史地部师生谈论中国文化及西方文化的言论，多在《学衡》上发表，《史地学报》则多发表他们研究史地学

---

① 吴宓著，吴学昭整理注释：《吴宓日记》第2册，"1924年（民国十三年）八月二十八日"条，280页。有关吴宓北上清华，推动"昌明国粹，融化新知"的学术活动，参见苏云峰：《从清华学堂到清华大学（1911—1929）——近代中国高等教育研究》，324—328页；北塔：《情痴诗僧吴宓传》，44—50页，北京，团结出版社，2000。
② 浦江清：《清华园日记 西行日记》，6页，北京，生活·读书·新知三联书店，1987。

## 第二章　南高史学系的成立与发展(1915—1925)

的成果。①

1922年1月《学衡》杂志创刊,柳诒徵在《学衡》的《弁言》中,标举了四个原则:

> 一、诵述中西先哲之精言,以翼学;
> 二、解析世宙名著之共性,以邮思;
> 三、籀绎之作必趋雅音,以崇文;
> 四、平心而言,不事嫚(谩)骂,以培俗。②

---

① 依1922年至1924年《学衡》第1期至第34期所见,南高史学部师生在《学衡》发表文章的内容及分布情况是:

| 作者 | 文章种类(单位:篇) | | | |
|---|---|---|---|---|
| | 批评文化言论/政论/书评 | 史学研究 | 哲学讨论 | 总数 |
| 柳诒徵 | 12 | 5 | | 17 |
| 徐则陵 | | 1 | | 1 |
| 缪凤林 | 5 | 1 | 9 | 15 |
| 张其昀 | | 1 | | 1 |
| 王焕镳 | | 1 | | 1 |
| 王　庸 | | 1 | | 1 |
| 向　达 | | 1 | | 1 |
| 郑鹤声 | 1 | | | 1 |
| 陈训慈 | | | 1 | 1 |
| | | | | 39 |

② 柳诒徵:《弁言》,载《学衡》第1期,1922年,卷首。

由此可知，办《学衡》杂志的旨趣，是采先贤圣哲的言论，以及中外古典文化的传统，以求建立世界文化的"共性"，其实就是调和中西文化的精粹。依"昌明国粹，融化新知"为《学衡》的宗旨及口号可知，"翼学"就是以西方的知识辅助及昌明中国文化。同时，该刊也要投稿者明白世界中外哲学家的思想要义，借研究这些哲学家的思想，以见世界人物的"共性"。最后要求学衡社员取雅音，正社会的俗音，所谓"雅音"，就是指传统国学的价值。①

换言之，学衡社员务以西学彰显中国文化精神：

> 论究学术，阐求真理，昌明国粹，融化新知，以中正之眼光，行批评之职事，无偏无党，不激不随。②

学衡社成员治中国文化的特色是抱着温和、中庸的态度，治中西学问，不趋时尚，只求达致东西文化的融合，治学上求先明国粹后，再阐发新知。

总之，这是南高史学系及其史学发展的阶段，所呈现的特色有六。第一，南高史学研究的主要成员，除教员柳诒徵，以自1919年至1923年就读于史学部的学生为核心，其代表是张其昀、缪凤林、陈训慈、郑鹤声等。这些史学部学生日后借办学术刊物，发扬南高史学工作者的治学精神，他们更成为传承与开拓"精神领袖"柳诒徵的治史方法、观点及研究范围的重要力量；其间执教的教员刘伯明、柳诒徵、竺可桢、徐则陵，成为南高史学

---

① 《学衡杂志简章》，载《学衡》第1期，1922年，卷首。
② 《学衡杂志简章》，载《学衡》第1期，1922年，卷首。

部学生吸收中外史学、地学及哲学思想的主要知识来源,没有他们传播融通中外文史哲的知识及尚道德教化的精神,未必能够形成南高史学"涵泳新知""昌明国粹,融化新知""继往开来,融贯中西""忠信笃行,不问华夷,不分今古"的特点。第二,南高史学工作者合作出版的第一本学术刊物《史地学报》,强调"史地通轨"的研究方法,成为南高史学部学生治史的指导方向,南高史学上寻求明教化的特色,也在此时形成。第三,此阶段成立的南高文史地部、史地研究会及学衡社,为南高史学工作者提供了师生相聚及学术合作的机会。师生声气相通,南高史学未随1925年东大学潮而立即分途发展,与这一阶段师生建立的情谊不无关系。自此以后,南高史学者继续组织学术研究会及出版学术刊物,如1926年出版《史学与地学》,1929年成立中国史学会及出版《史学杂志》,学会的主要成员及杂志的主要编辑委员,均曾是史地研究会的会员及干事。可见南高史学部师生在校时参与的活动,为日后师生间再次团聚及出版刊物奠下了基础。第四,此阶段的学术出版物《学衡》及《史地学报》,既是南高师生发表研究成果及文化评论的地方,也引起了外界对南高师生的注意。张其昀、郑鹤声、缪凤林、陈训慈等人,因柳、竺等教员的推介,在《学衡》及《史地学报》上刊载研究成果,从而确立了他们的研究方向。第五,此阶段南高史学部提供文史哲的学术训练,但又不弃史学专业知识的灌输,这与南高史学部学生治学尚道德教化、尚中西传统文化思想及治史兼采中外学说的特色,均有莫大关系。第六,柳诒徵为《史地学报》所写的《序》,为南高史学工作者指明了方向,日后柳氏亦替《史学与地学》及《史学杂志》写序言或导言，借这几篇序文，可见南高史学的发展是相沿不替的，并不因人事的变动而中断。

然而，在1925年东大学潮后①，柳诒徵离开东大，在此之前两年，南高最有学术表现的学生张其昀、缪凤林及陈训慈也已毕业离校，只有郑鹤声于1925年因转读史学系课程，仍协助《史地学报》的出版工作，但他也在1926年毕业。及后，陈训慈虽于1926年返回东大修读史学系课程，但未见其参与此后史地研究会的工作。《史地学报》于1926年10月出版第4卷第1期后，未见继续刊行。而史地研究会在1926年以后，也未见举办任何活动。凡此，都足以表明南高史学已进入分途阶段。

---

① 东大的毕业生认为东大学潮，导致"旧师尽去，学校一大损失"[罗时实（1924年东南大学国文系学生）：《十四年学潮与我》，载《传记文学》第1卷第5期，1965年，27—28页]。有关此学潮与国民政府欲控制东大的发展的关系及情况，参见吕芳上：《"学阀"乎？"党化"乎？民国十四年的东南大学学潮》，见"国父"建党革命一百周年学术讨论集编辑委员会编：《"国父"建党革命一百周年学术讨论集》第1册，127—160页。

# 第三章 南高史学者的分合关系(1926—1931)

1926年1月,张其昀返回东大史学系(昔日南高史学部的旧址)执教,① 柳诒徵因此得到张氏的帮助,以东大史学系为文稿收集及整理的地方;及后郑鹤声、陈训慈于1925年至1927年就读东大史学系,二人得以在东大史学系协助柳氏出版《史学与地学》。② 所以,1926年至1927年,东大史学系成为昔日南高史学部学生自东大学潮后再次聚集之处,南高史学者又有了合作出版

---

① 1927年6月9日,东大改名为国立第四中山大学;1928年2月9日,由国立第四中山大学又改名为江苏大学;1928年5月16日,国立中央大学成立。为方便介绍南高史学发展的情况,本书以东大一词概括国立第四中山大学及江苏大学的发展,因为国立第四中山大学及江苏大学的发展期较短,而东大的发展期较长;换言之,东大的发展期自1923年至1928年。
② 未知是否因为《史学与地学》于1926年出版,因而《史地学报》停刊;又现有的资料也未知,为何1925年至1927年,郑鹤声及陈训慈均返回东大修读史学系课程,却又不参与《史地学报》的编辑工作。

学术刊物的机会。张其昀于 1926 年至 1928 年执教东大史学系，参与《史学与地学》的出版工作，延续了南高史学的发展。

1928 年秋，柳、缪、陈三氏回校执教，并于此年 10 月在中大史学系成立中国史学会，及后郑鹤声也于 1929 年返回南京，参与会务；因人力充裕，遂于 1929 年 3 月出版《史学杂志》①，师生得以借中大史学系重新聚集在一起。自这年新学期开始，张其昀已在地理系执教，但《史地学报》仍未出版；南高史学工作者未因张氏转系任教及竺可桢倡议的史地分途，而实时出现分道扬镳的现象。

在此阶段中，地学系进一步独立发展。1920 年，南高史、地学系脱离国文部，相继独立，但史学系仍开设人文地理及经济地理二科。依近代地理学专业发展而言，此两科应由地学系开设，地学系系主任竺可桢于 1928 年提议，归由地学系开设，并于是年创办《地理杂志》，以促使地学系更进一步向专科发展。这改变了南高史学"史地通轨"的既有方向，以及借研究中国历史地理以保存中国文化精神的特色。

1931 年罗家伦(1897—1969)继任中大校长，并于次年进行课程改革，人文地理学及经济地理学改由地学系开设，② 张其昀担任此二科教习。③ 张氏主要以西方人文地理学的观点，进行实地

---

① 有关中国史学会的形成及南高史学工作者自 1928 年返回南高的情况，参见柳诒徵：《发刊辞》，载《史学杂志》第 1 卷第 1 期，1929 年，1 页。
② 有关罗家伦于 1932 年改革中大课程的情况，参见罗家伦：《国立中央大文学院沿革概况》，见《国立中央大学二二级同学录(1934)》，44 页，南京大学图书馆藏本(据 1934 年刊本)。
③ 有关张其昀执教人文地理及经济地理二科的情况，参见罗家伦：《国立中央大文学院沿革概况》，见《国立中央大学二二级同学录(1934)》，45 页。

的考察，注意当代人文地理与自然地理的相互影响，不同于其师柳诒徵根据史料考证古代地理及古地名的研究方法。① 故张氏执教地理系，不可视为南高史学发展的延伸。

1931年4月，《史学杂志》出版至第2卷第5、6期合刊后，没有继续出版，《史学杂志》也成为南高史学工作者最后合作出版的一本学术刊物，自1932年后，南高史学工作者再没有相聚的机会。

扼要地说，1926年至1928年夏为南高史学自分散至再团结的阶段；1928年秋至1931年夏秋间，史学、地学便分途以至独立发展了。

## 第一节 《史学与地学》的出版

1926年5月创刊的《史学与地学》，以柳诒徵及昔日南高史学部学生为编辑委员会主要成员②，而这份刊物的出版宗旨及研究

---

① 有关张其昀师事柳诒徵，学习史地学的研究方法，至受到竺可桢利用人文地理学的研究方法所影响的情况，以及张氏提出的人文地理学的观点，详见本书第五章第四节"张其昀的人文地理学和地理教育学"。
② 此时《学衡》虽然继续刊行，但自吴宓离开南高后，《学衡》自1925年至1928年，主要以北京的清华大学为文稿收集的地方。随着缪凤林于1929年执教中大史学系，中大史学系、文学系与清华大学国学研究院，才成为《学衡》收集文稿的地方，所以此阶段的编辑成员，不是以昔日南高史地部的师生为主，故本书不认为此阶段的《学衡》，是南高史学工作者出版的刊物。有关此阶段《学衡》的发展，参见罗时实：《柳翼谋先生及其学衡诸友》，载《中外杂志》第7卷第6期，1970年，17—18页。

方向，也是上承南高史学部师生在《史地学报》上倡议的研究方法。《史学与地学》的集稿及编辑聚会地点是东大史学部，即南高史学部旧址，《弁言》由柳诒徵撰写，此刊物就是南高史学的延续。

1925年东大发生学潮，导致东大"旧师尽去，学校一大损失"，又有"许多门功课没法开，实在是学生的一大损失"。① 柳诒徵也于学潮后离开东大史学系，居于北京。南高史学部毕业生张其昀则于1926年返回东大史学系执教，而郑鹤声于1925年秋至1926年夏，就读于东大史学系，陈训慈则于1926年秋至1927年夏修读东大史学系课程。因张、郑及陈氏三人回校及提供帮助，柳诒徵便以东大史学系为《史学与地学》出版及收集文稿的地方，并以东大史学系的名义出版《史学与地学》。

《史学与地学》共出版了4期，编辑成员为张其昀、郑鹤声及陈训慈；② 刊物的宗旨，是上承《史地学报》倡议的"史地通轨"的研究方向。柳诒徵在《史学与地学》的《弁言》中谈及此刊物创办的目的："宇宙者，时与空之和也。时无终始，空无畔岸。相赓相错，而成历史，而形地理。故欲明宇宙之真相，舍治史地，其道无由。"③ 时、空的交互发展，是形成宇宙的必然因素，史学与地理学是研究时间及空间的学科，因时间没有终始，任何历史事件均是相承相继，因果相承，列国的地势虽极广，但列国的历史事件必在特定的空间中发生。所以，史学与地理学的研究，成为了

---

① 罗时实：《十四年学潮与我》，载《传记文学》第1卷第5期，1965年，27—28页。
② 柳诒徵：《弁言》，载《史学与地学》第1期，1926年，（总）1页。
③ 柳诒徵：《弁言》，载《史学与地学》第1期，1926年，（总）1页。

解列国事实真相的工具。柳氏指出研究史地学有以下功用。第一，提供一个了解国家情况"真相"的机会，国家是一个时、空的结合体，"画（划）时而为世，截空而为域"，借历史知识可以了解国家的发展，若要"衡量"一个国家的活动范围，也是借地理知识的帮助，所以"欲知国家之真谛，舍治史地，其道无由"。第二，人类历史演变，也是一个时、空的问题，人们生活在特定的环境，形成特别的文化，所以借历史以知前人的习俗，"故欲识人生之真义，舍治史地，其道无由"。[1] 史地学的研究，成为了解"人生真义"的学问。第三，从整个世界历史发展的角度而言，印度、埃及、希腊、罗马虽有丰盛的文化遗迹，但缺乏修史制度，典籍散佚甚多，只有中国典籍丰富，修史制度源远流长；由是中国的史官制度，赋予史家把中国文化的精义传于后世的责任。故《史学与地学》的出版，也是"膺斯任者，莫先吾族"[2]，以传承中国历史文化于后世为己任。

柳诒徵又于1926年宣布在南京成立中国史地学会。此学会的职志，主要是"赓续前贤"，以史地知识为救国途径：

> 高瞻远瞩之士，求知四国之为者，观于东西学者纪述之丰、科条之精，掔绎之密、测验之审、发掘之广、会计之明、图绘之周，乃皇然叹昭聋之不相侔。而谋所以振吾族文明之零落，中国史地学会之兴，职是故也。[3]

---

[1] 柳诒徵：《弁言》，载《史学与地学》第1期，1926年，（总）1页。
[2] 柳诒徵：《弁言》，载《史学与地学》第1期，1926年，（总）1页。
[3] 柳诒徵：《弁言》，载《史学与地学》第1期，1926年，（总）2页。

《史学与地学》为中国史地学会的机关刊物，以研究史地学问为宗旨，会员一方面介绍中国历史、地理学的特色，并把中国文化及地理知识传于后世，另一方面把外国史地学的知识传入中国，这就延伸了《史地学报》的创办宗旨。两份刊物的《序》或《弁言》，均成于柳氏一人之手，互相呼应，可见二者的创办宗旨是相连的。

　　至于中国史地学会的活动，以现有资料所见，亦仅止于出版《史学与地学》，未见举办其他学术活动。《史学与地学》在1926年出版了第1期及第2期，1927年出版第3期，1928年出版第4期；编辑成员只有张其昀、柳诒徵及郑鹤声、陈训慈四人，后两期只由张其昀一人处理出版事宜。1928年秋张其昀改到中大地理系任教，无暇处理文稿，《史学与地学》在1928年10月后不再出版，可能与此有关。

　　至于《史学与地学》的内容，以阐明中外史地学的知识及介绍史地学的研究成果为主。与《史地学报》不同之处是，不少作者并非昔日南高师生，如张荫麟（1905—1942）、何炳松（1890—1946）、王国维（1877—1927）、张星烺（1888—1951）、赵万里（1905—1980）、钱穆（1895—1990）、孟森（1868—1938）等；所刊文章也不限于中国史，也刊登了一些有关伊斯兰教史、哲学史的论文。

　　综观四期的目录，南高史学工作者在《史学与地学》上刊登文章的分布情况如下：属于史学范围的，有柳诒徵《中国史学之双轨》《说吴》《宋太宗实录校证》《清德宗之大婚》，缪凤林《读史征言》，郑鹤声《各家后汉书综述》，向达译《近四十年来美国之史学》,陈训慈《希腊四大史学家小传》及译文《蒙古探险记》;属于地理学范围的,有竺可桢《何谓地理学》《论以岁差定尚书尧典四仲中星之年代》《直隶地理的环境和水灾》《南京之气候》,张其昀《人生地理学之态度与方法》《中国山岳之分类》,王庸《四海通考》,胡焕庸《新俄之田制》及译文《巴黎地理教育》。作者有9人,发表文章共18篇。

其他作者和文章包括:执教于清华大学国学研究院的王国维发表了《元朝秘史之主因亦儿坚考》,赵万里发表了《王静安先生著作目录》;执教于燕京大学国学研究院的张星烺发表了《中国史书上关于马黎诺里使节之记载》及《泉州访古记》,钱穆发表了《古本竹书纪年辑校补正》;执教于东南大学国文系的陈汉章(1864—1938)发表了《小方壶斋舆地丛钞点勘要略》《中国回教史》;执教于天津南开大学的何炳松译有《拉施特元史考》,发表了《历史上之演化问题及其研究法》;执教于北京大学的孟森发表了《满洲源流考所考明代满洲疆域之发微》,陈守寔发表了《清初奴患》。(按:陈汉章只曾在1926年短暂执教于东大,故此不应列为南高史学工作者。①)所以,与南高没有关系而在《史学与地学》上发表文章者,共有8人,发表文章11篇。

总之,在《史学与地学》上发文章的南高史学部师生,占整份刊物作者的半数,论文也超过半数。以学术表现而言,可分为三方面。一是整理传统史学,有柳诒徵、缪凤林、郑鹤声等人从传统史学中提取精要,如柳氏整理传统史学材料,并提出新的通史

---

① 陈汉章执教东南大学的时间,参见《(1926)国立东南大学师生一览表》,国立中央大学档案,档案编号:6448130216J3153。

体裁,缪凤林、郑鹤声则析论司马迁的史著及治史特色。二是介绍外国历史地理学的研究成果,在输入西方史地学知识方面,以竺可桢、张其昀、向达、陈训慈、胡焕庸为要角,向达译介近四十年来美国的史学,陈训慈介绍希腊四大史学家的治史特色。他们的努力,使《史学与地学》在传统史学外找到了新的养分,并且开拓了中国史学的视野。竺可桢、张其昀均介绍西方人文地理学的研究情况,也进行实地考察。三是介绍地理教育学,强调国人应注意西方各大学提倡地理教育的特色,以扩阔国内地理学研究的领域,如胡焕庸译有《巴黎地理教育》一文。整体而言,《史学与地学》的内容,不论在历史学或地理学范畴,均以传统中国史地学问为主,同时也介绍了一些西学新知。

## 第二节 中大史学系成立及《史学杂志》的创办

1927年张乃燕(1894—1958)任国立第四中山大学及国立中央大学校长,并于次年提倡学术研究向专科发展。① 在此意见下,1928年年初竺可桢、张其昀认为地理系要进一步独立发展,同年秋地学系改名为地理系;竺氏又创办《地理杂志》,并要求由史学系开设的人文地理及经济地理改由地理系开设。他在《地理杂志》的《发刊辞》中说:"吾国一般学者,习于故常,或以地理学附丽于历史学,或以地理学附丽于地质学。苟长此因循,地理学将失

---

① 张乃燕:《中央大学一年来工作报告》(1928年),见南京大学校庆办公室校史资料编辑组、南京大学学报编辑部编:《南京大学校史资料选辑》,239页。

去独立之精神,不能求长足之进步……本志(《地理杂志》)由中央大学地学系创刊,急起直追,盖借以表示我国地理学独立之精神。"①竺氏更邀请张其昀执教地理系,故此1928年在南高史学发展史上是一个关键的年份。

与此同时,柳诒徵、缪凤林及陈训慈均于1928年返回中大,执教史学系,并成立中国史学会,次年郑鹤声回南高教育部工作,参与会务,又出版《史学杂志》,以抗衡竺可桢主张史地分途的意见。柳诒徵在《史学杂志》的《发刊辞》中,明白指出张其昀的治学方向已有改变:

> 往偕诸生倡《史地学报》,嗣又倡《史学与地学》,皆骈列史地,犹昆弟孪生者。然去年张子其昀倡《地理杂志》于大学,今年缪(缪凤林)、范(范希曾)、陈(陈训慈)、郑(郑鹤声)诸子,又与张子(张其昀)倡《史学杂志》,盖孪生之子,自毁齿而象勺,虽同几席,而各专其简策之通轨也。②

再进一步,将《史学杂志》的《发刊辞》与《地理杂志》的《发刊辞》的内容相较,可见《地理杂志》的刊行,与柳氏主张史地学合一的思想甚不相同。竺可桢在《地理杂志》的《发刊辞》中说:

> 在世界先进各国,不但地理之学自成专门,即在地学之

---

① 竺可桢:《发刊辞》,载《地理杂志》第1卷第1期,1928年,(总)1页。
② 柳诒徵:《发刊辞》,载《史学杂志》第1卷第1期,1929年,1页。

中，复有分科。①

《地理杂志》的创刊，主要就是表达地理学要脱离"附丽"于史学的状况，独立成为一个专门学科。此文更言前人错误地认为地理学附在史学门之下，或以地理学附于地质学之下，如今要纠正前人的误见，便要求此二科由地理学系开设，使地理学走向专科发展。竺氏表达了他的不满，这对柳氏等人造成了很大的冲击。

中大史学系于1930年至1949年出版了《史学》《史学述林》，其《发刊词》及《弁言》，甚不同于南高史学工作者所提倡的"史地通轨"的研究方法，可见1930年后中大史学系的研究取向已不同于南高时代。

1930年中大史学系系主任雷海宗（1902—1962，任期1928—？）②，出版了《史学》杂志，其《发刊词》谈及出版《史学》的目的，就是提倡"往事有如乱丝，其意义与价值无从探寻；此非有借于哲学眼光不可者也"。因为中国史籍太多，整理中国历史发展的脉络甚为困难，而旧日学者只是"徒以其无客观态度，甘受宗教性之传统信仰所拘束，以致方法虽善，而所得结果多属局部可靠，甚或全部不妥"。③旧学者只注意考据个别的历史事件，未能研究整体历史的发展趋向，故只可利用哲学方法治史，从宏观的角度研究历史发展的脉络，并利用社会科学原理研究人类社

---

① 竺可桢：《发刊辞》，载《地理杂志》第1卷第1期，1928年，（总）3页。
② 《国立中央大学文学院导师暨学生分组名单》，国立中央大学档案，档案编号：6481146016J3024。
③ 《发刊词》，载《史学》创刊号，1930年，2页。

会变化的形态。此《发刊词》根本没有谈及"史地通轨"的研究方向。

及后，中大史学系师生又于1941年出版《史学述林》。编者在《弁言》中只言南北史学界调和及合作的论调，而不谈《史地学报》上提倡的"史地通轨"的研究方法。在《史学述林》的《弁言》中谈及民国初年(1912—1920)史学界的学风时，已说"吾国古今之学术，因长江大河之横贯，显然有南北两派之差别"。① 其未明言哪一所大学史学系的发展为北方史学界的代表，但南方史学界的代表，显然是南高文史地部的师生。《弁言》中也说：

> 廿载以往，北都学者以俗语易雅言，且以为治学之邮，风靡云涌，全国景从，而南都群彦，则主屏(摒)除俗语，不损雅言。著论阐明，比于诤友，于是有《学衡》杂志之刊行。考是时与其役者，多为本校史学部系之诸师，吾无以名之，谓为史学之南派，以与北派之史学桴鼓相闻，亦可谓极一时之盛矣。②

此《弁言》承认民初史学界有南北之别，北方学者宣扬平民文学，南方学者则认为应去平民的俗语，并主张治学时能不损"雅"的文化。所谓"雅""俗"的论争，就是五四运动时，以北大胡适、陈独

---

① 《弁言》，见《史学述林》第1期，1942年，1页。有关民初学术界的南北学派之分，参见桑兵：《近代中国学术的地缘与流派》，载《历史研究》第3期，1999年，24—41页。
② 《弁言》，载《史学述林》第1期，1942年，1页。

秀为首所宣扬的"白话文运动",与以南高文史地部教员梅光迪、吴宓为首的主张用"白话"而不弃"文言"的论争①;由是演变成南北两地不同的治学风尚。民初虽有南北之分,但《史学述林》的编者认为此时中大史学系的治学风尚,应是融合了南北二地的学风:

> 今校长罗君(罗家伦),治西史有声,曾为北派学者之健将,嗣则来长吾校,将满十年,向日以为分道扬镳不可冶为一炉者,今则共聚一堂,以收风雨商量之稚,盖学术以互竞而孟晋。譬之江河分流,以俱注于海。其趋不同,而其归一也。违难以来,迁渝续课,本系爰有历史学会之组织,并因时与地之便利,……同学诸子,交相勖勉,欲以研治所得,分期刊行,就正当世,……命曰《史学述林》。夫学问之道以求是为归,何必尽同,本系诸君应勿忘史学南派之历史,以共树卓然自立确乎不拔之学风,因而相激相荡,与以有成,是则本刊之行,不过其蒿矢焉耳。②

创办《史学述林》的背景,是新任校长罗家伦将北方尚自由、尚"俗"的学风带入南高,学术研究也是以调和南北为目的,故《史学述林》同时刊载南北方学者的文章。事实上,南高史学工作者

---

① 有关文言及白话的论争,详见沈松侨:《学衡派与五四时期的反新文化运动》,148—164页。
② 《弁言》,载《史学述林》第1期,1941年,1页。

只有缪凤林在《史学述林》上发表文章①,《史学述林》的创办,也不奉"史地通轨"的研究方法及借学术研究以保存中国文化的论点。

中大史学系所编《史学》创刊号所刊载的论文计有:沈西林《殷代国际地位蠡测》,周宗溪《共和解》,蒋君章《秦皇汉武寻求神仙之用意》,奚祝庆《两汉人口之比较》,缪凤林《国史上之民族年代及地理述略》,陈训慈《浙东史学管窥》,张鉴译《亚细亚人发见新大陆说之绍介》及张鉴作《评日本研究丛书》,蒋百幻《产业革命影响说略》,傅斯年讲、王培荣记《考古学的新方法》,马古烈讲《欧洲各国对于中国学术之研究》,雷海宗译《克罗奇的史学论:历史与记事》及雷海宗作《书评:世界史纲》,熊楙梦译《书评:大战前之英国外交文件》,蒋百幻、也文《国内史学界消息》,也文《东京史学会卅一次大会》及《西洋史学界消息》。昔日南高史学部师生在《史学》上刊载论文者,只有缪凤林、陈训慈二人。②

《史学述林》上刊载的文章,计有金毓黻《释四通》、缪凤林《汉武经略河西考》、姚薇元《可汗称号源出中国考》、陶元甘《秦汉之际百官考》、李鸿钟《东汉党锢之研究》、何德铭《前汉通西域的动机和影响》、左景权《王莽及其时代》、黄少荃《鲁年代试考》、苏诚鉴《西汉的重农抑商政策》、李绍定《史记货殖列传之研究》、王聿均《东晋经略中原之经过》、常任侠《国立中央大学发见嘉陵江岸汉代墓阙之研究》。昔日南高史学部师生,只有缪凤林

---

① 缪凤林:《汉武经略河西考》,载《史学述林》第1期,1942年,14—18页。
② 参见《史学》创刊号(1930年)所收录的论文。

在此刊物上发表论文。① 由此可知,1931 年后以中大史学系名义出版的学术刊物与南高史学工作者已经没有什么关系了。

1931 年罗家伦任中大校长②,推行学系改革,开设近代史的课程,这与此前柳诒徵注意研究古代史的风尚甚不相同。③ 罗氏早在 1926 年执教东大史学系时,已开设近代西洋史及中国近代史的科目,推动东大史学系学生进行中国近代史的研究;④ 他开设的中国近代史一科,被视为"我国大学有此课程之始"⑤,他更被

---

① 参见《史学述林》第 1 期(1942 年)所收录的论文。史学系自出版了《史学述林》第 1 期后,再没有出版余下各期。
② 有关罗家伦任国立中央大学校长的背景及推行改革的情况,参见朱斐主编:《东南大学史》第 1 卷,222—240 页。
③ 20 世纪 30 年代,南高史学工作者的治史方法已有改变,如郑鹤声曾撰《中国近世史》,在此不能说南高史学工作者不尚研究古代史,因为要从整体学术作品的数量,及其研究成果来做考察。总观郑氏的代表作品,以《史汉研究》(上海,商务印书馆,1930)、《杜佑年谱》(上海,商务印书馆,1934)、《袁枢年谱》(上海,商务印书馆,1930)、《中国史部目录学》(上海,商务印书馆,1928),以及对郑和下西洋的研究为后世所称道;郑氏除了对郑和下西洋的研究,其主要研究范围是古代史家及其史学方法。有关郑氏研究中国史学的特色,参见陈尚胜:《郑鹤声教授对中国历史研究的贡献》,载《文史哲》第 3 期,1996 年,61—65 页。
④ 罗家伦执教中大时,开设的科目是西洋近百年史、中国近百年史,而郭廷以也认为修读罗氏开设的科目,对其治近代史影响甚大。参见张朋园、陈三井、陈存恭等访问,陈三井、陈存恭记录:《郭廷以先生访问纪录》,125—131 页;侯励英:《郭廷以(1904—1975)及其史学研究》,8 页,硕士学位论文(未刊稿),香港浸会大学历史系,1998。
⑤ 罗家伦:《致顾颉刚函》(原刊于 1926 年 9 月 8 日),见罗家伦先生文存编辑委员会编:《罗家伦先生文存》第 7 册,64 页,台北,"国史馆"、中国国民党中央委员会党史委员会,1988。

誉为"倡导有计划的研究中国近代史"的"第一人"①。罗家伦未任中大校长时，已建议改革史学系课程。② 1930年年初，罗氏在《研究中国近代史的意义和方法》一文中认为："做近代的人，必须研究近代史；做中国近代的人，更须研究中国近代史。"③由于罗氏推动近代史研究，故他也提倡学生多收集近代史料，郭廷以就是在他的引导下开始研究近代史的。罗家伦任校长后，便把这些建议正式付诸实行。根据中大文学院史学系开设的课程，可以得见罗氏于1930年建议改革史学系课程的具体情形。

史学系学生的必修科目如表3.5所示：

表3.5　国立中央大学文学院史学系必修学程表

| 年级 | 上学期 | 学分 | 下学期 | 学分 |
| --- | --- | --- | --- | --- |
| 一年级 | 中国通史上 | 3 | 中国通史下 | 3 |
| | 西洋通史上 | 3 | 西洋通史下 | 3 |

---

① 王聿均：《罗志希先生对史学与文学的贡献》，见罗家伦先生文存编辑委员会编：《罗家伦先生文存》第13册，905页，台北，"国史馆"、中国国民党中央委员会党史委员会，1986。亦参见蒋永敬：《罗家伦先生的生平及其对中国近代史研究的贡献》，见罗家伦先生文存编辑委员会编：《罗家伦先生文存》第13册，751—753页。
② 1930年罗家伦已执教东大，至1931年才任校长，见张朋园、陈三井、陈存恭等访问，陈三井、陈存恭记录：《郭廷以先生访问纪录》，130页。
③ 罗家伦：《研究中国近代史的意义与方法》(此文初发表于武汉大学《社会科学季刊》1930年第2卷第1期)，见罗家伦先生文存编辑委员会编：《罗家伦先生文存》第2册，52—76页，台北，"国史馆"、中国国民党中央委员会党史委员会，1976。

续表

| 年级 | 上学期 | 学分 | 下学期 | 学分 |
|---|---|---|---|---|
| 二年级 | 中国上古史 | 3 | 中国近古史 | 3 |
| | 中国中古史 | 3 | 中国近世史 | 3 |
| | 西洋上古史 | 3 | 西洋近古史 | 3 |
| | 西洋中古史 | 3 | 西洋近世史 | 3 |
| 三年级 | 中国现代史 | 3 | 西洋现代史 | 3 |
| | 中国文化史上 | 4 | 中国文化史下 | 4 |
| | 西洋文化史上 | 4 | 西洋文化史下 | 4 |
| 四年级 | 史学通论 | 3 | 历史研究班 | 3 |

数据来源：《国立中央大学文学院史学系课程规则说明书》，载《史学》创刊号，1930年，293—294页。

史学系学生可选修的科目则如表3.6所示：

表3.6 国立中央大学文学院史学系学生选修学程表

| 年级 | 科目 | 学分 | 备注 |
|---|---|---|---|
| 二三年级选修学程 | 中国民族史 | 3 | 此没有注明哪一个年级可以修读哪些科目，可以不选修哪些科目 |
| | 中国风俗史 | 3 | |
| | 中国历史地理 | 3 | |
| | 中国外交史 | 3 | |
| | 蒙古史 | 3 | |
| | 西藏史 | 3 | |
| | 欧洲民族殖民史 | 3 | |
| | 英国实业革命史 | 3 | |

续表

| 年级 | 科目 | 学分 | 备注 |
|---|---|---|---|
| 二三年级选修学程 | 西洋国别史 | 3 | |
| | 日本史 | 3 | |
| | 日本近世史 | 3 | |
| | 朝鲜史 | 3 | |
| | 印度史 | 3 | |
| | 南洋诸国史 | 3 | |
| | 北亚史 | 3 | |
| | 欧亚交通史 | 3 | |
| 三四年级必修学程 | 中华民国史 | 3 | |
| | 中国法制史 | 3 | |
| | 中国经济史 | 3 | |
| | 中国革命史 | 3 | |
| | 中国古史研究 | 3 | |
| | 东罗马帝国史 | 3 | |
| | 文艺复兴与宗教改革史 | 3 | |
| | 欧洲君主专制时代史 | 3 | |
| | 回教民族史 | 3 | |
| | 中国史学史 | 3 | |
| | 西洋史学史 | 3 | |
| | 中国史部目录学 | 3 | |
| | 西洋史部目录学 | 3 | |
| | 历史哲学 | 3 | |
| | 考古学 | 3 | |

数据来源：《国立中央大学文学院史学系课程规则说明书》，载

《史学》创刊号，1930年，295—297页。

1931年史学系改名为历史学系，此课程表从这年新学期开始执行，至1941年罗家伦离校前，未尝间断。依表所见，历史学系的课程有以下特色：

第一，此课程表建议，"凡本系学生于可能范围内宜尽量选习以下他系之诸类课程：人类学、人生地理学、政治地理、经济地理、经济原理、经济史、政治原理、政治思想史、社会史、文学史、哲学史、科学史、宗教史、美术史、教育史"①。昔日南高史学系开设的人文地理、经济地理二科，如今列入地理学系开设科目，并非中大历史学系学生所必修。以前南高史学部学生必修的地学通论，中大历史学系学生也不必修读。

第二，中大历史系虽与南高史学系一样，把中国文化史、中国通史列为学生必修科，但开设的科目多注意近代史训练，以及扩阔学生有关世界史的知识，如中华民国史、中国现代史、中国革命史、西藏史、日本近世史、欧亚交通史、印度史、回教民族史。从开设科目可见，中大史学系已采用详近略远的课程编排方法。近代中国的边患问题与西北的国防甚有关系，故借开设西藏史及回教民族史两科目，使学生了解近代中国国防的问题，多注意近代西北的情况；同时，近代国运又与1842年以后的政治情况甚有关系，故开设中华民国史、中国现代史、中国革命史等科目，使学生多了解近代中国国运转变的原因。凡此都与昔日南高

---

① 《国立中央大学文学院史学系课程规则说明书》，载《史学》创刊号，1930年，288页。

第三章 南高史学者的分合关系(1926—1931)

时期不同。较特别者是，在西洋史学知识方面，中大历史学系开设的科目，多注意近代欧洲历史的发展，如欧洲民族殖民史、欧洲君主专制时代史、文艺复兴与宗教改革史等，多谈及导致近代欧洲强国致富的重大历史事件，与南高史学部时期多注意欧洲上古、中古史的研究课程也有不同。①

总之，中大时期历史学系开设的科目，是朝向中国近代史及世界史双途并行的发展方向，不同于南高史学部时期课程只注意道德修养，崇尚对中国古代史及西方古罗马、希腊史的探求，以及将师范教育寓于专科发展的特色。中大于1930年后要求学生注意世界历史的进程，跟昔日多注意本国史发展的情形有异。

同时，1930年以后执教中大历史系的教员，一部分是来自北方的学者，另一部分虽曾就读于东大，但多不是昔日南高史学部的学生，其学术研究方向并非师承柳诒徵、竺可桢、刘伯明等文史地部教员。1930年以后执教史学系的教员②计有：系主任朱希祖(1879—1944)，曾就读于北大史学系，是章太炎(1869—1936)的学生，并曾任职于中央研究院及中山大学文史研究所；教西洋通史、西洋文化史、西洋上古史的沈刚伯(1896—1977)，留学英国，接受西洋史学训练，早年执教于武汉大学，1930年起才到中大任教；教西洋近世史的张贵永(1908—1965)，曾留学德国柏林大学，获历史学博士学位；教有关东北史、蒙古史及边疆史的金

---

① 《国立中央大学文学院史学系课程规则说明书》，载《史学》创刊号，1930年，311页。
② 《(1939—1945)各学院院长、系主任、教授、讲师、助教一览》，国立中央大学档案，档案编号：64816J1272。亦参见《国立中央大学教员名册》，国立中央大学档案，档案编号：64816J1232。以下任教中大史学系的教员履历，多据此资料。

毓黻(1887—1962)，北大文科毕业，1930年之前执教于东北大学；另外，尚有教罗马史的鲍冠英、教外国近代史的雷海宗(1902—1962)、教近世史的谢国桢(1901—1982)、教考古学的商承祚(1902—1991)及李济(1896—1979)、教元史的韩儒林(1903—1983)、教先秦史的劳干(1907—2003)、教经济史的王仲荦(1913—1986)等，多就读于北大或清华大学。教回教民族史的陈乐素(1902—1990)，为陈垣(1880—1971)之子，早年执教于北京师范大学；而教中国近世史、太平天国史及西域史的郭廷以，虽是东大史学系的学生，但不曾在南高史学工作者出版的学术期刊上发表过文章。郭氏虽说"在大二时受柳先生影响，一天到晚做读书札记"，其实更多受罗家伦治史观点的影响。① 及后虽有中大历史学系毕业生姚薇元(1905—1985)回校任教，但他是中大成立后才就读其中，不曾修习南高史学部课程。② 总之，1931年至1946年，在中大历史学系执教而又曾是昔日南高史学部学生的，只有缪凤林一人，他所教的科目为中国通史、中国文化史、日本史、朝鲜史。③

陈训慈于1932年至1940年任浙江省立图书馆馆长，并出版《浙江省立图书馆馆刊》。陈氏在该刊的《序》中说："浙江省立图

---

① 有关郭廷以自述治学受柳氏的影响，参见张朋园、陈三井、陈存恭等访问，陈三井、陈存恭记录：《郭廷以先生访问纪录》，146页。而其自述受罗家伦的影响更大，参见张朋园、陈三井、陈存恭等访问，陈三井、陈存恭记录：《郭廷以先生访问纪录》，197—213页。
② 现时没有足够数据呈现姚薇元就读中大的情况；但据《中大各院系学程一览》，在姚氏的履历上写了"中大历史系"，可见他是中大历史系的毕业生，并先任助教，后升为教员。
③ 《中大各院系学程一览》，国立中央大学档案，档案编号：64815J2296。

书馆,承文澜阁之旧业,继藏书楼之成规……本馆以民国二年(1913)开幕,即有年报之发刊,载图书目录、公牍、统计诸项,自民国四年(1915)迄十五年,凡十一期,及十六年本馆改组以后,改称馆报,扩年报之原刊,增论文,题跋,译稿之类,光先贤先圣及吾乡先哲之遗教,大致每年出版一次,迄二十年(1931)十二月,凡六卷五册,至二十一年(1932),改为馆刊,承前馆报创办之旨,光先贤之风尚,以励吾乡民俗之风仪。"① 他创办《浙江省立图书馆馆刊》的目的,是把先贤的遗留文化展露于世,以推动研究浙江先贤的文化为要务,可见陈氏于1931年后,主要从事乡土文化的研究工作。② 至于柳诒徵,其于1928年返回南京后,从事出版《国学图书馆年刊》的工作,柳氏在该刊的《发刊辞》中曾说:

> 诒徵(柳诒徵)无似,未尝攻图书馆学,承乏盋山,忽已经岁,既刊《馆章》(《国学图书馆馆章》),缉馆史,理董馆书,增益而刊布之。爰综一岁中,同人黾勉图维,讨议施行之迹,都为《年报》,贡之邦人,非以稽绩,昭不敏也。③

编刊《国学图书馆年刊》的目的,是把馆中藏书的数量及内容公布于世,以便国人借阅;而在《国学图书馆年刊》中所载的论文,主

---

① 陈训慈:《序》,载《浙江省立图书馆馆刊》第1卷第1期,1932年,1页。
② 有关陈训慈推动研究浙江乡贤的风尚,参见宋晞:《陈训慈与浙江省立图书馆》,见"国父"建党革命一百周年学术讨论集编辑委员会编:《"国父"建党革命一百周年学术讨论集》第1册,583—599页。
③ 柳诒徵:《发刊词》,载《国学图书馆年刊》第1年刊(1928年),(总)15页。

要是考据史籍，以昔日文史地部师生在《国学图书馆年刊》上刊载的文章内容为例，如向达《唐代刊书考》①、范希曾《南献遗征笺》②、缪凤林《明人著与日本有关史籍提要四种》③、王焕镳《明遗民万履安先生年谱》及《本馆图书总目叙例》④、柳诒徵《卢抱经先生年谱》《说文句读稿本校记》《里乘》《国学书局本末》⑤等，多是考订和介绍史料及编撰名人年谱。⑥ 由此可见，在1931年后，南高史学工作者不是离校，就是研究方向有了转变。

及后，柳诒徵于1932年任国风社社长，并出版《国风》，其会员及编辑成员虽是张其昀及缪凤林，然而出版地点是在上海，不是南京的中大历史学系。陈训慈及郑鹤声均不是国风社的会

---

① 向达：《唐代刊书考》，载《国学图书馆年刊》第1年刊(1928年)，(总)21—42页。
② 范希曾：《南献遗征笺》，载《国学图书馆年刊》第1年刊(1928年)，(总)101—134页。
③ 缪凤林：《明人著与日本有关史籍提要四种》，载《国学图书馆年刊》第2年刊(1929年)，(总)339—428页，台北，成文出版社，1985(据1928—1937年刊本影印)。
④ 王焕镳：《明遗民万履安年谱》，载《国学图书馆年刊》第5年刊(1932年)，(总)2257—2316页，台北，成文出版社，1985(据1928—1936年刊本影印)；《本馆图书总目叙例》，载《国学图书馆年刊》第9年刊(1936年)，(总)5817—5822页。
⑤ 柳诒徵：《卢抱经先生年谱》，载《国学图书馆年刊》第1年刊(1928年)，(总)43—100页；《说文句读稿本校记》，载《国学图书馆年刊》第2年刊(1929年)，(总)134—152页；《里乘》，载《国学图书馆年刊》第8年刊(1935年)，(总)4983—5087页，台北，成文出版社，1985(据1928—1936年刊本影印)；《国学书局本末》，载《国学图书馆年刊》第3年刊(1930年)，(总)733—749页，台北，成文出版社，1985(据1928—1936年刊本影印)。
⑥ 有关陈训慈在抗战期间把文澜阁藏书运返杭州的情况，参见陈训慈撰，徐永明整理：《〈陈训慈日记〉中有关文澜阁〈四库全书〉抗战迁徙事摘录》，载《中国文哲研究通讯》第10卷第1期，2000年，261—271页。

员。柳氏在《国风》的《发刊辞》中说:"张(张其昀)、缪(缪凤林)诸子倡为《国风》半月刊,属余为发刊词。"①总观1932年至1936年出版的《国风》,其编辑委员会名单中均没有陈、郑的名字,《国风社员简录》中也没有记载陈、郑二人。②《国风》的出版目的是:

> 斯刊职志,本史迹以导政术,基地守以策民瘼,格物致知,择善固执,虽不囿于一家一派之成见,要以隆人格而升国格为主。呜呼,诸子好为之!今日为此言,虽涉强颜,而国徽犹被暨南朔,凡吾侪胸中墳起潮汹,欲一泄以告吾胞与者,凭恃时机,殆尚未晚。③

日本在20世纪30年代大举侵华,上海、东北等地相继失守,张其昀、缪凤林二人刊行《国风》,评论时事,特别注意讨论及介绍日本侵华的史事,④借研究史事,以激励中华民族抗争的精神。此亦说明,《国风》的内容与昔日的《史地学报》《史学与地学》是绝不相同的。

---

① 柳诒徵:《发刊辞》,载《国风》创刊号,1932年,1页。
② 《国风社员简录》,载《国风》第6号,1932年,1页。
③ 柳诒徵:《发刊辞》,载《国风》创刊号,1932年,1页。
④ 张其昀:《热河形势论》,载《国风》创刊号,1932年,1—24页。缪凤林:《日本侵华论》,载《国风》创刊号,1932年,1—42页。

## 第三节 《史学杂志》的内容

1928年秋,柳诒徵、缪凤林、陈训慈相继任中大史学系教员,同年10月,他们在中大史学系成立中国史学会。及后郑鹤声于1929年任职南京教育部,得以协助推动中国史学会会务,故柳氏便于1929年3月,与这四位昔日南高史学部的学生一起出版《史学杂志》。缪凤林、郑鹤声、陈训慈既为中国史学会的主要成员,也任《史学杂志》编辑委员会的委员。①

《史学杂志》自1929年3月创刊,至1931年第2卷第5、6期合刊后停办。此刊物为双月刊;共出版了2卷,合12期。其创刊的目的有二:其一,有感于《地理杂志》的创办,使本为"孪生之子"的史地学,如今却"自毁齿而象勺",虽同几席而分途,遂借办《史学杂志》,使同几席而分途的史地学,终能求史地之通轨,史地学再次结合起来,作为研究的工具;其二,研究史学以阐明历史赓续的意义及反对疑古史论。柳氏在《发刊辞》中指出近代世运变动,世人往往"张皇震惊而莫测其始因及归趣",所以研究历史的学者,应借著述以明世运转变的原因,这是"实质微独演进者,皆有其端绪,即举其斫毁而荡涤者,甄综斯析愈益信夫,鉴

---

① 有关中国史学会的组成情况,参见《史学杂志》第1卷第1期,1929年,封底。可惜现今已找不到中国史学会的会员名单,此页只列出柳诒徵、缪凤林、郑鹤声、陈训慈的名字,没有其他会员的名字。可能因为他们是编辑委员会成员,所以才列出他们的名字。

戒之不可不知往闻"。故借办《史学杂志》以明历史演变的迹象，从而使人们能据前事，应世变；尤针对近代疑古史学者"挟成见，谓某书作伪制不足信，某书腐旧不足观，其设心已与前人之经验相逆"的现象。① 疑古史学者的论点，只会导致割断史事，失却发扬中国文化的初衷，也未能得见中国历史发展的面貌，遂创办《史学杂志》以纠正疑古史学者的弊点。

据《史学杂志》所见，在杂志上发表论文的学者共27人，发表论文的总数共96篇，当中有11人属于昔日南高史学部师生，但他们发表文章的总数多达61篇，约占总数的64%。自此可知，《史学杂志》乃以南高史学部师生发表的文章为主。当中发表文章最多者是缪凤林，共有21.5篇（其中一篇为缪氏与蒙文通（1894—1968）的往来书信，故只算作0.5篇）；次者为柳诒徵，共有13篇；再次者为陈训慈，共有7篇；又次者为郑鹤声，共有6篇。至于非南高史学部的师生，而在《史学杂志》上发表较多论文的人物，是任教四川大学国文系的蒙文通，共有5.5篇（其中一篇为蒙氏与缪凤林的往来书信）；次者为陈裕菁，共有5篇；国立中央大学国文系的陈汉章、四川大学国文系的张尔田、清华大学的汤用彤及张鉴，亦各发表了5篇。

柳诒徵及中国史学会成员虽反对史学、地学分途，无奈已成事实。《地理杂志》的出版，更确立了史学与地学分途发展的方向。

---

① 柳诒徵：《发刊辞》，载《史学杂志》第1卷第1期，1929年，1页。

## 第四节　南高史学系出版物的流通及其特色

南高史学系及其史学发展，自1915年至1931年，经历了成长、发展及分途三个阶段，虽然成员之间，由于各人的研究方向及兴趣不同等因素，终于彼此分道扬镳，但他们传播史地学的知识及推动史地学教育的研究课题，对其时学界的影响是不容忽视的。

1921年创办的《史地学报》，前后出版20期，由上海商务印书馆发行，而代售的地点分别在北京高等师范大学大号房，北京琉璃厂中间宏道堂书庄、青云阁佩文斋，山东光垣第一女子师范学校，河南开封北书店街中华书局，长沙南阳街湖南印书馆，南京东南大学，南京成贤街天一书局，南京花牌楼共和书局，上海世界书局，可见《史地学报》分销北方、东南、华南等地。[1] 1922年8月出版的《史地学报》第1卷第4期已指出"本报分赠各机关，多得答书。北高（北京高等师范大学）之史地学会，表示联络之意"，也因为与北方史地学界交往，遂以《史地学报》交换北京地质调查所出版的《地质汇报》、北高师史地学会刊行的《史地丛刊》、北京中国地学会编辑的《地理杂志》；[2] 而且，北京高师史地学会成员也因阅《史地学报》，希望能保持学术交往："谆谆以

---

[1] 《本报启事》，载《史地学报》第2卷第8期，1924年，3页；《介绍》，载《史地学报》第4卷第1期，1926年，148页。
[2] 《史地研究会第五届纪事》，载《史地学报》第1卷第4期，1922年，3页。

互相商榷，时通友声相勖勉，此敝会同人久所希望；叨蒙不弃，宁敢自外。《史地学报》一二期，均已收到，鸿章巨制，无任钦佩，今寄上《史地丛刊》一二两期，望查收。以后出版，自当随时寄奉，以便互相交换。"①吉林的李育唐、襄阳的涂海澄，均因阅《史地学报》刊载的柳诒徵的《中国文化史》及刘掞藜的《史学研究法讲义》、美国出版的彩色新绘世界地图，而希望借史地研究会购买以上资料。② 由是观之，《史地学报》尚算广泛流传于东南及北方二地，更与其时北京大学、燕京大学编刊的《古史辨》《禹贡半月刊》的言论相对，难怪曾经参与古史辨运动讨论的学者杨宽也认为："古史辨论战实为北京派与南高派的一场论争。"③也因在 1949 年以前，研究历史地理学的工作者，不少都来自北大与南高，因此有学者认为，以北大为中心的《禹贡半月刊》和以南高为主体的《史地学报》，是"现代中国历史地理学的重要奠基者"④。

此外，《学衡》杂志上发表的文章，更是东南方一群反对新文化运动者的言论代表。1922 年胡适与日本学者今关天彭谈及阅到《史地学报》及《学衡》刊载的文章时，认为"南方史学勤苦而太信古，北方史学能疑古而学问太简陋，将来中国的新史学须有北方

---

① 《通讯》，载《史地学报》第 1 卷第 4 期，1922 年，251 页。
② 《吉林李育唐君来函》《襄阳涂海澄君来函》，载《史地学报》第 1 卷第 4 期，1922 年，4—5 页。
③ 杨宽：《历史激流中的动荡和曲折——杨宽自传》，71 页。
④ 在《禹贡半月刊》发表论文的学者，主要有顾颉刚、谭其骧、冯家升、史念海、周一良、童书业、刘选民、白寿彝等，而在《史地学报》上发表论文的学者主要有柳诒徵、竺可桢、徐则陵、郑鹤声、张其昀、向达等，他们既在这些刊物上发表研究成果，也在 1949 年后于大陆及台湾两地推广史地研究。

的疑古精神和南方的勤学工夫"①。参与五四新文化论战的南高教员胡先骕在十多年后做出总结时也说："当五四运动前后，北方学派方以文学革命整理国故相标榜，立言务求恢诡，抨击不厌吹求。而南雍师生乃以继往开来融贯中西为职志……自《学衡》杂志出，而学术界之视听以正，人文主义乃得与实验主义分庭抗礼。五四以后，江河日下之学风，至近年乃大有转变，未始非《学衡》杂志潜移默化之功也。"②胡氏也认为南方学人及南高师生因参与《学衡》撰稿，或阅读《学衡》内容，由是声气相通，《学衡》也流通于东南方学术界。同时，1925年前的《学衡》杂志虽未能按时刊行，但首2期出版后一个月已经再版，至1926年，前50期都再版发行，以学术性刊物而需再版，实在少见，难怪有些学者认为，借此可见《学衡》杂志颇受学界欢迎。③

此外，南高史学工作者出版的《史学杂志》，也先后在南京成贤街天一书局、花牌楼南京书局、花牌楼中央书局，上海四马路光华书局，北平景山东街求堂书店出售，远至日本东京文求堂书

---

① 胡适：《胡适的日记》，438页，香港，香港中华书局，1985。
② 胡先骕：《朴学之精神》，载《国风》第8卷第1期，1936年，15页。
③ 乔衍琯也认为《学衡》杂志在民国时不断地重版刊行的情况，正可见《学衡》广受学者的欢迎。

店、西京汇文堂书局均有代售。① 至于《史学与地学》，因没有代售地点的数据，传播情况不得而知，当时柳诒徵等只视此刊物为《史地学报》的延续，似乎缺乏全盘出版计划。

以下根据南高史学者在《学衡》《史地学报》《史学与地学》及《史学杂志》上所发表的文章，探讨他们治史地学的特色。

其一，研究传统中国史学。例如，柳诒徵在《史地学报》第3卷第1、2期的合刊上，发表《论以〈说文〉证史必先知〈说文〉之谊例》一文，批评古史辨学者只以文字说史，取甲骨及钟鼎上所刻的文字，便说古史上根本没有圣帝贤君形象的论点是不正确的。② 柳诒徵在《史地学报》上发表《清史刍议》，提出民国政府应按中国史学传统，即新朝替前朝修"正史"的传统，替清朝修史。③ 郑鹤声在《史地学报》上发表了多篇研究中国传统史学的论文，如《太史公司马迁之史学》《清儒之史地学说与其事业》《读王

---

① 《预告》，载《史学杂志》第2卷第5、6期合刊，1931年。在 Chow Tse Tsung 的 *Research Guide To May Fourth Movement*(Cambridge：Harvard University Press，1963)，中共中央马克思恩格斯列宁斯大林著作编译局研究室编《五四时期期刊介绍》(共3集，北京，生活·读书·新知三联书店，1959)，国民政府编《内政年鉴》(上海，商务印书馆，1959)，倪波、穆纬铭主编《江苏报刊编辑史》(南京，江苏人民出版社，1993)，张宪文、穆纬铭主编《江苏民国时期出版史》(南京，江苏人民出版社，1993)等有关江苏一地学术期刊出版的著作中，尚没有关于《学衡》《史地学报》《史学与地学》及《史学杂志》出版数量的记录。
② 柳诒徵：《论以〈说文〉证史必先知〈说文〉之谊例》，载《史地学报》第3卷第1、2期合刊，1924年，5—9页。
③ 柳诒徵：《清史刍议》，载《史地学报》第1卷第1期，1921年，63—82页。

船山先生读通鉴论宋论》。①

此外，南高师生也在《学衡》上发表反对疑古史学者的观点，如柳诒徵在《华化渐被史》一文中，指斥疑古学者的论点只是"卑葸而自诬"，若这股潮流发展下去，必然是"国闻斯晦"，中华民族无以自振。②张其昀发表《刘知几与章实斋之史学》③，郑鹤声发表《汉隋间之史学》④，此二文对汉隋史学的特色进行了讨论。

在《史学与地学》上，柳诒徵发表《中国史学之双轨》一文，讨论近代理想的史著体裁；⑤缪凤林发表《读史微言》一文，论介司马迁"去取编次，述事论断"的特色。⑥

南高史学者也在《史学杂志》上介绍中国传统史学，如郑鹤声曾发表《正史总论》一文，述介"正史"一名起自《隋书·经籍志》，并介绍正史的编年及纪传二体的特色。⑦柳氏在《史学杂志》上也发表了《江苏各地千六百年间之米价》及《江苏钱币志初稿》二文，这是利用江苏国学图书馆馆藏有关江苏的史料写成的研究江苏经济的文章，其运用详细罗列资料的方法，探讨明代以来江浙地方

---

① 郑鹤声：《司马迁之史学》，载《史地学报》第2卷第5期，1923年；《清儒之史地学说及其事业》，载《史地学报》第2卷第8期，1924年；《读王船山先生读通鉴论宋论》，载《史地学报》第3卷第7期，1925年。
② 柳诒徵：《华化渐被史》，载《学衡》第7期，1922年，（总）907页。
③ 张其昀：《刘知几与章实斋之史学》，载《学衡》第5期，1922年，（总）641—690页。
④ 郑鹤声：《汉隋间之史学》，载《学衡》第33期，1924年，（总）4465—4470页。
⑤ 柳诒徵：《中国史学之双轨》，载《史学与地学》第1期，1926年，（总）2—5页。
⑥ 缪凤林：《读史微言》，载《史学与地学》第1期，1926年，（总）33页。
⑦ 郑鹤声：《正史总论》，载《史学杂志》第1卷第2期，1929年，1—20页。亦参见郑鹤声：《班孟坚年谱》，载《史学杂志》第1卷第1期，1929年，1—15页。

经济的发展情况。① 佛驮耶舍(向达)发表《汉唐间西域及海南诸国地理书辑佚》一文,把"汉唐间西域及海南诸国地理书,辑成一篇者",介绍汉唐年间,国人撰写的介绍西域及海南诸国历史地理的书籍的内容。②

其二,介绍西方历史及地理学。南高史学者尤注意介绍西方史地学知识,如徐则陵在《史地学报》发表《史之一种解释》《近今西洋史学之发展》及《历史教育上之心理问题》,先后引介美国鲁宾孙(Cyrile. E. Robinson)的《新史学》(New History),柏克(H. T. Buckle,即博克尔)的《英格兰文化史》(History of Civilization in England),韦尔斯(H. G. Wells)的《世界史》(The World History)。陈训慈也在《史地学报》上发表《史学蠡测》《史学观念之变迁及其趋势》二文,③ 引介20世纪以还欧美史学发展的论著,并借此二文使读者得知"于现今史学之要端,以及吾国与欧美史学之演进,做一最简略之叙述"。

陈训慈在《史学与地学》上发表《希腊四大史学家小传》一文,认为近代研究西洋文明的学者,多注意古希腊及罗马的艺术家、天文家及哲学家,尚未注意古"希腊四大史学家"希罗多德(Herodotus,约公元前484—约前425)、修昔底德(Thucydides,约公元前460—约前400)、色诺芬(Xenophon,约公元前430—约

---

① 柳诒徵:《江苏各地千六百年间之米价》,载《史学杂志》第2卷第3、4期合刊,1930年,1—12页;《江苏钱币志初稿》,载《史学杂志》第2卷第5、6期合刊,1931年,1—45页。
② 佛驮耶舍(向达):《汉唐间西域及海南诸国地理书辑佚》,载《史学杂志》第1卷第1期,1929年,1—7页。
③ 陈训慈:《史学蠡测》,载《史地学报》第3卷第1、2期合刊,1924年,1页。

前355)及波里比阿(Polybius,约公元前200—约前118)的治史方法。①

至于介绍西方地理学知识方面,竺可桢在《史学与地学》上发表《何谓地理学》,介绍西方人文地理学的研究成果。② 张其昀也在同一刊物上发表《人生地理学之态度与方法》,指出研究人生地理学的要义是"研究地理环境与人类生活之关系者也。地理环境如地形、气候、水道、生物等,是人类生活从简单的衣食住,乃至复杂的经济、社会、政治各种生活是也"③,并向国人介绍法国学者主张的人生地理学说。

胡焕庸把法国学者马冬男(Emm. de Martonne)所撰的一篇介绍巴黎地理教育学发展的文章译成中文,名为《巴黎地理教育》。④ 此文介绍法国政府极力推动地理教育学的发展,于首都巴黎设立多所地理陈列馆、地理实验室、地理图书馆。文中又特别介绍巴黎大学推广地理教育的活动,如巴黎大学地学系与地学会均于1880年至1900年开设了多个殖民地理、自然地理的课程及讲座,使地理学知识日渐普及。又法国地理学专家白兰士(Vidal de la Blache)在巴黎大学提倡成立地学院,由是形成"法国地理学派"。此外,文中也介绍了20世纪初法国人文地理学家白吕纳

---

① 陈训慈:《希腊四大史学家小传》,载《史学与地学》第1期,1926年,(总)217—233页。
② 竺可桢:《何谓地理学》,载《史学与地学》第1期,1926年,(总)8—9页。
③ 张其昀:《人生地理学之态度与方法》,载《史学与地学》第1期,1926年,(总)143页。
④ Emm. de Martonne:《巴黎地理教育》,胡焕庸译,载《史学与地学》第4期,1928年,(总)603—609页。

(Jean Brunhes，1869—1930)提出的人文地理学的论点。向达把美国学者 Charles Mclean Andrews 所撰"These Forty Years"一文译成《近四十年来美国之史学》，在《史学与地学》上刊登。①

在《史学杂志》第 1 卷第 1 期中，陈训慈也曾撰文介绍 1928 年美国举办"国际历史学会第六次大会"的情况，并述及 1900 年成立的国际历史学会(International Congress of Historical Science)于 20 世纪初年在巴黎、罗马、柏林、伦敦开会的情形；②缪凤林撰文介绍 1928 年国外学者组成的西北科学考察团研究新疆的气象、古物、绘画地图及采药的情形。③

其三，推动史地教育学的发展。例如，胡焕庸翻译的《巴黎地理教育》一文，就主要介绍法国政府极力推动地理教育学发展的情况，文中特别介绍了巴黎大学推广地理教育的活动，希望国人知所效法。④ 陈训慈在《史地学报》上发表《中国之史学运动与地学运动》一文，对其时的史地教育提出三个意见：(1)政府要多编纂中小学史地教材及教科书，以补教本的不足；(2)检查全国史地教员的质素，或设法补济其缺；(3)设法普及国民的史地常识。⑤ 竺可桢在《地理教学法之商榷》中，说明地理学是"研究地

---

① Charles Mclean Andrews：《近四十年来美国之史学》，向达译，载《史学与地学》第 1 期，1926 年，(总)35—63 页。
② 叔谅(陈训慈)：《国际历史学会第六次大会》，载《史学杂志》第 1 卷第 1 期，1929 年，13 页。
③ 缪凤林：《西北科学考察团》，载《史学杂志》第 1 卷第 1 期，1929 年，1—2 页。
④ Emm. de Martonne：《巴黎地理教育》，胡焕庸译，载《史学与地学》第 4 期，1928 年，(总)603—609 页。
⑤ 叔谅(陈训慈)：《中国之史学运动与地学运动》，载《史地学报》第 2 卷第 3 期，1923 年，33—45 页。

面上各种事物之分配及其对于人类影响之一种科学，在中小学则尤须注重于事物对于人类之影响"，所以"专论地球上事物之分配而不及于人生关系者不谓之为良善之地理学"。① 及后，缪凤林在《史学杂志》上发表《中央大学历史系课程规例说明草案要删》一文，建议改革史学系的课程，其中一项建议是：中大历史系采用学分制后，学生修读科目太多，以致"学生多修学分，不求阅学"，故建议"重要课程之性质相近者，亦多并而为一，如日本史、朝鲜史合为一科，求明东亚之大势"。② 陈训慈在同一学术刊物上发表《初级中学历史课程标准草案》，讨论了其时历史科课程的施行问题及施教方法，并表达了"初中教授中国史与世界史所以宜分而不宜合"的意思。③

其四，借学术研究批判疑古史学、激烈反传统文化的言论及保存中国文化。例如，柳诒徵把中国文化史一科的讲义刊载在《学衡》之上，以阐明治史应求"古圣先哲所言大经大法"④，认为学者应在传统文化中汲取安身立命、觉世牖民的文化理想，及阐明中国文化的核心便是礼。缪凤林在《学衡》上发表《希腊之精神》一文，以中国哲学的"中节"观念阐释"西洋希腊圣哲"的哲学思想。⑤ 又如，张其昀的《中国与中道》从人文地理、世界地理及东

---

① 竺可桢：《地理教学法之商榷》，载《史地学报》第2卷第3期，1923年，16页。
② 缪凤林：《中央大学历史系课程规例说明草案要删》，载《史学杂志》第1卷第1期，1929年，1—4页。亦参见缪凤林：《中央大学十七年入学试验西洋史世界史常识试题纠谬》，载《史学杂志》第1卷第1期，1929年，1—2页。
③ 陈训慈：《初级中学历史课程标准草案》，载《史学杂志》第1卷第1期，1929年，12页。
④ 陈训慈：《初级中学历史课程标准草案》，载《史学杂志》第1卷第1期，1929。
⑤ 缪凤林：《希腊之精神》，载《学衡》第8期，1924年，(总)3785—3801页。

西文化比较的角度,指出中国在四大文明古国中仍独存的原因。① 缪凤林的《评胡氏诸子不于出王官论》及《评杜威平民与教育》二文,批评胡适论先秦诸子兴起的原因,② 以及批判胡适宣传杜威主张的对平民行教化的思想。③

蒙文通、缪凤林在《史学杂志》上刊出《三皇五帝说探源》一文,主要是证明"三皇五帝说"是不谬的。④ 柳诒徵也发表《南朝太学考》一文,不独详细考析南朝太学制度的发展及其内容⑤,更主要说明"今世讲中国教育史者,率不厝意于南朝太学之事实,号称讲学,而不知吾国讲学之风,何时最盛。爰为刺举以明西纪四五百年顷,吾国太学讲学之风尚已如是。虽所业与今殊科,其劝学之方、析理之式,固皆足为诵法"及"明吾乡邑之风教之美意"。⑥ 张其昀及陈训慈也先后在《史学杂志》上发表《宋代四明之学风》《清代浙东之史学》二文,前者主要欲"明先贤之景仰",以

---

① 张其昀:《中国与中道》,载《学衡》第41期,1925年,(总)5596页。
② 缪凤林:《评胡氏诸子不出于王官论》,载《学衡》第4期,1922年,(总)561页。
③ 缪凤林:《评杜威平民与教育》,载《学衡》第10期,1922年,(总)1388页。
④ 蒙文通、缪凤林:《三皇五帝说探源》,载《史学杂志》第1卷第5期,1929年,1—9页。
⑤ 柳诒徵的《南朝太学考》一文,分别刊于《史学杂志》第1卷第5期,1929年,1—15页;第1卷第6期,1929年,16—22页;第2卷第1期,1930年,1—6页;第2卷第2期,1930年,1—8页;第2卷第3、4期合刊,1930年,1—8页。
⑥ 此文收录于柳曾符、柳定生选编的《柳诒徵史学论文续集》(352—442页,上海,上海古籍出版社,1991),在篇末没有"又诚可谓明吾乡邑之贤哲"一语。今以《史学杂志》版本为准。

及说明"浙东学风,最重人格,宜于宋儒,景仰独深";① 后者撰文的目的在于介绍清代浙东学术的发展,以及指出浙东学者"博约精神""躬行之精神""经世实用之精神""民族思想之精神""不立门户与大公之精神"的特色,这些特色也是中华民族精神之所在。②

其五,实践地理考察的知识。竺可桢在《史学与地学》上刊载《直隶地理的环境和水灾》一文,利用气象学的知识,指出1924年7月直隶水灾出现的原因。③ 此外,郑鹤声在《史学杂志》上发表《江心坡与国防》,以为中国近代边地日失的原因,是"政府当局,昏庸无识,对于外藩,只求朝贡虚荣",故以中国政府失去云南以北的江心坡为例,说明利用地理学知识研究边疆地理环境,对国防设计影响甚大。④

总括而言,南高史学工作者在《史地学报》《史学与地学》《史学杂志》上发表的文章,具有以下特色:第一,结合历史学、地理学的研究方法;第二,治史求经世致用;第三,借历史研究提倡教化,在研究范围上尤注意讨论历史教育及地理教育的问题;第四,积极研究、介绍国外史地学,并融通中外史地学知识,以发扬中国文化的精义。

---

① 张其昀:《宋代四明之学风》,载《史学杂志》第1卷第3期,1929年,1—12页。
② 陈训慈:《清代浙东之史学》,载《史学杂志》第2卷第5、6期合刊,1931年,20页。
③ 竺藕舫(竺可桢):《直隶地理的环境和水灾》,载《史学与地学》第3期,1928年,(总)413—428页。
④ 郑鹤声:《江心坡与国防》,载《史学杂志》第1卷第3期,1929年,1—7页。

# 第四章　柳诒徵的史学观点及其治史方法

在对南高史学影响较深的教员当中，以柳诒徵执教时间最长。柳氏自1915年起到校任教，经历了国文史地部、文史地部的发展，即使不把1928年后兼任中大史学系教授的时间计算在内，而以1925年前为下限，亦已长达十年，为其他教员所不及。[①] 同时，南高史学者的核心成员，在南高求学阶段，必须修读柳氏讲授的中国文化、中国通史科；柳氏更被南高史学部学生奉为"精神领袖"，备受推崇。以下先介绍柳氏的史学观点及其治史方法，

---

① 竺可桢于1921年至1925年任教南高，旋因学潮离职，再于1927年回校，后又于1928年辞去地学系系主任一职，改任中央研究院气象所研究员兼所长；竺氏参与南高教育事业的时间前后共五年。曾任南高史学系系主任的徐则陵，始于1920年执教南高，但也于1927年离校。另一位被奉为南高的"精神领袖""东南大学奉为魁宿"的刘伯明，自1919年至1923年全职执教南高，刘氏参与南高教育事业，共五年时间。而吴宓及梅光迪分别于1920年前后执教南高，在1925年学潮前已离校，他们执教南高的时间，不及五年。由此可见，以上人物执教南高的时间，均不及柳诒徵之久。

然后在下一章讨论他对南高史学部毕业生的影响。

## 第一节 以礼为中心的史观

柳诒徵一生致力于研究中国文化史，早年多编历史教材，及后自博返约，开始总结中国历史理论。他在1942年把多年来有关史学方法的授课讲义，编成《国史要义》一书，后于1948年由中华书局印行。柳氏指出，《国史要义》为"吾人继往开来，所宜择精语详，以明吾旨"①。此书总结了柳氏所提倡的史学方法及史学功用的观点，书中更提出"述一代全国之政事，而尤有一中心主干为史法史例，其所自出即礼是也"②，又说"吾国以礼为核心之史"③，概括了整个中国历史的发展，就是以"礼"为重心，而记载中国历史发展的史籍，也是以"礼"为运笔的重心。

以上论点，贯通于柳氏的《中国文化史》。柳氏在该书中提出，"史家之心量能翕受其遗产，恶足以知尽性之极功……进而

---

① 柳诒徵：《国史要义》，"民国丛书"本（据中华书局1948年刊本影印）。此书没有序，而柳诒徵《我的自述》一文，才录有此书的序，故转引自柳诒徵：《我的自述》，见中国人民政治协商会议镇江市委员会文史资料研究委员会编：《镇江文史资料》第11辑《柳翼谋先生纪念文集》，9页。
② 柳诒徵：《史原第一》，见《国史要义》，7页。
③ 柳诒徵：《史原第一》，见《国史要义》，9页。

求圣哲、立人极、参天地者何在,是为中国文化之正轨"①,此与他认为史学研究具有道德教化作用的观点相为阐发。同时,柳氏强调"吾国以礼为核心之史"的论点,此与他在 1931 年所撰《江苏社会志初稿》的《礼俗篇》中提倡"言礼防决而人心风俗不可复言",借治地方礼俗史以正人心的思想,是前后相承的。②

因为"以礼为核心"的史观是柳氏治史的关键思想,《国史要义》一书又具有总结柳氏史学思想的特色,所以下文主要据《国史要义》所提论点,辅以其他资料,阐明柳氏以礼为中心的史观。

首先,要了解柳诒徵对"史学"及"礼"两个概念的看法。柳氏把"史学"分为广义、狭义:"狭义之史学"是"一切书籍文牍,其目录家所列史部诸书","历史记载人类活动的经历与成败,种种事实,足供吾人参考应用之处至多"③;"广义之史学"是"凡属人

---

① 柳诒徵:《弁言》,见《中国文化史》上册,3 页,北京,大百科全书出版社,1988。按:《中国文化史》一书,初在《学衡》杂志上以论文的形式刊行,其刊行的时段,自 1925 年第 46 期至 1929 年第 72 期,期间第 47、55、57、59、60、65、66、68、69、71 期均没有刊载其内容,在第 75 期更附上全文的《总目》,由此可见,在 1929 年《学衡》出版至第 75 期时,《中国文化史》一书,已确定其大纲及体例。故本书引用有关《中国文化史》一书的内容时,先列出《学衡》上刊载的内容,及后才引用《中国文化史》中的相同内容,而本书所据《中国文化史》的版本为 1988 年北京大百科全书出版社的简体字排印本。因为据编者指出,此书所据的版本是 1926 年《学衡》杂志上连载的刊本,并据 1928 年的国立中央大学排印本、1932 年南京钟山书局版、1935 年南京钟山书局版、台湾刊本的《中国文化史》三册本做校订;以现时所见,此版本应是较佳的版本。
② 柳诒徵:《江苏社会志初稿》,载《国学图书馆年刊》第 4 年刊(1931 年),(总)1421 页,台北,成文出版社,1985(据 1928—1936 年刊本影印)。
③ 柳翼谋先生讲、黄锡康笔记:《历史之知识》,载《史地学报》第 3 卷第 7 期,1925 年,19 页。

类过去之思想言论事实纪(记)载,皆在历史学范围之中。广言之,充满宇宙皆历史"①。换言之,柳氏所视狭义的史学,只是记载人类活动的经历与成败,足供人们参考、应用之典籍文献数据;而广义的史学,不独包括这些文献所记的数据,更包括利用这些数据,作为探求人类过去思想言论和事实的研究方法。他在《中国文化史》的《绪论》中也指出:"历史之学,最重因果。人事不能有因而无果,亦不能有果而无因。治历史者,职在综合人类过去时代复杂之事实,推求其因果而为之解析,以诏示来兹。"②可见柳氏认为狭义的史学只是史籍或文献资料;但这些史籍的目的是"求应用",故史籍具有"历史记载人类活动的经历与成败,种种事实,足供吾人参考应用之处至多"。③ 而广义的历史,是指称研究人类过去发生的事情及言论,所以史学又不独是史籍,亦指称人们过去的事情或言论。同时,柳氏更概括"史学"一词,认为其主要是研究事物的因果关系,并指导人们未来发展方向的学问,赋予史学"诏示来兹",指导未来人生及发挥史学借鉴的作用。

更重要的是,柳氏从史学的功能上,替"史学"下了定义:

第一,史学有"持身应世"及治世的功用。柳氏在《国史要义》的《史术第九》中言,"史术即史学,犹之经学亦曰经术,儒家之

---

① 柳诒徵:《史学概论》(原文为1928年商务印书馆函授社国文科讲义),未见原文,现转引自柳曾符、柳定生选编:《柳诒徵史学论文集》,98页,上海,上海古籍出版社,1991。
② 柳诒徵:《绪论》,见《中国文化史》上册,1页。
③ 柳诒徵:《历史之知识》,载《史地学报》第3卷第7期,1925年,19页。

学亦曰儒术也"①，柳氏心中的"史学"，就是"史术"。

因为史学就是史术，所以要先了解"史术"的含义，才能明白史学的意义。柳诒徵认为"术"是一种"持身处世之术""知虑通达"的应世技巧，"史术即史学"，史学就是一种应世的技巧。他说，"术即道也，为古今人所共由之道。……读史可得持身处世之术"②，人们要持世应变，便要通观历代人事纷繁的记录，了解治乱兴衰的原因，这只能通过观史籍实现。因为史籍内容丰富，"罔(网)罗天地放失旧闻，终见盛衰"，包括历代石章服车、旗袞冕黻、度量权衡、鼓钟同律、方志版图、简牍文书等数据，"总成一代治乱成败，精通其意"，便可以达到"治海内之众"。人们借历代章制的兴废，可以推出"举一国家、一民族以竞利，而乱世亦何以异是"③，人们借观历史便可以"睹成败存亡，推求因果，知人心一念之纵肆，欺诈可推演而成无涯之祸"。过去发生的事件，便成为提出"持身应世"的参考资料。尤以"今日外镜(境)列邦，内新庶政，举凡立国邻选乡贤举学，民治兵役，地政路工，反惟古制，可以取资而近史转多隔阂"。古代史籍所载，均是"圣贤积极而运心，圣人垂文"，人们借观史籍记载的内容，知道古代制度的沿革兴替，自然反省时下制度的良善，并提出改革制度的方法。"君子大人通史学，先王之道仁义之统，将为天下生民之属长虑，顾后而保万世"④，过去的史事，便成为时下处

---

① 柳诒徵：《史术第九》，见《国史要义》，190页。
② 柳诒徵：《史术第九》，见《国史要义》，190页。
③ 柳诒徵：《史术第九》，见《国史要义》，200页。
④ 柳诒徵：《史术第九》，见《国史要义》，191页。

世的参考依据。

第二，柳诒徵从以下各方面进行分析，指出史学具有道德教化的作用。首先是介绍儒学与史家的关系。柳氏说，"吾意史术通贯经术，为儒术之正宗"，史学与儒学的功用是相通的。他认为史家与儒者同具"持身处世"的治世责任。柳氏心中的儒学是"儒术"，儒家学者与史学工作者同主张"持世通术"的应世技巧，儒者重视个人修身达道，强调"达中庸，守伦正，作人极，参两天地"，"治国平天下在一人之中和，致官民之中和，于事物的位育"，使世人处世以"守中和以应世务，不激愈，不偏致"。世人各安其位，便能达到化育天下的目的；为达到此目的，儒者便参考历代人事典章制度的兴废，"遂求史籍，从其脉络，知类通达，可以施之家国天下者始条理之智也"。① 儒者利用史籍上的记载，观历代成败，从而提出"中和"的处世态度。而史家运笔之要，在于"观历代成败存亡，要曰中，曰和，为古儒相传之道术"；史家也以中和的态度运笔，以教化世人应世的方法为要务，所以史家与儒者同样具有持身及应世的作用。因为儒者治事求"达教化"及应世务，史家也以教化为要务，这就使史家负上了一种道德的责任：

> 吾国圣哲深于史学，故以立德为一切基本，必明于此，然后知吾国历代史家所以重视心术端正之故。②

---

① 柳诒徵：《史术第九》，见《国史要义》，211页。
② 柳诒徵：《史德第五》，见《国史要义》，88页。

其次，史学与儒学同具"定伦序"的功用。柳氏认为，"史术为伦叙(序)以通道"，因为历代史籍详列"君臣之礼序""夫妇长幼之别"等伦理秩序，故运笔记载历史的史家，生于乱世，便能提出使社会恢复伦理秩序，及安定社会各阶层的方法。在先秦各家中，只有儒家言礼乐及"五伦""五序"的伦理秩序关系，故史家与儒者，同负"定伦序"的责任。此外，史家深恐世人"不得正"，便提出"通明伦类"，教人以明德于天下，"修六艺之术，以通万方之略，列君臣之礼序，夫妇长幼之别"，所以史家与儒者同样具有"通明伦""定伦序"及"达教化"的功用。

既然柳氏认为"吾国以礼为核心之史"，在述过了"史"的定义及功用后，便要了解礼与史的关系。

先看柳氏对"礼"的定义。他认为："伦理者，礼之本也；仪节者，礼之文也，观秩序之发明。"① 柳氏从礼的价值进行分析，认为礼是日常人类伦理行为的准则，礼的标准建立后，夫妇、父子、君臣、兄弟、朋友的五伦关系，也因而建立。② 他又从礼制出现的原因出发，探讨礼的意义。因为古人认为"天"的运行，本有一定的规律，有一定的秩序，但这个形而上的"天叙不可见"，因此古人便借立人间的礼教，为天下纲纪，"圣人知不可见之天叙，立礼教纲纪天下"。而组成这种礼教的内容，包括"五伦"及"五序"。所谓"五伦据《左传》谓父义、母慈、兄友、弟恭、子孝；五叙《孟子》谓父子有亲，君臣有义，夫妇有别，长幼有序，

---

① 柳诒徵：《史术第九》，见《国史要义》，11页。
② 近人有关"礼"的定义，参见张寿安：《以礼代理——凌廷堪与清中叶儒学思想之转变》，4页，台北，"中研院"近代史研究所，1994。

朋友有信"。人间的人伦秩序，既是"五伦""五序"的内容，也是礼教的内容，同时亦为圣人实践"天叙"的表现。而礼就是实践人伦秩序的工具，"礼之为用，定伦叙，立五教，成五叙"，礼的作用就是维持人伦秩序，"维系世教，元凶慝有所畏，正人君子有所宗，虽社会多晦，盲否塞之时，而有其正大光明之域"①，借礼教维持社会人伦秩序，使社会各人各安其分，社会便可恢复光明的境地。

接着，柳氏从史官的源流、史家运用的褒贬笔法、史籍成为载礼的工具、民间礼俗教化四方面，指出礼是中国历史及史学的重心，并论述礼与史学的关系：

第一，古代史官制度与礼官制度的建立甚有关系。柳氏在《国史要义·史原第一》中指出，"史"字的本义为"从人持中，文字以记载，左史记言，右史记事"，"史"本是文字记录。上古黄帝立史官"记述事迹，宣明时序，推迁之久，历数以兴"②，史官的职责本为记事，也掌管天文历数，人们借这些史官所记的文字，得以了解过去天文地理的情况。又因为记录这些文字的人被立为官员，他们记载的文字，便成为"官书"，使史官的"记录为治世之资"，由是中国史学也成为"治世之资"，史学便有了"富于政治，求实务"的目的。③

同时，古代设立的礼官，常与史官产生密切的关系，也有史官兼掌礼官职责。先民惑于自然现象，多以祷祈祭祀为本，最古

---

① 柳诒徵：《史原第一》，见《国史要义》，9页。
② 柳诒徵：《史原第一》，见《国史要义》，1页。
③ 柳诒徵：《史原第一》，见《国史要义》，2—3页。

的礼仪，便是祭祀；为方便管理古代仪祀，于是立宗、祝、卜、史四官，"宗"官掌祭神之物、古代仪祭及"心率旧典"，而史官"掌旧典之职"。这些"旧典""历记天事人事之礼，成败存亡之事"，故宗官为了解古代仪节的内容，以定当世的礼仪，便向掌史事记载的史官取"前代仪制之事"，宗官与史官，在工作性质上由是相为关联。至舜帝因"史"掌旧典，而古代刑法所立往往以古代礼制的内容为标准，所以欲知旧典有关刑法的记载，必求史官，舜帝因此命史官掌三礼，史官便"兼括凡百事，为宗史合一之时"，"史官即宗官也"，负有兼掌仪制的职责。① 周代君主立法，而史官已兼掌仪制，因此史官所记便成为立法的依据，史官的记载"非欲其著书，也倚以行政也"，史官成为"天子左右手"。而"史"字，在周代也成为一个官名。史官的职掌，不独有"考察冢宰及百官"，"掌全国乃至累世相传之政书"，更有"条举人伦而爵赏，刑章由之而渐行制定，归纳曰礼"，史官负有施行人间礼仪、刑法的责任。既然礼的功用就是处理人类的伦理秩序，而史官所掌的职责均"归纳曰礼"，所以造成"礼由史掌，而史出于礼"的结果，史官便负有维持社会伦序的责任。②

第二，从史家运用的褒贬笔法而言，史书成为存礼的工具。史官职掌百官之职，为"百官，而必守礼奉法，有宗伯以临之，有冢宰以统之，尊卑总别之间，所以能得设官之利而无其弊也"③，

---

① 柳诒徵：《史原第一》，见《国史要义》，11页。
② 柳诒徵：《中国礼俗史发凡》，见柳曾符、柳定生选编：《柳诒徵史学论文续集》，610页。
③ 柳诒徵：《史原第一》，见《国史要义》，6—7页。

史官便借书事的笔法,以求"垂千载,立明伦,定名份,万世垂法"。人们借史书的记载,以作为行事的借鉴及准则。① 这些行事的借鉴及准则,全依史家所运用的褒贬笔法,而这种褒贬去取的标准,就是礼。所谓"史法,史例,所出即礼也",史法及史例均是以人类伦理为标准,史法出于礼,所以礼就是品评人类伦理的标准。柳氏在《国史要义·史权第二》中认为,古代史官既掌握古代礼法,以礼衡量君主得失,所以史官便"深虑预防之思,乃以典礼史书限制君权,其有失常必补察之,勿使过度。虽其事不似他族之以宪法规定,而历代相传以为故事"②,即以书事的笔法,批判君主得失。又因为史官"究心礼仪之本","主礼以明训,立普遍之禁约",借褒贬笔法批判百官,故史官又可正官民的诈伪。③ 在历代史书中,只有《春秋》及《史记》才能"劝惩明是亦由深思"④,"正君臣父子兄弟之伦,非区区志人之相杀"⑤。因为此二书的作者,有感"世衰道微",便在史著中"明褒贬,进贤士,退奸雄"。同时,《春秋》的作者孔子及《史记》的作者司马迁,皆"去圣未远,深得圣人垂礼作法"的大义⑥,二人运用的褒贬笔法,均依"礼本义","准情度理",以定是非得失的标准,故《春秋》及《史记》,为后世确立了"世人莫能改之""垂法千载"的褒贬笔法。

---

① 柳诒徵:《史原第一》,见《国史要义》,7页。
② 柳诒徵:《史权第二》,见《国史要义》,27页。
③ 柳诒徵:《史德第五》,见《国史要义》,91页。
④ 柳诒徵:《史德第五》,见《国史要义》,102页。
⑤ 柳诒徵:《史识第六》,见《国史要义》,117页。
⑥ 柳诒徵:《史识第六》,见《国史要义》,116页。

既然《春秋》是史书，此书判断是非的标准，"皆有以示礼之得失"，《春秋》一书最重人事，不载神话，"其体纯洁，其书有关于政治"，书事"本于君臣父子夫妇兄弟之礼，定其是非，惟礼惟归"，这种笔法全以合乎人类伦理的准则为依归。及后，司马迁的《史记》、刘知几的《史通》及班固的《汉书》对人物及事件的褒贬进退，以合于礼与否作为判断是非的标准。"名臣行孝友忠义，何以定名，以礼定之"，所以史家"不本于礼，几无以操笔属辞"。① 也因为中国历代史籍均相沿此笔法，全以礼为判断是非的标准，所以柳氏认为："礼者吾国数千年全史之核心也"，"吾国以礼为核心之史，则凡英雄、宗教、物质、社会依时代之演变者，一切皆有以御之，而归之于人之理性，非苟然为史已也"。② 史籍所载全是史事，历代史事均经作者褒贬去取，而褒贬的精神全归于礼，所以史籍上所载的史事也合于礼，史籍运用的笔法也合于礼。

另外，柳氏认为，"吾国以礼为核心之史"；换言之，中国历史与文化的面貌，均可以反映"礼"的意义，中国文化就是"礼"的文化。他认为，中国过去的文化就是以"礼"为核心的历史，中国文化的"核心"就是"礼"。他从下列各方面分析中国文化具有礼教的特色：

其一，柳氏从民间风俗，特别是民间伦理与礼治的关系，言中国文化的精神就是"礼"的精神。其专论礼教的文章有《中国礼

---

① 柳诒徵：《史识第六》，见《国史要义》，118页。
② 柳诒徵：《史原第一》，见《国史要义》，9页。

俗史发凡》,柳氏在此文中认为,"礼俗并称",是人类伦理大防,"吾民族之根本精神,仍在在与周公、孔子之微言精义相通,用以保世滋大,不可徒囿于形式"。① 圣人深明礼的大义,便把礼的意义传于民间,使民间的伦理秩序,也受礼教的影响,由是形成"伦理者,礼之本也"②。

为证明民间习俗是受礼的影响,柳氏举出日常祭祀仪制为例。古代祭祀为国家的大事,初民"震慑于天地阴阳之晦明震动,以为必有神明主宰",便焚柴向天,以求祷告。唐虞三代圣帝因相信神明为主宰,便依民俗,立天神、地祇的祭礼,后世的焚香宰牲,也是上承这种先民的祭礼。此外,"今俗岁首"、家祀天地、私塾或行婚礼,所立天地君亲师之位,全依《乐记》的《祭法》篇所载的仪式;又民间举行的丧礼、族人所据的坟墓习俗、公墓祭祀仪式,均取自《周官》一书所记"大夫掌邦墓地域之礼"。所以当时所依的礼仪,均上承古礼,而民间守礼,就是"行礼仪、定人类伦叙之面相"。③ 他又认为古代人伦秩序的订立,是礼制功效的表现,"古之礼,又曰人伦",借礼仪以制定人类伦理秩序,"以礼为立国根本,即在人类群居之条理"。人能按礼的规范,各守其本分,并世民族,以礼用心,这样便形成了中华民族"义笃情深,超轶流俗,特致敬礼"的特色。

---

① 柳诒徵:《中国礼俗史发凡》,见柳曾符、柳定生选编:《柳诒徵史学论文续集》,612页。
② 柳诒徵:《中国礼俗史发凡》,见柳曾符、柳定生选编:《柳诒徵史学论文续集》,613页。
③ 柳诒徵:《中国礼俗史发凡》,见柳曾符、柳定生选编:《柳诒徵史学论文续集》,620—621页。

同时，家庭成员的行事合于礼，由此得见礼乐教化已深入民间。在家庭中子女行"孝"，就是行礼成效的表现。"人伦之组织，始可尽人性以合天，以孝、忠为常法"①，礼教深入民间，使人民在日常行谊中，也以守孝、尽忠为要务，在家对父母示孝，在朝行君臣之义，人间社会得"伦叙以礼仪为法"，自然能够使民归善。而在人伦行为上，又呈现出"其秉要执本，有二义，曰敬，曰恕"，儿时对父母长辈行敬，对人行恕，均使人们能修己以安民，修己以恕人，上下左右自能"洁之若矩，任何人皆安且和"，"服习前哲之礼教而出于不自知"。人们这种敬恕的表现，就是礼教深入民间的表现。②

柳氏在1931年编修《江苏社会志初稿》时，特别撰写《礼俗篇》，借研究江苏礼俗的发展过程，以见江苏一带"民尚礼仪度数"，礼乐教化已深入民间。③ 他在文中详述江苏省自古至今的礼俗发展，主要说明"今之礼由古之礼"，从"礼"的功用上，注意古代礼教对江苏一带民间习俗的影响及传承古礼的大义。礼制的创立，始于衣冠，自尧舜已立华夏衣冠文物制度；至周代以后，尚圣贤立教，士大夫为年十五的儿子行冠礼，日后更把"冠礼"习俗列入家训，使"子孙垂训为戒"；及至近代，江苏一带士绅也为子孙行"冠礼"。故可见古代立"冠礼"的仪式及制度，至今相沿不

---

① 柳诒徵：《中国礼俗史发凡》，见柳曾符、柳定生选编：《柳诒徵史学论文续集》，619页。
② 柳诒徵：《中国礼俗史发凡》，见柳曾符、柳定生选编：《柳诒徵史学论文续集》，648页。
③ 柳诒徵：《江苏社会志初稿·礼俗篇》，载《国学图书馆年刊》第4年刊(1931年)，(总)1371—1469页。

替。接着，柳氏把近代江苏一带民间的婚礼起源，上溯自东晋皇室婚礼仪制。东晋皇室的婚礼仪式，依儒臣准经制定，至清代婚礼成为定制。直至20世纪初，江苏一地的礼俗，仍行"媒妁"，一切婚俗按旧礼，"先发草帖，决之日者合婚，行初聘礼谓之小定，又曰过大礼"。而男女两方，在结婚前行"催妆上头"、亲友送房、谢亲的仪式，均"依《周礼》存古意"。① 由此可见，古礼行于今，而江苏民间多守古礼，由是形成江苏人民多"笃于伦纪""复古而尚人情"②的风气，民间渐渐养成习礼风尚。

其二，民间伦常关系就深藏礼义。柳氏在1925年已认为从礼的效用上来说，"伦理者，礼之本也，礼之义也；仪节者，礼之文也，观秩序之发明"③。日常人伦关系的实践、人伦秩序的条理井然，均是礼仪施行的效果，人们受礼教熏陶，便能够使人类修善，社会民风淳美。以唐虞时代为例，唐、虞二帝，就人性利弊，立礼仪，使民回复"中道"，从而"按中国民性，异常复杂，不得谓之尚武，亦不得谓之文弱；不得谓之易治，亦不得谓之难服。推其原故，殆上古以来尚中之德所养成也"。柳氏认为，中华民族形成尚德、尚礼的特色，就是实践礼教的效果。④

---

① 柳诒徵：《江苏社会志初稿·礼俗篇》，载《国学图书馆年刊》第4年刊（1931年），（总）1393页。
② 柳诒徵：《江苏社会志初稿·礼俗篇》，载《国学图书馆年刊》第4年刊（1931年），（总）1435页。
③ 柳诒徵：《江苏社会志初稿·礼俗篇》，载《国学图书馆年刊》第4年刊（1931年），（总）1435页。
④ 柳诒徵：《洪水以后之中国》，载《学衡》第48期，1925年，（总）6582页。亦参见柳诒徵：《中国文化史》上册，34页。

在家庭中尤见礼教文化对民间的熏陶。柳氏特别注意民间实践的忠、孝问题。他在《中国文化史》一书中,特立《忠孝之兴》一章,详述华夏民族实践忠、孝伦理的持养功夫。柳氏认为三代所说的"忠",指效忠朋友,造福人群,所言的"孝",不独是孝亲,更要自孝以养人长德,忠孝成为使民趋善、实践道德的工具。他在《忠孝之兴》一章中说:

> 夏道尚忠,本于虞。以孔子所言味之,如"忠利之教""忠而不犯""近人而忠",则言君主及官吏之忠非忠于民者二,而言官吏忠于君主者一。……足见夏时所尚之忠,非专指臣民尽心事上,更非专指见危授命。第谓居职任事者,当尽心竭力求利于人而已。
>
> ……
>
> ……孝之为义,初不限于经营家族。如:《孝经》曰:"立身行道,扬名于后世,以显父母,孝之终也。"……
>
> 皆非仅以顺从亲意为孝。举凡增进人格,改良世风,研求政治,保卫国土之义,无不赅于孝道。①

古代提倡"忠于民",使"夫人主不恋权位,不恤子孙,并一己之生命,亦愿以尽献于国民而无所惜",人人求利于民,便牺牲个人私利,而古代的"孝",也能使民"尽力于社会国家之事,其劳

---

① 柳诒徵:《洪水以后之中国》,载《学衡》第 48 期,1925 年,(总)6670 页。亦参见柳诒徵:《中国文化史》上册,78—82 页。

身焦思不避艰险"。① "孝"可以使民"尊祖敬祖""报本思远",人们在地方上建立庙坟墓制,维系部族与先祖的感情,由是形成"吾族(华夏民族)以行忠尽孝,务本思远"的性格。中华民族重视伦常的关系,就是中华民族累积千年经验而得"道德之正鹄,植德若浓"的效果,由此可见,礼教深植于民间,是形成华夏民族尚道德教化特色的原因。②

总而言之,柳氏一方面从中国史学的特色、史籍的内容及笔法,以见"礼学与史学,非有二也",史学成为宣扬礼教的工具;另一方面从民间习俗的源流、风尚的传承、礼教营造中华民族性格及道德行为上的特色,以见"吾国以礼"。中华民族重视伦理秩序,又重视行为仪节,如忠、孝、敬、恕的表现,均以"尽礼""守礼"为本。所以欲了解中国文化的特色,必先观礼仪教化;而欲了解中国自古至今礼教对民间风俗的影响及"以礼为核心之史"的内容,便要在史籍中找数据。史籍成为中国礼仪的载体,史家运用褒贬笔法、史学体裁,也可见史学达到了倡伦纪及明教化的目的,故"吾国以礼为核心之史",不独指中国史籍和史学,也指称中国文化及日常伦纪关系,所以中国文化及中国史学均带有道德教化的色彩。由是,在治史方向及推动历史教育方面,中国史学也以宣扬教化及求实用为目的。

---

① 柳诒徵:《洪水以后之中国》,载《学衡》第 48 期,1925 年,(总)6670 页。亦参见柳诒徵:《中国文化史》上册,82 页。
② 柳诒徵:《洪水以后之中国》,载《学衡》第 48 期,1925 年,(总)6670 页。亦参见柳诒徵:《中国文化史》上册,79 页。

## 第二节　通史及"通则""独造"的文化史观

柳诒徵认为史家应负上道德的责任，"吾国圣哲深于史学，故以立德为一切基本，必明于此，然后知吾国历代史家所以重视心术端正之故"①。而史家又与儒者同样持有治世的目的，②"术即道也，为古今人所共由之道"，"故读史可得持身处事之术，其例不可胜举"，③ 史家也如儒者一样，以化育人民、"通伦叙"为要务。而最能表示史学明人类伦序目的的，莫如编写历史教科书。他在《历史之知识》一文中论及教本的功用，认为编写历史教本的目的在于"应用"，"我们研究历史的最终目的，就在乎应用。不但用此以处理一己之事，且可因此以推及各方面"，"我所希望研究历史的人，并不在乎成为考据家或历史家，而在乎自己应用"，④ 这个"应用莫如明道正谊"⑤。所谓"明道正谊"，就是"求前人之善行，明修善德"⑥；换言之，立教本的目的，在于观前人的行事，作为今世治事的借鉴及个人修善的参考资料，达到"持身处世，知虑人情""明道正谊"的目的，教本也成为提炼个人道

---

① 柳诒徵：《史德第五》，见《国史要义》，88页。
② 柳诒徵：《史术第九》，见《国史要义》，190页。
③ 柳诒徵：《史术第九》，见《国史要义》，191页。
④ 柳诒徵：《历史之知识》，载《史地学报》第3卷第7期，1926年，5页。
⑤ 柳诒徵：《历史之知识》，载《史地学报》第3卷第7期，1926年，5页。
⑥ 柳诒徵：《历史之知识》，载《史地学报》第3卷第7期，1926年，5页。

德操行及协助社会教化的工具①。

柳氏在 1915 年至 1923 年刊行的《东亚各国史》的《序》中，又认为教科书不独是灌输学生以中国历史的知识，更要培养学生对祖国产生爱国心。他指出"历史教科书只能算是教育的一种工具"，也是"人的教育里面的一种工具"。② 人的教育有两种意思：第一，成就"一国的人"；第二，成就"世界的人"。而成就"一国的人"，不独要"晓得一国的历史"，也要"明一国文化的要道"，使人们借了解本国文化及历史，产生"民族爱国心"，知民族昔日的史事，产生民族骄傲，也借过去历史得见"民族成败存亡之厄"，"遂渐使他们晓得人类伦理进化及吾民族的状貌"，"吾民族睹吾国历史，爱国爱种之情，循渐而生，强敌临边，勇而不惧"。③ 成就"世界的人"也就是多了解国际史事，借了解中外历史知识，知"以吾民族处世界，知去取，定方向"，明白其时中华民族在国际上所处的地位，知道中国不及外国的地方，也能知道中国胜于他国的地方，从而"融通中西，广求知识"，以西方史地知识，使国人知道国际大势。④ 因为柳氏认为研究史学的目的是明教化，所以他尤注意编写历史教科书及注意推动历史教育的活动。就现时的资料所见，柳氏一生编了多本教科书，如《历代史

---

① 柳诒徵：《史术第九》，见《国史要义》，213 页。
② 柳诒徵：《序》，见《东亚各国史》，1 页，南京大学图书馆藏本（据南京高等师范学校刊本）。按：此书虽没有列出刊行的年份，但排印本的书扉上列有"南京高等师范学校"一词，而南高办的年份自 1915 年至 1923 年，可见此书刊行的年份必定是在 1915 年至 1923 年之间。
③ 柳诒徵：《序》，见《东亚各国史》，6 页。
④ 柳诒徵：《序》，见《东亚各国史》，4—6 页。

略》《东亚各国史》《中国文化史》;而《中国文化史》一书,尤可见柳氏借教科书表现中国文化的精神面貌的意图。

还有,柳氏在《史学通论》中指出,读史籍以"贯通"历代社会、经济、学术、文化为要务。他从史学的功用着笔,认为观览历代史籍,自然可以前后贯通,进而"彰往知来",最终实现观其会通,无往而不可绳鉴,又可以察人类伦理善恶,能知修善伦叙。因为观一人的行事、一国或一朝的发展,自有所偏,若是观历代政治变迁、人事变动、不同人物的善恶修行后提出的治国良策,或求个人修行的方法,就是"集历代之思,求列代之知"的结果。因通博历代史事是十分重要的,所以要求学生多研习"通史",归纳历代学术思想、典章制度及中国文化发展等各方面的特色,故柳氏理想的史学体裁就是通史。而《中国文化史》一书,尤能表现这种"博通"及教化的精神。

柳诒徵从1919年起,即着力研究中国文化发展的历史,并编写讲义,他在南高文史地部开设中国文化史一科,传播中国文化知识,《中国文化史》一书就是此科的讲义。柳氏有感于自晚清以来,国人效法西方,自信日失,终流为"吾人自省其阙失,几若无文化可言";乃至第一次世界大战之后,中外学者多持中西文化调和论,这样便促使国人也"反思自求",但他们的言论却是"矜言文化,毛举细故,罕知大谊",故撰成《中国文化史》"以知中国历史之真相及其文化之得失,此吾渴望于同志者也"。而《中国文化史》一书,从1925年起,以连载论文的形式在《学衡》杂志上逐期发表,迄于1926年,学衡社把这些论文集结成书。1928年,中大又出版了《中国文化史》的排印本;1932年由南京钟山书局正式印行，1935年再版。①

在《中国文化史》一书中，可见柳氏的通史观念是，一方面求人类进化的通则，另一方面求民族"独造之真"。柳氏在该书的《绪论》中认为，历史本是研究因果的学问，人事不能有因而无果，亦不能有果而无因，而研究历史的人，应"综合人类过去时代复杂之事实，推求其因果而为之解析，以诏示来兹"②。世界人类的动作有"共同之轨辙"，也有"特殊之蜕变"，明白世界各国共同的"轨辙"、各种族的历史，"观其通"，便能明白世界各地文化共同发展及生成的原因。同时，也要知道个别地区的文化特色。"吾民族创造之文化，富于弹性，自古迄今，缅缅相属，虽间有盛衰之判，固未尝有中绝之时。"中国虽经历代政权的更替，但中国文化未尝中绝，可见中国文化自有其特色，这特色也贯通历代。若观中国文化的特色，必从历史中寻找，而所谓"特殊之蜕变"就是求各朝代变更的原因，深入分析一朝代、一民族的历史，以求"觇其异"。由是柳氏更借详述中国文化的发展，"一以求人类演进之通则，一以明吾民族独造之真际"。③

**1. 儒家礼教是中国文化的代表**　柳诒徵研究中国文化史的目的，在于使国人明白"吾民族独造之真际"。他在《绪论》中指出，中国是一个幅员广大、种族复杂、史籍丰富的国家，中国文化的

---

① 柳诒徵：《后序》，见《中国文化史》下册，875页。此《后序》未见在《学衡》上刊登，只好用《中国文化史》一书的内容。
② 柳诒徵：《绪论》，载《学衡》第1期，1922年，(总)6281页。亦参见柳诒徵：《绪论》，见《中国文化史》上册，1页。
③ 柳诒徵：《绪论》，载《学衡》第1期，1922年，(总)6281页。亦参见柳诒徵：《绪论》，见《中国文化史》上册，1页。

特色是礼教及儒家文化。所以他分析中国历代治乱及文化、经济、社会等各方面的发展时，主要以儒家文化及礼教文化的发展为历代分期的标准，在他笔下，中国历史自先秦至近代的发展，可分为三个时期：

> 自邃古以迄西汉，是为吾国民族本具创造之力，由部落而建设国家，构成独立之文化之时期……自东汉以迄明季，是为印度文化输入吾国，与吾国固有文化由抵牾而融合之时期……自明季迄今日(20世纪初的中国)，是为中印两种文化均已就衰，而远西之学术、思想、宗教、政治以次输入，相激相荡而卒相合之时期。①

以上主要从中国儒家及礼教文化的发展来划分不同的时期，从而呈现"民族全体之精神所表现者"。

柳诒徵认为中国文化孕育于先秦至两汉。上古黄帝、尧、舜、禹、周公及孔子，定下了华夏衣冠的礼制，"中夏之文明，首以冠裳衣服为重，而南北之别，声教之暨，胥可于衣裳觇之"②。至于礼教伦常，忠、孝、敬、恕等人类道德行为，敬祖崇亲的义行，婚葬礼仪也启自周代，所以周代是"以礼为渊海，集

---

① 柳诒徵：《绪论》，载《学衡》第1期，1922年，(总)6281页。亦参见柳诒徵：《绪论》，见《中国文化史》上册，1页。
② 柳诒徵：《衣裳之治》，载《学衡》第48期，1925年，(总)6582页。亦参见柳诒徵：《中国文化史》上册，39页。

前古之大成，开后来之政教"①的代表。至春秋，孔子教人修身推己、齐家治国平天下、立己成物的治世方法，又树立了仁义忠恕的道德行为标准。礼制文化下达人伦日用，"礼教通行人情"，故孔子教化就形成了"吾民族处处以责人之心责己，平心静气忠信一贯"，"无孔子则无中国文化。自孔子以前数千年之文化，赖孔子而传；自孔子以后数千年之文化，赖孔子而开。即使自今以后，吾国国民同化于世界各国之新文化，然过去时代之与孔子之关系，要为历史上不可磨灭之事实"②。至秦代"吾国人民之优秀实冠绝于四裔……使野蛮之族皆同化于中县，其所成就，正非当时政府意计所及也"③。至汉代，罢百家，崇儒术，树立敦厚睦伦的教化宗旨，又立五经学官，不但为后世保存了文献，更使后世沿用儒家教化的宗旨，故柳氏称汉代为："汉人于吾国之文明，既善继往，兼能开来，非如后之言汉学者，第以经义训诂为一朝之学也。"④而汉人尊儒术，由是确立了以儒家文化为"中国文化之中心"。

因为柳氏以儒家思想及礼乐文化为中国文化的代表，而这些文化特色，均在上古至汉代确立，所以上古至汉为中国文化发展

---

① 柳诒徵：《周之礼制》，载《学衡》第50期，1926年，(总)6820页。亦参见柳诒徵：《中国文化史》上册，121页。
② 柳诒徵：《孔子》，载《学衡》第51期，1926年，(总)7004页。亦参见柳诒徵：《中国文化史》上册，231页。
③ 柳诒徵：《秦之文化》，载《学衡》第54期，1926年，(总)7151页。亦参见柳诒徵：《中国文化史》上册，302页。
④ 柳诒徵：《两汉之学术及文艺》，载《学衡》第54期，1926年，(总)7163页。亦参见柳诒徵：《中国文化史》上册，311页。

的第一阶段。

第二阶段自东汉至明代,是"中国文化中衰及印度文化东来"的阶段。柳氏从文化传承与更生的立场,认为自东汉至明代,政治、教育多沿自古代礼法,故"全体观之,则政教大纲不能出古代之范围"①,一切制度均上承三代至汉的发展。此阶段的文化发展特色,一方面是中国儒家文化的中衰,另一方面是印度文化输入中国,"使吾国社会思想以及文艺、美术、建筑皆生种种变化"。东汉老庄思想再兴,使儒家文化出现中衰,但是此时佛教文化东来,又使已中衰的儒家文化,走向了一个新的发展方向。

柳氏又从保存儒家文化的立场言明,唐代最伟大的贡献是"唐列诸帝,以国力保存文化,学术特昌"②。唐代立国学,修史书,成《五经正义》,进一步促使儒家文化成为中国文化的代表。至宋代,则"武功不竞,而学术特昌"③。宋代理学的兴起,代表了佛学与儒家文化"相交融"的发展历程,"文、周、孔、孟皆是在身上做工夫者。……宋儒始相率从身上做工夫,实证出一种道理。……修养之法之毕备也"。宋儒提倡的修身方法,就是"贯通孔孟垂训"的结果。

历经辽夏金元,异族入主中原,多伤害士子的气节,从儒家重视道德立场而言,辽夏金元四朝均是"儒学光焰渐衰";终至明

---

① 柳诒徵:《中国文化中衰及印度文化东来之故》,载《学衡》第 54 期,1926 年,(总)7225 页。亦参见柳诒徵:《中国文化史》上册,345 页。
② 柳诒徵:《宋儒之学》,载《学衡》第 56 期,1926 年,(总)7701 页。亦参见柳诒徵:《中国文化史》下册,502 页。
③ 柳诒徵:《宋儒之学》,载《学衡》第 56 期,1926 年,(总)7702 页。亦参见柳诒徵:《中国文化史》下册,503 页。

代，王阳明提倡知行合一，上承"吾国从古以来圣哲真传"。① 所以，第二阶段的中国文化，是自佛教传入之初，不断有佛、儒相争的情形，至佛教与中国儒家文化相融合，终致理学的出现。而理学思想的出现，就是佛家与儒家思想合流的结果，故柳氏也称此时期的中国文化发展为"由抵牾而融合之时期"。

明清至近代是中国文化发展的第三阶段，名为"近世文化"时期。此时期东方文化无特殊的进步，只能"保守儒家之事业"；而西方的宗教、学术、物质、思想日渐进步。同时，明清以前中国的地位，屹立于诸国之上，建立了一个以礼教及儒家文化为中心的文化体系；但自明清之后，渐与西方交接，使"大陆之历史变而为海洋之历史"。这是以中国儒家文化的发展，及明清以来儒家文化与外国文化相交的过程为立论基础。

明末清初，随着西方天主教的传入，西方科学知识也传入中国，此为"东西文化交流的先声"。至鸦片战争后，既有西方传教士大量东来，又有列强入侵，终致国内政治及文化出现剧变，"德治而趋为法治，从此十数年中变动为最剧"②。及至第一次世界大战之后，国内既欲输入欧美各国的思想制度，又欲"昌明吾国之真文化，又以欧、美人之自讼其短，有取法于吾国先哲之思。……又进而以儒家之根本精神，为解决今世人生问题之要

---

① 柳诒徵：《明儒之学》，载《学衡》第 61 期，1928 年，（总）8421 页。亦参见柳诒徵：《中国文化史》下册，616 页。
② 柳诒徵：《中国文化史》下册，831 页。

义"①。一方面,西方的外力入侵及其输入的新文化,与中国儒家文化产生"相激相荡";另一方面,西方知识界重新肯定中国文化的意义,促使国内学术界重提"儒家之根本精神为解决今世之良方",进而相信西方科技文明终能与儒家思想相结合。因此柳氏认为:"吾民族创造之文化,富于弹性,自古迄今,缊缊相属,虽间有盛衰之判,固未尝有中绝之时。"②西方文化最终能与中国文化相结合,使这一时期成为"相激相荡而卒相合之时期"。

总之,柳氏论中国文化的发展,以儒家思想及礼教文化在中国发展的历程为中心。他一方面从儒家文化发展的立场,以不同时期外来思想与儒家文化相交往的情形,作为中国历史发展的分期标准;另一方面得见儒家思想及礼教文化成为中华民族"独造之真际",此二者就是中国文化的代表,而儒家学者提倡的"亘古不变者,如顺天时、重农业、明人伦、尚德化",就是中国文化持久发展的原因。③

2. **"蜕化"与"进化"相合的史观** 柳氏认为历史的演变,有"进化"及"蜕化"两个因素。他在《中国文化史》的《绪论》中指出,中国自古至今,不乏"蝉联蜕化之际",而中国文化"虽间有盛衰之判,固未尝有中绝之时"。所谓"蜕化",就是指:第一,任何

---

① 柳诒徵:《最近之文化》,载《学衡》第 72 期,1929 年,(总)10034 页。亦参见柳诒徵:《中国文化史》下册,869—870 页。
② 柳诒徵:《绪论》,载《学衡》第 72 期,1929 年,(总)6281 页。亦参见柳诒徵:《绪论》,见《中国文化史》上册,1 页。
③ 柳诒徵:《史学概论》,转引自柳曾符、柳定生选编:《柳诒徵史学论文集》,101 页。

文化的演变，均是自渐变而来，前有所因，后有所承，而不是一种急速的改变，所以蜕化乃为"一事一物之兴，必皆有其渐，而后有人取而整齐之"；第二，任何历史知识，均从前人的经验中得来，没有前人的经验，也不能推测事情发生的原因，后人继承前人的历史知识，以应制作，所以"异代相续，如绳莫截，凡今之成，率相自昔，虽曰国体不同，帝制已斩，外衡列辟，内主蒸民，蜕化之识，终莫能断"。① 一切历史知识均沿自前人，人们知所兴替，所以"蜕化"一词，乃有传承、累积因革，而进行渐变的意思。

例如，他在《中国文化史》的"唐宋间社会之变迁"一章中指出，"自唐室中晚以降，为吾国中世纪变化最大之时期。前此犹多古风，后则别成一种社会。综而观之，无往而不见其蜕化之迹焉"②。中国文化发展至中唐以后，出现了改变，但这改变不是突然发生的，而是由前期渐变而来的。以唐代藩镇割据为例：前人多以为安史之乱是藩镇割据的主因，但他指出秦汉以来，中央辖地太广，"民治既湮"，中央政府"其力实有所不及"，这早已种下地方割据的因素；及安史之乱后，出现了胡人控权的情况，而这现象也是上溯自东晋"汉族之混乱迁流……胡汉杂糅……汉族不振"。③ 由此归结："立国之道，初非一端。或困于法，或劫于势，

---

① 柳诒徵：《中国史学双轨》，载《史学与地学》第1期，1926年，（总）4页。
② 柳诒徵：《唐宋间社会之变迁》，载《学衡》第58期，1926年，（总）7985页。亦参见柳诒徵：《中国文化史》下册，488页。
③ 柳诒徵：《唐宋间社会之变迁》，载《学衡》第58期，1926年，（总）7985—7995页。亦参见柳诒徵：《中国文化史》下册，488—492页。

或歉于德，或缘于才，其为因果，盖也多矣。蜕化之迹，乃不可泯。"①

同时，柳氏也认为历史发展有进化的规律，他在《中国文化史》的"两汉之学术及文艺"一章中指出，汉人所用的文字，或出于增字，或出于采辑，终增至六千多字。他认为此现象的出现，有一个进化的规律，"四百年间，人民通用之字，增至六千五十有奇，进化之迹，先可想见"。在论及中国书籍的发展时，他指出"吾国书籍，代有进化"②，由竹木而帛楮，由传写至石刻，降及隋唐著作丰盛，卷轴益多，此得力于雕版印刷术的兴起，故他以"进化"一词，指称中国印刷术急促发展的趋势。总之，柳诒徵的中国历史演进的观念，既包括"蜕变"的观念，表示历史的发展，乃是渐渐生成，前后所承；又有"进化"的观念，表示历史有着急促发展的动力。

## 第三节　信古的史观及反疑古史学

柳诒徵治史的态度，基本上是信古的。所谓信古，就是相信

---

① 柳诒徵：《唐宋间社会之变迁》，载《学衡》第 58 期，1926 年，（总）7985 页。亦参见柳诒徵：《中国文化史》下册，488 页。
② 柳诒徵：《宋元之学校及书院》，载《学衡》第 52 期，1926 年，（总）7163 页。亦参见柳诒徵：《中国文化史》下册，497 页。

古代的史籍及史籍上所见的古史均正确无误。① 但他的信古观点，不是盲目地认为凡古皆是，而是从道德文化的立场，认为古代史

---

① 民国时信古史学的代表人物，有章太炎、刘师培、黄节等国粹派的成员，参见周予同：《五十年来中国之新史学》，见杜维运、陈锦忠编：《中国史学史论文选集》（三），371—378页。近人喜把民国时从事史学研究的工作者，列入不同的学派，如钱穆在《国史大纲》中把民国史学分为传统派、革新派及科学派，但没有说明哪些人物属于传统派或革新派。所谓传统派主要考订文献，考证典章，治学乃属于旧学；革新派是晚清借史学研究，提倡变革思想的今文经学派；科学派则以科学的方法整理国故。参见钱穆：《国史大纲》，3页。余英时也把近代史学研究者分为史料学派（以史料的搜集、整理考订及辨伪为本）和史观学派（主要以观点通论中国历史的全程为主），参见余英时：《中国史学的现阶段：反省与展望》，见《史学与传统》，1—29页。而周予同把中国史学研究者主要分为史观派、史料派，前者再细分为儒教史观派、疑古派、考古派及释古派。基本上，疑古派对上古史采取怀疑的态度，以顾颉刚为代表；释古派利用古史研究，宣传革命及社会变动的思想，以陶希圣、郭沫若及参与社会史论战的学者为代表；而考古派对古史采取信而不疑的态度，但借史料的搜集与整理，以及以新的研究方法，重新释发中国古史的新义，并建立史观，以王国维、李济为代表；至于信古的学者，基本上对古史采取古文经学家的治史态度，以文献考证的方法力证古史是正确的，以章太炎、刘师培、黄节等国粹派的学者为代表。而因为钱穆对古史研究，不是采取疑古、释古的态度，基本上以文献考证治史，对古史采取信而不疑的态度，故有学者认为钱穆属于信古的学者；但是柳诒徵的信古不如章太炎、刘师培等采取信而不疑的态度，而是借考证以见古史，但他又不如王国维等利用地下文献以证古史的真实，其研究方向甚近于钱穆的治史态度，如二人也曾著通史、文化史，求考证文献，借史学研究重建中国文化，这可见在1949年以前二人的治史方法是相同的。但钱穆在1949年后，其治古史的方法带有义理，注重经学、理学的研究，以上的研究课题，明显是柳诒徵所未谈及的。柳诒徵虽以经世为治史目的，但他仍注意借史学研究重建礼乐制度，这也未见钱穆谈及。故本书认为柳诒徵对古史是采取信古的态度，但不如章太炎等国粹派学者，只以信古为治史态度，往往缺乏资料的考证。有关近人认为钱穆是信古派学者的情况，参见侯云灏：《20世纪前期中国史学流派略论》，载《史学理论研究》第2期，1999年，28—37页；又有关为民国史学研究分为疑古、考古、释古、信古派别的情况，参见周予同《五十年来中国之新史学》一文。

事均可信。因为他认为孔子确立了中国礼乐文化的思想,故孔子之言论均可信;而且一切史籍均是圣人载道的工具,所以他反对顾颉刚疑古史的论点,也反对批判孔子的言论。①

柳诒徵在1926年时认为:"孔子者,中国文化之中心也。无孔子则无中国文化。自孔子以前数千年之文化,赖孔子而传;自孔子以后数千年之文化,赖孔子而开。即使自今以后,吾国国民同化于世界各国之新文化,然过去时代之与孔子之关系,要为历史上不可磨灭之事实。故虽老子与孔子同生于春秋之时,同为中国之大哲,而其影响于全国国民,则老犹远逊于孔,其他诸子,更不可以并论。"②柳氏把孔子放置在中国文化发展的历程中考察,肯定孔子的地位。孔子成为"东方文化之祖"的原因,不是出于民众的崇拜或政权的影响,而是在于孔子开启了未来的道德文化。

柳氏总结孔子的贡献时,认为孔子删《诗》《书》《礼》《乐》《易》,订《春秋》,主要是借这些经籍传播伦理教化,使这些经籍得以继承先民"人类道德伦叙""教化善本"的美德,孔子"著述之功,关系绝巨。……使任其放佚,则浸衰浸微,古代之文化复何从考见乎!"③

柳氏从开启中国礼教文化的角度而言,特别重视孔子提倡建立道德人格的学说及恕行之道的教化思想。他认为孔子办学的目

---

① 有关顾颉刚、吴虞批判孔子的言论,详见本书第一章第四节"反传统思想及中西文化调和论的出现"。
② 柳诒徵:《孔子》,载《学衡》第51期,1926年,(总)7007页。亦参见柳诒徵:《中国文化史》上册,231页。
③ 柳诒徵:《孔子》,载《学衡》第51期,1926年,(总)7007页。亦参见柳诒徵:《中国文化史》上册,235—236页。

的，在于完成美好的人格，"孔子为学之目的，在先成己而后成物。其成己之法，在充满其心性之本能，至于从心所欲不逾矩之境，而一切牖世觉民之方，乃从此中自然发现于外"①；又说孔子"首重者曰成己，曰成人，曰克己，曰修身，曰尽己。……孔子以为人生最大之义务，在努力增进其人格，而不在外来之富贵利禄，即使境遇极穷，人莫我知，而我胸中浩然，自有坦坦荡荡之乐，无所歆羡，自亦无所怨尤，而坚强不屈之精神，乃是历万古不可磨灭"②。孔子提倡个人修善道，同于柳氏提倡的史学研究应达到道德教化的目的。

此外，柳氏又从教育的观点，肯定孔子的价值。他认为孔门教育尤重开发人们道德修养的情操，以达到变化社会风俗的目的。他说：

> （孔子）教育之功，至于尽物性，参天地，则不独为一时一世之人群谋矣。极巨之效，由极简之法而生。所谓宇宙内事，皆性分内事也。吾国古代圣人之思想，常思以人力造天地，其功既见于此数千年之大国，而其义犹未罄万一。后人准此而行，则所谓范围天地，曲成万物者，无不可以实现，正不必以国家人类为界；而区区于知识技能，以为教育之大

---

① 柳诒徵：《孔子》，载《学衡》第 51 期，1926 年，（总）7013 页。亦参见柳诒徵：《中国文化史》上册，234 页。
② 柳诒徵：《孔子》，载《学衡》第 51 期，1926 年，（总）7011 页。亦参见柳诒徵：《中国文化史》上册，234—235 页。

事者，抑又不足深论矣！①

孔子主张教育应"以学辅仁""以学辅礼"，以教育改善人性恶习，由是教育具有"尽物性，参天地，倡言道德教化"的特色。因为孔子教学传承周代礼教文化，提倡知行教育的宗旨，讲道德而宽裕安和，从而民间社会受德化的感染，使中华民族形成一个"道德团体"，归结而言，"孔门教育，真道德团体之教育，非徒教育专家之教育矣"②。故处于20世纪初的柳氏面对五四运动激烈的反儒家思潮时，自然会反对这些激烈的批判中国文化的言论。③

柳氏认为："一切史书所载圣哲语录，历历如绘，未尝有误。"古代史书均为圣贤传教的工具，既然圣哲言语没有伪造，一切古代史书的内容也不是伪造，因而古书上所载的古史，也是没有伪造的。此外，古代帝王的史事记载，为"集全体之所为书"，三皇五帝及四方的志书，重人民财用，农牧并耕、利害得失均为"史所取资不容伪造也"，历代建立的信史，乃是"萃群策群力而成"。④ 记述古史的人物，均是"秉心持正厚者，能尚友而畜德赋者"，圣人借古史宣扬道德教化，故史书成为圣人托言的工具，一切史书上所载的史事，也是圣人载言的工具，圣人处事无误，

---

① 柳诒徵：《孔子》，载《学衡》第51期，1926年，（总）7022页。亦参见柳诒徵：《中国文化史》上册，244页。
② 柳诒徵：《明之文物》，载《学衡》第61期，1926年，（总）8479页。亦参见柳诒徵：《中国文化史》下册，632页。
③ 有关五四运动时期激烈的批判传统文化的言论，见本书第一章第四节"反传统思想及中西文化调和论的出现"。
④ 柳诒徵：《史德第五》，见《国史要义》，93页。

故其所撰成的史籍及其所载的史事,也是"圣人托言,无伪无误"的。① 但后人只知"疑漂杵之过当。后人不师其发言之本旨,惟截取尽信《书》,不如无《书》之一语,则专以索瘢吹垢为事矣"②;"以他族古初之蒙昧,遂不信吾国圣哲之文明,举凡涉天治地,经国临民,宏纲巨领,良法美意,历代相承之信史,皆属可疑"③。若只言古人所撰述的古代史籍全是伪造的言论,实不明圣人立教的意义。

为了批判顾颉刚的疑古史言论,柳氏于1924年发表了《论以〈说文〉证史必先知〈说文〉之谊例》一文,批评顾颉刚有关禹帝是九鼎上所铸的"虫"之说法。柳氏认为研究中国史,不可专信文字,即使要从文字证史,也应通晓文字的通例,不可据单字只例,便妄下结论。他说:

> 研究古代文字,虽亦考史之一涂(途)术,要当以史为本,不可专信文字,转举古今共信之史籍,一概抹煞。即以文字言,亦宜求造字之通例。《说字》之通例,虽第举一字,必证之他文而皆合,此清代经师治诸经、治小学之法也。不明乎此,第就单文只谊,矜为创获,甚少不为通人所笑矣。④

---

① 柳诒徵:《史德第五》,见《国史要义》,102页。
② 柳诒徵:《史德第五》,见《国史要义》,103页。
③ 柳诒徵:《史德第五》,见《国史要义》,107页。
④ 柳诒徵:《论以〈说文〉证史必先知〈说文〉之谊例》,载《史地学报》第3卷第1期,1924年,6—8页。

《说文解字》一书，属于文字解释的工具书，只是说明文字本源及字义，书中只是说"禹"字的本义是虫，但没有说出"禹帝"的"禹"字就是"虫"的意思，而顾颉刚只取《说文解字》中言"禹"字的本义为"虫也，象形"，及出土的钟鼎文字及甲骨古文，相为引证，便说"以禹为虫"，以为"禹帝"的本义是出自"虫"的意思。其实《说文解字》只说出文字的源流，书中所言"故于字之形谊可解者，不引古人作证。如尧、如舜、如汤、如弃、如昌、如发、如旦，皆不释为某帝某王"①，说明《说文解字》一书没有用这些文字指称某一君主或人物。因此顾颉刚疑禹帝为虫，是不明白《说文解字》为一本解释文字的工具书，强作附会，不知道《说文解字》只说及文字的源流及古义，而不是以文字指称某些特别人物：

> 今之学者，欲从文字研究古史，盖先熟读许书，潜心于清儒著述，然后再议疑古乎？②

要知柳诒徵不是反对以疑古态度治史，而是反对盲目的疑古，反对抹杀中国文明的疑古。柳氏在1935年发表的《讲国学宜先讲史学》中指出，其时学术界往往认为："中国古代的许多书，多半是伪造的，甚至相传有名的人物，可以说没有这个人，都是

---

① 柳诒徵：《论以〈说文〉证史必先知〈说文〉之谊例》，载《史地学报》第3卷第1期，1924年，8页。
② 柳诒徵：《论以〈说文〉证史必先知〈说文〉之谊例》，载《史地学报》第3卷第1期，1924年，9页。

后来的人附会造作的。此种风气一开,就相率以疑古辨伪,算是讲史学的惟一法门。"①疑古史学者根本不知道中国的史书,是没有多少神话的,而古代史书更是"以道术为采言",只是一种载道及教化的工具。古人总观了历代成败变化、人事进退的关键,借史学著作提出一套治世安民的良策,他们所思所言均是"立旧典,显万方"②,"吾国圣哲深于史学,故以立德为一切基本","观秩叙之发明,而古史能述此要义。司马迁所谓究天人之际者,盖莫大乎此"③。古人借史著"正君臣父子兄弟之伦,非区区志人之相杀"④,史学便是一种"鉴戒之学"及防微绝乱的治术。柳氏着笔之处,不是从治史的方法,反对疑古史的真伪与否,而是从史学为"鉴戒之学"的观点做引申,因柳氏认为圣人言论是可信的,而圣人借史书以宣扬教化,所以史书成为圣人载礼的工具,而一切史书也就是可信的史料。⑤

此外,从民族文化的精神而言,柳氏认为尧、舜、禹的言论,是"以迨后世相承之格言,恒以让为美德",所以,不论尧、舜、禹的历史是否为人们所伪造,以上三帝都确立了国民谦逊的德行,三帝行事成为"美德之意,深中于人心……历史人物影响

---

① 柳诒徵:《讲国学宜先讲史学》,见柳曾符、柳定生选编:《柳诒徵史学论文集》,501 页。
② 柳诒徵:《史术第九》,见《国史要义》,199 页。
③ 柳诒徵:《史原第一》,见《国史要义》,10 页。
④ 柳诒徵:《史识第六》,见《国史要义》,117 页。
⑤ 柳诒徵:《讲国学宜先讲史学》,见柳曾符、柳定生选编:《柳诒徵史学论文集》,502 页。

于国民性者"的代表①；再加上，尧、舜、禹立教化、行车服制，"劝善惩恶之心，寓于寻常日用之事，而天下为之变化焉，则执简驭繁之术也"，均上承上古三代立教化的宗旨。② 以上三位圣帝都是替人民求福利，求道德伦序，故三帝所立法度为"吾国吾族天道自然之秩序，凡人立国之根本不可变"，三帝行事，实验了王道纯善美及"顺教化"的特色，故不能否认三帝建立中华民族德性，甚有重大的贡献。"我们不说中国的史书，比外国的史书是可以算得信史的，反转因为外国人不信他们（尧、舜、禹）从前相传的神话，也就将中国的人事疑做一种神话，这不是自己糟蹋自己吗？"③

总之，柳氏认为一切典籍均是圣人"立旧典，显万方"④，"吾国圣哲深于史学，故以立德为一切基本"，"观伦理秩叙之发明，而古史能述此要义"⑤，古代史籍成为圣人传道的载体，故古代史籍均是可信的。也因相信孔子为传前朝礼教文化的重要人物，及相信古代史籍为圣人载言的工具，所以在五四激烈反孔及批判中国传统文化的言论中，柳氏便借撰《中国文化史》，以明"吾圣哲之心量之广大，福吾族姓，抚有土宇，推暨边裔，函育

---

① 柳诒徵：《唐虞之让国》，载《学衡》第48期，1925年，（总）6562页。亦参见柳诒徵：《中国文化史》上册，49页。
② 柳诒徵：《衣裳之治》，载《学衡》第48期，1925年，（总）6548页。亦参见柳诒徵：《中国文化史》上册，42页。
③ 柳诒徵：《讲国学宜先讲史学》，转引自孙永如《柳诒徵评传》，65页，南昌，百花洲文艺出版社，2015。
④ 柳诒徵：《史术第九》，见《国史要义》，199页。
⑤ 柳诒徵：《史原第一》，见《国史要义》，11页。

万有，非史家之心量能翕受其遗产"，并要求学者静心研究中国文化的特色，不要强行批判，以"继往开来，所宜择精语详，以诏来学，以贡世界，此治中国文化史者之责任"。①

## 第四节　地方史及史地学的提倡

柳诒徵为江苏丹徒县人，早年已在《史地学报》上提出"史地通轨"的研究方法，而对地方史的研究，更是其兴趣所在。他日后任"馆藏先贤文籍之丰硕"的江苏国学图书馆馆长，致力于研究江苏地方史，并整理及出版江苏先贤的著作。

然而，柳氏主要是从推动地方教化的角度研究江苏地方史的。他在《讲国学宜先讲史学》一文中，认为中国史学的内容可分为三大类：个人历史、家族历史及地方历史。而推动研究地方历史的原因有三。第一，地方保存文献，使地方史成为国史的组成部分，所谓"国史之存，实赖地方的历史"。第二，因地方史料能够"叙述人民生活的状况，种种社会的变迁，是很详细的。只要细心钩稽，分类排列，种种的历史都是有的"②。故研究地方史，便能考察一地的社会民情及一地民生的兴衰，而一地士风的良善、教化情况，又足以"误惑思乱，国风凌变"，地方教化处理得

---

① 柳诒徵：《弁言》，见《中国文化史》上册，2—3页。按：此《弁言》未在《学衡》杂志上刊载，只用《中国文化史》上刊载的内容。
② 柳诒徵：《讲国学宜先讲史学》，见柳曾符、柳定生选编：《柳诒徵史学论文集》，497页。

当，自然也可以泯去地方的恶习。① 研究地方史，可知地方的恶习，从而提出"救弊起善"的方法，这样全国由各地方所组成，待去一地的恶习后，即可望废弃国家的恶习，社会便可以大治。第三，柳氏认为研究地方史与"道德团体"的发展有关。他在《史化第十》一文中指出，周公制礼，借建立礼乐制度，使各地人民受到礼教文化的影响，周公也倡孝悌仁义、尊亲敬祖、养成道德情操，各地人民因此受到礼乐教化的熏陶，由是在各地形成了"特成道德之团体"。所以礼制订立于周代，便能够使"教化广披天下"；及至周朝虽亡国，但道德教化渐行于各地，并出现了"周亡而其精粹依然为后世之所因，不限于有周一代也"的现象。② 人们要观各地"特成道德之团体"的发展，便要看方志，观各地方民风，这样地方志乘便成为观各地"道德团体历代之史，胪陈团体之合"的依据，人们"博览志乘"，便可获得"鉴戒之资"。③ 地方史籍及研究地方历史，均成为推动道德教化的工具，为求推动地方教化，便要积极研究地方的历史。

为了推动地方史研究，使江浙文化传于后世，他先后撰修《里乘》《江苏书院志》《江苏社会志》中的《礼俗志》《江苏钱币志初稿》。柳氏编修的地方志有两大特色，既注意地方的教化，又注意地方社会的发展。

在此先谈柳氏借研究地方历史，以阐明地方教化对一地民风

---

① 柳诒徵：《讲国学宜先讲史学》，见柳曾符、柳定生选编：《柳诒徵史学论文集》，497 页。
② 柳诒徵：《史化第十》，见《国史要义》，218 页。
③ 柳诒徵：《史化第十》，见《国史要义》，218 页。

的影响。他认为书院与推动地方教育甚有关系。南高本以发展地方师范教育为办学目的,所以柳氏在研究教育发展史时,也特别注意地方教育发展与教育机构的关系。① 柳氏在教学时,也研究中国文化史,对教育兴废与中国文化发展的关系甚有体会。在《中国文化史》一书中,他已认为"社会之心理,殆皆公认学校为民族文化之一大事"②,国家及地方教育均十分重要,如周室灭商的原因,是周室早已兴办道德教育,以至于"殷商之世,教育发达,其人才多聚于周,而周遂勃兴。……男女贵贱,皆有才德;周公立学,导以礼教,化贤良,去恶俗,故其国俗丕变,虞、芮质成,相形而有惭色。此周室代商最大之原因,故知虽君主时代,亦非徒恃一二圣君贤相,即能崛起而日昌,实地方教育之滋也"。周王推动地方教育,尤重培养地方民间的德性,乃至日后周公制礼作乐,立国学,设礼乐教化,终使各地人民尚礼乐教化。总之,一地的教育,对一地的礼乐文化的隆盛甚有影响。

也因为重视地方教育,柳氏在1931年编修的《江苏书院志初稿》的《礼俗志》中,强调书院对地方教育发展的重要性。此篇详述江苏书院始于唐而盛于宋,至元代,江苏一地书院林立,地方的学生借书院的教导,得以"明道正谊"。及至明代,官方在各地立书院,并推行尊孔祀礼,使得"第宪成等,志在人心世道,讲习之余,往往讽议政事",民风因而"披变淳美",士风极

---

① 详见本书第一章第二节"清末民初师范教育的发展"。
② 柳诒徵:《最近之文化》,载《学衡》第72期,1929年,(总)10044页。亦参见柳诒徵:《中国文化史》下册,865页。

盛。① 再至清中叶，江苏一地立龙门书院、南菁书院，并在各地立义学、社学及书堂，士风由是尚实用，师生也以"宏道传德"为己任。由此可见江苏办学的特色是"学与道之教育"，江苏一地的教育，不独是知识的传授，更是一种道德教化的表现。② 最重要的是，柳诒徵认为书院是地方上改变风俗的工具：

> 蒙古之教，抑儒崇释。江南隶元，书院辄为异教侵占。……而华夏文化，深中人心。霾翳不久，寻复其旧。
> 
> 元以山长为学官，故书院等于郡县之学校。明代教士一归儒学，士夫讲学书院之风一变，其存者徒以崇祀儒先耳。
> 
> 第综有清一代而论，书院风气与朱明迥殊，其课帖括者，无论矣。乾嘉以来，崇尚朴学，转于古学法有合。③

可见元代虽然是异族入主中原，但因各地仍立书院，儒家文化不但没有中断，反而继续发展；传至明代，士大夫在书院讲授儒家思想，由是儒家文化直达各地方，地方士子也因此极重视气节，书院成为传播地方教化的重要途径。故于元代，儒家文化不坠，此与书院制度的发展甚有关系。

---

① 柳诒徵：《江苏书院志初稿·礼俗志》，载《国学图书馆年刊》第 4 年刊(1931年)，(总)1262 页。
② 柳诒徵：《江苏书院志初稿·礼俗篇》，载《国学图书馆年刊》第 4 年刊(1931年)，(总)1265 页。
③ 柳诒徵：《江苏书院志初稿·礼俗篇》，载《国学图书馆年刊》第 4 年刊(1931年)，(总)1266 页。

柳氏编《江苏社会志初稿》时，又特别撰写《礼俗篇》。① 他在此文中介绍江苏省自古至今的礼俗发展，并借此文说明"今之礼自古之礼"，注意古代礼教对江苏一带民间习俗的影响，以及20世纪20年代江苏士绅传承古礼的情况。例如，文中谈及江苏一带民间的丧服礼仪，士子丧服父母并尊，设奠盛器，祭品分立，悬门状及孝球，七日一祭，坟茔高广。这些民间的丧俗，"要其大端，犹有古经遗意"。因为江苏一带人民受古礼的影响，尊祖、敬亲，"尊孝敬，化伦类"，凡远亲均以崇敬，由是不独尊己亲，更尊他人的祖亲，故民国时期江苏一带出现的义庄，"与《周礼》济贫穷，崇义事"相为发微，民间渐兴富家济贫穷的事情，这也是"乡礼为淳俗"的效果。②

柳诒徵又推动保存江苏名士文献的活动。他利用江苏国学图书馆馆藏的地方史料及名人文集，以阐发江苏一地的风俗及贤人行事。柳氏主编的《国学图书馆年刊》，刊登了《里乘》卷一至卷二。所谓"里乘，里即族群而局，乘即载"，换言之，"里乘"即以地方文献为载体，以保存地方乡贤事迹及地方史事的工具。他认为，"记吾乡先贤，总综群籍胪举旧闻足为是役信史也"③，记录一地乡贤的事迹及旧闻，是研究地方史的史料，而先贤借撰述的文献，传达"明道正谊之思，思往述来之志"，因为一切地方文献

---

① 柳诒徵：《江苏社会志初稿·礼俗篇》，载《国学图书馆年刊》第4年刊（1931年），（总）1371—1469页。
② 柳诒徵：《江苏社会志初稿·礼俗篇》，载《国学图书馆年刊》第4年刊（1931年），（总）1435页。
③ 柳诒徵：《里乘》，载《国学图书馆年刊》第8年刊（1935年），（总）5026页。

都是圣贤刊载微言的工具,所以地方文献均是"信史"。① 人们借这些"里乘",以明"吾乡人重祠礼,敦族谊"②及"名贤节录,秉礼持敬"的行为。而"里乘"的作用,不独是保存地方的文献,更重要的是保存昔日乡贤风俗,即"圣哲高义,乡贤垂教,立身修心"的教导。③ 后世子孙,借观前贤史事,以为立身处世的借鉴。

柳氏在1935年刊出的《里乘》,其内容可分两类:第一,保存江苏史事;第二,保存先贤文献,推动教化。在保存江苏史事方面,《里乘》中保存了江苏史料方面的文章《顺治十一年镇江军事》。从江苏国学图书馆馆藏明末清初地方汉人的抗清数据中,得见顺治十一年(1654),清廷派大军攻江苏镇江南明鲁王的军队,南明副将王戎、左营游击王璋、镇江营副将用总兵翟大壮,均以火炮击伤清军数十水兵船舰的史事。但官方所修撰的《明史》及《清实录》,均没有记载以上南明诸臣民抵抗清军南下的史事。故此文借叙述江苏南明士子抗清的情况,得见"当时被兵累月之实况为信史",以补充官修史料的不足。④ 同时,在保存地方乡贤圣哲文献方面,柳氏撰《黄学使〈征书文牍〉》一文,从馆中选取江苏丹徒县倡儒学、行教化的学官黄体芳生平行事的数据,以见黄氏"孝悌力田":他刊刻四书等儒家经典,使"吾乡人文笔质雅,笃守孝悌",儒家伦常教化传入民间。⑤ 此外,在《靳文僖公事

---

① 详见柳诒徵:《里乘》,载《国学图书馆年刊》第8年刊(1935年),(总)5026页。
② 柳诒徵:《里乘》,载《国学图书馆年刊》第8年刊(1935年),(总)5899页。
③ 柳诒徵:《里乘》,载《国学图书馆年刊》第8年刊(1935年),(总)4327页。
④ 柳诒徵:《里乘》,载《国学图书馆年刊》第8年刊(1935年),(总)4277页。
⑤ 柳诒徵:《里乘》,载《国学图书馆年刊》第8年刊(1935年),(总)4327页。

辑》一文中，柳氏指出明代镇江地方官靳贵兴地方祠，以孝廉德行为地方僚属升迁的标准，由是"吾乡人重祠祭、敦族谊，未始非公风徽所被矣"①；并归纳出"吾乡士绅多讲儒学，尚气节，文章道义为世称，而官绅士者亦多循吏与贤士大夫有针芥之契"。最后，柳氏指出整理地方先贤资料的目的，在于"述往以知来，秉礼持节之明镜"，以前贤行事，作为浙苏乡人立身持世的参考依据。②

还有，柳诒徵也提倡结合史地学的研究方法。他在《史学概论》一文中，认为地理学与历史学的关系十分密切，地学为一种空间的学问，史学是一种时间的学问，人类存在的世界，不离时间与空间，人类的一切活动均发生在地理环境之中，所以地理知识，成为"欲求民族文化升降迁徙之原"，而且地理知识更包括"边界、商业及交通之状况"，从地理知识中可获取一地兴衰及郡邑的情状。然而，欲知人类在历史上的发展过程、一个民族的盛衰、人类伦序的情况，必观其历史；史学成为"历记人类活动的经历与成败，足供吾人参考应用之处"。③ 结合史学与地学的知识，可见历代人类在空间中的生活状貌，所以"史地通轨，尤为史家正宗"④。可惜国人史地知识不足，故他在1921年《史地学报》的《序》中，又言因国人只知"局于方寸，年域于大齐"，缺乏

---

① 柳诒徵：《里乘》，载《国学图书馆年刊》第8年刊(1935年)，(总)5899页。
② 柳诒徵：《里乘》，载《国学图书馆年刊》第8年刊(1935年)，(总)5915页。
③ 柳诒徵：《史学概论》，转引自柳曾符、柳定生选编：《柳诒徵史学论文集》，113页。
④ 柳诒徵：《史学概论》，转引自柳曾符、柳定生选编：《柳诒徵史学论文集》，115页。

国内外地理知识，终致"国有珍闻，家有瑰宝，叩之学者，举不之知"，列国交侵，边地被占，而不自知；所以应积极鼓励史地学研究，"吾尝以此晓诸生，诸生亦耻之，于是有《史地学报》之刊"①，该学报即以推动史地教育为职志。日后，因竺可桢于1926年提倡把史学系开设的人文地理、经济地理科，改由地学系开办，并创办《地理杂志》，进一步标举地理学系独立发展的方向，故柳氏便与学生陈训慈、郑鹤声等人于1929年创办《史学杂志》，再欲振兴"史地通轨"的研究方法。由此可见柳氏推动史地学研究的积极程度。②

## 第五节　致用的考证方法

柳诒徵认为研究历史的目的，在于"疏通知远""史学求得实用"。③ 所谓"疏通"，就是知道史事前后贯通的关系；"知远"就是指知道若干事后，人们便可以鉴往察来，利用史书所载的事情，从而提出一套治国方策，故史学又成为"资治"的工具。④ 同时，他又认为史学就是一种"持身应世"及"求致用"的工具，人们借历史知识，自能推测未来的发展，发挥史学的"资治"作用；为求史学上发挥"资治"的作用，故史学研究"不要专在一局部用功，

---

① 柳诒徵：《序》，载《史地学报》第1卷第1期，1921年，卷首。
② 柳诒徵：《发刊辞》，载《史学杂志》第1卷第1期，1929年，1页。
③ 柳诒徵：《讲国学宜先讲史学》，见柳曾符、柳定生选编：《柳诒徵史学论文集》，502页。
④ 柳诒徵：《史术第九》，见《国史要义》，191页。

而忽略了全部，所以一方面能留意历史的全体，一方面更能用考据方法来治历史，那便是最好的了"①；而"只讲考据和疑古辨伪，都是不肯将史学求得实用"②。

柳氏另一本历史教科书，名为《东亚各国史》，此书在书扉上列有"南京高等师范学校"字样，可知此应是柳氏执教南高时所编的课本，也是上课时运用的讲义之一。此书分为十三章，主要介绍日本、朝鲜、印度及东南亚诸国与中国的关系及各地史事。前文已指出，柳氏在1915年至1923年刊行的《东亚各国史》的《序》中，认为教科书不独要灌输学生中国历史的知识，更要培养学生对祖国产生爱国心。他说："历史教科书只能算是教育的一种工具"，也是"人的教育里面的一种工具"。③"人的教育"有两种意思：第一，成就"一国的人"；第二，成就"世界的人"。而"一国的人"，不独要"晓得一国的历史"，也要"明一国文化的要道"。要使人们借了解本国文化及历史，产生"民族爱国心"，知民族昔日的史事，产生民族骄傲感，也借过去历史得见"民族成败存亡之厄"，"遂渐使他们晓得人类伦理进化及吾民族的状貌"，"吾民族睹吾国历史，爱国爱种之情，循渐而生，强敌临边，勇而不惧"。④ 成为"世界的人"，也就是要多了解国际史事，借了解中外历史知识，知"以吾民族处世界，知去取，定方向"，明白其时中华民族在国际上所处的地位，知道中国不及外国的地方，也能

---

① 柳诒徵：《历史之知识》，载《史地学报》第3卷第7期，1925年，9页。
② 柳诒徵：《讲国学宜先讲史学》，见柳曾符、柳定生选编：《柳诒徵史学论文集》，502页。
③ 柳诒徵：《序》，见《东亚各国史》，1页。
④ 柳诒徵：《序》，见《东亚各国史》，6页。

知道中国胜于他国的地方,从而"融通中西,广求知识",以西方史地知识,使国人知道国际大势。① 所以,柳氏在此书中也表示出历史教科书唤醒民众注意抗敌的心意。

在《东亚各国史》一书中,柳氏还运用他擅长的文献考证方法,力证日本早年臣服于中国,如今在20世纪初,却"狡焉欲与吾国抗衡,不复如三韩之恭顺,盖其天性有独殊也"②。柳诒徵检索日本历史的发展时,发现日本早年称臣于中国,但近代的日本学者却极力否认此说。柳氏欲借撰述历史教科书,表示日本"狡焉欲与吾国抗衡"的野心。柳氏在论及中、日、韩三国关系时,尤注意指出日本与中国的宗主藩属关系。

《东亚各国史》中的《日本史》一章,从中国古代的史籍如《汉书》《后汉书》《新唐书》中引证,述及日本古代的历史主要是"隋以前无日本之名,其见于吾国史籍者,皆曰倭",日本在隋唐以前,不是一个国家,只是"其种族不详所自始或曰吴太伯后,或云夏少康后,徐福之后,其言多怪诞不经",相反日本却"自称其出于天日之神",根本与史实不符,也是"其言多怪诞不经",故"日本原不为独立之国"。接着,柳氏更详细介绍了日本经历神武天皇后,才有建国的规模,但其时日本各地土豪林立,"史称其时有若干国者,大抵土豪,小部不可谓国也"。为了进一步指出日本早年称臣于中国的史实,书中又引用了正史《三国志·魏志》中的记载:"倭女王遣大夫难升米等诣郡,求诣天子朝献,太守刘夏遣吏将送诣京都。"可见早在魏晋时期,日本已遣使向中国朝

---

① 柳诒徵:《序》,见《东亚各国史》,4—6页。
② 柳诒徵:《东亚各国史》第2编,7页。

贡，然而在日本史籍上却是"讳之谓为熊袭之事"。① 此外，柳氏又从文化上的承传关系，分析了日本早年受中国文化的影响，柳氏引用《日本历史》《日本国志》及《南史》的资料，指出汉、魏之际，倭（日本）与三韩（高丽、新罗、百济）交通日盛，"因与吾国使命往还，遂得吾国之文化，则固无可疑也"，随着中国与东亚诸国交往日多，也随着中国使臣出使国外，中国文化逐渐传往这些地方，儒教、佛教相继传往日本，但在日本史籍上也不谈这些史事，"日人则置而弗道"。乃至隋唐年间，倭国更派遣唐使来华，随着中日的僧侣相交往还，中国的《大唐律》"东传倭国，行效唐制律历"，而且"日本诸史，均以此为中古史之始，盖家族政治至是始革而模仿华风，亦以此期为最盛也"，唐代文化由是促进日本进行大化革新，定朝仪及官制，所以"倭国皆取法隋唐而参以本国习尚而定者也，史籍所载，不可改易"，"其国近世普及教育之基，其食唐之赐大矣"。日本取法中国根本就是不争的事实，日本在大化革新之前，没有文字，乃自唐代僧人鉴真等传入汉文，又使"及（倭国）留学中国者，归始自立学校，仿行唐制"，及至日本德川家康主政，以欲维持太平，便兴儒家人伦之说，又鼓励纲纪修身的儒学，由是可知"日本中世之事，见于吾国元、明史书者，率不详其政俗"。还有，依据《日本国志》、正史《元史》所记，日本改革之初，"其钱币，则多用吾国钱，间亦自制金银货，前后改革非一"。②

---

① 柳诒徵：《东亚各国史》第2编，4页。
② 柳诒徵：《东亚各国史》第2编，53页。

第四章　柳诒徵的史学观点及其治史方法

总之，柳诒徵在《东亚各国史》中，引用了日本学者编撰的《日本历史》，更主要是引用了汉文《日本国志》及正史的资料，力求证明日本在文化、政制方面均是源自中国，而且其在历史上与中国保持了很好的关系，如今"狡焉欲与吾国抗衡"，实为不当。

还有，柳氏针对其时日本学者认为琉球及台湾不属于中国的论点，在书中"琉球与台湾"一节内，认为虽然"琉球古无可考说者，谓即殷之仇州，其见于史自《隋书》始"①，据《隋书·四裔传》《中山见闻录》及周煌《琉球国志》，在隋大业二年(606)，炀帝已遣使臣出使琉球，虽未能实时降服，终经派兵征伐，使琉球向隋室称臣，但"日本史籍讳言史事，则谓舜天为源氏之裔，又谓日本血统与琉球同族，盖以其同于日本也"。日本学者的说法，其一，全不理会在《隋书》及《中山见闻录》所载琉球向隋室称臣的史实；其二，以明人黄景福撰写的《中山传信录》所载，琉球土人居下乡的，不自称琉球国，只自呼其地曰"屋其惹，盖其旧土也"，琉球民族本非与日本民族同源，其早有本土民族家居，这个民族日渐繁衍，遂成一个较大的民族。又依《朝鲜国志》所载，元代其国分为三部，归三位王管理，分别为山南王、山北王及中山王，至明初统一在中山王之下。同时依《中山传信录》所记："久米三十六姓，皆洪(洪武，1368—1398)永(永乐，1403—1424)两朝所赐闽人，至万历(1573—1620)中，存者止蔡、郑、梁、金、林五姓。"明太祖因琉球国人遭水灾，后便赐三十六姓的闽人，善操舟的居琉球；而琉球人程顺则的《圣庙记》也介绍中国

---

① 柳诒徵：《东亚各国史》第2编，66页。

223

曾遣三十六姓于琉球，并以闽中三十六姓的居民的长者，均授大夫长吏，其后的三十六姓居民，又日渐繁衍，每年均派使臣入贡明室，而琉球户口的充实，乃始自明三十六姓居其地以后。并且据前二书所述，琉球国早于康熙年间，因受中国使节宣扬孔子思想所影响，广建孔子庙，并仿中国科考制度，终于在同治初年，受清封贡，故"琉球之为吾国属国固无疑也"。反之，日本与琉球最早产生关系，则始自唐中叶，因为在《日本史》上所载，日本文德天皇仁寿三年(853)，日本使臣才登临琉球，乃至近代甲午战争前，日本人更认为琉球为日本的属国，从而模糊了琉球为中国藩属的地位，致琉球"脱离中国而不惧"；可惜"吾国当时执政者，亦不知公法及保护属邦之例，放弃不问及，日本维新遂借故收琉球为属土"。由是可见琉球本与中国保持密切的关系，只是清政府不善应付日本，致使丧失琉球及引起日人攻台。

至于台湾，自甲午战争后，柳氏依据汉人郁永河的《稗海纪游》及台湾本地居民六十七所撰写的《番社采风图考》二书，已指出"宋元时吾民亦多徙居其地(台湾)"①，元代更设巡检司于澎湖。明代已列名为台湾，至郑成功驱逐走占其地的荷兰人，直接管治台湾，这些数据均有见记载于《台湾志》。又依《台湾小志》等资料指出，康熙二十三年(1684)更立台湾县，为"清政府管治台湾之始"，由此可证明台湾自清代已列入中国版图。据这些文献所见，日本于甲午战争中侵占台湾的行为，就是"日本之图台湾既始于琉球与生番之衅"，"甲午之战降我海军遂夺取澎湖而议割

---

① 柳诒徵：《东亚各国史》第2编，73页。

台湾",《马关条约》签订后,日本更在台湾设立台湾总督府,尽力辟其地利,近年岁入至六七千万,"台湾始为日本之藩属国矣"。自此可见,柳氏虽然不多利用日本人所撰写的数据,未能全面探讨日人对华侵略的计划,但《东亚各国史》为一本教科书,自可使学生增加对近代中日关系的知识,并明白日本侵华的野心。柳氏在教科书上更广泛利用中国正史及笔记的史料,引证日本早年称臣于中国,却先服后叛,而琉球、台湾二地,也先后是中国领土,却又为日本人所控制,由是发出"呜呼!中国之积弱,不可殚述。倭奴则以亲善为词,吾民逾深朘削之怨。每念前史,顿生悲苦。……考其详实,奴之侵华,其来有由"①的感叹,柳诒徵要借书中引用文献的考证方法,力证日本侵略中国的不是,主要原因就是希望国人得悉20世纪20年代日本人侵华的野心。由此可见,柳诒徵借考证文献以见史学致用的目的;又因《东亚各国史》为历史教科书,其对象是一般的学生,这样可使历史知识广传给南高学生。②

此外,柳诒徵也要求史学应以致用为目的,读古书应通大义、辨真理,为帮助人们解决现实问题而研究历史,而不是只从文献考据的角度治史。他指出:"清朝的考据的风气,是因为经过许多文字的大狱,吓得许多聪明人,不敢讲有用的学问,只好专门做考据的工夫,说我们是考古,与今日的政治没有关系,免

---

① 柳诒徵:《东亚各国史》第2编,97页。
② 固然柳氏在南高主要执教中国文化史及中国通史的科目,但他也曾开设东亚各国史一科,而此讲义(《东亚各国史》)也曾在柳氏执教南高期间被使用,参见陈训慈:《劬堂师从游脞记》,见中国人民政治协商会议镇江市委员会文史资料研究委员会编:《镇江文史资料》第11辑《柳翼谋先生纪念文集》,103页。

得清朝的满洲人猜忌他们,这是一种不可告人之隐。我们在今日要原谅那些老先生的。我们既然将清朝推翻,应该将历史和政治连合起来,发见史学的功效了。"① 要知他不是反对考证文献②,而是以为治史学者,不应只注意考证,而忽视研究历史的"全貌",只有观察历史的"全貌",才能明白历代治乱兴衰的原因,这样提出的治国政策,才能切合时势及发挥史学致用的特色。③ 柳诒徵把史学研究与现实的历史和政治联结了起来。

他在《学衡》第1期发表的论文,就是借考证文献的方法,讽刺20世纪20年代中国议会制度的情况。1922年,第一次直奉战争爆发,吴佩孚推行"联省自治"政策,并宣传"还政于民"。在这种政治气氛下,柳诒徵发表《汉官议史》,考证汉朝官员的议事过程。他引用《汉书》《后汉书》等正史资料,说明"吾国自古即有议

---

① 柳诒徵:《讲国学宜先讲史学》,见柳曾符、柳定生选编:《柳诒徵史学论文集》,500—501页。
② 柳氏曾著述有关史地考证的文章,如《大夏考》(载《史地学报》第2卷第8期,1923年,63—66页)、《钦天山重建观象台议》(载《史地学报》第1卷第3期,1922年,17—20页)。他运用的方法就是沿革地理学的方法,有关"历史地理学"及"沿革地理学"的分别及特色,参见侯仁之的著作。侯氏认为:"历史地理学……主要研究对象是人类历史时期地理环境的变化,这种变化主要是由于人的活动和影响而产生的。历史地理学的主要工作,不仅要'复原'过去时代的地理环境,而且还须寻找其发展演变的规律、阐明当前地理环境的形成和特点",而沿革地理是注意"历代疆域时有消长,行政区划每多变迁。再加以古今地名的更易,城关都邑的兴衰以及地方民族的移动,河流水道的变迁等等",所以"沿革地理"及"历史地理"均是研究过去的、历史时期的地理发展,较少注意当代的地理情况。而柳诒徵虽然以治沿革地理的方法求经世致用,但他治地理学的特色,是属于一种研究过去历史时期的地理发展的方法。有关侯氏的观点,参见侯仁之:《历史地理学刍议》,见《历史地理学的理论与实践》,3、8页,上海,上海人民出版社,1979。
③ 同上文,503页。

官","至汉则国之政事无一不付之公议……政事公开当无过于汉矣"①，汉代早已公开给官员议政。而这种议事方式，甚合西方的上下议院制度，"以执行者之经验，参言论者之理想，而事无不举，此各国设立两院之原则也"②。他接着指出汉代会议制度的五个特点：寡不屈于众，下不屈于上，外不屈于内，民不屈于官，广求民意。总观汉代会议之事迹，任人而不任法，议者无定员，会员者无定期，随事召集，不立权限，人主有裁断的权力；反观20世纪初的中国议会制度，却是"今世法治国会之性质，大相径庭"，"国会议员拘牵党议，不敢一背党魁之命令，或承望行政官、资本家及新闻记者之意旨，明知其非义，而不能不放弃良心之主张，以徇其义者，何如乎？……汉代虽以专制，而言论之自由，乃大过于号为共和之时代"③。汉代议事，尚可集思广益，中央及地方士子均有发表意见的机会，但后世的议员，只知服从政纲，按行政长官、党魁及资本家的意旨，趋炎附会，议员终不能提出改善政策的良方。议会的形式亦已非汉代会议"正言谠论乃得自由发挥"，议员也"不能不放弃良心之主张，以徇其义者"。由此可见，柳氏借论汉官会议制度的发展，及论"吾国议会高尚纯洁之历史"，以讽刺20世纪初中国议会制度的弊点。

此外，柳诒徵于1932年写成《江苏明代倭寇事辑》，也是借

---

① 柳诒徵：《汉官议史》，载《学衡》第1期，1922年，(总)56—57页。
② 柳诒徵：《汉官议史》，载《学衡》第1期，1922年，(总)59页。
③ 柳诒徵：《汉官议史》，载《学衡》第1期，1922年，(总)60页。

研究明中叶倭寇侵略中国的史事,以阐明"倭寇之患,与明相终始"①。日本在1931年发动九一八事变,占领东北三省;次年又发动"一·二八"事变,欲占上海。《江苏明代倭寇事辑》一文,就是成于1932年"一·二八"事变之后的夏天,可见作者是有感于日本侵华的历史事件,而撰成此文。②柳氏利用《明史》《明太祖实录》《松江府志》《嘉靖东南平倭通录》等史料,详细叙述倭寇入侵江苏的始末,他首先指出:

> 倭寇之患,与明相终始。洪武初,数侵掠苏州、崇明。永乐中,亦时入犯,要不敢大为寇。至世庙朝,倭寇猖獗,东南半壁,几无宁土。入寇者,萨摩、肥后、长门三州之人居多,其次则大隅、筑前、筑后、博多、日向、摄摩、津州、纪伊、种岛,而丰前、丰后、和泉之人,亦间有之。③

日本侵华早在明代洪武初年便已开始,至嘉靖年间(1522—

---

① 柳诒徵:《江苏明代倭寇事辑》,载《国学图书馆年刊》第5年刊(1932年),(总)2025页。
② 柳氏称《江苏明代倭寇事辑》初稿成于1932年夏,后整理出版于《国学图书馆年刊》第5年刊(1932年)。有关此文的出版情况,参见柳诒徵:《我的自述》,见中国人民政治协商会议镇江市委员会文史资料研究委员会编:《镇江文史资料》第11辑《柳翼谋先生纪念文集》,9页。柳诒徵的女儿柳定生也认为:"先生(柳诒徵)痛心于'一·二八事变'后,日本对华侵略之祸,蚕食侵吞国土。因就明代御倭有关江防、海防用兵史策,成《江苏明代倭寇事辑》,以资借鉴,有以振奋国人抗敌卫国的信心。"(柳定生:《年谱》,355页。)
③ 柳诒徵:《江苏明代倭寇事辑》,载《国学图书馆年刊》第5年刊(1932年),(总)2032页。

1566），倭寇侵华大为猖獗，东南地方大受倭患的影响。接着，柳氏按年叙述倭寇攻略江苏各县乡，烧杀抢掠，以及江苏乡兵抗倭入侵的情况。他又叙述了南京陈忠、丹徒陈瑶的抗倭战绩，借此说明"吾乡抗倭之捷，称战功第一"①。柳氏认为，用"史料来教学生，那是复兴民族很紧要的一件事"②，故详述明代倭寇入侵江苏的史事，就是要勉励20世纪的国民继续抗击日本入侵，"前贤名虽不传，亦荦荦着战绩，今则倭性益炽，吾民果行捣巢之策，破军杀将，复有海洋之捷"③。

总而言之，柳氏治史的目的在于"历记人类活动的经历与成败，足供吾人参考应用之处"④；他又在《中国文化史》的《绪论》中指出，"历史之学，最重因果。人事不能有因而无果，亦不能有果而无因。治历史者，职在综合人类过去时代复杂之事实，推求其因果而为之解析，以诏示来兹"⑤。史学不独是将过去事情记载下来的文字，更是治世的参考材料。柳氏所言的"史学"，是"持身处世之术"，是"知虑通达"、可作为"鉴戒之资"的应世技巧。⑥

---

① 柳诒徵：《江苏明代倭寇事辑》，载《国学图书馆年刊》第5年刊（1932年），（总）2049页。
② 柳诒徵：《讲国学宜先讲史学》，见柳曾符、柳定生选编：《柳诒徵史学论文集》，500页。
③ 柳诒徵：《江苏明代倭寇事辑》，载《国学图书馆年刊》第5年刊（1932年），（总）2038页。
④ 柳诒徵：《历史之知识》，载《史地学报》第3卷第7期，1926年，3页。
⑤ 柳诒徵：《绪论》，载《学衡》第72期，1929年，（总）6281页。亦参见柳诒徵：《绪论》，见《中国文化史》上册，1页。
⑥ 柳诒徵：《史术第九》，见《国史要义》，190页。

也因为柳氏重礼教文化，所以在1925年时，他已认为"礼者吾国数千年全史之核心也"，"吾国以礼为核心之史"①，"礼学与史学未有二也"，史学成为宣扬"人类伦叙"、道德教化的工具。"史家守礼衡事，以正义为鹄"，史家评事的标准全依于礼，而礼出于人类伦理，所以史家往往出于维护名教的职任，借著史以"持名义，拨乱世而反之正，国统之屡绝，屡续者恃此也"。② 史家被赋予推动道德伦理教化的责任。③ 史家直接推动道德教化的工作，莫如直接参与历史教育的活动，如编写历史教科书，故柳氏先后完成《东亚各国史》及《中国文化史》等历史教科书，以为"研究历史的最后目的，就在乎应用"④，这种"应用"，就是不独使人们了解中国历史发展的特色，更要使人们借历史作品，以修养个人的德性，达到"明道正谊"的目的。⑤

为求史学发挥道德教化的作用，柳氏强调博览历代治乱因素、人事变化，探求人类伦序及人群发展的原理，极力提倡研究通史，"历记成败，知所兴替，辨于物，析于事，慎于文，辨于物名故"。"治史之识，非第欲明撰著之义法，尤须注意求人群之原则，由历史而求人群之原理，近人谓之历史哲学，吾人治中国史仍宜就中国圣哲推求人群之原理，以求史事之公律。"⑥同时，

---

① 柳诒徵：《史原第一》，见《国史要义》，9页。
② 柳诒徵：《史统第三》，见《国史要义》，64页。
③ 柳诒徵：《史德第五》，见《国史要义》，87页。
④ 柳诒徵：《历史之知识》，载《史地学报》第3卷第7期，1926年，5页。
⑤ 柳诒徵：《历史之知识》，载《史地学报》第3卷第7期，1926年，5页。
⑥ 柳诒徵：《史识第六》，见《国史要义》，127页。

他又要求历史研究应"明吾民族独造之真际"①。又因柳氏认为史学是弘扬"人类伦叙"的工具,而孔子就是借史著以传褒贬精神,又借史著以树立人类伦纪的关系,所以孔子就是"中国文化之中心也。无孔子则无中国文化。自孔子以前数千年之文化,赖孔子而传;自孔子以后数千年之文化,赖孔子而开。即使自今以后,吾国国民同化于世界各国之新文化,然过去时代之与孔子之关系,要为历史上不可磨灭之事实"②。也因尊崇孔子的地位,并认为一切古史均为圣贤载道的工具,所以他反对疑古史学,也反对批判孔子的言论。

而柳氏更认为研究地方史的目的是观地方民风,"地方志乘,道德团体历代之史",地方志历记地方的历史、民风及道德文化的发展,人们利用这些记载,便可以观察历代人事进退、地方治绩的好坏,所以研究地方史,就是"博览志乘,鉴戒之资"③,研究地方文化,就可以"观一特成道德团体状貌"。又因为历史是时间与空间的结合,为求了解中国历史的发展,柳氏又提倡史地学研究。柳氏曾担任南高史学部学生组织的史地研究会及中国史学会的指导员,又协助学生创办《史地学报》及《史学杂志》等刊物,并为这些刊物撰写序或发刊词,积极推动史地学研究。也因为柳氏认为史学研究的目的在于"应用",所以他认为史学不独是文献

---

① 柳诒徵:《史识第六》,见《国史要义》,127 页。
② 柳诒徵:《孔子》,载《学衡》第 51 期,1926 年,(总)7004 页。亦参见柳诒徵:《中国文化史》上册,231 页。
③ 柳诒徵:《史化第十》,见《国史要义》,219 页。

的考据，也是"疏通知远""求得实用"的工具，① 要求人们进行史学研究时，不应集中于对个别史事的考证，而要注意历史发展的整体。② "只讲考据和疑古辨伪，都是不肯将史学求得实用"③，而他更借考证文献以讽喻时世，又或借考史以为"复兴民族精神"的工具。

---

① 柳诒徵：《论国学宜先讲史学》，见柳曾符、柳定生选编：《柳诒徵史学论文集》，502页。
② 柳诒徵：《历史之知识》，载《史地学报》第3卷第7期，1926年，9页。
③ 柳诒徵：《论国学宜先讲史学》，见柳曾符、柳定生选编：《柳诒徵史学论文集》，502页。

# 第五章　南高史学的继承与发扬
## ——缪凤林、郑鹤声、陈训慈、张其昀等人的史学研究

　　1915年至1925年柳诒徵执教南高期间，培养了不少从事史学研究的学生，其中以缪凤林、郑鹤声、陈训慈、张其昀等人最能继承柳氏的治史方法及观点。他们曾积极协助出版学术刊物，致力于促进南高史学的发展。此外，尚有一批受柳诒徵教导的南高毕业生，主要从事历史学及地理学研究，透过他们的研究成果，亦可看到柳氏的影响。

　　在南高史学部众多的毕业生中，缪凤林、郑鹤声、张其昀、陈训慈最具代表性的原因有三：

　　其一，他们四人是柳诒徵最优秀的学生。1919年至1923年教授西洋文学科的吴宓指出："柳翼谋先生（诒徵），在南京高师校多年之培植，为最优秀之一班。空前而绝后。学生中，有（1）缪凤林，甚博学，恒勤学，喜评论，长于历史，多作文章……

(3)张其昀,长于史学,后办钟山书局……"①他们的史学成绩都很突出,柳诒徵自己也曾说,"执教南高,历有数年,以张、缪、郑、陈诸子为得力最深,用功最勤",而对郑鹤声的治史方法尤为欣赏。从现有数据所见,柳氏除了上述四人,并未谈及其他史学部毕业生的治史成绩,所以本章主要以这四位南高史学部毕业生作为研究对象。

其二,他们是延伸及实践南高史学的重要人物。张、缪、陈、郑四人在校期间,均曾担任史地研究会编辑委员、学衡社编辑委员,协助出版《史地学报》《学衡》杂志,这两种刊物是当时南高学者发表研究成果及文化言论的主要园地。张、缪、郑三人毕业后,或因在东大继续修读课程,或因任教东大史学部,均陆续返回东大(1928年改名为国立中央大学)。他们以南高史学部的旧址为学会收集文稿的地方,又成立编辑委员会,1929年更在中大史学系成立中国史学会,使中大史学系成为昔日南高史学部师生聚会及商讨学问的场所。由于这个缘故,他们得以协助柳诒徵出版《史学与地学》;柳氏复因缪、陈、郑三人的协助,于1929年成立中国史学会编辑委员会及出版《史学杂志》。总之,自1921年南高史学部师生合作出版《史地学报》起,至1931年4月他们一起合作出版的《史学杂志》停刊为止,张、缪、陈、郑四人,或任这些刊物的编辑,或积极在这些刊物上投稿;也因着他们的帮助,南高师生在1926年《史地学报》停刊后,仍能出版《史学与地学》及《史学杂志》,延续南高史学。

---

① 吴宓著,吴学昭整理:《吴宓自编年谱(1894—1925)》,223—224页。

其三，上述四人均自言其史学研究方法及观点是得自柳诒徵的启导。张其昀说："柳先生的教泽，是终生受用不尽的。因为当时我校(南高)新设地理课程，他指示我们应多读地理，研习科学，并以追踪二顾之学——顾亭林的史学和顾景范的地理学——相勖勉。现在回想起来，得益最多的有三点，就是(一)方志学……(二)图谱学……(三)史料学。"①张其昀因柳氏的指导，故多注意"二顾"的史地学研究与学术致用的关系。据陈训慈的女婿宋晞指称，陈氏曾言"大学时代受柳诒徵、徐则陵、竺可桢三教授教授之地方史、西洋历史及地理学，得益良多"；陈训慈因柳氏的熏陶，渐研究地方史，另外受徐、竺二人的影响，而吸收西洋史地学的知识。②缪凤林也说："吾就学南高，每念及柳师曾言：'吾国礼乐制度崩坏，急宜补弊起废，求明先圣之志，达万世之思'，深喟叹息，今欲承吾师之志不敢殆！"③缪氏研究中国礼学史的原因，就是受到柳氏所启导。郑鹤声也承认，"柳先生(柳诒徵)、竺先生(竺可桢)两位老师对我指导最多，师生关系也最为密切"④；郑氏就是在柳诒徵指导下，完成了以《汉隋间之史学》为题的毕业论文。柳诒徵有评语说："南都学子……沉潜乙

---

① 张其昀：《自序》，见《中华五千年史》第1册，3页。
② 陈训慈：《建设宁波公共图书馆之希望》，因未见原文，现转引自宋晞：《陈训慈与浙江省立图书馆》，见"国父"建党革命一百周年学术讨论集编辑委员会编：《"国父"建党革命一百周年学术讨论集》第1册，586页。
③ 缪凤林：《中国礼学史》，1页。
④ 郑鹤声：《郑鹤声自传》，见晋阳学刊编辑部编：《中国现代社会科学家传略》第2辑，237页。

部,时有英杰,郑生鹤声,尤好深思,枕胜典籍,力探变奥。"①此文且因柳氏的推荐,在《学衡》杂志上刊登。张、陈、郑、缪四人各有不同的研究兴趣,他们在治学方面除了受到柳诒徵的影响,亦受其他教员的影响,所以在史学研究上,开拓了柳氏尚未注意的研究范围。

缪凤林、郑鹤声的研究方法及观点,受柳诒徵的影响较多于其他学生。缪氏继承柳氏治礼的研究范围,而礼学又为柳氏史学思想的中心所在,缪氏更延续了柳氏求通观中国文化的观点,治中国通史;郑氏则编有一本探讨历史教育的专著,并从事中国史学史的研究,又开拓了近代史的研究范围,上承柳氏推动历史教育及中国史学史研究的门径。② 至于陈训慈、张其昀二人的治学特色,主要是在柳氏治史学的基础上另辟蹊径,张氏在毕业后转而注意地理学的研究,并从史学系转到地理系任教,在学术上距离较远,故列张氏于前三人之后。此外,向达、王庸、王焕镳、胡焕庸等虽是南高的毕业生,但不曾积极参与南高的史学活动,研究的方向涉及敦煌学、地理学等,也不是柳氏专注的研究课题,所以下文只做较简略的介绍。

---

① 未见其文,转引自郑鹤声:《郑鹤声自传》,见晋阳学刊编辑部编:《中国现代社会科学家传略》第 2 辑,238 页。
② 有关缪凤林、郑鹤声等史学工作者的著作及研究成果,见下文。

第五章　南高史学的继承与发扬

## 第一节　缪凤林的中国通史及中国礼俗史研究

缪凤林(1898—1959)，字赞虞，浙江富阳人。1919年考入南高史学部，与张其昀、陈训慈为同学；1923年毕业，但没有修读东大史学系的课程。毕业后即任东北大学史学系中国通史科教员，1928年任中大史学系教授；1929年至1931年，任《史学杂志》编辑。1937年随中大迁四川重庆，在中大史学系任教；至1948年，任中大师范学院史地系主任。1949年夏，缪氏曾携一部分图书前往台湾；及后再返南京取回余下的书籍，但返回南京后，未许出境，至1959年因病逝世。① 缪凤林主要从事中国通史及礼学史的研究，终其一生以这两方面最有成绩。

缪凤林的史学著作包括：(1)通史类著作，如《中国通史纲要》《中国通史要略》，此二书为国民政府教育部指定的"部定大学历史教科书"；(2)中国礼俗文化，如《中国礼俗史》；(3)中国传统史学，如《研究历史之方法》《读史微言》；(4)中国道德文化，如《四书所启示之人生观》；(5)民族史的研究，如《中日民族论》及《中国民族由来论》；(6)历史教育，如《中央大学历史系课程规例说明草案要删》；(7)批评疑古史学的文章，如《古史研究之过去与现在》等。从缪氏这些作品，可见他传承了柳诒徵治中国

---

① 有关缪氏生平，参见张效乾：《史学家缪凤林》，载《中外杂志》第43卷第6期，1988年，106—108页。有关缪凤林在中大执教的情况，参见康桥：《缪凤林书生报国》，载《中外杂志》第14卷第4期，1973年，32—36页。

通史、反对疑古史、以史学为致用及以礼治史的观点；也可知缪氏开拓了柳氏尚未多加注意的、从民族发展角度研究历史的课题。

在研究范围及方法上，缪凤林就读南高时，已注意中国传统史学，这方面主要传承自柳诒徵。前文已言，柳氏研究中国史学著作的特色是，尤注意史家的笔法及考订史料；缪氏也认为从事历史研究，要注意史家笔法，他在《研究历史之方法》一文中认为："中国之有史法，始于孔子之作《春秋》。"自此之后，中国历代史家中汉代的司马迁、唐代的刘知几及清代的章学诚，才是探讨史学方法的代表者。[1] 他又认为历史研究是一种求人类演化之迹的学问，为求得知过去社会的真相，便要扩阔研究历史的工具，如多采用方言及文物，并多利用校勘学的知识，引用古代类书与古代文献做校对，这就是"外审判"；而"内审判"主要是研究文献中作者的思想，其行事及述事的能力，借"内外审判，史之真象确自明之"。[2] 缪氏毕业后，曾从事中国史学研究，如他在《读史微言》一文中，主要介绍自己阅《史记》三数列传后，引证司马迁"去取编次，述事论断"的特色[3]，并欲说明研读前人史著时，要注意"发见微旨"，了解古人著史的心术。缪凤林认为司马迁在《史记》中运用的褒贬笔法，是作者"其生平遭际，于其荣辱，屈伸幽显忧乐之不齐，洞识靡遗，则其有所遗而言"。文中特别举出《史记·张释之冯唐列传第四十二》中，论汉武帝（刘彻，公

---

[1] 缪凤林：《研究历史之方法》，载《史地学报》第 1 卷第 2 期，1922 年，236 页。
[2] 缪凤林：《研究历史之方法》，载《史地学报》第 1 卷第 2 期，1922 年，239 页。
[3] 缪凤林：《读史微言》，载《史学与地学》第 1 期，1926 年，（总）33 页。

元前156—前87；公元前141—前87年在位）重用吏员时，发出"一言不相应，文吏以法绳之。其赏不行而吏奉法必用。臣愚，以为陛下法太明，赏太轻，罚太重"一语，就是司马迁借褒贬笔法"寄寓李陵之祸"的意旨。所以，读史籍必须明了史家"托义删削"，多注意史家运用的褒贬笔法与作者人生际遇的关系。[①] 就此可见，缪氏欣赏史家笔法及对《史记》的态度，并注意文献史料考订的治史方法，均是同于柳诒徵的。

而且，缪凤林与柳诒徵对新文化运动的态度是一致的。缪氏从史学研究的角度，检视先秦诸子兴起的原因，从而批评胡适认为先秦诸子兴起只是哲学问题的观点，此实与柳诒徵对新文化运动的态度相同。缪凤林在《评胡氏诸子不出于王官论》[②]一文中，批评胡适论先秦诸子兴起不是由于先秦官学流入民间的观点。胡适从"进化论的人生哲学"的角度，认为先秦诸子的兴起，只是哲学的问题，没有时势造成的因素；而缪氏指出："余是刘（刘向，公元前77—前6）、班（班固，32—92）之说，诸子之学出于王官，起于时势之影响。而认胡氏仅执时势之影响为诸子之学产生之全因，为偏而不全。"古代西周学术皆守王官，形成官学及师学合一的形势，至春秋，天子失守，官学流入民间，私学兴起，这是学术发展的"前因"；先秦诸子面对这种"时穷世变"，各自提出救世的方法，这是"当时之因"；学术发展乃是"全部之文明与其时流

---

[①] 缪凤林也撰文介绍中国史籍，参见缪凤林：《影印洪武城图志》，载《史学杂志》第1卷第1期，1929年，33页。
[②] 缪凤林：《评胡氏诸子不出于王官论》，载《学衡》第4期，1922年，（总）561页。

动之文明之结果","胡适仅取其当时之因,抹去前因","蔽在不承认诸子之学之有前因"。为支持其论据,缪氏更取《庄子·杂篇·天下》记载周代官学失守,诗、书、礼、乐、易流入民间,终致私学大盛,百家学说并兴的情况,由此得见"古之道术有在于是者,某某闻其风而悦之,是诸子之学各有所出之明证也"。因《庄子·杂篇·天下》的记载对了解先秦诸子学说的兴起十分重要,胡适反而不引《庄子·杂篇·天下》的数据,明显是对先秦典籍认识不深,以致"已明其非,即所引之要略,亦多削踵适履,非其真面"。①

此外,缪、柳二人均借史学研究推动历史教育。缪氏在《中央大学历史系课程规例说明草案要删》一文中,建议改革史学系的课程,把日本史及朝鲜史合为一科,方便学生了解东亚大势;② 更编写历史教科书《中国通史纲要》及《中国通史要略》,推动历史教育活动。

缪氏的《中国通史纲要》,被时人评为"与众不同,能'成一家之言'",其《中国通史要略》,也被学生认为是"简明扼要,剪裁

---

① 缪凤林:《评胡氏诸子不出于王官论》,载《学衡》第 4 期,1922 年,(总)566 页。缪凤林《评杜威平民与教育》一文,批判胡适宣传杜威(John Dewey,1859—1952)主张对平民行教化的思想。参见缪凤林:《评杜威平民教育》,载《学衡》第 10 期,1922 年,(总)1381—1388 页。
② 缪凤林:《中央大学历史系课程规例说明草案要删》,载《史学杂志》第 1 卷第 1 期,1929 年,1—4 页。另参见缪凤林:《中央大学十七年入学试验西洋史世界史常识试题纠谬》,载《史学杂志》第 1 卷第 1 期,1929 年,1—2 页。

得当"的历史教材。① 本节主要依此二书的内容,以见缪氏治史的观点,并探讨书中如何对柳诒徵的史学思想及方法做传承与开拓。

缪氏《中国通史纲要》一书成于1923年,这是他执教东北大学中国通史一科的讲义;1931年进一步修改,而成专书,由南京钟山书局出版。缪氏后因《中国通史纲要》断至隋唐五代,未及论述宋元以后的史事,于是撰《中国通史要略》,由南京国立编译馆出版。《中国通史纲要》在1931年刊行初时,共分三册:第一册自唐虞以前的史事起叙,至秦灭六国;第二册述自秦建国,至南北朝;第三册述自隋代立国,至五代十国。1972年台湾学生书局出版的《中国通史纲要》,就是据1931年版影印,合为一册。《中国通史要略》在1942年刊行时,分为四册:第一册除了总论,更述自唐虞三代至秦汉统一;第二册述自魏晋南北朝对峙,至宋元史事;第三册述明代史事;第四册述清代至中华民国建立的史事。1973年台湾商务印书馆据1943年版影印,把以上四册合为一册。《中国通史要略》中关于宋以前的史事,多采录自《中国通史纲要》;宋以后的史事,则为新撰。下文论述缪氏治中国通史的特色时,有关宋以前的史事,多取自《中国通史纲要》,而宋以

---

① 有关时人对《中国通史纲要》一书的评价,参见张德昌:《缪凤林著〈中国通史纲要〉》,载《图书评论》第1卷第6期,1938年,(总)45—47页。有关时人对《中国通史要略》的评价,参见康桥:《缪凤林书生报国》,载《中外杂志》第14卷第4期,1973年,32页。

后的史事，则主要取自《中国通史要略》。①

缪凤林治史，与柳诒徵相若的有三点。其一，如柳诒徵一样，缪氏强调治史的目的在于致用，史学研究带有明教化及振兴民族的目的。缪氏认为史家的重要工作，在于明"人类进化，民族之兴亡，所系至巨"②。自有人类开始，至有文字记载的阶段，是为史前时代；有文字记录才为有历史记载的时代。"人类有史乃能以前人之经验成就，传之后人，递遗递袭，继长续增"，历史可以让人类了解前人行事的经验，知人类文化的发展及生成的原因，后人以前人的经验为借鉴，能够指示人类历史的发展方向。③既然史学为后人的借鉴，那么处于20世纪的中国国民，尚可借历史记录得见民族的兴衰，及借研究历史以达到振兴民族的目的。而且，中国文化源远流长，自黄帝至近代，凡五千年，国民观中国历代史事的发展，可知中华民族的演进过程，感列强交侵、国家沦亡，这样国民产生的"爱国雪耻之思，精进自强之念，皆以历史为原动力，欲提倡民族主义，必先昌明史学，此史之有关于民族存亡者，又一也"④。观民族文化的发展，治乱相承，自然能够明白"当前过去与现在，又为未来之母，故温故可以知新，彰往亦能察来"，国人若能精研史册，明"其蜕化之所由，及其造成之所以，则言皆实际，事不虚为，对症择药，成效可期……此

---

① 有关《中国通史纲要》及《中国通史要略》二书内容的传承关系，参见缪凤林：《自序》，见《中国通史要略》，1—2页，台北，台湾商务印书馆，1973(据1942年版影印)。
② 缪凤林：《自序》，见《中国通史要略》，1—2页。
③ 详见缪凤林：《中国通史要略》，14—18页。
④ 缪凤林：《中国通史要略》，15页。

史之有关于明今测来，起衰救弊者又一也"。① 史学成为振兴民族的工具，进一步而言，史家的任务，是观察历史的演变从而提出一套治国方策，史事记载是人类当下行事的参考依据，故史学与致用有着必然的关系。缪氏的这些看法，与柳氏赋予史家明道德教化责任的观点是相同的。

其二，缪凤林也如柳诒徵一样，以通史体裁撰写史书。柳氏借研究中国文化史，指出中国文化"通则"及"独造"的特色，注意通观历代，求兼集治历代典制文化各课题；而缪氏为求以史学达致"根据往事，可以因应万方通义"，及"明今测来起救弊者"的目的，便要求通观中国历代的经济、社会、文化及民族的状貌，如此才能准确推测未来的政局及文化的发展。治通史的原因，就是了解"人类群体众生相"。

历史是群体众生"蝉联蜕化"的现象，人类群体自古至今不断发展，人群社会的进化，前有所因，后有所承，后者蝉联前者的因，今世的生活面貌是赓续蜕变后的结果，即所谓"蝉联蜕化"。② 既然现在群体的生活是上承昔日社会群体的发展，为求了解人类群体"蝉联蜕化"的现象，就不应只注意个别的政治、学术、宗教、文物的蜕变，更要观察历代官制，次精研舆地，次辨氏族，以"政治、社会、民族生活为准，顺应世变自然之势，考其治乱兴衰之实，俾年纪事，部居州次，纪载之异同，见闻之融合，一一条析无疑"。应利用人类群体的政治、社会、学术、文

---

① 缪凤林：《中国通史要略》，15 页。
② 缪凤林：《中国通史要略》，13 页。

化的全部资料,以供佐证,参互错综,"俾数千百年终始变迁,建制沿革,了如指掌"①;并要知道"皇古讫(迄)今,年月邈长,治乱兴衰,各有首尾,分期会通,并行不悖"②。缪氏进一步认为借通史的体裁,可以观"国家民族社会政治演进构成之真相为主,事之与全体历史无大关系者,一朝巨典阙之可也"。通史的要义,在于阐明人类群体的众生相及指出人类"相续如绳,前后相因,继长续增"的发展规律,③ "阐明人类动作,赓续蜕变之迹,天人相应,亟知通史所系者巨"。今人取前人史事为鉴,才是"通鉴资治之名,为不可易向"。同时,观历代史事,便可以得见人类"蝉蜕之迹,见推之民生休戚,风俗之变迁,典制文物之隆污,学术宗教之盛衰,苟论其大而忘其细,亦可执简以驭繁,以表现演进构成之总相",观历代人群社会的演化,便能融合古今众生要略,得其变化,通塞昭然。治史者能求历代史事及文化、政治各方面的"会通"之后,便可以上合圣人所言:"有以见天下之赜,而拟诸其形容,见天下之象。"④这些通史的观点,也是柳氏在《中国文化史》中所提及的。

其三,缪氏的治史方法,亦呈现出受柳诒徵影响的痕迹。他也如柳诒徵一样,从史地学的关系研究中国通史。缪氏以为构成历史发展的要素有三,即地理、民族及历史:创造历史的主体就是人类群体,也就是民族;任何民族的活动,均有特定的地理环

---

① 缪凤林:《中国通史要略》,16 页。
② 缪凤林:《中国通史要略》,17 页。
③ 缪凤林:《中国通史要略》,10 页。
④ 缪凤林:《中国通史要略》,18 页。

境，地理环境成为民族活动的疆界；历史就是民族在特定的时间及特定的地理环境之下而发生的事件。所以研究民族历史的发展，不独要注意民族活动情况，也要注意地理环境与民族过去发生事件的关系；而且民族的性格及特质，均承自民族的历史及文化，文化愈久，民族的历史就愈长。所以了解中华民族的性格及文化特色，必先了解他们"过去在神州之动作"，了解他们在"神州"的活动范围及在过去发生的历史事件。地理学知识成为确立民族活动范围的重要依据，"人生地理息息相关，地有变迁，人之动作随之，古今史实因之改观"。古今地理不断变迁，不同年代，中华民族对自然环境均做出了不同的反应，演变成为各种各样的历史面貌，从而推动了历史的发展。

缪凤林既上承柳氏的观点，也有不同于柳氏的地方。

第一，缪凤林也反对疑古史观，但他对于没有文献记载的古史，采取"传疑"的态度，不如柳氏对古史全采取"信古"的态度。柳诒徵认为上古的史籍，均是圣言的载体，所以这些史籍所载的上古史事，均是存而不疑的。与此相反，顾颉刚提出上古史中的圣贤形象，乃是后人伪改的，圣人的谱系也是后人改编的，由是推论先秦至汉代的经籍及史书均不可信；而在这些史籍上所载的上古史，更是不可信的。柳氏与顾氏治上古史的态度甚不相同，故此演变成为柳氏与顾颉刚的古史辨论争。

就史学观点而言，缪凤林也曾反对顾颉刚主张的疑古史学，这一点与柳诒徵可算是相同的。缪氏以为"上古三五之说，起自晚周，倾佩无疑"，肯定在先秦时早已有三皇五帝的说法。但他从纬书上所见，五帝的排列次序甚为混乱，有黄帝、尧、舜、夏

*245*

商周诸帝的记载,也有少皞、颛顼、帝喾诸帝的记述;至秦、汉之交,方士取经书资料,成五帝谱系,终致五帝的排列次序更为混乱。所以,他认为上古史籍并非不可信,只是至晚周秦汉之交,方士"误用资料",使"国神转变而成人之五帝,亦不出于神帝,且与五运说无关,与三王说更不冲突"。其实早在先秦的典籍中,已有记载上古三皇五帝之说,不是顾颉刚所指的一切上古史均是后人伪造。缪氏并指出:"近人谓世益晚而古史之义益晦,尧神禹虫,不明古籍源流,惟今日始有此妙论耳。"[1]此外,缪凤林在《古史研究之过去与现在》一文中,再次申述"或怀疑传说,抹杀一切故言,其不同乃益甚。……若能观其通而舍其短,庶几可以明古史之真。……崇其所善,骛新者安其所习。毁所不见,后进从之,弥以驰逐,言古史愈多,古史益乱而不可理"。疑古史学把一切古史均视为伪书,使古史真相荡然无存。[2]

但缪氏对古史的态度,不同于柳氏以为古事均是无误的观点。缪氏认为古事不全是可信的,因上古史事也有史籍未曾记载的地方,故对这些史事应采取"传疑"态度。缪氏把上古史分作两个阶段,以唐虞前后为上古史的分水岭,唐虞"以降为信史,而其前概曰传疑",在没有足够文献证据的情况下,只好认为上古传说、史前遗骸及遗器为"传疑时代之史料"。[3] 由此可见,缪氏没有如顾颉刚一般否定古史为不可信,也没有像柳氏一样认为上

---

[1] 缪凤林:《中国通史要略》,7页。
[2] 缪凤林:《古史研究之过去与现在》,载《史学杂志》第1卷第6期,1929年,1页。
[3] 详见缪凤林:《中国通史要略》,83—86页。

古史事为可信，其对上古史的态度，较二者为持平。

第二，缪凤林的治史方法不同于柳诒徵者，是他多注意民族史。缪氏毕业后，已注意民族发展与国势盛衰的关系，曾撰《中日民族论》及《中国民族由来论》二文①。前者分析近代中日民族的盛衰，与国人"欲图旦夕苟安"的性格甚有关系；后者指出，"我中华民族，其隶属何种族，史家初不难置答，独其由来，为土著，苟为外来，来自何方，则自古人推论"②，因为前人只从史籍找依据，不理会考古学的研究成果，从而推论"中华民族西来说"，故此说法也是不当的。

接着，他又从民族学的角度，研究上古传说，这亦不同于柳氏全取信于经籍的观点。缪氏认为传说不是不可信，也不可全信，而应以民间传说结合史籍记载，以便引证古史的真伪。他在《中国通史纲要》中认为，唐虞以前"三皇"及"五帝"的神话传说，均是民族信仰的代表，任何民族初以物为神，以自然现象为崇拜，继因部族强大，便"取有功烈之先祖，或前哲令德之人"，即奉部族中有德行，或一二强者为神，并描述这位部族的先祖有神力，其后人因敬仰这先祖，便不断渲染这先祖的神力及对后世的功德，由是变成"立功立德之五帝情貌"。③ 在上古之时，有一二有德者，便被族人奉为神明，这位神就是传说中的"黄帝"。因为在这位"黄帝"的统治下，社会出现盛世，后世便出现黄帝令羲和

---

① 缪凤林：《中日民族论》，载《史学杂志》第1卷第1期，1929年，2—4页；《中国民族由来论》，载《史学杂志》第2卷第2期，1930年，1—18页。另参见缪凤林：《日本军阀论》，载《史学杂志》第1卷第2期，1929年，1—10页。
② 缪凤林：《中国民族由来论》，载《史学杂志》第2卷第2期，1930年，1—22页。
③ 缪凤林：《中国通史要略》，158页。

占日、常仪占月、后益占岁、容成造历、仓颉作书、史皇立图、夷作鼓、挥作弓的传说，"唐虞以前，实以黄帝时为最盛之时，后世百家盛称黄帝，一切传说多集中于黄帝"。①

再进一步，结合以上民间风俗及史料文献的资料，便可见上古黄帝的传说不是全不可信的。缪氏指出，《吕氏春秋》所载黄帝及炎帝以水火发动攻势、共工作难、蚩尤作兵的传说，就是初民时期，各部族以力服人，成员不断扩张，互争地域的事例。一个以黄帝为首的部族，扩张至上古的江汉区，与原居于此的、以炎帝为首的部族发生战争，这种部族战争就是经书及史籍所载黄帝、炎帝"诸夏并炽，种族竞争之祸"的史事。由此可证"《吕氏春秋》言及黄帝战蚩尤之事，此应为种族竞争之祸。上古以来，内则部族相攻战，外则与异族启竞争，数千百年，乃合诸小民族为一大民族，自有其事"②。所以有关上古时期黄帝德行的神话传说，虽缺乏足够的史料力证其真相，但仍可从民间风俗上，或结合一部分的文献，得见上古神话及文化的面貌。而在缺乏足够的史料支持与论证下，对上古史事只好采取"传疑"的态度，既不能否认史籍所载的上古史事，也不能认定上古的史事是绝对可信的，故唐虞以前的史事，只好放进"传疑时代"做考虑。③

第三，从缪氏在《中国通史纲要》中提出的他自己对通史的看法，也可看到他有不同于柳氏讨论通史之处。缪氏不采用柳诒徵从文化发展的角度去研究中国历史的方法，并且认为从文化史角

---

① 详见缪凤林：《中国通史要略》，158—165 页。
② 缪凤林：《中国通史要略》，180 页。
③ 详见缪凤林：《中国通史要略》，182—183 页。

度研究中国历史,只是"注意文化的升降",却未注意"统观政治的分合,民族之盛衰",未能详明政治及民族文化发展的趋向,也忽视了各时代的特色,所以缪凤林便撰述一本能"通史之规模,寓断代之义例,画(划)分九时代"的《中国通史纲要》。① 此书可见缪氏研究中国历史的特色是,自柳诒徵通论历代文化发展的研究方法,转向以通论历代民族、政治发展史为主,而以文化史为辅的研究方向。② 缪氏认为治通史,也要指出各朝代"人类动作变化之显著现象",要注意各时代"因革损益""明异时""求变易"的特色,不能只是"一意求同,抑绵延蜕变"。要借研究各时代的特色,以见各代"赓续"前代的地方,以及各代"变易"前代的地方。人们可以"分期会通",发挥"讲国史将以明国人过去在神州之动作"及"国家、民族、社会、文化政治演进之真相"的作用。③ 自此可见,缪氏已表示他治中国通史,不取柳氏通论中国文化史的研究方法④,因为研究文化史只注意"文化之升降",未能注意"统观政治的分合,民族之盛衰"及"治乱兴衰,各有首尾"的特色。中国通史的范围比文化史更广,不独包括历代文化史,更包

---

① 缪凤林:《中国通史纲要》第1册,66页,台北,台湾学生书局,1972(据1931年版影印)。
② 缪凤林:《中国通史纲要》第1册,66—67页。
③ 缪凤林:《中国通史纲要》第1册,9页。
④ 缪凤林没有批评柳诒徵研究中国文化史的观点,反而多采用柳氏的观点,但从学术传承与开拓而言,明显地缪氏先治各朝代的治乱史,再合各代为一阶段,终求"会归"的通史;可见缪氏治史已不同于柳氏从文化史的研究方向,通论中国文化发展的特色。故本章只以"不取"二字,指称缪氏在研究中国通史中不同于柳氏的地方,从而也可见缪凤林既传承了柳氏治通史的特色,但也开拓了柳氏尚未太注意的,从政治史、民族史角度研究中国通史的方法。

括反映历代治乱兴衰的政治史、学术史、商业史、民族史及社会史,能达到"通观一代"的目的;读者又可归纳各代为一个时期,便知各时期历史发展的趋向。所以《中国通史纲要》采用通史体裁及寓断代的书述方法,是因通史的表达方法有以上所列的优点,故缪氏不从文化史的角度阐述中国历史发展的特色。①

由于缪凤林主要治中国通史,不同于柳诒徵治中国文化史,所以缪氏不似柳诒徵以儒家思想及礼教文化发展为历史分期标准,转而以民族及政治发展作为历史分期的标准;描述中国历史的发展,则以治乱政制为主,学术思想为辅,探讨自黄帝至中华民国建立的中国历史进程。

柳诒徵把自三代至近代的中国历史发展,分为三个阶段:一是"上古文化"期,自邃古以迄两汉,为儒家文化及礼教文化形成"独立之文化之时期";二是"中古文化"期,自东汉至明中叶,为佛教与儒家文化"由抵牾而融合之时期";三是"近世文化"期,自明中叶利玛窦来华至20世纪初,为中印文化衰落,"远西之学术、思想、宗教、政法以次输入,相激相荡而卒相合之时期"。由此可见,柳氏的中国历史分期方法,是以儒家文化及礼教文化的发展为主脉,分析此两种文化在中国历代的发展过程。缪氏则从政治及民族历史发展,看中国历史的"蝉联蜕变",深入研究断代史、政治史、民族史的面貌,再归纳历代文化上"蝉联蜕化"的迹象。

缪氏在《中国通史纲要》第一章"民族年代及地理"中指出,民

---

① 缪凤林:《中国通史纲要》第1册,66页。

族活动是历史发展演进的要素,有着相同体质、性格及生活习惯的群体聚集而居,所以"性行发动,皆呈一致,实同出一原,其后迁徙散处,自为封畛"。群体成员不断迁徙,最终定居于固定地域,这地域便成为不同人类群体活动的疆界,同一空间、同一时间生活的群体便形成民族;随着民族在不同阶段不断发展,不断对外扩张,不断延绵,便形成不同阶段的历史,所以研究中国通史,就是研究居中国一地的民族发展、绵延及蜕变的历史过程。①

缪氏在其书中指出,居中国的民族,以汉族为主,中国历史的发展也以居中原一带的汉民族不断发展,以及以汉民族为代表的华夏文化与外来文化相互借鉴、相互学习的过程为主。但汉族建立的王朝,却在西晋末年遭到入侵,终致南北朝对立的局势;隋唐年间,佛教从西域传入,与华夏文化相交融,终致宋、明理学出现;及后汉人又为蒙古及满洲民族所统治,而其他民族也不断受到汉文化的熏陶,这样便促成"华夏民族相融相扩",故中国通史就是汉族与周边民族不断接触及文化上互相交融的历史。同时,汉族文化的盛衰,又与周边民族的武力及文化情况甚有关系,因此汉民族的发展及汉文化与周边民族文化交流的情况,成为中国历史分期的标准。

缪氏按汉民族发展史的标准,认为自黄帝至明代,中国历史的发展共经历了五个阶段。黄帝平蚩尤,是为"夏族势力扩张第一阶段"。自春秋至战国,列国不断扩张领土,促使华夏民族的

---

① 缪凤林:《中国通史纲要》第 1 册,26 页。

势力,自黄河流域一带扩张至地处西陲的秦国及南方的楚国,为"夏族势力扩张第二阶段"。自秦并六国,历经汉代至南北朝,华夏民族筑长城,团结境内的民族,又扩张领土至西域的匈奴,此为"夏族势力扩张第三阶段"。自隋至元,西域各地称唐帝为"天可汗",朝鲜各国朝贡,波斯大食"悉属羁縻",使夏族势力直达朝鲜及中亚一带,此为"夏族势力扩张第四阶段"。自明至清,夏民族与女真相交,又取安南,平交趾,海南各国均向中国纳贡,是为"夏族势力扩张第五阶段"。

还有,构成中国历史的发展,也有"异族之入侵"的因素。自西周至春秋,戎夷交侵,淮夷东迫,中国夷狄与夏族相攻,"是为异族入侵第一期"。自汉至南北朝,五胡入华,形成南北分裂,"是为异族入侵第二期"。自隋唐盛世,历五代十国,至宋代北方"困于辽夏,继迫于金元","中国版图沦异域","是为异族入侵第三期"。自明立国至清乾隆盛世,鞑靼南侵,终至满洲入主中国,"是为异族入侵第四期"。自鸦片战争(1840—1842)至中华民国建立(1912),"满清不振,西力东渐,割我藩领,踞我要害,侵我主权","是为异族入侵第五期"。总之,中国历史的发展,是夏民族文化传播与"异族入侵"交织的历史。①

与此同时,缪氏认为历史发展,不独要注意华夏民族的发展及"异族入侵"的历程,也应注意中国政治的演进。不同民族面对不同的环境,创造不同的典章制度,以保障民族的利益,"因保生而有部落国家等政治活动"②。政治制度安稳发展,典章、学

---

① 以上分期的标准,详见缪凤林:《中国通史纲要》第1册,46—49页。
② 缪凤林:《中国通史纲要》第1册,11页。

术、文化由是而兴，所谓"帝王朝代，国家战伐，治世之本"，"政教本立而道生，教学、文学、文艺、社会风俗，以至经济、生活、物产、建筑、图画、雕刻之类，遂蜕变繁演"。① 政治制度的发展及国家的治乱兴衰，为民族发展的先决条件，故缪氏也以历代的政治制度的发展，作为考虑中国历史分期的标准，并希望此书达到"以政治、民族、社会为准，顺应乎世变自然之势，默会乎典制变革之交"的水平。②

由此可见，缪氏要求的"通"，不独是采取通史体裁，在叙述一时代历史的演变时，也从民族、政治制度等各方面分析一时代的特色。阐述历朝史事时，不取断代的形式，而以民族文化的变迁为本；亦不是叙述一时代的政治事件，而是先把各代合为一个时代，并叙述一个时代的政治、社会、经济、民族文化情况，以得见"全体人类群体"的众生相。这些均可见缪氏不同于柳诒徵只以儒家及礼教文化的发展作为中国历史的分期标准，而是以民族、政治制度的发展为根据，书中把秦汉二代合为一个时期，就是因为从制度发展而言，秦汉均是中央集权确立的阶段。

第四，缪氏虽也传承柳氏治礼学的观点，并开拓了柳氏治礼学的方法，但亦有不同之处。柳诒徵研究中国礼俗，概括说"吾国以礼为核心之史"，并认为圣人制礼的目的是在于"吾国一切典礼，皆依伦理为之节度而文饰之"，立礼仪，以正人伦。③ 柳氏的

---

① 缪凤林：《中国通史纲要》第1册，50页。
② 缪凤林：《中国通史纲要》第1册，65—66页。
③ 柳诒徵：《中国礼俗史发凡》，见柳曾符、柳定生选编：《柳诒徵史学论文续集》，610—651页。

众学生中，只有缪凤林专注研究中国礼学史。① 然而，二人的分别是，缪氏从民间风俗和实地考察出发，结合文献进行研究，柳氏虽注意 20 世纪的民间风俗，但他所用的方法，主要是利用文献进行研究。

缪氏曾撰《中国礼俗史》②一文，与柳氏一样，认为古代的礼教具教化、政治及实用的功用。缪氏从政治上言，指出君主以礼维持国家秩序，"别嫌明微，傧鬼神，考制度，别仁义，所以治政安君也"③。以礼定名分，这样便确立了长幼有序的关系，由是使社会各阶层安于其位而不僭越，社会便可以大治；礼教所依是圣人制礼的意义，圣人因人情而立制，这样可使人们"过者或溢于情，而不及者则漠焉遇之"，并且"因情简文，本以防止人之纵情自恣而及于乱；然礼亦有因祸患已成，特施设以避祸"。人们因人情欲望的发展，遂求名逐利，甚至破坏伦常，所以圣人立礼制，定名分，长伦序，使男女相敬，君臣相义，明各阶层的职份，这样便能够"为之度量分界以免其争，亦即因救避患而施设

---

① 从张其昀已出版的文章及专著而言，张氏终其一生，尚未撰述一本有关中国礼学发展史的专著及单篇论文，有关张其昀的著作，详见《华冈学园张创办人其昀著作目录》，见"中国文化大学"图书馆编：《"中国文化大学"教职员著作目录》，1—85 页，台北，"中国文化大学"图书馆，1992。其他如郑鹤声、陈训慈尚未研究中国礼学的发展史。

② 缪凤林：《中国礼学史》，20 页。此文本为缪氏讲稿，及后缪氏按讲稿整理成论文。按作者引用的资料推断，此文刊于 1932 年之后，因为在此文的注一，缪氏曾言："本文第三节之半及最后两节多本旧作《谈谈礼教》，刊于《国风》第 3 号圣诞特刊二十一年(1932)九月南京钟山书局，故前后文体未能一律。"就此推断《中国礼学史》一文，应是 1932 年后所作的。

③ 缪凤林：《中国礼学史》，9 页。

之意",防止各阶层因名利私欲而生僭越名分的行为。

此外,礼是"伦理功用的一端"。圣人立礼教的原意,就是"因道德教育而制立",礼将使"中国民性赖以养成,社会基础赖以维持"。缪氏认为礼使人们"节情与避祸,使人之行动,发源于性情之正,虽含有积极的道德教育意味,要以消极的补偏救弊之作用为多,礼教发达至极,则仪文度数之间,不仅消极的防止恶行,而且积极的导人为善,为一种极纯粹的道德教育,其影响于德行者,尤深且巨"。① 对于礼的功用,缪氏与柳氏的观点是一样的。

但在研究礼学的方法上,缪凤林注意调查20世纪中国各地的民间风俗。他提出社会上应建立"新"的礼教制度,但这"新"礼的制度要切合时尚民俗,不可只从文献上做探讨。这比柳氏只从文献上引证古今礼俗相传的论点,更具说服力。

缪氏认为礼教的出现是民间尚礼所致。上古初民面对自然界的种种祸福利害,却不能解决,遂"思求福利而免祸害"②,并提出种种礼仪,来尊重神灵。这动作仪式便是"后世吉礼的滥觞,也就是礼的本义"③。及后,人们按古初尊崇神祇的仪式,发展成为后世的吉礼。为使平民进一步按仪式进行祭祀,便应立礼制。一切礼教的出现,都是先有民间崇奉的祭祀形式后,才有礼教制度的建立。建立礼教制度之初,主要就是规范了民间崇祀的仪式,故他说礼制的出现与民间风尚甚有关系,"社会上先有民间

---

① 缪凤林:《中国礼学史》,10 页。
② 缪凤林:《中国礼学史》,2 页。
③ 缪凤林:《中国礼学史》,3 页。

种种践行的习惯，渐进而有规范人的行动或为人的行动所依据的仪文度制，这就变成礼制了"，"俗先于礼，而礼本于俗"。① 既然民间行礼在先，圣人因民间的礼俗确立规范人类行为的条文在后，故礼制本是"因人之情而制之"。为了解礼教对民间风俗的影响，大学及政府部门应成立研究民间风俗及礼教文化的组织，去往民间寻找有关礼俗文化的资料，借此以见圣人利用民俗以定礼教制度，以及礼教深入民间的情况。这样建立的"新礼制"，才是合于民间习尚的，"社会的习惯，依过去的礼究竟是怎样的性质，因革损益，庶对新礼的建立，亦可稍增其认识"②。

同时，为了解现今礼制的发展，不独要研究现今礼制的发展与古代礼制相沿的地方，更要从经籍所载的礼制资料，得见"吉凶宾嘉"礼仪的发展。缪氏研究中国礼学史，指出其时的新礼改革，不仅要取民间的资料，也要取中国历代礼制及礼仪的资料，从而制定切合人情的"新礼制"，这也不同于柳氏借史学研究重建礼制的特点。③

总之，缪凤林传承了柳诒徵治通史、礼俗教化史的研究方向及观点，但他又开拓了柳氏尚未多加注意的领域，即从民族史及政治史的角度研究中国历史发展，以及利用民俗学知识研究礼学史。

---

① 缪凤林：《中国礼学史》，3 页。
② 缪凤林：《中国礼学史》，3—4 页。
③ 缪凤林：《中国礼学史》，5 页。

## 第二节　郑鹤声的中国史学史及历史教育研究

郑鹤声(1901—1989),浙江诸暨人。1921年夏入读南高史学部,先后任史地学会第六届至第八届编辑主任,负责出版《史地学报》,又曾担任《学衡》编辑,1925年夏天毕业。旋于同年秋天至1926年夏天修读东大史学系课程,其间协助柳诒徵出版《史学与地学》;至1929年回南京,任职于国民政府大学院(教育部)编审处,而仍任《史学杂志》编辑,可见他离校后依然积极参与南高史学部师生的学术活动。1931年,国民政府改编审处为国立编译馆,郑氏随即入馆,专任编审兼人文组主任;至1946年,由编译馆转入国史馆,任纂修兼史料处处长。1949年后,改任中国科学院近代史研究所研究员,1951年后任山东大学历史系教授,兼中国近代史教研组主任。[①]

郑鹤声明言柳诒徵、竺可桢两位老师对他"指导最多,师生关系也最为密切"[②];又说:"在南京高师学历史的人,大半受柳先生的影响。"[③]郑氏且在柳氏指导下完成了题为《汉隋间之史学》

---

[①] 有关郑鹤声的生平,参见郑鹤声:《郑鹤声自传》,见晋阳学刊编辑部编:《中国现代社会科学家传略》第2辑,233—268页。

[②] 郑鹤声:《郑鹤声自传》,见晋阳学刊编辑部编:《中国现代社会科学家传略》第2辑,237页。

[③] 郑鹤声:《郑鹤声自传》,见晋阳学刊编辑部编:《中国现代社会科学家传略》第2辑,237页。

的毕业论文,而此文为柳诒徵所称赏①,后来在柳氏推荐下,刊登于《学衡》杂志。

郑氏的著作,主要有以下几类:(1)中国史学史与史家,如《汉隋间之史学》《正史总论》《司马迁年谱》及《袁枢年谱》等;(2)中国历史教育,如《中学历史教学法》及《历史教学旨趣之改造》等;(3)近代史,如《中国近世史》《中华民国建国史》等历史教科书;(4)史部目录学及工具书的研究,如《中国史部目录学》及《近世中西史日对照表》等;(5)海外交通史,如1949年后出版的《郑和》及《郑和遗事汇编》。第五类著作,主要是郑氏在1949年以后的研究方向,与本节主旨关系不大,介绍从略。至于郑鹤声对柳氏史学的继承,可从以下几点加以说明。

其一,郑鹤声认为历史研究的目的在于培养个人的品德,作为未来治世的参考及民族教育的目的,其看法与柳氏认为史学应求致用及弘扬道德教化的观点是相同的。郑鹤声在《中学历史教学法》中,指出研究历史的目的"是在本过去的真实事迹,作为今日问题发生的来源,再检讨那变动的及发展的过程,使能明白现在所发生的问题症结,前车为鉴,求现在治世的参考"②。社会进化本是一种因果的关系,古人努力的成果影响至今,既然社会在不断地进化,看清楚过去发展的趋势,自然能明白"现在的发生事情,所循的轨道",这样人们便能够"知道事情发展的方向,作

---

① 未见原文,转引自郑鹤声:《郑鹤声自传》,见晋阳学刊编辑部编:《中国现代社会科学家传略》第2辑,238页。
② 郑鹤声:《中学历史教学法》,3页,南京,正中书局,1935。

出对治的方法,以前人的史事为今世的借鉴"。①

因为历史可以发挥"借鉴"的作用,为借教育推动历史知识的传播,郑鹤声在《中学历史教学法》一书中,也强调历史教育具有道德教化及致用的特色。历史记载人类的行为,采前人的善行,作为读者的鉴戒,"无形中是以激发读者的志气,培养读者的情操,所以历史教育也为道德教育的一种,可以作为品性上的修养和公民的训练"②,历史内容是劝善惩过的记载,将成为砥砺行为的资料,人们知晓历史的记载后,便能效法圣贤豪杰忠臣义士的言行,知道恶言奸行,自会引以为戒。因此历史教育便可培养人格、陶冶心灵。由此可见,郑氏既使历史成为道德教化的工具,也赋予历史教育"求实用"的目的。

郑鹤声于20世纪20年代末重回南京,此时正值日本展开侵华行动,故他认为史学研究的目的不独是培养性情,更重要的是培养国民的爱国心。他说,"史学天职是求实用、明教化,历史必须教训后世,必为有用的学问"③,借历史教育活动,自可以普及历史知识,"无形中是以激发读者的志气,培养读者的情操,所以历史教育也为道德教育的一种,可以作为品性上的修养和公民的训练"④,历史教育既成为"民族国家的公民教育"⑤,为求达到历史教育的目的,教员"应当有爱国的精神,研究的工夫",培

---

① 郑鹤声:《中学历史教学法》,5页。
② 郑鹤声:《中学历史教学法》,7页。
③ 郑鹤声:《中学历史教学法》,7页。
④ 郑鹤声:《中学历史教学法》,7页。
⑤ 郑鹤声:《中学历史教学法》,8页。

育中小学生"爱国家,爱民族的爱国心",史地科的教员也应负上"建设精神国防的任务"①。这种赋予史学教育及历史研究以致用目的的做法,与柳诒徵认为史学研究是为提倡道德教化的观点,并无二致。

其二,郑氏也引申了柳氏的通史观念。前文已言柳氏认为治通史又可"观其会通,无往而不可绳鉴","察人类伦理善恶,能知后来修善伦叙"②,观察历代政治变迁,自然能够提出一种改善社会的良策。郑鹤声也认为要使史学实践垂训后世及实用的宗旨,不独只注意一朝一代的人物及治乱因素,更应全面观察中国通史的发展,思考各代的兴替、各朝代不同人物的行谊功过,"求人群历代众生相,明人群全体进化之原则";并借观察历代的治乱因素,对当世的治乱原委及人事变迁,做出准确的判断。③

关于通史的著作方面,郑氏也如柳氏一样欣赏通史著作,尤其称赞《史记》。郑氏认为《史记》一书乃集群书而成,记事上下数千年,贯始彻终,详述历史的整体面貌,"知人类全体,自有文化以来数千年之总活动,合为一炉,历史成为整个混一的,为永久相续的面貌"④。郑氏也因肯定《史记》的通史价值,所以贬斥开断代史先河的《汉书》的地位,认为"中国通史之创始者,自班固以下,此意荒矣"⑤。至于通论历代典章制度方面的史学著作,

---

① 郑鹤声:《中学历史教学法》,9页。
② 柳诒徵:《讲国学宜先讲史学》,见柳曾符、柳定生选编:《柳诒徵史学论文集》,502页。
③ 郑鹤声:《杜佑年谱小序》,见《杜佑年谱》,1页,上海,商务印书馆,1934。
④ 郑鹤声:《史汉研究》,7页,上海,商务印书馆,1930。
⑤ 郑鹤声:《史汉研究》,66页。

郑氏也欣赏杜佑的《通典》。他在《杜佑年谱小序》中指出，《通典》包举历代仪制，其要在于"作史皆具实用主义，察往事以为异日应事之资。……不仅考古而已"，述"过去之政事，并云熟知史事，非特为一种学问，实为处事接物之南针"①，故《通典》既能述制度的发展"贵在合古今，观其沿革"②，"融会贯通，条理分明，因果可见，不为一斑，得窥其全"，又能"举其终始，历代沿革废置，及当时群士议论得失，靡不条载，附之于事"。③ 这种要求研治通史的态度，早见于柳诒徵治通史及欣赏通史著作的观点。

其三，在研究范围上，郑氏尤致力于中国史学研究，这方面也传承自柳诒徵。柳氏曾研究《春秋》《史记》《资治通鉴》《通志》及《通鉴纪事本末》等历代通史著作，他在这方面的观点，启迪了郑鹤声研究中国史籍的兴趣，并引导郑氏注意以上通史体裁的史学著作。

郑鹤声在柳诒徵指导下，完成《汉隋间之史学》一文，并发表在《学衡》杂志上。④ 此文从史籍内容及时代"递变"的角度，详述

---

① 郑鹤声：《杜佑年谱小序》，见《杜佑年谱》，1页。
② 《通典》中分食货、职官、礼、乐、兵刑、州郡、边防，每一门又各分子目。这种排列的方法，是因重视经济发展，所以先食货；待民丰食足后，便注意国家建设。国家建设的首要条件在设官，所以便附职官；任官之要在推行教化，及审才华，审才华便要精选举，故立礼乐教化依其后。最后，待国家内政安定后，便可以注意兵事及边防问题，所以兵刑、边防也依其后。借《通典》这种分别部居的方法，便可以观整个时势及政局发展的面貌，达到史学治世及通合古今的目的。
③ 郑鹤声：《杜佑年谱》，156页。
④ 详见郑鹤声：《汉隋间之史学》，载《学衡》第33期，1924年，（总）641—690页。

汉至隋史学著作的内容及地位。及后更撰写《正史总论》一文，介绍中国官修史学的源起、发展及特色。①

郑鹤声《汉隋间之史学》一文，肯定汉（公元前206—220）、隋（589—618）年间史学著作的地位。文中指出中国史学的发展，可分作四个时期：(1)三代，为史学的黎明时代；(2)汉至隋，为史学的昌盛时代；(3)唐至明，为史学的中衰时代；(4)清朝，为史学的蜕分时代。郑氏又认为中国史学孕育自《尚书》，因为《尚书》"稍具记述，文理简省"，至孔子撰《春秋》，记述"属辞比事，文记事简"，故"三代春秋之史学，属辞尚简，不详史事"，这是中国史学发展史上的"黎明时代"。至汉司马迁"能兼《尚书》《春秋》属辞比事之长，文从简约，史学体备"，《史记》一书成为"史界筚路蓝缕，无愧开山之祖，故我国史学可谓自司马氏正式开幕"②，而中国史学的发展，实是"自秦汉以后，萌芽滋长开花结实"。所以郑氏更在文中指出，"一为自史学本质上言之，汉隋间之史学实另成一单位，此外更无适当区分"，"二为自载籍之记述上言之，则如隋唐经籍志著录，自汉迄隋，且汉志始汉，史通迄隋，为取材一致"。③ 他不独引介史籍的内容，更注意每一本史籍传承前朝史学体裁及史著特色的关系，以见汉隋年间史学著作的地位。

郑鹤声概括中国史学的特色是有"褒贬精神"。他认为史学不是单独的史事记述，而是在史事之间求其因果贯通的道理——

---

① 郑鹤声：《正史总论》，载《史学杂志》第1卷第2期，1929年，1—20页。
② 郑鹤声：《汉隋间之史学》，载《学衡》第33期，1924年，（总）4465—4470页。
③ 郑鹤声：《汉隋间之史学》，载《学衡》第33期，1924年，（总）4465—4470页。

"重伦理的评判,以道德衡量是非之标准,其目的全在树之风声,故可谓道德的史观或伦理的史观",从而概括中国史学的特色是"褒贬精神"。① 最能表现这种中国史学特色的,就是孔子撰《春秋》及司马迁撰《史记》。最后,郑氏归结汉至隋之间,中国出现了"五大史学之史家":(1)司马迁首开"纵横予夺,褒善贬恶"的通史体裁;(2)班固"善叙事理,文直事核,美恶无稳",开断代史之先河;(3)荀悦(148—209)的《汉纪》列年月比事撮要,成"新编年体";(4)裴松之(372—451)的《三国志注》"非为训诂孜孜于字句,撮前代遗事而一以名教";(5)刘勰(465—520)的《文心雕龙》,"以史文均混成一录,贵大体,存名教"。以上五位史家均是"开山之祖,发凡起例,或为中兴之杰承前启后,虽创有异而别裁,同足以益裨史学嘉惠后生",这种对《春秋》及《史记》的看法,也曾出现在柳诒徵所著的《国史要义》之内。

当然,郑氏的研究方法也有不同于柳氏的地方。首先,在中国史学史的研究方法方面,郑氏特别注意史家所处的环境及心理因素与撰述史著的关系,这些研究方法是柳诒徵尚未注意到的。郑氏曾撰《史汉研究》《司马迁年谱》《班固年谱》《杜佑年谱》《袁枢年谱》,可见他尤注意史家个人家世、经历与史学著述的关系。② 他在《史汉研究》一书中认为历史为人类心力发展之功能,并由环境构成,两方势力俱不可蔑视,③ 并举了司马迁成《史记》

---

① 郑鹤声:《汉隋间之史学》,载《学衡》第33期,1924年,(总)4470页。
② 郑鹤声:《司马迁年谱》,上海,商务印书馆,1933;《班固年谱》,上海,商务印书馆,1933。
③ 参见郑鹤声:《史汉研究》。

之例以助说明这个道理。郑氏指出司马迁成《史记》，既得力于祖荫及游历，也因父亲司马谈托命及"李陵之祸"，前者是一个"环境"因素，后者是一个"史家心力"因素，尤特别者，"李陵之祸"更"益锐其（司马迁）著述之心，怀悲愤的情思，遇时变之无常，促成其为绝学焉"。① 因为司马迁"怀悲愤的情思"，所以发而为文，乃多褒贬的文辞，故研读《史记》时，不可只注意记载的史事，还"应求文词言外之旨，求史家悲愤之思"。②

郑氏强调班固撰《汉书》，也得力于"环境"及"史家心力"的因素。班固先祖受学于汉初大儒师丹，父班彪与刘向共典秘藏，宫中典籍成为班氏父子著史的"私家学府"；同时，班固弟班超"口辩而涉猎古书"，妹班昭"详于史述"，这个家学渊源"一门济美，世莫与俦"③，就是"环境"因素。加上班彪世传经史，笃厚修行，才高而好述作，班固上承父亲的治史风尚，"潜精研思，欲就其业"，这就是"史家心力"的因素。结合"环境"与"史家心力"的因素，班固终成《汉书》。

其次，在推动历史教育方面，郑鹤声尤重视研究历史教育的施行方法，可见郑氏更践行柳诒徵所说的历史教育的目的。他在《中学历史教学法》一书中，分别讨论中小学历史科教师的修养、教材、教科书、教学设备、教学方法及学生成绩等。在教材方面，他认为初中历史教科书应多偏重政治史，而以文化史为副，高中方可偏重文化史，以政治史为副。因为初中学生应先了解历

---

① 郑鹤声：《史汉研究》，20页。
② 郑鹤声：《史汉研究》，35页。
③ 郑鹤声：《史汉研究》，83页。

朝治乱的历史事件,再探讨历代相承的文化精神,这可使初中学生得到一个历史的概念;乃至高中学生掌握治乱因果后,才能深入了解各朝代史事背后的文化精神,从而进一步明白中华民族的文化精神面貌。同时,编写初中历史教科书的作者,应以表解方式帮助说明史事的因由,方便学生的了解及记忆;而编写高中历史教科书时,应以单元式的问题为中心,让学生把同质的史实分类叙述,这样高中学生便可获得史事"首尾衔贯,系统分明的观念"。①

尤可注意者是,郑氏建议历史教学应激发学生研读本科的兴趣。因为历史课程的内容很复杂,学生无法详细记下历代的史事,所以他提议历史科的教员,多运用图片,指示风俗古迹,增加学生的印象;又可利用模型展示古代文物,发挥学生的创造能力;还可以放映有关中国名山大川及古代史迹的电影,使学生如同身历其境,激起学生研究历史的兴趣。此外,教员在讲演上可运用"讨论法",通过让学生提出问题,以及观察学生对史事的批评,从而整理出一个结论或问题报告;教员也可运用"实习法",要求学生扮演历史人物,这样学生必须要对教材有彻底的了解,设身处地地去揣摩历史人物的所思所想。② 郑鹤声更认为高中学生在教员指定的教科书中,自能领悟;但初中学生缺乏历史知识,所以应"依其心智",利用"表演法"及"实习法",提高初中学生学习的兴味。郑氏为求推动历史教育活动,更编《中国史部目录学》及《近世中西史日对照表》,前者方便学生求得"读史之门

---

① 郑鹤声编:《中学历史教学法》,34—36页。
② 郑鹤声:《史汉研究》,81—83页。

径",后者为学生提供"读史之工具"。① 两书都为史学系的学生提供了史部基础知识。②

最后,在史学观点上,郑鹤声虽然上承柳氏对近代文化史的看法,但进一步拓展了柳氏尚未注意的近世史(近代史)范围。柳诒徵在《中国文化史》中认为,近世起源应上溯自明末海洋交通的发展及传教士来华。明末海洋交通发展,致中国大陆与海洋相连,"从前之国家,虽与四裔交往频繁,而中国常屹立于诸国之上……自元明以来,始与西方诸国有对等之交际,而中国之历史变而成海洋之历史也"。16世纪西方航运大为发展,也促使西方传教士利玛窦(Matteo Ricci,1552—1610)来华,自此以后,西方科技及文化知识传入中国,"西方之宗教、学术、物质、思想逐渐输入,别开一新局面也",故明末清初为"近世文化史"的开端。③ 郑鹤声在《中国近世史》中认为,近世的开端起自明末武宗(朱厚照,1491—1521,1505—1521年在位)正德十三年(1518),

---

① 有关研究郑鹤声对目录学的贡献,参见陈尚胜:《郑鹤声》,见李侃主编《中国历史学年鉴》,388—390页,北京,生活·读书·新知三联书店,1990。但此文未注意郑氏撰《中国史部目录学》是推动历史教育的表现。

② 郑鹤声在《中国史部目录学》的《自序》中指出,目录学是读书的门径,初学者开始探讨古代史籍及文献时,应先阅览古代史书的流布及有关史学的数据,但历史数据太多,故不从目录学入手,就难掌握历史文献的具体内容及史料价值。可惜其时国内尚没有一本可供就读史学系的学生查阅有关史籍目录的专著,为方便学生以"简易""直接"方法求得治史的门径,郑氏特编撰此书。参见郑鹤声:《自序》,见《中国史部目录学》,1页,上海,商务印书馆,1928。陈尚胜对此书曾做介绍,但只略述其内容,尚未注意郑氏提出了史部目录的新观点。参见陈尚胜:《郑鹤声教授对中国历史研究的贡献》,载《文史哲》第3期,1996年,61—65页。

③ 柳诒徵:《中国文化史》下册,647页。

此书上册由明末武宗正德年间西方航路的发展起叙，可见郑氏也采用了柳诒徵近世开端于明末的观点。但郑鹤声对近世史的研究比柳诒徵更深入。他在《中国近世史》中指出，近世史研究与人类生活有密切的关系。他认为：

第一，二十世纪二三十年代的现世生活，与自1842年门户洞开以后中国的国运相终始，"近世史……与吾人之生活经验相接触也。故近世史者，为人类生活最可征信之记录也"。因为"近世"与20世纪初中华民族的生活时代十分接近，由是推论，近世史的数据，均是一些可信的记载。①

第二，人类生活往往是由近至远，史迹的发现也是由河域而海洋，由国内至国外，近代中国的政治及社会发展也是如此。自鸦片战争之后，国外的西方势力往往成为影响国内社会、经济、文化变动的因素，甚至形成"国外政事多涉于国内事端"；20世纪初的中国民生也受到了外力的影响。为了解20世纪初国内政事及文化发展变化的原因，就必须要研读近世史。所以郑鹤声特别引用柳诒徵划分近世史的标准，以支持自己的论点：

> 柳翼谋师谓："自邃古以迄两汉，是为吾国民族本其创造之力，由部落而建设国家，构成独立之文化之时期。自东汉以迄明季，是为印度文化输入吾国，与吾国固有文化由抵牾而融合之时期。自明季迄今日，是为中印两种文化均已就衰，而远西之学术、思想、宗教、政法以次输入，相激相荡

---

① 郑鹤声：《自序》，见《中国近世史》上册，2页，南京，中央政治学校，1944。

而卒相合之时期"。此种文化之传播,即为人类活动之轨迹。①

郑氏认为汉以前,中华民族在活动范围内缔造的历史,"可谓纯粹的中国史"。两汉以后,民族发展至亚洲及印度,华夏民族的活动范围仍不出亚洲,"可谓亚洲的中国史"。明季以来,海航大开,传教士来华,欧美风渐,"国际问题,因而丛生,所有活动,几无不与世界潮流发生影响者,故可谓世界的中国史"。而欧美各国于16世纪初发展新航路,"亦复混入世界史之范围,东西史迹,因之沟通"。他认为16世纪初东西交通频繁,是为近世史的开端,而柳诒徵对近世史的分期观点,便成为支持他的论据:

> 柳师谓:"中国近世之历史,与上古中世之区别有三:一则东方之文化无特殊之进步,仅能维持继续为保守之事业,而西方之宗教学术物质思想逐渐输入,别开一新局面也;一则从前之国家虽与四裔交通频繁,而中国常屹立于诸国之上,其历史虽兼及各国,纯为一国家之历史,自元明以来,始与西方诸国有对等之交际,而中国历史亦植身于世界各国之列也;一则因前二种之关系,而大陆之历史变而为海洋之历史也。三者之中,以海洋之交通,为最大之关键。"故中国近世史之开端,当自新航路之发现始。②

---

① 郑鹤声:《自序》,见《中国近世史》上册,3页。
② 郑鹤声:《自序》,见《中国近世史》上册,3—4页。

柳诒徵从文化史的角度，指出明末因欧洲航海事业的发展，海路大开，使西方文化输入中国，乃至19世纪，欧洲经济、航海事业继续发展，殖民事业不断扩张，促使中国与国际相为交往。所以从航海事业发展的角度而言，近世史可上溯自元代；但从东西文化交流的角度而言，近世史应拓自明末西方传教士利玛窦的来华。郑氏按柳诒徵的观点，指出自15世纪末欧洲新航路发展，葡萄牙人先后来华，各国商人、传教士也接踵而至，"实开近世东西交通之端"。随后，19世纪欧洲各国经工业革命，生产力大增，更推动了欧洲各国的殖民事业，"而中国首受帝国主义之压迫，自鸦片战争后，外患内变，无时或已，欧美与中国之关系，亦日益密切"。中国近代民族受到列强欺凌的原因，也拓源自明末清初中外交流的情况，"此三四百年中，以中外交通之故，使中国内部之兴革，对外之关系，俱较前世为繁颐，而与吾人现代生活之影响，亦更为密切"，从中西文化交流的角度而言，近世史的起源也应溯自明末清初。① 由此可知，郑氏主张近世史开端自明末清初的观点，实上承柳诒徵，他对近世史的注意，固然与世运有关，但不可忽视柳氏对其思想的启导。

总之，郑鹤声治中国通史、以史学求实用目的，以至以史学宣扬教化的观点，均上承柳诒徵。郑氏治史的范围，包括历史教育、中国史学史，并从文化史的角度研究中国近世史、近代史的分期方法，以上这些观点及研究范围都受到柳氏的启导。然而郑鹤声对近世史的研究、对历史教育的推动，则是在柳氏尚未多加

---

① 郑鹤声：《自序》，见《中国近世史》上册，4页。

注意的领域，做了进一步的探讨。

## 第三节　陈训慈的地方学术史及中西史学研究

陈训慈(1901—1991)，字叔谅，浙江慈溪人。1919年入读南高史学部，1923年夏毕业；及后又于1926年夏继续升读东大史学系，次年毕业。就读南高期间，任史地研究会第三届书记、第四届至第八届编辑，又分别任第一届、第六届至第八届丛刊编辑，及第五届编辑主任。① 1926年至1927年，因转读东大史学系课程，遂参与柳氏主编的《史学与地学》的编辑工作；而在1928年至1931年，因执教中大史学系，得以协助柳诒徵成立中国史学会及出版《史学杂志》。1932年至1941年，任浙江省立图书馆馆长；其间又于1938年10月任浙江大学龙泉分校主任，兼教中国通史及西洋史。1949年后，任浙江省立文管会第一批委员，从事整理及研究江浙文物的工作。其婿宋晞指陈氏曾言："大学时代受柳诒徵、徐则陵、竺可桢三教授教导之地方史、西洋历史及地理学，得益良多。"②陈氏研究清代浙东史学的成果，被认为"是

---

① 有关陈训慈的生平，参见宋晞：《陈训慈与浙江省立图书馆》，见"国父"建党革命一百周年学术讨论集编辑委员会编：《"国父"建党革命一百周年学术讨论集》第1册，583—599页。
② 陈训慈：《建设宁波公共图书馆之希望》，未见原文，现转引自宋晞：《陈训慈与浙江省立图书馆》，见"国父"建党革命一百周年学术讨论集编辑委员会编：《"国父"建党革命一百周年学术讨论集》第1册，586页。

进一步研究这一学派的重要著作"①。他也以研究浙东史学而闻名于世。

陈训慈的史学研究范围，主要是中国地方学术史及西洋历史。在中国地方史方面，撰有《四明万氏之民族精神》《桐乡劳玉初先生小传》《晚近浙江省文献述概》《浙东史学管窥》《清代浙东之史学》，以及于1949年后与方祖猷合编《万斯同年谱》；西洋史方面，撰有《世界大战史》《近世欧洲革命史》及《西洋通史》。陈氏在南高期间，因修读徐则陵的西洋史及刘伯明的西洋上古哲学等科目，得以接触西方历史和西方哲学，他虽然也继承了柳诒徵治地方史及治史求致用的观点，但研究对象明显地转向西洋史，这与上述缪、郑两人有较大的不同。

在柳诒徵提倡道德教化及师范教育的影响下，陈氏早于求学阶段已注意史地教育。他在《中国之史学运动与地学运动》一文中，对其时的史地教育提出三个意见：第一，政府要多编纂中小学史地教材及教科书，以补教本的不足；第二，检查全国史地教员的质素，或设法补济其缺；第三，设法普及国民的史地常识。② 他也曾针对其时官方推行的初级中学历史科课程提出意见，

---

① 方祖猷：《自序》，见《清初浙东学派论丛》，1页，台北，万卷楼图书有限公司，1996。1949年后研究浙江学术发展的专家方祖猷，更与陈训慈合撰《万斯同年谱》（香港，香港中文大学出版社，1985）；陈训慈的女婿，日后"中国文化大学"历史系教授宋晞也承认本人研究浙东学风，是受陈氏研究浙东学风的启导。参见宋晞：《序》，见方祖猷：《清初浙东学派论丛》，2页。
② 叔谅（陈训慈）：《中国之史学运动与地学运动》，载《史地学报》第2卷第3期，1923年，33—45页。

积极推动历史教育活动,《初级中学历史课程标准草案》讨论了历史科课程的施行问题及施教方法,认为"初中教授中国史与世界史所以宜分而不宜合",因为中西民族性格各有特色,自成系统,"混合编制与教授,终莫能寻绎其共通之线索"。从教育学的角度而言,初中学生对国史及西洋史只知故事,尚未了解中外的历史事件,"升入初中,基本知识尚待灌输,遽欲混中外为一家,自将感凌乱无序,茫然不解矣"。① 所以,他建议中国史与世界史分别教授。关于初中历史课程的改革内容,他以为初中历史教学的目标,是要学生了解中国政治经济变迁的情况,说明近世中华民族受列强侵略的经过,"以激发学生之民族精神,并唤醒其在中国民族运动上责任的自觉",以及使学生明白世界重要国家政治经济变迁的情况,以"灌输学生国际的常识,并养成其适当的国际同情心"。此外,更要"使学生略知现代人类生活与现代文化之由来,并辅助其良好公民习惯之训练"。② 总之,他是从实用的角度出发,建议改革初中历史科课程的。

为了使学生能有充足的时间掌握中国史的要点,陈训慈建议初中中国历史的课程应分上古、中古、近古、近世、现代五期;教员应注意"打破朝代分界之观念,而以转移大局之潮流为准"。在教具方面,他除了建议教师广用历史地图、图片,更建议在"讲述时可插入问题,使学生共同参与,以集中学生之注意力",

---

① 陈训慈:《初级中学历史课程标准草案》,载《史学杂志》第 1 卷第 1 期,1929 年,1—12 页。
② 陈训慈:《初级中学历史课程标准草案》,载《史学杂志》第 1 卷第 1 期,1929 年,3 页。

并利用"时事之报告与解释史事""笔记与短文之练习",鼓励学生做"预习与复习",以"增加学生之兴趣,促进学生之了解"。① 由此可见,陈氏是在柳诒徵的教导及师范教育的影响下,注意推动史学教育的发展及实践史学致用目的的,但他较柳氏更深入地探讨了史学教育的内容。

同时,在选取研究范围及地方史研究的目的方面,可见陈训慈研究江浙地区学术文化的观点,与柳氏提倡地方史研究的论点甚为相近。

柳诒徵任教南高时,已研究江苏一地的历史,并刊行江苏先贤的著作,他在《讲国学宜先讲史学》一文中,认为中国史学可分三大类,一为个人历史,二为家族历史,三为地方历史;而研究地方史与培养地方"道德团体"的发展甚有关系②,所谓"地方志乘,道德团体历代之史,胪陈团体之合",研究地方史的功用,在于"博览志乘,鉴戒之资"③。

陈训慈上承柳氏的观点,强调治地方史与地方推行教化二者之间有其相互关系。正如柳氏一样,陈氏也借表扬地方先贤,欲达到彰显"吾浙固忠义气节之邦,则吾省人士追溯旧事"④,治地方先贤的事迹,以求宣扬地方道德教化的目的。陈氏在1936年发

---

① 陈训慈:《初级中学历史课程标准草案》,载《史学杂志》第1卷第1期,1929年,5—11页。
② 柳诒徵:《讲国学宜先讲史学》,见柳曾符、柳定生选编:《柳诒徵史学论文集》,496—497页。
③ 柳诒徵:《史化第十》,见《国史要义》,219页。
④ 陈训慈:《四明万氏之民族精神》,载《越风》第13期,1936年,21页。

表的《四明万氏之民族精神》中,介绍浙江万斯同(1638—1702)家族的发展。文中除了肯定万氏家族在学术上的地位,最重要的是表扬万氏"民族思想,渊源实远,盖万氏固明室之世臣,三百年来武功照耀,忠义相承而不替者也"①;又借表扬万氏家族的民族思想,以见"吾浙风义感召,开启后世浙人之民族思想,耿耿忠节,尤足为国步艰危中一般后世追颂不忘而奉为矜式者"。陈氏撰写此文时,正值日本大举侵华,他借表扬万斯同一家的气节,以阐明近人"应如何崇尚发扬万氏累代忠义之精神,播为风气,奉为典范,成此共信,一我步趋,以赴此来日之大难欤"②。此文旨在勉励浙江人士效法万氏家族的忠义行为,可见陈氏是从道德教化的立场,研究万氏家族的发展史的。

陈训慈在《桐乡劳玉初先生小传》中,一再从地方教化的角度,探讨劳乃宣(1843—1921)的事迹,以见"吾浙得风气之先,身为教育导率者,黟颐难数,而一生乐育为怀,倡言文字改革,以宏教化之效者,一时尤推桐城劳先生"③。文中主要讨论:第一,劳氏"好以兴学为务,其在兴桥,重兴莲池书院",力倡私家教育,并推行拼音方法,"使民易识易解",开启民智;第二,劳氏尊古儒学,实践纯笃,"持礼教为己任",教学生时也强调君子与小人之别,"平素尤持躬凛然,诵服儒先,跬步不苟,……与

---

① 陈训慈:《四明万氏之民族精神》,载《越风》第13期,1936年,15页。
② 陈训慈:《四明万氏之民族精神》,载《越风》第13期,1936年,21页。
③ 陈训慈:《桐乡劳玉初先生小传》,载《文澜学报》第1卷第1期,1936年,1页。

人仁爱",可见劳氏的行为是"求礼教律己,敬恕待人"。① 最后,陈氏说出撰写此文的原因,不独是表扬浙江先贤的行事,更要"爰考稽往事,寻绎遗著,成为此篇,以备考乡献治旧闻者……先生通识古今,其言行要自有足以千秋者在,树后学以准则"②,借表扬劳氏对地方教育的贡献,以树立地方士子道德效法的典范。

陈氏又进一步身体力行,借保存地方文献以推动地方教化。他于1932年编刊《浙江省立图书馆馆刊》,又与中大国学图书馆柳诒徵等人合办"丁氏(丁丙)文物展览会",表扬浙江藏书家丁丙"冒险拾残,敦睦教化",保存文献,以传地方教化的行为。③ 及后又借举办"浙江省立图书馆三十周年纪念文物展览会",表扬"吾浙积绪既厚,流风斯邕,所谓源远流长,固非偶然"。④ 人们遍览这些浙江先贤文献,便可了解先贤的行事,进而景仰先贤,并以先贤行事为效法对象。由此可见,陈氏举办这些展览会,是兼有"以激发本省人士继往开来之精神,倡教化之先声"⑤,以及保存地方文献就是"庶几备修志之甄采,为政教之辅翼"⑥的目

---

① 陈训慈:《桐乡劳玉初先生小传》,载《文澜学报》第1卷第1期,1936年,2—5页。
② 陈训慈:《桐乡劳玉初先生小传》,载《文澜学报》第1卷第1期,1936年,7页。
③ 陈训慈:《丁氏复兴文澜阁书纪》,载《浙江省立图书馆馆刊》第1卷第5、6期合刊,1932年,12页。
④ 陈训慈:《浙江省立图书馆三十周年纪念会纪》,载《浙江省立图书馆馆刊》第2卷第6期,1933年,1页。
⑤ 陈训慈:《晚近浙江省文献述概》,载《文澜学报》第1期,1935年,1—32页。
⑥ 陈训慈:《浙江图书馆之回顾与展望》,载《浙江省立图书馆馆刊》第2卷第3期,1933年,12页。

的。既然地方文献对地方教化影响甚大，所以陈训慈在任浙江图书馆馆长期间，也刊行浙江图书馆及中大国学图书馆所藏有关浙江人物的典籍，先后整理及出版黄以周（1828—1899）所撰《礼书通故》、阎若璩（1636—1704）所撰《尚书古文疏证》，及研究浙江的地方志书，如《两浙金石志》《浙江通志》《浙西水利考》《温州金石志》《台州金石志》等"浙江国学基本丛书"。①

另外，陈训慈不同于柳氏的地方，是他深入研究地方学术史，此不同于柳氏只注意地方社会、经济及教育史的研究范围。陈训慈撰《清代浙东之史学》一文，介绍清代浙东学术的发展。陈氏为江浙人，撰此文的目的，是要指出"清儒二百余年之学术，卓然整理推宏之成效，而史学之研求，在学术史上尤蔚为巨观"。陈氏更总结出清代浙东史家的治史成果，是造成清代史学成就丰盛的原因，所以便说："甬绍硕学大师，前后相承，在清学之中，厘然有系统之可寻，而其造诣并著于史学。……至如一代大师，开辟徯（蹊）径，师教乡习，濡染成风，前后相维，若脉可寻，尤常有不期然而然者。"②

陈氏先把相同籍贯的学者进行归类，再结合学术的演变方法，做进一步研究，借此既能见清代浙东史学的发展，又可知"文化隆替转移之迹"。他认为清代浙东史学近取浙人王阳明（1472—1529）言性命的宗旨，远取宋代金华学者。浙东学术至明

---

① 陈训慈：《全国省立图书馆现状之鸟瞰》，载《浙江省立图书馆馆刊》第3卷第4期，1935年，21—22页。
② 陈训慈：《清代浙东之史学》，载《史学杂志》第2卷第5、6期合刊，1931年，1页。

中叶"大儒"王阳明倡"良知",求"性命之教",才发扬光大,及后浙人刘宗周(1578—1645)又承阳明"慎独"的宗旨,而明末黄宗羲(1610—1695)师事刘宗周,"门从济济,浙东学风赖以复振"。因为刘宗周倡"慎独"上承王阳明之教,黄宗羲是刘宗周的学生,他们祖籍又都是浙江,所以他们的治学风尚是一脉相承的;而黄宗羲使"阳明之教,转求史学蹊径",故陈训慈奉他为浙东史学的"开山之祖"。①

再进一步说,陈氏从浙东学术源流向上追溯,既然王阳明与万斯同均祖籍浙江,而万氏又师承黄宗羲,黄氏又师承刘宗周及王阳明,便可以得出以下的结论:"盖浙东之史学,所以上溯宋元先哲之传,下开梨洲以降之史学,实赖阳明之教。"②此外,黄宗羲借撰述表扬"砥砺德行,以为立身行事之本",达到"经济治民"的目的;乃至学生万斯同,上承黄氏保存史料的心志,终成《明史稿》及《儒林宗派》,又借著史以明"拳拳爱国之心";其后万斯同的兄长万斯大、乡人全祖望(1705—1755)均以"明先王礼仪法度",上承黄氏治史求"经济治民"的观点。依陈氏所见,自万斯同以下的治江浙史学者,均是"传先儒,更由近以及远,绍梨洲未竟之志,而秩然别为专著"。及至清中叶,章学诚上承黄宗羲治史求经世致用的特色,又倡文史会通及方志学的研究,章氏的治史方法,更被陈氏认为是"发绪余于方志,上追《尚书》《春

---

① 陈训慈:《清代浙东之史学》,载《史学杂志》第2卷第5、6期合刊,1931年,2页。
② 陈训慈:《清代浙东之史学》,载《史学杂志》第2卷第5、6期合刊,1931年,2页。

秋》之遗教，下为治史之士开创径途，遗著昭垂"。①

自此可见，陈氏以学者的地域分布与地理环境的相互关系，作为立论基础。因以上学者皆祖籍浙东，由是陈氏把他们归纳在"浙东学派"的研究范围下，研究其治史风貌，并且得见这群学者在治史方法上相承相接的特色。最后，陈氏归纳浙东学风的特色为"博约精神""躬行之精神""经世实用之精神""民族思想之精神""不立门户与大公之精神"，并说明撰写此文，就是要表扬浙江一地的学风："吾乡宿学大师，或闭户潜修，或主讲黉舍，犹多以史学知名，盖学风递嬗，浸成乡习，源深流长，由来以渐，非偶然之故也。"②其主要目的，就是阐明浙江一地学术之风甚盛。由是可见，陈氏开拓了柳诒徵未加注意的地方学术史课题。

同时，陈训慈在徐则陵及刘伯明等人的教导下，注意西洋文化史及西洋上古史，其西洋史研究更是柳氏不曾注意的。陈氏在《西洋通史》中认为，应"使国人必须具有世界观念，或整个文化的观念，注意比较与联络，明白中西圣哲融通的心意"③，使国人能从整个世界文化史的发展中，得见中国文化与西方文化融通的地方，并希望国人终能"养成正当之民族观念与世界观念"。国人

---

① 陈训慈：《清代浙东之史学》，载《史学杂志》第 2 卷第 5、6 期合刊，1931 年，20 页。
② 陈训慈：《清代浙东之史学》，载《史学杂志》第 2 卷第 5、6 期合刊，1931 年，22 页。陈氏结合了地域与思想发展，这种追踪学派形成脉络的研究方法，有首创之功，故近代学人方祖猷认为："第一个完整地提出这一学派代表人物而予以详尽说明的是陈训慈先生，他的《清代浙东之史学》，是进一步研究这一学派的重要著作。"（方祖猷：《自序》，见《清初浙东学派论丛》，1 页。）
③ 陈训慈：《西洋通史》，3 页，南京图书馆藏本，1929。封面印有"中央大学"字样，可能此书为陈氏于 1928 年至 1931 年执教南高史学科目时的教本。

既接纳西洋文化，又能"融化西洋文化的精义"，这些论点与南高国文史地部师生合作刊行的《学衡》杂志提出的"昌明国粹，融化新知"口号是相通的。

陈训慈在《西洋通史》中，从西方文化史研究的角度，探讨西洋历史的进程，而不是从个别的历史事件介绍西洋历史的发展。此书《导言》指出"文化史以明人类进化之迹，求延续因果的活动，非独一般治乱兴衰的历史事件"①；只有研究文化史，才可通观人类演进的迹象，进而得见"西洋文化相承相续之迹"②。书中论述希腊的历史时，并不是论述历史事件或希腊的战争史，而是从文化史的角度做出阐述，如第二编"希腊"下的章目名称，依次是"希腊之地理民族与其文化之渊源""希腊文化之孕育""希腊民族之定居与文化之萌芽""希腊人之殖民文化""雅典城国之初兴""希腊文化之继续发展""希腊文化之传布"。陈训慈从文化史的角度介绍西洋的发展，于此可见一斑。

同时，陈训慈叙述西洋文化的起源时，指出西洋文化拓源自古希腊及罗马文化，认为"希腊及罗马文化为近世西洋之真文化"③，这一点同于刘伯明认为"希腊文化为欧洲真文化"的观点。陈氏认为，希腊时代西方"文化上呈现多方面迅速的发展，尤以哲学与道德思想为著，此为西洋之真文化也"④。因为希腊的哲学及道德思想才是西方的"真文化"，所以书中特辟专章，介绍古希

---

① 陈训慈：《西洋通史》，1页。
② 陈训慈：《西洋通史》，2页。
③ 陈训慈：《西洋通史》，27页。
④ 陈训慈：《西洋通史》，27页。

腊哲学家苏格拉底的哲学思想，并认为苏格拉底的思想是以"真理之寻求者，训练善良公民之理想"，"保留善人道德哲学"的特色。① 苏格拉底既为希腊哲学思想家的代表人物，也是西洋"真文化"的代表。及后，陈训慈先后撰写《近世欧洲革命史》《世界大战史》二书②，足以说明陈氏毕业后，转而致力于西洋史的研究。③

陈训慈也介绍东西方传统史学的特色，由此可见陈氏既受柳

---

① 陈训慈：《西洋通史》，28页。
② 陈叔谅(陈训慈)：《近世欧洲革命史》，上海，商务印书馆，1934；《世界大战史》，上海，商务印书馆，1929。另参见陈训慈：《欧洲独裁与前途》，载《史学杂志》第1卷第3期，1929年，1—15页。其实，陈训慈不独注意世界时事，也曾引介西方史学，参见谅(陈训慈)：《本志编辑启事》，载《史学杂志》第2卷第5、6期合刊，1931年，2页。
③ 陈训慈在《近世欧洲革命史》中认为："吾人今日欲为中国革命的破坏与建设，固当详审本国社会与历史之背景，但外国过去之经验，自万不能整个移用，但或可为吾人所取法，或可为吾人覆辙之戒，则外国革命史亦大足为中国革命运动参证之资也。"陈训慈在《世界大战史》中发挥了历史借鉴的作用。他指出，研究世界大战史的目的是，为"国内一般留心国际形势者，常识之助，陈事迹，未敢与言'史'"，国人视第一次世界大战为时事，往往忽视大战与中国国情的关系，"仅见于表象，甚或陷于误解者，实则最近吾国际形势，固皆与世界大战有其渊久之由来"，故著《世界大战史》以明"吾国与国际问题之因果关系"。中国虽然参战，但巴黎和会中列强却不理会中国代表的要求，和会更成为列强"宰制中国之手段"。大战后，列强曾举行讨论有关中国关税及法权的会议，又不理会中国代表议定关税的要求，中国仍然被列强控制，故陈训慈希望借此书，"引起读者注意，以明中国与大战之关系"，"中国实处于极艰危之地位，当为吾人所认识。列强帝国主义方以侵人自利为务，吾人遽信世界革命之可立，即实现、或妄想和平之将临，而轻视民族之自卫，盖国际间犹无正义，则被压迫民族尤有自卫之必要，使中国民族卓然自立，不再为侵略之目标，以大战为吾人之教训"，希望读者借看此书，得知第一次世界大战历史的结果与中国国运相终始，中国以战胜国的身份，反被欺凌，国人应以大战史为鉴，积极推动民族独立运动，待富强后，才可与列强并列。可见陈训慈如柳诒徵一样，从史学发挥"资治"作用的立场，研究历史。参见陈训慈：《近世欧洲革命史》，4页；《世界大战史》，3页。

氏的启发，注意中国史学的痕迹，同时受到徐氏的引导而注意西洋史学。陈氏《史学蠡测》一文指出："吾国史学之富，能为举世学者所共称。惟论史学之专书，颇不多见。数十年还，欧美之史学大昌，而论史旨、史法以逮考史学沿革得失之作，在蔚起之史书中，亦复自树一帜；其于史学颇著推进之效。国人有鉴于斯，颇或表宣前说，裁成新著，而详密巨作，犹未多觏。学子有求，每苦阙如。"①因国内缺乏引介20世纪以还欧美史学发展的论著，所以此文"于现今史学之要端，以及吾国与欧美史学之演进，做一最简略之叙述"。

陈训慈为使国人知道西洋史学的特色，更撰《希腊四大史学家小传》一文，专题介绍西方史学发展史。②他认为近代研究西洋文明的学者，多注意希腊及罗马的艺术家、天文家及哲学家，尚未注意"希腊四大史学家"，即希罗多德、修昔底德、色诺芬及波里比阿的治史方法。陈氏归纳这四位史学家的特色是："从政论世，发之著述，经世实用之精神"，借史著以表达救世思想。

总括而言，陈训慈上承柳诒徵借研究地方史以阐明教化的目的，所以他在撰写的人物传记及举办的学术展览会中，均以"庶几备修志之甄采，为政教之辅翼"，发挥阐明教化的治史宗

---

① 陈训慈：《史学蠡测》，载《史地学报》第3卷第1、2期合刊，1924年，1页。
② 陈训慈：《希腊四大史学家小传》，载《史学与地学》第1期，1926年，（总）217—233页。陈氏对美国史学的介绍，参见陈训慈：《美国费悉尼（Fay S. B.）教授著：〈世界大战之由来〉》，载《史学杂志》第1卷第2期，1929年，（总）5—10页。

旨。① 此外，他也另辟蹊径，开拓地方学术史的研究方向，成为研究浙东学术史的典范。另外，陈训慈因师承刘伯明及徐则陵，还涉足柳诒徵不曾注意的西洋历史范畴。

## 第四节　张其昀的人文地理学和地理教育学

张其昀(1901—1985)，浙江鄞县人，1919年考入南高史学部，1923年毕业，是南高文史地部第一届毕业生。在校期间，分别任第三届至第八届史地研究会编辑、总编辑或特种编辑，第五届史地研究会副干事，又于1921年至1923年负责出版《史地学报》。毕业离开南高后，1926年夏天，张其昀因柳诒徵的推荐，返回东大史学系执教，协助柳氏出版《史学与地学》，并担任此刊物的编辑。1928年执教中大地理系，并担任此后出版的《地理杂志》编辑。1934年，张氏又与竺可桢组织中国地理学会，出版《地理学报》《地理教育》。1936年后，跟随竺可桢执教浙江大学，并任浙江大学史地学系系主任，出版《思想与时代》②；又协助成立浙江大学地学会，鼓励地理学的专业发展方向③。

---

① 陈训慈：《晚近浙江省文献述概》，载《浙江省立图书馆馆刊》第2卷第3期，1933年，32页。
② 有关张氏组织中国地理学会及出版《地理学报》及《地理教育》的情形，参见张其昀：《发刊辞》，载《地理学报》创刊号，1934年，1页。
③ 程光裕：《大学时代师友的怀念》，见《国立浙江大学史地成立二十周年纪念集》，14—17页，台北，"中国文化大学"研究所出版部，1964。

张氏学习柳氏的治史方法,并因柳氏的教导,对前人史地学的研究成果多加注意,故他奉柳氏为南高史学的"精神领袖"①;不过,他的治学方法也受到南高另一位"精神领袖"刘伯明的影响,②自言"刘先生对我们最大的影响,就是主张哲学与史学应互为表里,人类文化史应以思想史为核心"③。此外,张氏修读了竺可桢开设的地学通论、人文地理学、经济地理学的课程,④竺氏对西方地理学知识的介绍,启导了张氏研究人文地理学及地理教育学的兴趣。竺氏的教导,对张氏自研究历史地理学转向研究人文地理学影响甚大,故张氏的学生宋晞及贺忠儒均认为:"竺可桢先生,对创办人(张其昀)地理学方面影响很大"⑤,"地学大师竺藕舫(竺可桢)先生的实事求是精神,也给予先生研究地理学很大的鼓励和影响"⑥。由于张氏同时受刘伯明、竺可桢、柳诒徵教导的中外史学方法及史地学的知识所影响,其治史特色既传承了柳诒徵治中国传统学术思想及沿革地理学的研究方法,也拓展了柳氏不曾注意的西方人文地理学及地理教育学的研究领域。张氏毕业后,较多转向地理学的研究,但他在1949年迁台后,又转回

---

① 张其昀:《"南高"之精神》,载《国风》第7卷第2号,1935年,15页。
② 张其昀:《"南高"之精神》,载《国风》第7卷第2号,1935年,15页。
③ 张其昀:《自序》,见《中华五千史》第1册,2页。
④ 《国立东南大学南京高等师范学校科目》,见《1922年国立东南大学南京高等师范学校教职员一览表》,国立中央大学档案,档案编号:64831516J3023。
⑤ 宋晞:《华冈张创办人行谊》,见"中国文化大学"张其昀先生纪念文集编纂委员会编:《张其昀先生纪念文集》,69页,台北,"中国文化大学"出版部,1986。
⑥ 贺忠儒:《张晓峰先生对中国地理学之贡献》,见"中国文化大学"华冈学会编:《张其昀博士的生活和思想》下册,963页。

史地学研究的路向。

首先应该指出,张其昀上承柳诒徵认为史学研究的目的是教化的观点。张氏得柳氏启导,才注意研究中国史学。他就读南高史学部期间,只修读柳氏开设的中国文化史及中国通史的课程,其余修读课程为西洋史、哲及地理学课程,其中国传统史学的知识,主要得自柳诒徵的教导。

张氏也上承柳氏以史学为教化工具的观点。他在《刘知几与章实斋之史学》一文中认为,历史本是"人道之纪(记)录,古人言行思想,借历史以传遗后人,后人积累古人之经验,以善其生,展(辗)转递增,辗增递蜕,人类社会逐渐见进化之迹,是故民族文化之高下,亦可见其所产生史家与史篇多寡之数为差"①。历史记录先贤的言行,先贤借史著使后人修善行,史学成为教化的工具;而后人借前人史著,得见先贤的教化,并进一步借史著保存先贤的言行,史学著作由是丰厚。故研究民族文化的进程及特色,便要研读此民族的史学著作。他又认为在中国史家中,只有唐代的刘知几及清代的章学诚较多讨论撰写史籍的方法,以及详论史家个人修养的问题。

接着,在研究课题方面,张其昀也曾注意研究及介绍地方先贤史志,这一点相同于柳氏阐发地方史的用意。张其昀为浙江鄞县人,当时的浙江鄞县即宋代的四明,故作者借撰《宋代四明之学风》一文,以"明先贤之景仰",说出"浙东学风,最重人格,宜于宋儒,景仰独深"。此文先归纳出四明学风的特色,即"乐学之

---

① 张其昀:《刘知几与章实斋之史学》,载《学衡》第5期,1922年,(总)656页。

精神""宽厚之精神""自爱之精神""廉洁之精神""致用之精神"。文章尤为特别者有二。其一，张氏运用方志资料研究学术史，"今以鄞县志为据，复参《鲒埼亭集》等文献之传，明其源流"；又因为鄞县的学者甚喜修方志，"其量之优，其质之精，均称全国之上乘"，观四明学者的学术研究成果，必观其修的方志。其二，方志记一地社会、民生经济的状貌，张氏利用这些数据，既能注意思想的传承因素，也能注意历史环境与学风形成的原因。因为他利用的是方志所见的宗族数据，所以先从"遗传与学风之关系"做分析，归纳出宋代四明一地的学者多是源远流长的高门大族，终成"家世业儒，师友渐广，藏书愈富，而命心传，熏染日深"；此外，据他从方志数据所见，四明环境，西南有月湖，湖中有汀洲，山林众多，又鄞县一地，地处浙江大都会，人物阜繁，经济繁华，学术交流自然日多，"环境与学风之关系相表里"；加之，宋代边患日多，而四明学者多倡气节，故形成了这种"时势与学风之关系"。①

同时，张其昀因受柳氏及刘氏二人的影响，在中国传统史学训练的基础上，从东西文化比较的角度，阐述儒家思想。张氏在校就读期间，曾撰写《中国与中道》一文，此文从人文地理学、世界地理学及比较东西文化的角度，指出中国独特的地理环境与儒家思想形成的关系，并述及儒家思想的发展是中国在四大文明古国中独存的原因。

张氏在此文中指出，中国"统制大宇，混合殊族者，其道在

---

① 张其昀：《宋代四明之学风》，载《史学杂志》第 1 卷第 3 期，1929 年，1—12 页。

中,我先民观察宇宙,积累经验,深觉人类偏激之失务,以中道诏人御物以为非此不足以立国"①。自孔子创立儒家学派,主张行事持中调和,容让平衡,儒家思想渐渐成为"民族精神,所以能继继绳绳葆世滋大,与天地长久,中华立国本原所在"②。孔子主张的中庸思想的形成,与中国的人文地理有关。中国居大陆,江淮朝宗于海,平原相望,促成"调剂介绍之力,中国文明产生于大平原,其民族器度伟大,有广纳众流之概,雨量俱不过分,张弛往复"。平原气候地属温和,资源充足,形成"民情风俗,安雅优美,不偏先民之劳苦,历代生活杂居,诸侯混融,一视同仁",民风及民情也相对平和。反之,印度地势多趋极端,"遂年变革甚大,人心易变";埃及只赖尼罗河的给养,形成了"依赖自然之惰性,人民已失抗外敌之能力";巴比伦耕地不足,资源缺乏,"山民漠民共遂之,入主出奴,得之维艰"。③ 由此可见,张氏先肯定儒家的尚道德精神为中国文化的特色所在,继而指出儒家这种尚道德文化的思想,也是使中国自先秦至 20 世纪独存的原因。他更从地理环境与人文思想发展的关系,分析儒家思想的发展与地理环境的关系。在这篇文章中,已见张其昀运用中国文献及人文地理学知识研究地理学的特色。这种治学方法,既受刘伯明倡导结合哲学与历史学、地理学的研究方法所启发,又受柳氏盛称儒家地位的言论及结合史地学的研究方法所影响。

---

① 张其昀:《中国与中道》,载《学衡》第 41 期,1925 年,(总)5519 页。
② 张其昀:《中国与中道》,载《学衡》第 41 期,1925 年,(总)5596 页。
③ 详见张其昀:《中国与中道》,载《学衡》第 41 期,1925 年,(总)5598 页。

在张其昀众多的研究成果中，我们也应多注意张氏治地理学的特色。他虽学习柳诒徵利用历史文献进行史地学的研究,① 但张氏毕业后，自传统文献考证的方法，转向研究人文地理学及提倡地理教育；而导致张氏转向的原因，主要是他致力于翻译西方人文地理学的研究成果，及受到竺可桢教导的影响。

张氏在1930年翻译了西方人文地理学名家白菱汉(Jean Brunches，又译为白吕纳，1869—1930)所著《人生地理学》(*La G'eographie Humaine*)一书②，扩展了中国地理学的知识面，除了地

---

① 张其昀曾撰写《明清间金陵之都市生活》，如柳氏一样结合史籍文献、历史地理学的方法进行研究，参见张其昀：《明清间金陵之都市生活》，载《史学杂志》第1卷第1期，1929年，1—8页。
② 西方地理学界认为白菱汉"为人文地理学界创立了一种新观念，给议论纷纷的地理学科提出了一条新方法"，该评语参见 Jean Brunches, *La G'eographie Humaine* (*Human Geography*), eds., trans. and with "Introduction" by Bowman Isaiah and Elwood Richard, Chicago: The University of Chicago Press, 1920, p. ii。也有些学者认为白菱汉提倡的"人文地理学说"，是20世纪的"地理学界的显学"，参见 Griffith Taylar ed., *Geography in the Twentieth Century*, New York: Philosophy Library, 1960, p. 4。有关西方地理学的发展史，参见 Robert E. Dickinson and O. J. R. Howarth eds., *The Making of Geography*, Oxford: Oxford University Press, 1930。

质学、气象学，更引入西方的人文地理学知识。① 据张氏称，他是

① 张其昀推动国人了解西方地理学的研究成果，早在 1923 年，《史地学报》连续三期把欧美研究人文地理学的专著介绍给国人，如曾介绍 A. H. Keane 写的《过去现在之人类》(Man, Past and Present)、Crawford 于 1921 年刊行的《太古地理学》(Man and His Past)、R. S. Bridge 于 1920 年写的《商业地理》(Geography of Commerce and Industry)等西方地理学界的专著 20 多本。细阅之下，这些多是人文地理学的研究成果，借此阐明"为地文、人文两大部，作平均的发展"，这些西方学者均确立了人文地理学在地理学界的重要地位。又自百日维新以后至民初(1898—1919)，传入中国的地理学知识，主要是西方地理决定论，且以翻译西方地质学的著作为大宗，如翻译法国学者孟德斯鸠（Baron de La Brède et de Montesquieu, 1689—1755）的地理思想，以地质学及地貌学的理论为主。民国初年，以章鸿钊、翁文灏、丁文江为首的学者，推动地质学研究，清末至民初的地理学界，以研究自然地质学为主。至 20 世纪 20 年代才有系统地引入其时西方的人文地理学思想，而在人文地理学研究领域中，具有学术地位的代表学者，就是法国地理学家白菱汉。故引入西方人文地理学思想，便要翻译白菱汉的著作。有关西方地理学在中国的传播情形，参见郭双林：《晚清西方地理环境决定论在中国的际遇》，见汪晖、陈平原、王守常主编：《学人》第 9 辑，191—218 页，南京，江苏文艺出版社，1996；邹振环：《晚清西方地理学在中国》，309—336 页，上海，上海古籍出版社，2000；郭双林：《西潮激荡下的晚清地理学》，49—76 页，北京，北京大学出版社，2000。有关晚清地质学的研究情况，参见艾素珍：《清代出版的地质学译著及特点》，载《中国科技史料》第 1 期，1998 年，11—25 页。又依北京图书馆编《民国时期总书目（地理卷）》(北京，书目文献出版社，1994)所载，民国时第一部介绍西方人文地理的著作为傅运森的《人文地理》(上海，商务印书馆，1914)，次为张资平的《人文地理学》(上海，商务印书馆，1924)，而张其昀编的《人生地理》(上海，商务印书馆，1925)依其后，但把西方的人文地理学专著译成中文，首见张其昀所译法国学者白菱汉的著作《人生地理学》(上海，商务印书馆，1930)，此书又名《人生地理学史》。又晚清国人已把日本学者牧口常三郎的《人生地理学》译成中文，传入中国，但 20 世纪初，研究地理学的要地，显然是法国、德国，人文地理学更是此二国学者积极推动的学科，国人若要了解西方人文地理学的研究成果，必须要直译原文，故人文地理学的发展，只好有待民国时的留学生回国，以及直译西方人文地理学的著作问世。有关清末国人对人文地理的研究，参见艾素珍：《清末人文地理学著作的翻译和出版》，载《中国科技史料》第 1 期，1996 年，26—34 页；又有关地质学的发展，参见杨翠华：《历史地质学在中国的发展，1912—1937》，载《"中央研究院"近代史研究所集刊》第 15 期，1986 年，319—334 页。

在修读竺可桢开设的人文地理及地学通论二科时，才获得白菱汉介绍的人文地理的知识，自此在治学方面也受白菱汉提出的人文地理学的方法所影响。①《人生地理学》是张其昀翻译的第一本地理学专著，而张氏提倡的"人生地理学"研究方法，与白菱汉提出的"人生地理学"的方法甚有关系。② 以下先看白菱汉提出的"人生地理学"的定义：

> 人生地理学所以"研究各种人类生活，如经济生活，社会生活，政治生活等，与自然地理学之各种现象之相互的关系。"斯言也，乃吾侪开宗明义所取之原则。③

人生地理学研究人地的关系，以及物质文明在经济上、社会上、政治上对整个人类世界的生活的影响。凡土壤与地球表面的现象，空气流动与世界气候分布的法则，经济、政治、人类生活及自然地理，以及一地的地理情况，均为人生地理学（人文地理学）的研究范围。自然地理不断变更，人类社会也不断变更，人生地理学就研究自然地理与人类群体活动互相影响的关系。白菱汉的

---

① 据张其昀在浙江大学史地学系执教时的学生蒋君章指出，张其昀就读南高期间，因受竺可桢的教导，才注意人文地理学的知识，参见蒋君章：《追怀张其昀先生》，见"中国文化大学"张其昀先生纪念文集编纂委员会编：《张其昀先生纪念文集》，168页。
② 又据蒋君章指出，张其昀在教授本国地理一科时，常常谈及白菱汉提出的"人生地理学"，并指导学生多阅读白菱汉的地理学研究的英文译本，参见蒋君章：《追怀张其昀先生》，见"中国文化大学"张其昀先生纪念文集编纂委员会编：《张其昀先生纪念文集》，169页。
③ ［法］白菱汉：《人生地理学》，张其昀译，1页。

观点，不是认为人生服从于自然地理，而是注意到"人类之能力，应与地球本身之势力，相提并论"，并要求研究人生地理学的学者，应多注意人类利用天然资源，进而控制自然地理与改造自然地理的情形。所以"人生地理学之所致力者，在以科学之精神，真确之方法，观察之能力，表章其关系，解释其理由，研究其问题，其于人类之真知识，当有所贡献"①。张氏在进行地理学的研究时，也注意结合人文与地理的研究进路。

张其昀在1923年发表的《学地理之兴趣》一文中提出，"新地学"就是白菱汉提倡的结合人文生活与自然地理的研究方法。张氏认为地理学属于环境之学，包括人文的、科学的两方面，地理学是研究"贯穿天时、地利及人和三者，记述之，解释之，并推论其因果关系者也"。地理学不独研究沿革地理，考订历史地理，更要注意自然地理环境，探讨天时、地利、人和三者的相联关系；人们能了解此三者的关系，才能"控制自然，改造自然"，有系统地进行城市设计。② 所以，地理学"是为致用成效的科学"，研究地理学应该切合实用。正如柳氏一样，张氏不满足于清代学者研究地理的方法，以为他们多偏于考据地名，"其于人地之故，概乎未之有闻也，琐碎陈腐，罕有生气，致来玩物丧志，小人怀土之诮"；指出地理学家不应只注意历史地理的文献考证，更应借地理研究提供治国的方策。③

同时，张其昀也提出"新地学即人生地理学"。张氏在1926

---

① [法]白菱汉：《人生地理学》，2—5页。
② 张其昀：《学地理之兴趣》，载《史地学报》第2卷第4期，1923年，58页。
③ 张其昀：《学地理之兴趣》，载《史地学报》第2卷第4期，1923年，59—62页。

年发表的《人生地理学之态度与方法》一文中,指出研究人生地理学的要义是"研究地理环境与人类生活之关系者也。地理环境如地形、气候、水道、生物等,是人类生活从简单的衣食住,乃至复杂的经济、社会、政治各种生活是也"①,人生地理学就是研究人类生活与自然地理环境的相互关系的一门学问。人类虽然受到自然环境影响,成为"被动";但又可建立设施,改变自然环境,变为"主动"。所以研究人生地理学的要义,在于"从空间、时间两方面,解释地理环境与人类生活之相互的关系与变迁的关系者也"②。因为人生地理学一科的重要性,所以应积极推动人生地理学的研究,而人生地理学的发展,又有赖于地理教育的推广,故张氏也注意讨论地理教育的方法,使地理知识广及民间。

张其昀认为地理教育与国家发展甚有关系。他在《地理教育的目标》及《本校地学系地理门应独立成系建议书》二文中,认为地理教育的作用,除了增加学生们的个人知识、家庭知识,最重要的是增加国民的国家知识及国际知识。待学生成长之后,因了解人口分布与天然资源分布之关系,自可替国家定下移民政策,故地理教育与国民教育由是相依并存,政府也应积极推行地理教育活动。③

为了实践新地理学的理念,张其昀于 1926 年出版《本国地

---

① 张其昀:《人生地理学之态度与方法》,载《史学与地学》第 1 期,1926 年,(总) 143 页。
② 张其昀:《人生地理学之态度与方法》,载《史学与地学》第 1 期,1926 年,(总) 158 页。
③ 张其昀:《地理教育之目标》,载《地理杂志》第 1 卷第 2 期,1928 年,(总)67—70 页。

理》教科书,此书至1930年7月共刊行十四版,并成为国民政府教育部指定的中学地理教科书。此书的特色,泯去昔日只以省区分章节的标准,而改以自然区域为单位,再参考人文地理及经济地理的发展,以整个中国地理分布情况统筹全局,从中可见张氏借编写地理教科书,以实践他在"新地学"上主张的以"系统人文地理为基础,自然区域地理为本体"的论点。张氏认为昔日政治行政区域的划分方法,使省区范围太广,又常杂有许多天然单位,使地理上的天然形势支离割裂,忽视人文、自然地理交互影响的情况,故此建议划分区域,应先采取"自然区域"的划分方法。因为人们的活动先受自然地理环境的影响,故先以地理分布为划分标准,自然能够了解人类的活动范围,进一步可以研究聚居在同一活动范围内的人们之生活状况与自然地理的关系。故以地理分布为划分的标准后,便可依风土人情及天然现象,说明同一区域内天时、地利、人和三者的相互关系。①

总之,一方面,张其昀师事柳诒徵,学习传统史学、儒家思想及沿革地理的研究;又因刘伯明的教导,了解西方哲学思想的兴起与历史学、地理学的关系;更因师事竺可桢,得以接触西方人文地理学的知识,又运用西方人文地理学的研究方法,结合考订文献的治史功夫,在中国传统史地学基础上,开拓了人生地理学及地理教育学的研究方向。因他积极推动人文地理学的研究,故先后被学生蒋君章、宋晞奉为"人文地理开山大师"及"贯通古

---

① 张其昀编,竺可桢校:《本国地理》上册,1—15页,上海,商务印书馆,1926。

今的地理教育家"。① 另一方面，1949年后，张其昀在台湾创办"中国文化学院"，先后编著《中华五千年史》《方志》《中华历代大教育家史略》《中国地理学研究》《史学与地学》《孔子》，恢复史地通轨及阐扬中国儒家文化的治史特色，也是值得注意的。②

## 第五节　其他从事史地学研究的南高学生

除了以上所述四人，尚有其他南高毕业生，他们虽未积极参与南高学者的学术活动，但当中也有一些人致力于史地学研究，并在后来成为知名的学者，如研究敦煌学及明末清初东西文化交流史的向达（1900—1966），研究史地学的王庸（1900—1956）及王焕镳（1900—1982），研究地理学的胡焕庸（1901—1998）等。他们或因个人的研究兴趣，或因师事不同的教员，而选择不同的研究方向，但他们在南高就学时，均曾在治史方法方面受到柳氏的启导，并发展他们自己的研究领域。以下略述他们在史地学研究方面的成果，借以探讨柳氏的影响。

---

① 宋晞：《四十年的追忆》，蒋君章：《追怀张其昀先生》，见"中国文化大学"张其昀先生纪念文集编纂委员会编：《张其昀先生纪念文集》，75、166页。
② 《华冈学园张创办人其昀著作目录》，见"中国文化大学"图书馆编：《"中国文化大学"教职员著作目录》，1—85页。这些书籍的出版资料如下：《中华五千年史》(台北，"中国文化大学"出版部，1962—1982），共9册；《中华历代大教育家史略》(台北，新闻出版公司，1956)；《方志》(台北，新闻出版公司，1957)，共4册；《中国地理学研究》[台北，"中华文化出版事业委员会"，1955(据1935年刊本)]；《史学与地学》[台北，学生书局，缺出版年份(据1926年至1928年刊本影印)]；《孔子传》(台北，"中华文化出版事业委员会"，1953)。

向达，字觉明，1918年以中学第一名的优异成绩考入南高，本来就读于数理化部，研究化学，次年因兴趣转读国文史地部，至1923年毕业，自言在治史方法上"深受文科老师柳诒徵的影响"①。其著作主要分为：(1)史事和文献考证，如《龟兹苏祇婆琵琶七调考原》《十三洋行行名考》；(2)通论中外文化交流，如《中外交通小史》《中西交通史》及《敦煌》等；(3)翻译著作，如译斯坦因(Aurel Stein)著《西域考古记》(*Detailed Report of Explorations in Central Asia and Westernmost China*)；(4)校注史著，如校注明人巩珍著《西洋番国志》，唐人樊绰撰《蛮书校注》等。及后向达把具有代表性的作品，收录在1957年生活·读书·新知三联书店出版的《唐代长安与西域文明》中。② 由此可见，向氏毕业后，主要从事中西交通史及文化交流史研究。

虽然向达没有说明他哪方面的研究课题是受到柳氏的影响，但很明显，他注意的中西交通史研究，是受了柳氏的启导。柳氏在南高上课的讲义《中国文化史》中，认为中国文化史可分三个阶段，其中第二阶段启自东汉至明季，为印度文化输入中国的时期，而第三阶段为自明季至民国，是中印文化衰落、西方学术思想宗教输入中国时期。向达在《中西交通史》中也承认"中国文化

---

① 向达语，未见原文，转引自萧良琼：《向达》，见刘启林主编：《当代中国社会科学名家》，183页，北京，社会科学文献出版社，1989。有关向达生平及著述，参见阎文儒、阎万钧：《向达先生小传》，阎万钧：《向达先生著译系年》，见阎文儒、陈玉龙编：《向达先生纪念论文集》，807—819、820—829页，乌鲁木齐，新疆人民出版社，1986。
② 参见向达《唐代长安与西域文明》(北京，生活·读书·新知三联书店，1957)一书收录的论文。

无时无刻不与其他民族发生关系"①，因此把中西交通史分为四个阶段。第一阶段是先秦时期，为中国固有文化的发长时期，受西方文化影响较弱。第二阶段自秦汉至唐，为中国与外族交往的时期，"尤其是印度的文化，同中国发生了不可解开的关系"，佛教思想传入中国，一方面与中国儒家及道家文化发生冲突，另一方面又引致中国出现敦煌变文、敦煌文化及理学。所以他如柳诒徵一样，既认为自秦汉至唐，中国出现了"中国文明印度化的结果，在中国的历史上很发生一点障碍，激烈一点，也可以说是危害"；又认为中国文化受佛教文化的影响，由是孕育了理学，理学是"新儒学"的代表，理学的出现代表中国学术出现了第二次繁盛，所以"第二次中国文化的昌盛，是与佛教发展有莫大关系"。自元至明，是中国文化发展的第三阶段，盖自元朝欧洲使臣东来，阿拉伯文明与中国文明相互交往，西方天文学传入，中国四大发明（指南针、印刷术、火药、造纸术）又相继西传，此为欧洲文明逐渐在东方发展的时期，也是东方文明西传时期。第四阶段是自明至清乾隆的二百年间，为西洋学术传入时期。②

向达认为中国文化发展，有两个关键时刻，一为唐代佛教文化西传，二为明末清初中国与欧洲文化交流，这两个时期均为中西交通史的骨干，尤以明清时期中外交通均相互发展，在中外文

---

① 向达：《中西交通史》，1页，上海，中华书局，1934。
② 向达：《叙论》，见《中西交通史》，1—4页。

化交流史上十分重要。① 柳诒徵编著的《中国文化史》早已提及这个论点。

此外,向达就读南高时,受到柳氏启导,渐渐产生研究东西文化交流史的兴趣。他首先注意到佛教文化对中国的影响。向氏发表的论文如《摄山佛教石刻小纪》《龟兹苏祇婆琵琶七调考原》及《汉唐间西域及海南诸国地理书辑佚》②,均是研究唐代佛教与中国文化交流及有关中国史籍的论文;他又在徐则陵影响下,多注意介绍美国史的发展③。

向氏最具代表性的学术研究,是在中外交通史方面。他在1930年出版的《中外交通小史》中,也认为中外交通史启自汉代张骞出使西域④,中国文化与西方文化关系"最密的,自然要算印度。印度的文化自传入中国以后,势力蔓延很广,直到今日,渗透在各方面之中,同中国社会的生活,几乎不可分离。中国人的思想也曾因之而大异其本来的面目"⑤,为了证明西域佛教对中国

---

① 李东华认为向氏在《中西交通史》一书中采用了"西"力冲激的观点,来表述中外文化交流的史事,但他尚未注意向氏受学于柳氏,受柳氏中国文化史的分期观点所影响。有关李氏的观点,参见李东华:《怀援庵与亮尘,念觉明与杰人——略论民国以来国人的中外关系史研究》,见台湾大学历史学编:《民国以来国史研究的回顾与展望研讨会论文集》,901—914页,台北,台湾大学,1992。
② 向达:《摄山佛教石刻小纪》,载《东方杂志》第23卷第8期,1926年,36—47页;《汉唐间西域及海南诸国地理书辑佚》,载《史学杂志》第2卷第5、6期合刊,1929年,1—7页。
③ 向达曾把美国学者 Charles Mclean Andrews(1863—1943)撰写的"These Forty Years"一文,译成《近四十年来美国之史学》,参见 Charles Mclean Andrews:《近四十年来美国之史学》,向达译,载《史学与地学》第1期,1926年,(总)35—63页。
④ 向达:《中外交通小史》,12页,上海,商务印书馆,1930。
⑤ 向达:《中外交通小史》,27页。

文化的影响,向氏罗列了佛像、雕刻艺术、天竺历法及敦煌变文等例子,以证明中国文化受到了天竺文化的影响。《龟兹苏祇琵琶七调考原》一文,已认为自张骞通西域之后,传入西域的《摩诃》《兜勒》二曲,及隋、唐二代盛行的燕乐,均"与九部中之龟兹部有渊承之雅,即为西域苏祇婆七旦之声",隋、唐二代乐曲因与外族接触日久,也受到西域佛教乐曲的影响,而隋人也取西域之声,制成二十八调大乐。借此研究,可见龟兹音乐与佛曲"互通其消息",龟兹文化本承自印度,而汉土音乐传自龟兹,由此可证"唐代乐曲文化与印度佛教文化互通其消息"。

向氏为求详细介绍唐代为中西文化交流的重要一页,更发表《唐代长安与西域文明》一文。他在此文中认为"唐代西域贡献于中国乐舞戏曲史者,岂非甚大",更特别举出宋元以来俗文学与西域龟兹七调,唐代乐舞及唐人缯画人物的方法,胡服、波罗球等日常玩意,均传自西域;文中也谈及于阗人、龟兹人、波斯人和昭武九姓人入居中国后均受中国文化的影响,借此证明"其时流寓长安之胡人,似亦有若干倾慕华化者";又指出开元时,长安的妇女装束为"圆鬟椎髻,乌膏注唇",及唐人喜吃的食物如烧饼,也传自西域。

此外,向达论述明末清初中西交通的发展,与柳诒徵的观点是相同的。在《中西交通史》中,除了第一章介绍唐代景教传入中国的情况,第四章至第十章主要介绍元明清三代欧洲旅行家及传教士东来发展,他们带给中国与西方文化交流的机会。此书成于1931年,明显可见向达在20世纪30年代初,仍认为中外文化交流的历史中,以欧洲诸国文化对中国影响较大。柳氏早在《中国文化史》中认为，近代西方宗教、学术、物质、思想逐渐输入，致使中国学术思想"别开一新局面也"，而这一新局面的形成是拓源自"元、明以来，始与西方诸国有对等之交际"及"以海洋之交通为最大之关键"。① 由此可见，在南高求学阶段，柳氏有关元明以来中外交通及文化交流的观点，对向达从事明末清初中西交通史的研究甚有启发。

接着，不妨详细观察向氏如何表述元明以来中西交通的发展对中国文化交流的影响。他在《中西交通史》中指出，元朝中西交通的便利为历朝所未见，因为蒙古人重视色目人的地位，促使基督教的一个支派也里可温教传入中国；加上元朝西征以后，声威远播中外，西方君主主动派遣传教士到中国传教并与元朝建立邦交，故有西方传教士柏朗嘉宾（John of Piano de Carpin）、隆如美（Andreiv of Lonjumeau）和罗伯鲁（William of Rubruck）先后来华；其中尤值一提的是意大利商人马可·波罗（Marco Polo）来华，及任元帝使节，他回国后更撰成《东方见闻录》，此书激起了欧洲人来中国的兴趣，因此间接推动了欧洲新航路的发现。② 同时，也因为蒙古人西征，致使四大发明传入西方，促成"西方文化一大转变"。元亡以后，明万历年间，中国与西方交往甚少，及万历末年，中西交通再次发展，而其主要原因是"欧洲人航海技术及新航路的发展，中西两方在这十五世纪的时候，一先一后一东一西的在那里努力开发海上的新领域"。这种以发展新航路为中国

---

① 柳诒徵：《中国文化史》下册，647页。
② 向达：《中西交通史》，60—67页。

近世文化开端的观点,也是柳氏早已提及的。①

向氏又认为西方航海技术的发达,是促使西方开发前往中国的航路的原因,这亦同于柳诒徵在《中国文化史》中,以为近世文化起自明末清初海上交通及航运事业发展的观点。向达指出16世纪末西方航海技术大为发达,终使西方天主教教士借海运方便,相继来华,"利玛窦东来,西洋文明之在中国才又坠绪重拾"。向氏为了清楚说明西方天主教教士对中国文化的影响,特别介绍了明末利玛窦、南怀仁(Ferdinand Verbiest)及汤若望(Johannes Adam Scholl von Bell)等传教士,传入西方的火炮术、历法、开矿技术及地图知识。为了表示近代中国呈现变动的因素起源自明末清初,他尤指出自明神宗万历年间,葡萄牙人、荷兰人因航海及火炮技术先进,已侵占澳门及台湾,开了列强入侵的先例:"中国内地,往昔锁国的局面至是完全打破,所谓帝国主义在政治上同经济上的侵略中国都于此战开其端。"②

除了在专著中特别注意明末清初传教士对中国文化的影响,向达也先后发表研究明清中外文化交流的论著,如《合校本大西西泰利先生行迹》及《明清之际中国美术所受西洋之影响》。③ 前者为小册子,主要介绍艾儒略以汉文书写关于利玛窦事迹的作品,他撰写此文的用意,就是"明清之际传入西学以及东来诸西

---

① 柳诒徵认为,15世纪"海上交通,为东西两方之共业",中国"大陆之历史变而为海洋之历史也"。(柳诒徵:《中国文化史》下册,647页。)
② 向达:《中西交通史》,150页。
③ 向达:《合校本大西西泰利先生行迹》,北平,上智编译馆,1947;《明清之际中国美术所受西洋之影响》,载《东方杂志》第27卷第1号,1930年,19—38页。

子事迹为此一伟人纪念"①。在《明清之际中国美术所受西洋之影响》一文中，向氏指出明末万历年间利玛窦来华，呈上西洋版画与神宗，成为西洋绘画方法传入中国的开端；及后清朝建立，汤若望带西方宗教圣迹图像来华，西教士郎世宁（Giuseppe Castiglione）呈上其时法国的雕版图画及缂丝画，由是西方油画绘人色彩鲜艳的特色，也传入中国。② 向达这种对中外文化交流的看法，与柳诒徵在《中国文化史》中论介中世史及近世史的分期观点相同，所差异的，只是向氏进一步深入这方面进行了研究。

此外，向达认为历史研究的功用就是为治世服务，也是沿袭柳诒徵以史学求致用的观点。向达在《最近各国的历史教学》一文中，指出历史教育的目的，应是"医治今日国家的废疾，只希望我们的教育学者，明白别人的实用的态度，反省到自己国家的立场，因是动魄惊心，有秉觉悟，也希望一般的历史学者试读此书以后，感悟到翻陈死人的骸骨以外，自己对于民族前途以及下一代青年训练还负有伟大的使命"，历史教学就是"振兴民族的工具"，故此他在1934年，从历史教育的实用角度，评论了一册由国人辑录及翻译的、有关西方史学研究者讨论历史教育的论文集。③

另一位南高史地部毕业生是胡焕庸，他在1919年入学，至

---

① 向达：《合校本大西西泰利先生行迹序》，见《合校本大西西泰利先生行迹》，1页。
② 向达：《明清之际中国美术所受西洋之影响》，载《东方杂志》第27卷第1号，1930年，32页。
③ 觉明（向达）：《最近各国的历史教学》，载《图书季刊》第1卷第3期，1934年，137—139页；《我的探险生涯》，载《图书季刊》第1卷第3期，1934年，143—145页。

1923年毕业，在柳氏的带领下从事地方史志研究。毕业后，曾任教中大地理系；1949年，又任华东师范大学地理系教授、人口地理研究室主任，继续从事史地学研究。①

胡氏除受教于柳氏，亦受到竺可桢治学方法和观点的启发，其著述具有"史地通轨"研究的特色。他除了在就读期间发表译文《各国历史所受地理之支配》②，也从事江苏地方史志的撰写工作。

胡氏曾于1935年编撰《江苏图志》，叙述民国时江苏一地人文地理发展的情况。此书共分三十三章，以地形为经，一地的设施为辅，利用各种地图介绍一地的县城位置、雨量、地质、矿产、水道、内河航行、邮局及电报线、长途电话线、米产、麦产、棉产、高粱、农业及耕地面积等。又因江苏的水系发展及经济生产，受到太湖及两淮的影响，所以书中也列出《淮南水道图》《淮北水道图》《太湖流域水道图》；而江苏一地的经济荣衰，有赖于两淮盐业的发展，盐业"岁获厚利，植棉种谷，阡陌相望"，为使民众了解江南一地的经济状况，积极开发两淮，他便绘制出《两淮盐垦分区图》《两淮盐场及水陆运道图》③，使民众借地图了解江苏民生的盛况。总之，从该书可以得知胡氏甚注意人文生活与自然地理、经济地理的相互影响，该书的编排采用的就是一种

---

① 胡焕庸：《江苏图志》，"中研院"近代史研究所郭廷以图书馆藏本（据南京钟山书局1935年刊本）。
② Fairgrieve：《各国历史所受地理之支配》，胡焕庸节译，分别载《史地学报》第1卷第4期，1922年，133—139页；第2卷第2期，1923年，79—84页；第2卷第3期，1923年，103—108页；第2卷第5期，1923年，85—96页；第2卷第6期，1923年，109—122页。
③ Fairgrieve：《各国历史所受地理之支配》，胡焕庸节译。

人文地理学的研究方法。

此外，胡焕庸在《两淮水利》①一书中，也运用了人文地理学的研究方法，从明清两代至近代的经济发展中，指出淮南水利与中国东南地区的发展甚为重要，东南一地航运事业的发展尤其是"江淮经济之所系"，而航运事业的经济发展，主要有赖于清初建筑的五座堤坝（南关坝、五里中坝、柏家墩坝、车逻坝、昭关坝），引江河入海，而运河东堤便成为淮水下河的直接屏障，"淮域人民全体之利害，亦全国上下亟应着手之工作也"②，为防止淮河泛滥，政府应引淮水入江，并注意开发港口。胡氏在书中运用的研究方法，既从历史发展向上追溯，也结合人文地理学及气象学的观点进行研究。

王焕镳于1920年至1924年就读于南高文史地部，亦为从事地方史志研究与撰著工作的南高毕业生。他曾撰写《明孝陵志》及《首都志》。《明孝陵志》请柳诒徵为他写序，柳氏盛称王氏开拓了辑录陵墓志书的先河，而最重要的是，王氏"好学深思，其更扩张吾说，而谋所以淬厉民德"③，延伸了柳氏借保存地方文献以存道德教化的用意。全书分为形胜、规制、丧葬、谒祭、守缮、灾异及艺文七部分，王氏采用考订史料的研究方法，详述陵墓的位置、行表的礼制；认为世人既可借访明孝陵，"发思古之幽情"，又可借谒见明帝陵墓，培养"尊亲之心"，"固礼之以义起"，使世

---

① 胡焕庸：《两淮水利》，重庆，正中书局，1947。
② 胡焕庸：《两淮水利》，35页。
③ 柳诒徵：《序》，见王焕镳：《明孝陵志》，1页，南京，钟山书局，1934。

人百世之下，以礼敬先祖。是以著此书的目的，深寓"足以警顽，钝振骩骸"①，王氏也如柳氏一样，借整理地方先贤文献，以阐明道德教化的目的。

王焕镳还推动了柳诒徵所倡的地方史研究，传承及开拓了柳氏建议的方志体例。王氏在《首都志》中特别指出："气候、警政、自治、司法、外交则向之所无，交通、礼俗、方言、宗教于旧志为附庸，今蔚为大国，人物旧志最详，今但表其名，金石则并其目阙之。"②此书述自先秦至民国时南京一地范围及地方文物的发展，并自谓"编每一篇成，辄请教于本师柳劬堂（柳诒徵）先生，扬榷体例，补其罅漏，获益宏多"，此志多延伸柳氏所立的方志体例。柳氏不曾提出编修方志的思想及学说，他撰写的有关方志的著作只有《江苏书院志初稿》和《江苏社会志初稿》二文，借此二文可知他尤重视地方书院、社会风俗及礼乐教化。王氏上承师说，指出《首都志》与前志不同的地方就是气候、警政、自治、司法、外交，及提升了方言、宗教、交通、礼俗的志体的地位。③

在修志的体例上，可见王氏的《首都志》上承柳氏所立的志书体裁。在"教育"一节，述及南京国学自汉至明的发展，就是引用了柳氏《五百年前南京之国立大学》的内容。再进一步，王氏在柳

---

① 王焕镳：《明孝陵志》，85页。
② 王焕镳：《凡例》，见柳诒徵、叶楚伧主编，王焕镳编纂：《首都志》上册，1页，南京，正中书局，1935。
③ 昔日南京一地的志书，以吕燕昭修《江宁府志》[台北，成文出版有限公司（据光绪六年刊本），1967]为例，只列天章、舆图、疆域、分野、沿革、古今纪年事表、山水、古迹、风俗物产、建置、祠庙、赋役、学校、武备、驿递、秩官、名宦、科贡、人物、金石及艺文。比较《首都志》所列的体例及内容与吕燕昭所修《江宁府志》者，自可见《首都志》增删了哪些内容及体例。

诒徵此文的内容上,补充了中华民国建立后,南京高等师范学校、国立东南大学及国立中央大学的发展。又王氏撰写"教育"一节,并非只介绍一地的书院及官方办学的发展,由于民国时期教育普及,所以也介绍了地方文教的活动,如办报、中小学发展及妇女教学的情况。

另外,书中"礼俗"一节,王氏自言多取自柳氏《江苏社会志初稿》的内容。① 王氏认为魏晋南北朝时,南京的礼俗,就是全国风俗的代表,"六朝时金陵为京都所在,衣冠萃止,相竞以文学,朝廷取士,尊重风貌"②,乃至宋代"风尚醇厚"。及明代士子相为浮夸,南京秦淮一地更是"建十六楼,处以官妓,缙绅宴集,用以承值"。"礼俗"一节也叙述了南京自先秦至民国初年士绅举行的冠礼、昏礼、祭礼、丧礼的发展,其与柳氏在表述上不同的地方,是王氏叙及"民国以来,效西俗者,则以黑纱缠臂为服,一扫历来斩衰期功缌麻之制,而齐民仍以旧俗者为多焉"③,介绍了西方的婚丧礼仪服式在南京的传播情况,这些内容均是柳氏不曾述及的。

王焕镳在《首都志》中,也加上了新的方志体例:

其一,在"气候"一节中,王氏利用了气压及雨量的计算方法,测量南京一地季候风、气压、温度、雨量及台风等情况,得出"南京居北纬三十二度五分,副热带内",此气候的特色是"冬寒而夏酷暑,雨量多在夏季"的结论。④

---

① (清)吕燕昭:《江宁府志》卷十三,1092页。
② (清)吕燕昭:《江宁府志》卷十三,1081页。
③ (清)吕燕昭:《江宁府志》卷十三,1136页。
④ 柳诒徵、叶楚伧主编,王焕镳编纂:《首都志》上册,478页。

其二，建立新的方志体例。晚清至民初，地方推行了警察制度，在地方军队以外，成立了一支职掌地方巡捕工作的队伍。因警察对地方治事甚有影响，警察制度为前朝所未有，故立"警察"一节，记载自明朝嘉靖以还，在南京设立地方保甲制度、公安局，以至警察厅的情况，并详述警察学堂、巡警教练所的组织。① 同时，自清末至民国，地方自治为一时政治的风尚，故立"自治"一节，得见自清光绪三十三年(1907)至民初地方官绅参与地方事务的发展，地方谘议局参与地方事务与官方争利的情形。为展示中华民国建立以后"国族之新气象"，故立"司法"及"外交"二节，表示南京一地成立的地方法院，为"司法独立之先声"②；也揭示出自鸦片战争以后，南京成为"中外利害相交之要地""洋务外交之要地"的原因。此外，自晚清以还，南京一地的筑马路、铁路、汽车、邮传广播事业发展甚为迅速，故立"交通"一节，以示南京自晚清至民国交通频繁及经济发展的情况。③

---

① 柳诒徵、叶楚伧主编，王焕镳编纂：《首都志》上册，525—535页。
② 柳诒徵、叶楚伧主编，王焕镳编纂：《首都志》上册，607—624页。
③ 柳诒徵、叶楚伧主编，王焕镳编纂：《首都志》下册，842—888页。另外，王氏吸收了民俗学的研究成果，尤注意各地不同方言的发展，在"方言"一节中，介绍"南京方言，言人物之长曰嬌条，美曰标致，蠲曰干净，其不蠲曰齷齪"等在南京盛行的语音系统；为表示南京居民的信仰多元，故立"宗教"一节，介绍南京一地的佛教、道教、基督教及伊斯兰教寺庙的分布情况。其中，"艺文"一节的内容中，王氏不如前人在《艺文志》中罗列一地文人的姓名及作品，更注意南京的藏书事业的发展，借以上数据可以证明"清季创办图书馆，迄至今日，蔚然繁兴，藏书之法，聚书之方，日新而月异，用以辅翼政教，意至善也"，以表彰南京的文教风尚及风俗醇美，而王氏也在此节中多次引用柳氏撰写的《国立中央大学图书馆小史》及《江苏省立国学图书馆现存书目》的数据，而在柳氏之前，尚未有学者深入研究江苏藏书事业的发展。自此可知王氏在昔日《艺文志》的体例及内容上，因受柳诒徵的启发，尤注意藏书事业的发展。

另一位南高文史地部毕业生王庸于1919年入学，1923年毕业后，任职北京图书馆舆图部主任，以及浙江大学、国立中央大学教授。1949年后，任南京图书馆特藏部主任、北京图书馆舆图组组长兼中国科学院地理研究所研究员，从事历史地理学研究，主要著作有《中国地理学史》《中国地理图籍丛考》。因为《中国地理图籍丛考》是由论文结集而成，但《中国地理学史》则较有系统地整理了中国图籍的发展，故本节只介绍《中国地理学史》。王氏在《中国地理学史》中采用历史源流考索的方法，探讨地理学自先秦至近代的发展，并认为"前人没有做过的工作，尤其是关于地图地志的目录和史料方面，颇用了不少呆板的整理和查考功夫"①，故欲补充前人对中国地理学研究的缺失，编纂一本介绍国人编撰地图志及地志的发展史的著作。

王氏认为地理学的范围，应包括国人编地图及编修方志的历史，这扩大了前人所言地理学的范围，也可见王庸研究地理学时，乃以搜集文献的研究为主。他曾表明："私意以为真正研究中国学术，最好是脚踏实地从基本工作下手，做了以后可以不必再做……由豫（预）定的原理，去找东鳞西爪的材料而作成各种宽大博辨的文章，那不仅无裨于纯粹的学术，亦且和八股文相类"；"研究中国学术，与其作空泛的通论，不如有条理的钞书"。② 可知王氏的研究方法，乃属于历史地理学的研究范围，利用文献罗列、考证历史学的沿革方法，探索学科的发展；王氏的上述看

---

① 王庸：《弁言》，见《中国地理学史》，4页，上海，商务印书馆，1938。
② 王庸：《弁言》，见《中国地理学史》，5页。

法，连同他重视地方史志的观点，都同于柳诒徵。

至于治史观点方面，王庸亦反对怀疑古史的态度。他在《中国地理学史》中，肯定中国历史文献的价值，首先指出研究中国地理学发展，可作为重振中国文化的工具，认为研究中国地理学史，可使国人整理自先秦至近代有关地理学的研究成果，考证这些志书上所载的材料，使国人了解古代图籍的面貌。借研究中国地理学，以整理中国地理历史文献，这在"中国文化史上，不能不说是一种重要的贡献"[①]。

王氏认为《山海经》及《禹贡》所记的古地图，不可简单地认为如顾颉刚等人所言是先民伪托的史料。王氏认为"《山海经》之离奇怪诞，正可以窥见初民意识形态之真面目，而《禹贡》之平正切实者，乃为后世地理知识进步之结果"[②]，他举了当代中外史地学者所撰有关研究异物的典籍为例，发现这些典籍的内容与《禹贡》及《山海经》所载无异，因此认为二书记载的地理情形均是可信的。同时，他也认为《禹贡》的史事，虽属于传说而演变为神话，但《禹贡》所载的淮北、济南等地的地理环境，均能详述冀州、豫州及雍州等地的地形变动情况及河川形成的"脉络"。从而他进一步指出古代传说的"九鼎"上所画的地图，相近于《山海经》所载的地图，因此上古图籍所载，均非伪作，从地方志乘体例而言，中国地志的编写方法，可上溯自《山海经》《禹贡》，此二书的内容不是伪托，而是有所依据的。

王氏也开拓了西方地理学的研究。为使国人学习西方地理学

---

[①] 王庸：《弁言》，见《中国地理学史》，6页。
[②] 王庸：《中国地理学史》，1—2页。

知识,王庸在书中特别开辟第四章"近代地理学之进步",介绍二十世纪二三十年代国内外国人研究人类地理学、水理学、生物地理学、经济地理学、历史地理学、人文地理学的成果,希望国人因此得知"二、三十年来因西方科学之输入,渐有真正之地理学可观,惟于中国本土地理之研究,则多在'跸(筚)路蓝缕'之际,是仍有赖于吾国地学家之努力也"。王氏认为20世纪的地理学,一方面既注意精密的考证,另一方面又注意人文、经济及历史地理的研究,以求会通一地及整个中国的发展,使学术研究帮助开发资源,而研究地理学的要义,就是在于"以其与生活有利害关系之事物为中心"。地理学是一种经世致用的学问,柳氏不曾涉足西方地理学,但就学术功用上而言,王氏承袭了柳氏认为治学为致用的观点。①

由此可见,不独缪凤林、郑鹤声、陈训慈、张其昀上承柳诒徵的治史观点及史学研究,使通史、断代史、史学史、历史教育、史部目录学等国史研究范畴得以开拓,其他学生如向达、胡焕庸、王焕镳、王庸等亦在其影响下,分别从事中外交通史及史地志书等的研究与撰写工作,柳氏门庭由是宏实,而柳氏之学亦得于史学界中自成一帜。此外,在柳诒徵素所主张之"史地通轨"及其同事竺可桢的共同影响下,张其昀起而提倡人文地理学及地理教育学的研究,以至胡焕庸、王焕镳等专门从事地方史志的研究,刺激了民国学术界及以新体裁编写的地方志等史地学著述之发展。就此而论,近日中国区域研究之勃兴,南高一系无疑早已

---

① 王庸:《中国地理学史》,262页。

播下种子。由此观之，柳诒徵一门之史学于民国学术之贡献，不言而喻。①

---

① 近人已注意这种自史地学结合，发展至地方史志，进而开拓了区域研究的近代学术发展史的历程，参见李金强：《导论——福建区域研究述略》，见《区域研究——清代福建史论》，1—23页，香港，香港教育图书公司，1996。

# 结论

学术的发展，有赖于两个因素，一为教员与学生的学问相传，二为建立安稳的学术机构，如大学课程及学系的发展。借大学及学系提供的资源，网罗师资、广收学生，学系成为一个团结师生的凝聚工具；又或一些师生组成学术组织，如学会等，使在大学行政机构及课程以外，另有一个师生相聚、相讨学问的地方。又因为师生共同参与学会活动，或出版学术刊物，不独增加师生学问上的交往，更使学生多了解教员的研究成果，学会也成为团结师生的另一个重要力量。此外，学术的发展，也有赖于学术领袖的出现，学术领袖领导学术组织的发展，培训学生进行学术研究，提供学术研究方法及观点的"典范"，成为学生进行研究的效法对象。师生遵循着学会成立的宗旨，若学会没有成立宗旨，则从师生间团结一起，以同一机构的名义出版的学术期刊上刊载的发刊词，或弁言，或序中，可见这些学术工作者的治学精神，这些序言或弁言，又成为团结师生的工具及师生进行研究的指导方向。故学术发展,有赖于学术机构,也有赖于学者的研究成果、出版的学术刊物及学术刊物上的发刊词,或弁言,或序。学术研究蔚然成风有赖于师生间学问的传承关系,而在师生所处的时代背景下,不同教员所传授的知识,又成为学生吸收知识的重要途径,学生往往因吸收不同知识及各自不同的研究兴趣,又开拓了师说。总之,学术研究的发展,一方面有赖于学者思想的传承因素,另一方面有赖于学术机构的发展。

本书以1919年执教及就读于南高史学部的师生为探讨对象。其一,南高不仅是在近代中国大学教育史上较早出现的师范教育机构,也是一个"寓师范教育于专业之中"的机构,"南高诸师所擘画,颇异部章,而专科增设之多,尤为各高师所未见"。① 南高成为一个结合师范教育专业发展及学术研究的机构。借研究南高史学部的发展,可见中国师范教育传统与南高治史风尚形成的关系。南高师生的治史风尚,主要是结合了道德教化及求实用的治史目的,这有别于其时北大以专科训练为主及"为学问而学问"的治学风尚。②

其二,南高昔日为晚清三(两)江师范学堂,于1915年改名为南京高等师范学校,1923年改名为国立东南大学,其后又改名为国立第四中山大学、江苏大学,至1928年正式定名为国立中央大学。虽校名屡易,但学风在中大成立之前相为传承,主要朝向

---

① 转引自南京大学校史编写组编著:《南京大学史(1902—1992)》,28页。
② 北大的治史风尚,以考证文献为主,力求文献的真实,往往认为史学不再是圣皇的载道工具,从而得以澄清史料的真实面貌。参见王汎森:《民国史学中的新派及其批评者》(未刊稿),10页。

"寓师范教育于专业之中",其中1919年后史学部的发展,尤见近代学术自传统史、地合一,发展至史、地分途的专科发展特色。盖文史地部的前身,为国文史地部,自1920年,史地部脱离国文部,独立提供专科知识,及至1928年后地理学系进一步倡言独立,把昔日属于史学系开设的人文地理及经济地理的科目,改由地理学系开办,由此可知史学系及地学系渐趋于学术专科的发展方向,又可知南高史学工作者自中国传统结合治史地学的特色,发展至史、地分途研究的情况。

其三,重评南高史学工作者的地位。当时学术界认为:"北方学派方以文学革命整理国故相标榜,立言务求恢诡,抨击不厌吹求,而南雍师生乃以继往开来,融通中西为职志。"①就读南高的学生王焕镳也说:"民国八九年间(1919—1920),朝野时彦,拾近世西洋论文论政偏曲之见,暴蔑孔孟以来诸儒阐明讲说之理,谓不足存……当是时,南雍诸先生深膺太息,以为此非孔孟诸子之厄,实中国文化之厄也,创办《学衡》杂志,昌言抵排。"②以上文中所言"南雍诸先生",就是指在20世纪20年代执教南高史学部的一群教员及就读其中的学生,他们的治学风尚与代表北方学风的北京大学相抗。然而在北大教员胡适、陈独秀及日后燕大的顾颉刚推动古史辨运动为新文化运动的代表的背景下,南高史学部师生的言论及治学方法,被认为"保守",在研究领域上,不独不注意其学术地位,更贬斥他们的研究成果。本书借研究南高史学部的"精神领袖"柳诒徵,以及被柳诒徵视为"执

---

① 胡先骕:《朴学之精神》,载《国风》第8卷第1期,1936年,15页。
② 王焕镳:《梅光迪生先生文录序》,见梅光迪:《梅光迪文录》,3页。

教南高，历有数年，以张、缪、陈、郑诸子为得力最深，用功最勤"的张其昀、缪凤林、陈训慈、郑鹤声的治史特色及方法，可见师生们治史方法的传承与开拓之关系，也从中得知不可以简单地用"保守派"或"守旧派"这一类形容词来概括他们的治史特色。同时，他们虽有其不同于北方学者的治史特色，并曾反对北方学者批评中国传统文化的言论，柳氏也没有介绍西方学术成果，但他们也鼓励学生积极吸收中外史地知识，扩阔国人的视野，《史地学报》的创办就是一例。南高主修史学部课程的学生也致力援引西学，借西学知识，重新诠释及保存中国文化，并从世界文化的角度探讨中国文化的地位及意义，实践"昌明国粹，融化新知"的治史特色。故不可片面指斥他们为"保守派"的学者，并在研究领域上加以轻视。

其四，本书主要从传统学术发展至近代学术的脉络，研究南高史学的形成及治学特色，从中可见南高史学工作者一方面传承中国传统学术、弘扬道德教化及注意学术经世致用的特色，另一方面也吸收及运用西方史、地、哲知识，进行史学研究，实践"昌明国粹，融化新知"的特色。故不可因南高史学工作者反对以北大为首的新文化运动，而片面地认为其属于"保守"的学者，并忽视其在中国史学上的地位，应该视他们为民国史学界甚具治史特色的学术工作者。

除以上四点，南高史学甚具学术特色；但若探讨南高史学的特色，应先探求南高史学出现的原因及时代背景。南高史学的出现，固然与南高秉承晚清三江师范学堂的师范教育传统有关，且受到南高史学"精神领袖"柳诒徵教导的史学方法及研究观点所影响。同时，因柳氏执教南高，学生了解到江浙先贤顾炎武、顾祖禹及章学诚治历史地理学、方志学的特色及要义，尤其顾炎武提出的求通观及学术致用的观点，及章学诚对方志学的看法，更成为南高史学工作者治方志及史地学的知识来源之一。加上南高邻近江苏国学图书馆，馆中藏书以收藏江苏、浙江两地明清文人的文献、方志为主，而南高史学工作者又多往馆中借阅藏书，日后也因得阅此地藏书，并多推动研究地方文化的工作，故江浙学风、藏书事业的特色亦成为南高史学工作者吸收传统学术知识的途径。

至1919年五四事件爆发，国内出现激烈的反传统文化言论。随后，在反传统学风带动下，出现了以顾颉刚为首的疑古史学，认为昔日被奉为道德圣贤的形象，如舜、禹的圣人事迹，均是后人伪造的，并怀疑经书、史书所载的古史的真实性。学界既出现了批判传统的言论，由是激起了支持保存中国传统文化及圣贤道德教化的言论。正值五四运动前后，国内外学术界反省第一次世界大战后重物质、轻精神及重视西方文化而轻视东方思想的弊点，由是国内外出现一股提倡中西文化调和的思潮。而执教南高史地学部曾留学美国的教员，一方面反对激烈地批判传统文化，另一方面被中西文化调和论的思想所影响，由是多探求及实践西方学理。而他们开设的课程均是史学部学生的必修科目，故使南高史学部学生得以修读这些留美教员执教的科目，从而吸收西方哲学、历史学、地理学的知识。例如，学生修读刘伯明开设的哲学系课程，便能学习西方哲学及结合哲学与历史学、地理学的研究方法；修读竺可桢开设的地学通论及人文地理科目，可以了解西方人文地理学的知识；而修读徐则陵开设的西洋史一科，能够学习西方历史学及历史教育学的知识。

南高史学的发展除了以上所述及的时代背景及留美教员传入中外史地学的知识，更有赖于学术机构的发展。1902年三江师范成立，历经南高、东大、第四中山大学、江苏大学至1928年中大成立，这几所大学虽然校名屡易，然均在同一地址上兴筑，其间学系虽有增减，但南高的史学部、东大及中大的史学系，均在同一地点上发展。史学部教员的办公地点，史学系的上课地点，以及学生举办课余活动的地方，自南高至中大，均是相沿不改。南高史学部师生创办的史地研究会，以及日后成立的中国史学会，其收发文稿的地点及师生聚会的地方，也是没有改变。南高的史学部，乃至中大的史学系，可视为一个学术发展的整体。另外，随着专业学科的发展，南高史学的发展，出现了自史地结合，至史地学分途发展的情形，而南高史学最初奉行"史地通轨"的研究方法，而最终史学与地学分途发展，由是使南高史学工作者也自团结一起至分散各地，最终出现南高史学结束及瓦解的情况。

1915年至1931年，南高史学的发展可分三个阶段。1915年至1918年，为南高史学发展的孕育阶段，南高国文史地部成立，聘任南高"精神领袖"刘伯明及柳诒徵执教其中。南高也从辛亥革命（1911）之后，渐次复完，学制及课程日渐设置，并确立了师范教育的办学宗旨。1919年至1925年为南高史学发展的成长阶段，于1919年入学的学生有张其昀、缪凤林及陈训慈，此届学生被认为是柳氏执教南高期间"最优秀的一班"；至1921年又有郑鹤声入读其中。而以上四人的治史方法,既受柳氏称誉,也多有传承及开拓柳氏的地方。在南高史学部学生中,以上四位学生在求学阶段,或是毕业之后,均积极参与及协助南高史学工作者出版学术刊物及成立学术研究会。此阶段成立的史地研究会及出版的《史地学报》,提供了南高史学部师生首次合作的机会,然而此阶段亦出现了南高史学工作者分散各地的现象。首先,1923年,南高文史地部第一届学生毕业,张其昀、缪凤林、陈训慈相继离校,在缺乏人力支援下,史地研究会已出现人手不足的问题;其次,"精神领袖"刘伯明病死,已使南高顿失重心,尤其自1925年东大发生学潮,另一位南高"精神领袖"柳诒徵也因此而离校,顿使南高史学工作者缺乏领导人物。1926年至1931年为南高史学发展自学术专业化步向瓦解及结束阶段。自学潮后,柳氏北上,但他借出版《史学与地学》及借助东大史学部使南高史学部的毕业生再次团结,并以继承史地学研究方法为职志,延续史地研究会及《史地学报》的办报精神,继续提倡"史地通轨"及史地教育,借史地学研究保存中国文化的特色。1928年,柳诒徵、缪凤林及陈训慈先后执教中大史学系,成立中国史学会,及后郑鹤声也因任职南京教育部,参与南高史学者的出版工作。因感竺可桢于1928年提出"史地分途"及使人文地理、经济地理二科脱离自史学系,改从属于地学部之下,又出版《地理杂志》,柳氏便与缪、陈诸学生于1929年出版《史学杂志》,欲重拾"史地通轨"的治学方法。而自1928年竺氏发表使人文地理、经济地理脱离史学系,改由地学系开设的言论后,张其昀也于此年秋天,自执教史学系,改任教至地学系。加之,《地理杂志》又于1928年出版,故此年代表"史地分途"的先声。同时,《史学杂志》出版至1931年第2卷第5、6期合刊后,便没有继续出版;而自此年以后,柳氏主要的工作地点为中大国学图书馆,而不是中大史学系。陈训慈也于1932年改任浙江省立图书馆馆长,其后郑鹤声任职国立编译馆,只有缪凤林一人自1931年至1947年仍执教中大史学系。自1932年后,张其昀、陈训慈、缪凤林、郑鹤声及柳诒徵再没有以中大史学系的名义出版学术刊物,也没有一起工作于中大史学系,没有一起组织学术研究会,就此可见从1932年开始,南高史学已进入学术分途发展的阶段。《史学杂志》成为南高史学部师生合作出版的最后一本学术刊物,而南高史地通轨的瓦解及结束,也主要是学术研究趋向专业化所致。

虽然南高史学于1931年秋天之后,已步入瓦解及史地分流发展的阶段,但从南高史学工作者在《学衡》《史地学报》《史学与地学》及《史学杂志》上发表的言论中,仍得见他们的治史方法及观点有以下特色:(1)在研究范围上,介绍及研究中外历史学及地理学、历史教育、地理教育及地方史的知识。(2)致力介绍中外传统文化及道德思想。(3)在治学的取向上,一方面涵泳中国传统史地学,另一方面从西学中汲取养分,对中国传统史学,多采取信古态度,而不取疑古史学的观点。(4)在资料的运用上,以史籍记载为主,多注意研究中国古代史。(5)在研究方法上,多援引西方学术,重新阐明中国文化的特色。虽然在介绍西方地理学、历史学及哲学思想时,不免有"半生不熟"的情形出现,但在中西文化及学术交流的过程中,这类适应是必需的。而在涵泳传统中国史地学的部分,虽有所爱于经世及取信于史籍,难免在学术上缺乏批判及怀疑史料的精神,也难免在学术客观与政治现实之间略有所倚,但处在当时的环境中,似亦无须苛求。整体而言,在现代中国史学的发展过程中,南高史学工作者所办的学术期刊,师生间传承与开拓的治史方法均有着重要的意义。在提倡历史学、地理学、历史教育学、中国史学的研究风气上,南高史学确然经历了自传统结合史地学的研究过渡至史学、地学专科研究的发展,自史地文献考据过渡至人文地理学、地理教育学、历史教育学。而在研究范围方面,南高史学也确然经历了自古代史学过渡至近代史的过程。至于研究工具方面,南高史学经历了自文献资料发展至兼习民俗、出土遗物。最后,南高史学经历了自发展中国史学至兼集中外历史的过程。由此可见,南高史学发展确有其阶段意义。

除此以外,南高史学工作者的治史方法及观点方面,也呈现出一些特点。以南高精神领袖柳诒徵及被其称誉的学生张其昀、缪凤林、陈训慈及郑鹤声为例,柳诒徵提出"吾国以礼为核心之史""史学即礼学"的观点,其以礼为中心的史观,借史学研究弘扬道德教化及"鉴往知来"的特色,使史学成为资治借鉴的工具。这固然与师范教育的办学宗旨不谋而合,也可见柳氏传承了传统史学"资治通鉴"的特色。因为史学与治道有关,所以柳氏借编《中国文化史》一书,传播中国文化精神,又借研究地方史,以阐明地方教化。又因通鉴历代,才可有益治道,所以又注意研究通史及文化史,以求人类的"通则";同时,又因笃信史籍的内容,以为孔子及司马迁的记载尤为可信,所以对上古史均采取"信史"的态度。然而,其学生因为不同的研究兴趣,以及受到执教南高的留美学者所影响,一方面既上承柳氏治史的观点及方法,另一方面又开拓了柳氏尚未注意的地方。例如,张其昀既上承柳氏爱好中国文化的特色及治沿革地理及历史地理的方法,又因师承竺可桢,从研究沿革地理,转向研究及推动人文地理学及地理教育学。陈训慈也上承柳氏借地方史重振地方道德教化的观点,但因陈氏的研究兴趣及师承徐则陵提倡西洋史学的方法,故开拓了柳氏尚未注意的地方学术史、西洋史学的研究范围。郑鹤声既上承柳氏治中国通史及历史教育的特色,亦因个人兴趣及受时代环境所影响,而开拓了柳氏尚未太多注意的近世史范围。最后,缪凤林既上承柳氏治中国通史及中国礼俗史的研究范围,也开拓了柳氏尚未注意的,以民间风俗、神话传说及出土遗物引证史籍内容的治史方法。由此可见,昔日南高史学部毕业生,既传承及开拓了柳诒徵的治史观点及方法,又注意吸收西方的治史方法及观点,也注意利用新方法治史,故不可因他们曾反对新文化运动,而片面断言他们是"保守"的学者,并忽视他们在史学上的地位。

总括而言,南高史学工作者,既以传承中国传统文化为己任,又力重道德教化及史学致用的特色,且介绍了西方史地学的研究成果及方法。虽然南高史学工作者的治史方法,不同于只提倡问题取向、"窄而深"的专题研究,只求为学问而学问的研究,也不同于借治史求致用的现代学术研究观点[①];然而也不可简单地以"保守""守旧"之词,概括南高史学工作者的治史特色。他们不独提倡中国传统文化、思想及史学的研究,并且积极介绍西方

---

① 有关现代学术的研究特色,参见王汎森:《民国史学中的新派及其批评者》(未刊稿),84页。

历史地理学、历史教育学及哲学思想,故从传统学术与西学的接触上,南高史学者确有其一定的阶段性意义。

# 附录一 1915—1923 年南高国文史地部教员表

| 姓名 | 字 | 籍贯 | 学历（或职位） |
|---|---|---|---|
| 顾泰来 | 惕森 | 江苏 | 美国哈佛大学史学博士 |
| 顾实 | 惕森 | 江苏武进 | 日本大学法科毕业 |
| 萧纯锦 | 叔纲 | 江西永新 | 美国威斯康星大学经济硕士 |
| 刘文海 | 静波 | 陕西渭南 | 美国西北大学哲学博士 |
| 刘伯明 | 伯明 | 江苏江宁 | 美国哥伦比亚大学硕士 |
| 郑宗海 | 晓沧 | 浙江海宁 | 美国理涅大学讲师 |
| 曾膺联 | 锡予 | 广东 | 美国哈佛大学硕士 |
| 汤用彤 | 知行 | 湖北黄梅 | 美国哈佛大学硕士 |
| 陶知行 | 佩忍 | 安徽歙县 | 美国伊利诺伊大学硕士 |
| 陈去病 | 斠玄 | 江苏吴江 | 北京大学堂法政学校教员 |
| 陈钟凡 | 迪生 | 江苏盐城 | 浙江高等学堂法政学校教员 |
| 梅光迪 | 迪生 | 安徽宣城 | 美国西北大学文学学士 |
| 徐养秋 | 则陵 | 江苏金坛 | 美国伊利诺伊大学、哈佛大学硕士 |
| 徐韦曼 | 宽夫 | 江苏武进 | 美国伊利诺伊大学学士 |
| 陈光迪 | 斠玄 | 江苏丹徒 | 两江师范北京明德大学教员 |
| 柳诒徵 | 翼谋 | 江苏上海 | 南洋公学毕业 |
| 周盘 | 铭三 | 江苏绍兴 | 美国哈佛大学地理科博士 |
| 竺可桢 | 藕舫 | 浙江吴县 | 曾任北大教授 |
| 吴宓 | 瞿安 | 江苏吴县 | 美国哈佛大学硕士 |
| 吴梅 | 雨僧 | 陕西泾阳 | 北洋师范学校毕业 |
| 白月恒 | 眉初 | 直隶卢龙 | 广西法政优级师范历史地理教员 |
| 王叔义 | 毓湘 | 湖南湘潭 | 美国哥伦比亚大学博士 |
| 郭秉文 | 秉文 | 江苏江浦 | |

续表

| 职务 | |
|---|---|
| | 历史教授 |
| | 文字学教授 |
| | 经济史教授 |
| | 政治史教授 |
| | 文理科主任，哲学系主任、教授 |
| | 教育学教授 |
| | 地质矿物教授 |
| | 哲学教授 |
| | 教育部教授 |
| | 诗赋散文教授 |
| | 国文系主任教授 |
| | 西洋文学系主任教授 |
| | 历史系主任、教授 |
| | 地质教授 |
| | 中国历史教授 |
| | 国语主任教员 |
| | 地学系主任、教授 |
| | 词曲国文教授 |
| | 西洋文学教授 |
| | 地理教授 |
| 校长 | |

数据来源：《南高文史地部第一级会纪念刊》，南京大学图书馆特藏部藏南高文史地部1924年刊本。

# 附录二 南高史学工作者在《史地学报》发表论文数目表

| 作　者 | 身　份 | 论文数目（篇） |
|---|---|---|
| 徐则陵 | 文史地部史学系系主任 | 7 |
| 陈训慈 | 文史地部主修史学课程学生 | 19 |
| 竺可桢 | 文史地部地学系系主任 | 11 |
| 缪凤林 | 文史地部主修史学课程学生 | 5 |
| 柳诒徵 | 文史地部史学系教授 | 18 |
| 张其昀 | 文史部主修史学课程学生 | 28 |
| 姜子润 | 文史部主修史学课程学生 | 28 |
| 王玉章 | 文史部主修史学课程学生 | 2 |
| 诸葛麒 | 文史部主修史学课程学生 | 4 |
| 胡焕庸 | 文史地部主修地学课程学生 | 11 |
| 王　庸 | 文史地部主修地学课程学生 | 4 |

续表

| 作　者 | 身　份 | 论文数目(篇) |
| --- | --- | --- |
| 白眉初 | 文史部地学系教授 | 1 |
| 景昌极 | 文史地部主修哲学课程学生 | 1 |
| 吴文照 | 文史地部主修国文课程学生 | 1 |
| 束世澄 | 文史地部主修地学系课程学生 | 3 |
| 向　达 | 文史地部主修史学系课程学生 | 6 |
| 黄应欢 | 文史地部(未知主修哪学系)学生 | 1 |
| 仇良虎 | 文史地部(未知主修哪学系)学生 | 1 |
| 王学素 | 文史地部主修史学系课程学生 | 4 |
| 陆鸿图 | 文史地部(未知主修哪学系)学生 | 1 |
| 曾膺联 | 文史地部地学系教员 | 1 |
| 郑鹤声 | 文史地部主修史学系课程学生 | 10 |
| 张廷材 | 文史地部主修史学系课程学生 | 2 |
| 黄膺白 | 文史地部主修史学系课程学生 | 1 |
| 顾泰来 | 文史地部史学系教员 | 1 |
| 萧纯锦 | 文史地部哲学系教员 | 1 |
| 赵鉴光 | 文史地部主修史学系课程学生 | 1 |
| 赵祥瑗 | 文史地部主修史学系课程学生 | 1 |
| 徐韦曼 | 文史地部地学系教员 | 1 |
| 陈　旦 | 文史地部主修史学系课程学生 | 1 |
| 周　憨 | 文史地部主修史学系课程学生 | 1 |
| 陈兆馨 | 文史地部主修史学系课程学生 | 1 |

续表

| 作　者 | 身　份 | 论文数目(篇) |
|---|---|---|
| 王焕镳 | 文史地部主修地学系课程学生 | 2 |
| 周光倬 | 文史地部史学系课程学生 | 1 |
| 徐震锷 | 文史地部主修史学系课程学生 | 3 |
| 邵　森 | 文史地部主修史学课程学生 | 1 |
| 王福隆 | 文史地部(未知主修哪学系)学生 | 1 |
| 总数 37人 |  | 186 |

# 附录三　南高史学工作者在《史学与地学》发表论文数目表

| 作　者 | 论文数目(篇) |
| --- | --- |
| 柳诒徵 | 4 |
| 缪凤林 | 1 |
| 郑鹤声 | 1 |
| 向　达(佛驮耶舍) | 1 |
| 陈训慈 | 2 |
| 竺可桢 | 4 |
| 张其昀 | 2 |
| 王　庸 | 1 |
| 胡焕庸 | 2 |
| 总　数 | 18 |

# 附录四 南高史学工作者在《史学杂志》发表论文数目表

| 作　者 | 论文数目(篇次) |
|---|---|
| 柳诒徵 | 13 |
| 缪凤林 | 21.5 |
| 郑鹤声 | 6 |
| 向　达 | 2 |
| 张其昀 | 3 |
| 范希增 | 4 |
| 陈训慈 | 7 |
| 赵鸿谦 | 2 |
| 束世徵 | 1 |
| 钱　新 | 1 |
| 景昌极 | 1 |
| 总　数 | 61.5 |

## 附录五 国立中央大学的源流与变迁简表

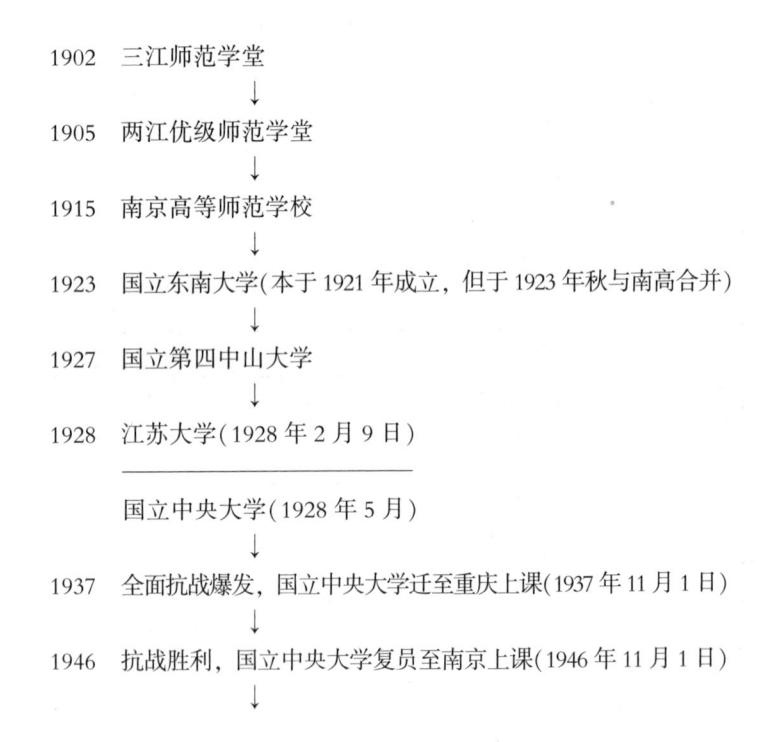

1902 三江师范学堂
　　　↓
1905 两江优级师范学堂
　　　↓
1915 南京高等师范学校
　　　↓
1923 国立东南大学(本于1921年成立,但于1923年秋与南高合并)
　　　↓
1927 国立第四中山大学
　　　↓
1928 江苏大学(1928年2月9日)
　　　────────────────────
　　　国立中央大学(1928年5月)
　　　↓
1937 全面抗战爆发,国立中央大学迁至重庆上课(1937年11月1日)
　　　↓
1946 抗战胜利,国立中央大学复员至南京上课(1946年11月1日)
　　　↓

1949　国立南京大学(1949年8月9日，校址为南京汉口道22号，昔日金陵大学校址)

↓

1950　南京大学

↓

1952　南京工学院

↓

1988　东南大学(南京工学院改名，校址为南京四牌楼2号，昔日国立中央大学校址，也即东大及三江师范原址)

数据来源：朱斐主编：《东南大学史》第1卷，南京，东南大学出版社，1991；"中央大学"七十周年校庆纪念特刊编辑委员会编：《"中央大学"七十周年纪念特刊》，中坜，"中央大学"出版社，1985；南京大学高教研究所编：《南京大学大事记(1902—1988)》，南京，南京大学出版社，1989；南京大学校史编写组编著：《南京大学史(1902—1992)》，南京，南京大学出版社，1992；"中大"八十年校庆特刊编辑委员会编：《"中大"八十年：校庆特刊》，中坜，"中央大学"出版社，1995；东南大学校史文化网，https://history.seu.edu.cn/18739/list.htm，2023-7-12。①

---

① 1979年，台湾"中央大学"地球研究所奉准成立，1968年迁校中坜，至1979年7月正式恢复"中央大学"校名。

## 附录六　南高史学工作者大事年表

| 年份 | 发生事件 |
| --- | --- |
| 1915 | 南高国文史地部成立；柳诒徵任教南高 |
| 1918 | 刘伯明任教金陵大学，兼教南高 |
| 1919 | 南高文史地部成立，刘伯明任全职教员，张其昀、陈训慈、缪凤林入读史学部 |
| 1920 | 梅光迪执教南高；地学研究会成立 |
| 1921 | 史地研究会成立，出版《史地学报》；郑鹤声入读南高史学部；吴宓执教南高 |
| 1922 | 梅光迪与刘伯明等人创办《学衡》 |
| 1923 | 东南大学与南高合并，名为国立东南大学；刘伯明去世；陈训慈、张其昀、缪凤林毕业 |
| 1924 | 梅光迪、吴宓离校 |
| 1925 | 柳诒徵离开南高；郑家鹤声毕业，同年秋转读东大史学系 |

续表

| 年份 | 发生事件 |
|---|---|
| 1926 | 此年 10 月之后,《史地学报》未见出版;张其昀回校执教史学系,陈训慈入读东大史学系,郑鹤声于此年夏天毕业;柳诒徵初时因得张、陈及郑诸学生的帮助,遂于此年 5 月刊行《史学与地学》 |
| 1927 | 东大改名为国立第四中山大学;陈训慈毕业 |
| 1928 | 国立第四中山大学改名为江苏大学(1928 年 2 月 9 日);江苏大学改名为国立中央大学(1928 年 5 月);此年 10 月后,《史学与地学》未见继续出版;此年夏秋之间,柳诒徵回南京任江苏国学图书馆馆长,缪凤林、陈训慈回校执教史学系,张其昀执教地理系,并出版《地理杂志》;此年 10 月,中大史学系成立中国史学会 |
| 1929 | 郑鹤声任职南京教育部,参与中国史学会的活动,并于此年 3 月出版《史学杂志》 |
| 1931 | 此年自 4 月以后《史学杂志》未见继续出版 |

# 附录七 南高文史地部教员及学生照片（1923年）

校长
郭鸿声先生

副校长兼本科科主任
刘经庶先生

国文系主任
陈斠玄先生

地理系主任
竺藕舫先生

历史系主任
徐养秋先生

附录七  南高文史地部教员及学生照片(1923年)

吴雨僧先生 　　　　　柳翼谋先生 　　　　　吴瞿安先生

梅迪生先生 　　　　　汤锡予先生 　　　　　萧叔绚先生

白眉初先生 　　　　　徐韦曼先生

范希曾(耒研)　　　　何惟科(第光)　　　　胡焕庸(肖堂)
江苏淮阴　　　　　　江苏淮阴　　　　　　江苏宜兴

周光倬(汉章)　　　　夏崇璞(蕴文)　　　　徐震堮(震单)①
云南昆明　　　　　　江苏吴江　　　　　　浙江嘉善

唐兆祥(继笙)　　　　陈训慈(叔谅)　　　　张其昀(晓峰)
浙江兰溪　　　　　　浙江慈溪　　　　　　浙江鄞县

---

① 按：一说徐震堮字声越。

附录七　南高文史地部教员及学生照片(1923年)

陆鸿图(卿谋)
浙江余姚

景昌极(幼南)
江苏泰县

张廷休(恺溟)①
贵族安顺

赵继光(睛之)
浙江金华

钱堃新(子厚)
江苏丹徒

王玉章
江苏江阴

阮真(乐真)
浙江绍兴

仇良虎(威叔)
江苏江宁

姜子润(泰煊)
福建永定

① 按：一说张廷休字梓铭。

诸葛麒(振公)　　　王学素(瑞书)　　　王庸(以中)
浙江东阳　　　　　浙江江山　　　　　江苏无锡

缪凤林(赞虞)
浙江富阳

资料来源:《南高文史地部第一级会纪念刊》,南京大学图书馆藏本(据1924年刊本)。

# 参考书目

## 一、中文资料

### （一）中文档案

《1915年南京高等师范学校教职员一览表》，中国第二历史档案馆藏国立中央大学档案，档案编号：6483916J3046。

《1919年南京高等师范学校教职员一览表》，中国第二历史档案馆藏国立中央大学档案，档案编号：6483916J3048。

《南京高等师范学校组织教授会》（1921），中国第二历史档案馆藏国立中央大学档案，档案编号：6483916J3090。

《（1939—1945）各学院院长、系主任、教授、讲师、助教一览》，中国第二历史档案馆藏国立中央大学档案，档案编号：64816J1272。

《1935年国立中央大学出版物目录》，中国第二历史档案馆藏国立中央大学档案，档案编号：648146016J3082。

《中大各院系学程一览》，中国第二历史档案馆藏国立中央大学档案，档案编号：64815J2296。

《两江优级师范学堂造呈历史地理科学生历期历年及毕业考试分数清册》，台北"国史馆"藏档案，档案编号：195150。

《两江优级师范学堂历史地理科讲义目录》，台北"国史馆"藏档案，档案编号：195151。

《东南大学缘起》，中国第二历史档案馆藏国立中央大学档案，档案编号：

64830016J3027。

《南京东大文科招考学生一览》，中国第二历史档案馆藏国立中央大学档案，档案编号：64816J3132。

《南京师范学校文史地部科课程》，中国第二历史档案馆藏国立中央大学档案，档案编号：6483916J3013。

《南京高等师范大学教职员档》，中国第二历史档案馆藏国立中央大学档案，档案编号：648154816J3004。

《南京高等师范学校1919年八月新招学生一览表》，中国第二历史档案馆藏国立中央大学档案，档案编号：648316J493。

《南京高等师范学校学生分组名单》，中国第二历史档案馆藏国立中央大学档案，档案编号：64831516J3033。

《南京高等师范学校民国九年（1920）六月毕业生分数表》，台北"国史馆"藏档案，档案编号：12811000011211。

《南高师范学校课程》，中国第二历史档案馆藏国立中央大学档案，档案编号：648118216J3002。

《国立中央大学文学院导师暨学生分组名单》，中国第二历史档案馆藏国立中央大学档案，档案编号：6481146016J3024。

《国立东南大学民国十二年六月毕业学生分数表》，台北"国史馆"藏档案，档案编号：12811000011281。

《国立中央大学教员名册》，中国第二历史档案馆藏国立中央大学档案，档案编号：64816J1232。

《国立东南大学教职员一览表》，中国第二历史档案馆藏国立中央大学档案，档案编号：6483916J3026309。

《南京高等师范学校、国立东南大学出版书报一览》，中国第二历史档案馆藏国立中央大学档案，档案编号：648127216J3182。

《国立东大南高中大毕业同学总会会刊》第4期（1938），台北中国国民党党史会藏本，档案编号：61560150050。

《国立东南大学研究院简章》（1926年11月18日），中国第二历史档案馆藏国立中央大学档案，档案编号：64831616J3123。

王炽昌：《东大易长问题之症结及其解决方法》，中国第二历史档案馆藏国立中央大学档案，档案编号：64838316J3072。

梅光迪：《覆刘伯明志愿书》，中国第二历史档案馆藏国立中央大学档案，档案编号：6481146016J3011。

郭秉文：《南京高等师范学校章程》（1920），中国第二历史档案馆藏国立中央大学档案，档案编号：6483916J3023。

郭秉文：《南京范学校文史地部简

章》，中国第二历史档案馆藏国立中央大学档案，档案编号：6483916J3092。

刘伯明、柳诒徵：《请设国文特班义》，中国第二历史档案馆藏国立中央大学档案，档案编号：6483916J149。

罗家伦：《中央大学之使命》（原文发表于1932年），中国第二历史档案馆藏国立中央大学档案，档案编号：648302116J3190。

**（二）校史资料文献**

"中大"八十年校庆特刊编辑委员会编：《"中大"八十年：校庆特刊》，中坜，"中央大学"出版社，1995。

"中央大学"七十周年校庆纪念特刊编辑委员会编：《"中央大学"七十周年纪念特刊》，中坜，"中央大学"出版社，1985。

"中国文化大学"编：《"中国文化学院"概况》，台北，"中国文化大学"出版部，1985。

朱斐主编：《东南大学史》第1卷，南京，东南大学出版社，1991。

南京大学校史办公室校史资料编辑组、南京大学学报编辑部编：《南京大学校史资料选辑》，南京，南京大学出版社，1982。

南京大学校史编写组编著：《南京

大学史》，南京，南京大学出版社，1992。

顾树新、张士朗主编：《南京大学校友英华》，南京，南京大学出版社，1992。

南京大学高教研究所编：《南京大学大事记（1902—1988）》，南京，南京大学出版社，1989。

南京大学图书馆古籍特藏部编：《馆藏中央大学学生毕业论文录（1942—1950）》，南京大学图书馆藏本（缺出版年份）。

南京师大附中编：《南京师大附中》，北京，人民教育出版社，1997。

《南京高等师范学校一览》，南京大学图书馆藏本（据1918年刊本）。

《南高文史地部第一级会纪念刊》，南京大学图书馆特藏部藏南高文史地部1924年刊本。

《国立东南大学文理科一览目录（改订实行本）》，南京大学图书馆藏本（据1923年刊本）。

《国立东南大学概况》，南京大学图书馆藏本（据1924年刊本）。

《国立东南大学组织大纲草案》，南京大学图书馆藏本（缺出版年份）。

《国立中央大学》，南京大学图书馆藏本（据1928年刊本）。

《国立中央大学十周年纪念册》，南

京大学图书馆藏本(据1938年刊本)。

《国立中央大学二十四级毕业纪念刊》,南京大学图书馆藏本(据1936年刊本)。

《国立中央大学学院沿革及概况》,南京图书馆藏本(据1936年刊本)。

《国立中央大学教职员通讯簿》,南京大学图书馆藏本(据1942年刊本)。

"中央大学"校友会编印:《中大校友通讯》第11期,1992年。

"中央大学"校友会编印:《中大校友通讯》第19期,1998年。

"中央大学"理学院总务处编:《国立中央大学在台校友通讯簿》,中坜,"中央大学"理学院总务处,1969。

郝平:《北京大学创办史实考源》,北京,北京大学出版社,1998。

## (三)中文期刊

《古史辨》,上海,上海书店,1930(据朴社本影印)。

《史地学报》,台北,进学书局,1960(据1921年至1926年刊本影印)。

《史学》,1930年原刊本。

《史学述林》,1942年原刊本。

《史学与地学》,台北,学生书局,缺出版年份(据1926年至1928年刊本影印)。

《史学杂志》,1929—1931年原刊本。

《地理学报》,1934—1937年原刊残本,"中研院"郭廷以图书馆藏本。

《地理杂志》,台北,成文出版社,1975(据1928年至1935年刊本影印)。

《思想与时代》,台北,华冈出版有限公司,1978(据1941年至1947年刊本影印)。

《浙江省立图书馆馆刊》,台北,成文出版社,1985(据1932年至1935年本影印)。

《国故月刊》,台北,成文出版社(据1919年刊本影印)。

《国风》,台北,文海出版社(据1932年至1936年刊本影印)。

《国学图书馆年刊》,台北,成文出版社,1985(据1928年至1936年刊本影印)。

《新青年》,东京,大安株式会社,1962(据1915年至1926年刊本影印)。

《图书评论》,台北,成文书局,1985(据1936年至1939年本影印)。

《学衡》,台北,学生书局,1971(据1922年至1933年刊本影印)。

"中央大学"编刊:《文史哲季刊》,台北,成文出版社,缺出版年份(据

1943年刊本影印)。

**(四)中文书籍**

《竺可桢传》编辑组编:《竺可桢传》,北京,科学出版社,1990。

《郭秉文先生纪念集》筹备委员会编:《郭秉文先生纪念集》,台北,"中华学术院",1971。

丁丙编:《善本书室藏书志》,北京,中华书局,1992。

丁致聘编:《中国近七十年来教育记事》,上海,商务印书馆,1935。

陈学恂主编:《中国近代教育大事记》,上海,上海教育出版社,1981。

中大校友诗社编:《中大校友诗鸿》第4集,南京,中大校友诗社,1997。

中国社会科学院近代史研究所编:《五四运动文选》,北京,生活·读书·新知三联书店,1979。

中国社会科学院近代史研究所编:《五四运动回忆录》,北京,中国社会科学出版社,1979。

尹雪曼编:《中华民国文艺史》,台北,正中书局,1975。

方祖猷、陈训慈:《万斯同年谱》,香港,香港中文大学出版社,1985。

王汎森:《古史辨运动的兴起》,台北,允晨文化实业股份有限公司,1987。

王桐龄:《中国全史》,台北,启明书局,1975。

王尔敏:《中国近代思想史论》,台北,华世出版社,1977。

王尔敏:《晚清政治思想史论》,台北,自印本,1969。

王瑶:《中国新文学史稿》,上海,上海文艺出版社,1982。

王学珍、王效挺、黄文一等主编:《北京大学纪事(1898—1997)》,北京,北京大学出版社,1998。

王树槐:《中国近代化的区域研究:江苏省,1860—1916》,台北,"中研院"近代史研究所,1984。

(清)永瑢等撰:《四库全书总目提要》,北京,中华书局,1987。

包利民:《生命与逻各斯——希腊伦理思想史论》,北京,东方出版社,1996。

[法]白菱汉(Jean Brunches):《人生地理学》(*La G'eographie Humaine*),张其昀译,上海,商务印书馆,1930(此书又名《人生地理学史》)。

皮锡瑞:《经学历史》,香港,香港中华书局,1961。

北塔:《情痴诗僧吴宓传》,北京,团结出版社,2000。

伍振鷟:《中国大学教育发展史》,

台北，教育资料馆，1982。

江南图书馆编：《江南图书馆善本书目》，台北，广文书局有限公司，1970（据1936年江苏国学图书馆编印本影印）。

江苏省立国学图书馆编：《陶风楼藏名贤手札》，台北，广文书局有限公司，1970（据1936年江苏国学图书馆编印本影印）。

江苏省立国学图书馆编：《盋山书影》，台北，广文书局有限公司，1970（据1929年国江苏国学图书馆编印本影印）。

余英时：《中国近代思想史上的胡适》，台北，联经出版事业公司，1984。

吴辰伯：《江浙藏书家史略》，台北，文史哲出版社，1982。

吴晗：《江浙藏书家史略》，北京，中华书局，1981。

吴宓著，吴学昭整理注释：《吴宓日记》第2册，北京，生活·读书·新知三联书店，1998。

吴宓著，吴学昭整理：《吴宓自编年谱（1894—1925）》，北京，生活·读书·新知三联书店，1995。

吴学昭：《吴宓与陈寅恪》，北京，清华大学出版社，1992。

吴泽主编：《中国近代史学史》，南京，江苏古籍出版社，1989。

吕芳上：《从学生运动到运动学生：民国八年至十八年》，台北，"中研院"近代史研究所，1994。

李瑞清：《清道人遗集》，香港中文大学崇基学院图书馆藏本（据1939年刊本）。

沈松侨：《学衡派与五四时期的反新文化运动》，台北，台湾大学出版委员会，1984。

沈嘉荣：《顾炎武论考》，南京，江苏人民出版社，1994。

沈卫威：《回眸"学衡派"——文化保守主义的现代命运》，北京，人民文学出版社，1999。

汪荣祖编：《五四研究论文集》，台北，联经出版事业公司，1979。

尚小明：《学人游幕与清代学术》，北京，社会科学文献出版社，1999。

来新夏：《中国地方志》，台北，台湾商务印书馆，1995。

周策纵等：《五四与中国》，台北，时报文化出版事业有限公司，1979。

周邦道：《近代教育先进传略》，台北，"中国文化大学"出版部，1981。

周葱秀、涂明：《中国近现代文化

期刊史》,太原,山西教育出版社,1999。

竺可桢:《气象学》,上海,商务印书馆,1933。

侯健:《从文学革命到革命文学》,台北,中外文学月刊社、台湾大学外文系,1974。

柳定生、柳曾符编:《柳诒徵劬堂题跋》,台北,华正书局,1996。

柳曾符、柳定生选编:《柳诒徵史学论文集》,上海,上海古籍出版社,1991。

柳曾符、柳定生选编:《柳诒徵史学论文续集》,上海,上海古籍出版社,1991。

柳诒徵:《中国文化史》上、下册,北京,大百科全书出版社,1988。

柳诒徵:《东亚各国史》,南京大学图书馆藏本(据南京高等师范学校刊本)。

柳诒徵:《柳翼谋先生文录》,台北,广文书局有限公司,1970。

柳诒徵:《柳诒徵说文化》,上海,上海古籍出版社,1999。

柳诒徵、叶楚伧主编,王焕镳编纂:《首都志》,南京,正中书局,1935。

柳诒徵:《国史要义》,"民国丛书"本(据中华书局1948年刊本影印)。

柳诒徵:《国立中央大学图书馆小史》,南京大学图书馆藏本(缺出版年份)。

柳诒徵:《历代史略》,南京大学图书馆藏本[据光绪二十九年(1903)江楚编译局本]。

柳诒徵编:《江苏省立图书馆现存书目》,台北,广文书局,1970(据1930刊本影印)。

胡建雄主编:《浙大逸事》,沈阳,辽海出版社,1998。

胡逢祥、张文建:《中国近代史学思潮与流派》,上海,华东师范大学出版社,1991。

胡适:《胡适留学日记》(全4册),台北,台湾商务印书馆,1980。

重庆市沙坪坝区地方志办公室编:《抗战时期的陪都沙磁文化区》,重庆,科学技术文献出版社重庆分社,1989。

倪波、穆纬铭主编:《江苏报刊编辑史》,南京,江苏人民出版社,1993。

仓修良、叶建华:《章学诚评传》,南京,南京大学出版社,1996。

夏曾佑:《中国古代史》,台北,台湾商务印书馆,1994。

孙永如:《柳诒徵评传》,南昌,百

花洲文艺出版社，1993。

孙尚扬、郭兰芳编：《国故新知论——学衡派文化论著辑要》，北京，中国广播电视出版社，1995。

浦江清：《清华园日记 西行日记》，北京，生活·读书·新知三联书店，1987。

《癸卯学制》，台北，文海出版社，缺出版年份(据1903年刊本影印)。

《商务印书馆出版教科书目》，香港商务印书馆藏本，据光绪三十一年(1905)刊本。

《优级师范学堂章程》，台北，文海出版社，缺出版年份(据1907年刊本影印)。

高力克：《调适的智慧——杜亚泉思想研究》，杭州，浙江人民出版社，1998。

[法]马东：《自然地理学》，王勤堉译，上海，商务印书馆，1939。

马金科、洪京陵编著：《中国近代史学发展叙论(1840—1949)》，北京，中国人民大学出版社，1994。

张其昀、胡焕庸合编：《钟山外国地理》上、下册，南京，钟山书局，1936(南京大学图书馆藏本)。

张其昀：《中国地理学研究》，见《张其昀全集》第1册，293页，台北，"国史馆"、中国国民党中央党史委员会、"中国文化大学"，1988。

张其昀编，竺可桢校：《本国地理》，上海，商务印书馆，1926。

张宏生、丁帆主编：《走近南大》，成都，四川人民出版社，2000。

张朋园、陈三井、陈存恭等访问，陈三井、陈存恭记录：《郭廷以先生访问纪录》，台北，"中研院"近代史研究所，1987。

张寿安：《以礼代理——凌廷堪与清中叶儒学思想之转变》，台北，"中研院"近代史研究所，1994。

张晞初编著：《中国研究生教育史略》，长沙，湖南师范大学出版社，1994。

张舜徽：《清人文集别录》下册，北京，中华书局，1980。

张碧惠：《晚清藏书家缪荃孙研究》，台北，汉美图书有限公司，1991。

张宪文、穆纬铭主编：《江苏民国时期出版史》，南京，江苏人民出版社，1993。

教育部编：《第一次教育年鉴》(2册)，台北，宗青图书出版公司，1981。

教育部编：《二十一年度全国高等

教育统计》，上海，商务印书馆，1935。

梁启超：《中国近三百年学术史》，见《饮冰室专集》(《饮冰室合集》本，全10册)，北京，中华书局，1989。

梁敬錞：《然疑录》，台北，中外杂志出版社，1975。

梁漱溟：《东西文化及其哲学》，上海，商务印书馆，1930。

许冠三：《新史学九十年》上、下册，香港，香港中文大学出版社，1986。

陈乃林主编：《师范群英 光耀中华》第8卷下册，西安，陕西人民教育出版社，1994。

陈安湖主编：《中国现代文学社团流派史》，武汉，华中师范大学出版社，1997。

陈其泰：《中国近代史学的历程》，郑州，河南人民出版社，1994。

陈叔谅(陈训慈)：《世界大战史》，上海，商务印书馆，1929。

陈叔谅(陈训慈)：《近世欧洲革命史》，上海，商务印书馆，1934。

陈能治：《战前十年中国的大学教育(一九二七——一九三七)》，台北，台湾商务印书馆，1990。

陈训慈：《西洋通史》，南京图书馆藏本，1929。

陈启天：《近代中国教育史》，台北，"中研院"近代史研究所，1998。

陈敬之：《新文学运动的阻力》，台北，成文出版社有限公司，1980。

章嵚：《中华通史》，台北，台湾商务印书馆，1959(据1934年刊本)。

章学诚著，叶瑛校注：《文史通义校注》，北京，中华书局，1985。

章鸿钊：《中国地质学发展小史》，上海，商务印书馆，1937。

罗志田：《再造文明之梦——胡适传》，成都，四川人民出版社，1995。

彭明辉：《疑古思想与现代中国史学的发展》，台北，台湾商务印书馆股份有限公司，1991。

彭明辉：《历史地理学与现代中国史学》，台北，东大图书股份有限公司，1995。

冯崇义：《罗素与中国：西方思想在中国的一次经历》，北京，生活·读书·新知三联书店，1994。

黄伟合：《欧洲传统伦理思想史》，上海，华东师范大学出版社，1991。

杨文衡主编：《世界地理学史》，长春，吉林教育出版社，1994。

杨立诚、金步瀛编：《中国藏书家考略》，台北，文海出版社有限公司，

1971。

杨翠华：《中基会对科学的赞助》，台北，"中研院"近代史研究所，1991。

廖超慧：《中国现代文学思潮论争史》，武汉，武汉出版社，1997。

刘伯明：《西洋古代中世哲学史大纲》，上海，中华书局，1922。

刘伯明演讲：《近代西洋哲学史大纲》["民国丛书"第二编(10)]，上海，上海书店，1990(据1932年影印)。

[美]杜威：《思维术》(*How We Think*)，刘伯明译，台北，华冈出版有限公司，1977(据1925年版)。

蒋俊：《中国史学近代化进程》，济南，齐鲁书社，1995。

赵荣、杨正泰：《中国地理学史(清代)》，北京，商务印书馆，1998。

蔡尚思：《蔡尚思自传》，成都，巴蜀书社，1993。

李赋宁、孙天义、蔡恒编：《第一届吴宓学术讨论会论文选集》，西安，陕西人民教育出版社，1992。

李赋宁、孙天义、蔡恒编：《第二届吴宓学术讨论会论文选集》，西安，陕西人民教育出版社，1994。

郑世兴：《中国现代教育史》，台北，三民书局股份有限公司，1981。

郑师渠：《晚清国粹派——文化思想研究》，北京，北京师范大学出版社，1993。

郑鹤声：《中国史部目录学》，上海，商务印书馆，1928。

郑鹤声：《中国近世史》，南京，中央政治学校，1944。

郑鹤声：《中学历史教学法》，南京，正中书局，1935。

郑鹤声：《司马迁年谱》，上海，商务印书馆，1933。

郑鹤声：《史汉研究》，上海，商务印书馆，1930。

郑鹤声：《杜佑年谱》，上海，商务印书馆，1934。

郑鹤声：《近世中西史日对照表》，上海，商务印书馆，1936。

郑鹤声：《班固年谱》，上海，商务印书馆，1933。

郑鹤声：《袁枢年谱》，上海，商务印书馆，1930。

钱曼倩、金林祥主编：《中国近代学制比较研究》，广州，广东教育出版社，1996。

钱穆：《国史大纲》，台北，台湾商务印书馆，1980(据1940年版)。

璩鑫圭、唐良炎编：《中国近代教

育史资料汇编·学制演变》，上海，上海教育出版社，1991。

缪凤林：《中国通史要略》，台北，台湾商务印书馆，1973(据1942年版影印)。

缪凤林：《中国通史纲要》，台北，台湾学生书局，1972(据1931年版影印)。

缪凤林编：《缪凤林先生藏书目录》，台北，"中研院"中国文哲研究所藏本。

谭宇权：《胡适思想评论》，台北，文津出版社，1996。

苏云峰：《三(两)江师范学堂：南京大学的前身，1903—1911》，台北，"中研院"近代史研究所，1998。

苏云峰：《从清华学堂到清华大学(1911—1929)——近代中国高等教育研究》，台北，"中研院"近代史研究所，1996。

顾昕：《中国启蒙的历史图景——五四反思与当代中国的意识形态之争》，香港，牛津大学出版社，1992。

顾炎武：《天下郡国利病书》，台北，台湾商务印书馆，1965(四部丛刊本)。

顾炎武：《原抄本顾亭林日知录》，台北，文史哲出版社，1979。

顾炎武：《顾亭林诗文集》，北京，中华书局，1983。

顾祖禹：《读史方舆纪要》，台北，新兴书局，1956。

顾颉刚：《秦汉的方士与儒生》，上海，上海古籍出版社，1978(重印本)。

顾颉刚：《当代中国史学》，南京，胜利出版社，1947。

## (五) 中文论文

《郭秉文先生纪念集》筹备委员会：《郭秉文先生与"南高"、"东大"》，见《郭秉文先生纪念集》筹备委员会编：《郭秉文先生纪念集》，68—69页，台北，"中华学术院"，1971。

丁文江：《历史人物与地理之关系》，载《史地学报》第2卷第4期，1923年，123—130页。

丁伟志：《晚清国粹主义述论》，载《近代史研究》第2期，1995年，1—15页。

三宅米吉：《日本文学博士那珂通世传》，黄子献译，载《师大史学丛刊》第1卷第1期，1931年，1—88页。

公盾：《科学家竺可桢和科普创作》，见《纪念科学家竺可桢论文集》编辑小组编：《纪念科学家竺可桢论文集》，101—112页，北京，科学普及出版社，1982。

卞孝萱：《柳诒徵先生与〈中国文化史〉》，见中国人民政治协商会议镇江市委员会文史资料研究委员会编：《镇江文史资料》第11辑《柳翼谋先生纪念文集》，176—191，中国人民政治协商会议镇江市委员会，1986。

方祖猷：《自序》，见《清初浙东学派论丛》，1页，台北，万卷楼图书有限公司，1996。

王元化：《序》，见田建业等编：《杜亚泉文选》，9—16页，上海，华东师范大学出版社，1993。

王玉如：《竺可桢在浙大》，见《纪念科学家竺可桢论文集》编辑小组编：《纪念科学家竺可桢论文集》，21—40页，北京，科学普及出版社，1982。

王成圣：《大学生活——沙坪坝上六朝松（下）》，载《中外杂志》第14卷第4期，1976年，54—57页。

王成圣：《中大沧桑》，载《中外杂志》第6卷第1期，1969年，50—51页。

王成圣：《世界历史悠久的大学——南雍薪火不息》，载《中外杂志》第61卷第3期，1997年，26—31页。

王成圣：《沙坪之忆——记抗战的中大》，载《中外杂志》第10卷第1期，1973年，42—45页。

王汎森：《刘半农与史语所的"民间文艺组"》，见王汎森主编：《新学术之路："中央研究院"历史语言研究所七十周年纪念文集》上册，119—134页，台北，"中研院"历史语言研究所，1998。

王汎森：《民国史学中的新派及其批评者》（未刊稿）。

王聿均：《罗志希先生对史学与文学的贡献》，见罗家伦先生文存编辑委员会编：《罗家伦先生文存》第13册，904—907页，台北，"国史馆"、中国国民党中央委员会党史委员会，1986。

王国维：《元朝秘史之主因亦儿坚考》，载《史学与地学》第3期，1927年，（总）390—412页。

王庸：《四海通考》，载《史学与地学》第2期，1926年，（总）269—287页。

王焕镳：《明遗民万履安年谱》，载《国学图书馆年刊》第5年刊，1932年，（总）2257—2316页。

王焕镳：《本馆图书总目叙例》，载《国学图书馆年刊》第9年刊，1936年，（总）5817—5822页。

王焕镳：《梅光迪先生文录序》，见梅光迪：《梅光迪文录》，台北，"国防研究院""中华大典编印会"，1968。

王焕镳：《谭南高学风》，载《国风》第 7 卷第 2 号，1935 年，12—13 页。

王尔敏：《中国名称的溯源及其在近代诠释》，见《中国近代思想史论》，447—486 页，台北，台湾商务印书馆，1995。

王德滋：《关于中央大学学风点滴》，载《南京大学学报》第 2 期，1987 年，31—33 页。

William Morris Davis：《地理研究院之计划》，王学素译，载《史地学报》第 2 卷第 2 期，1923 年，19—32 页。

丘宝剑：《中国气候区划研究》，见《纪念科学家竺可桢论文集》编辑小组编：《纪念科学家竺可桢论文集》，183—195 页，北京，科学普及出版社，1982。

本刊编辑：《我们中大的校训、校徽及起源》，载《中大校友通讯》第 11 期，1992 年，19—23 页。

田蕴兰：《中大精神南京少年》，载《中大校友通讯》第 19 期，1998 年，175—184 页。

任以都：《五十自述》，见张朋园、杨翠华、沈松侨访问，潘光哲记录：《任以都先生访问纪录》，183—192 页，台北，"中研院"近代史研究所，1993。

任利剑：《罗家伦：在中国现代高等教育的发展历程中》，载《南京大学学报》第 2 期，1992 年，99—105 页。

向达：《唐代刊书考》，载《国学图书馆年刊》第 1 年刊，1928 年，（总）21—42 页。

Charles Mclean Andrews：《近四十年来美国之史学》，向达译，载《史学与地学》第 1 期，1926 年，（总）35—63 页。

A. Preniakov：《俄国革命时期历史研究之状况》，向达译，载《史地学报》第 2 卷第 6 期，1923 年，123—131 页。

朱沛莲：《五十年前之南高》，见《郭秉文先生纪念集》筹备委员会编：《郭秉文先生纪念集》，108—111 页，台北，"中华学术院"，1971。

朱炳海：《竺可桢先生的二三事》，载《南京大学学报》第 2 期，1987 年，53—55 页。

朱斐：《东南大学校董简介》，见校刊编辑编印：《东南大学校史资料选辑》（内部文件）第 4 期，48—60 页，南京，东南大学出版社。

朱斐：《东南最高学府的诞生》，见校刊编辑编印：《东南大学校史资料选辑》（内部文件）第 4 期，1—12 页，南京，东南大学出版社。

江谦(词)、李叔同(谱):《南京高等师范校歌》,见朱斐主编:《东南大学史》第1卷,图31,南京,东南大学出版社,1991。

江谦:《江谦校长关于南京高等师范学校开办情况报告书》,见南京大学校庆办公室校史资料编辑组、南京大学学报编辑部编:《南京大学校史资料选辑》,34—35页,南京,南京大学出版社,1982。

江谦:《南京高等师范学校概况》,见《南京高等师范学校一览》,46—50页,南京大学图书馆藏本(据1918年刊本)。

艾素珍:《清代出版的地质学译著及特点》,载《中国科技史料》第19卷第1期,1998年,11—25页。

艾素珍:《清末自然地理学著作的翻译及出版》,载《中国科技史料》第16卷第3期,1995年,16—25页。

余三定:《学术的自觉与学者的自立——20世纪八九十年代中国学术一瞥》,见《学术的自觉与学者的自立:当代学者研究》,3—15页,武汉,华中师范大学出版社,1998。

佛驮耶舍(向达):《述太平天国散佚史料》,载《史学杂志》第1卷第2期,1929年,1—6页。

佛驮耶舍(向达):《汉唐间西域海南诸国地理书辑佚》,载《史学杂志》第1卷第1期,1929年,1—7页。

何炳松:《历史上之演化问题及其研究方法》,载《史学与地学》第4期,1928年,(总)569—583页。

Blochet:《拉施特元史考》,何炳松译,载《史学与地学》第3期,1927年,(总)507—511页。

何善川:《五四运动健将——罗家伦与中大》,载《传记文学》第46卷第5期,1989年,100—105页。

余英时:《中国史学的现阶段:反省与展望》,见《史学与传统》,1—29页,台北,时报文化出版事业有限公司,1982。

余英时:《文艺复兴乎?启蒙运动乎?——一个史家对五四运动的反思》,见余英时等编:《五四新论:既非文艺复兴,亦非启蒙运动》,1—27页,台北,联经出版事业股份有限公司,1999。

吴宓:《西洋文学精要书目》,载《学衡》第6期,1922年,(总)819—916页。

吴宓:《西洋文学精要书目(续)》,载《学衡》第7期,1922年,(总)917—

929页。

吴宓:《英诗浅释(三)安诺德挽歌》,载《学衡》第14期,1923年,(总)1629—1637页。

吴宓:《挽刘伯明先生联》,载《国风》第9号,1932年,6页。

吴宓:《论循规蹈矩之益与纵性放情之害》,载《学衡》第38期,1925年,(总)5165—5179页。

吴宓:《论新文化运动》,载《学衡》第4期,1922年,(总)488—493页。

[法]马西尔:《白璧德之人文主义》,吴宓译,载《学衡》第19期,1923年,(总)2494—2535页。

吴宓译:《白璧德论欧亚两洲文化》,载《学衡》第38期,1925年,(总)5146—5166页。

吴俊升:《纪念母校南高二十周年》,载《国风》第7卷第2号,1935年,5—6页。

吴思莹:《东南大学与"学衡派"》,见"中大"八十年校庆特刊编辑委员会编:《"中大"八十年:校庆特刊》,91—93页,中坜,"中央大学"出版社,1995。

吴虞:《吃人与礼教》,载《新青年》第6卷第6号,1919年,578—580页。

吴虞:《说孝》(原刊《星期日》,1920年1月4日),见《吴虞集》,172—174页,成都,四川人民出版社,1985。

吴蕴瑞:《我的纪念南高》,载《国风》第7卷第3号,1935年,27页。

吕芳上:《"学阀"乎?"党化"乎?民国十四年的东南大学学潮》,见"国父"建党革命一百周年学术讨论集编辑委员会编:《"国父"建党革命一百周年学术讨论集》第1册,125—160页,台北,近代中国出版社,1995。

君实:《新欧洲文明思潮之归趋及基础》,载《东方杂志》第16卷第5号,1919年,100—101页。

宋晞:《张其昀传略》,见《张其昀全集》第1册,5—26页,台北,"国史馆"、中国国民党中央党史委员会、"中国文化大学"出版部,1988。

宋晞:《序》,见方祖猷:《清初浙东学派论丛》,2页,台北,万卷楼图书有限公司,1996。

宋晞:《从"浙东之史学"到"万斯同年谱"——陈训慈的史学研究之贡献》,载《华冈文科学报》第19期,1993年,135—158页。

宋晞:《陈训慈与浙江省立图书馆》,见"国父"建党革命一百周年学术讨论集编辑委员会编：《"国父"建党革命一百周年学术讨论集》第 1 册，583—599 页，台北，近代中国出版社，1995。

宋晞：《华冈张创办人行谊》，见"中国文化大学"张其昀先生纪念文集编纂委员会编：《张其昀先生纪念文集》，65—74 页，台北，"中国文化大学"出版部，1986。

宋新桂：《两江师范学堂监督》，载《南京大学学报》第 2 期，1988 年，21—23 页。

束世澂：《忆柳翼谋先生及其他》，见中国人民政治协商会议镇江市委员会文史资料研究委员会编：《镇江文史资料》第 11 辑《柳翼谋先生纪念文集》，151—156 页，中国人民政治协商会议镇江市委员会，1986。

李大钊：《由经济上解释中国近代思想变动的原因》，载《新青年》第 7 卷第 2 号，1920 年，18 页。

吴虞：《家族制度为专制主义之根据论》，成都，四川人民出版社，1985。

李大钊：《自然的伦理观与孔子》，载《甲寅》，1917 年 2 月 4 日。

李宇平：《柳诒徵的史学》，载《台湾师范大学历史学报》第 16 期，1988 年，285—308 页。

李怡：《论学衡派与五四新文学运动》，载《中国社会科学》第 4 期，1998 年，150—164 页。

李金英：《中国第一所男女同校大学里的爱情之花》，王运来译，载《南京大学学报》第 2 期，1987 年，23—25 页。

李洪岩：《史术通贯经术——柳诒徵文化思想析论》，见国际儒学联合会编：《国际儒学研究》第 3 辑，54—76 页，北京，中国社会科学出版社，1997。

李值中：《柳诒徵如何主持国学图书馆》，见中国人民政治协商会议镇江市委员会文史资料研究委员会编：《镇江文史资料》第 29 辑，中国人民政治协商会议镇江市委员会，146—148 页，1996。

李清懹：《我对南京高师和东南大学的回忆》，见中国人民政治协商会议江苏省委员会文史资料研究委员会编：《江苏文史资料选辑》第 11 辑，中国人民政治协商会议镇江市委员会，128—135 页，1983。

李瑞清：《两江师范学堂同学录序》，见《清道人遗集》第 2 卷，4—7 页，香港中文大学崇基书院图书馆藏本（据 1939 年刊本）。

李瑞清：《与朱邑芬书》，见《清道

人遗集》第2卷，9—10页，香港中文大学崇基书院图书馆藏本（据1939年刊本）。

李瑞清：《刘幼云前辈介石山房图记》，见《清道人遗集》第2卷，16—18页，香港中文大学崇基书院图书馆藏本（据1939年刊本）。

李瑞清：《诸生课卷批》，见《清道人遗集》第2卷，41—42页，香港中文大学崇基书院图书馆藏本（据1939年刊本）。

王汎森主编：《新学术之路："中央研究院"历史语言研究所七十周年纪念文集》上册，6—32页，台北，"中研院"历史语言研究所，1998。

汪东（作词）、程懋德（谱曲）：《中央大学校歌》，见《国立中央大学》，1页，南京大学图书馆藏本（据1928年刊本）。

汪荣祖：《五四与民国史学之发展》，见汪荣祖编：《五四研究论文集》，221—235页，台北，联经出版事业公司，1979。

金观涛、刘青峰：《新文化运动的另一图像》，见吕芳上、张哲郎主编：《五四运动八十周年学术研讨会论文集》，809—843页，台北，政治大学文学院，1999。

京师大学堂编：《中国史学门科目》，见北京大学校史研究室编：《北京大学史料》第1卷，103页，北京，北京大学出版社，1993。

京师大学堂编：《地理学门科目》，见北京大学校史研究室编：《北京大学史料》第1卷，105—106页，北京，北京大学出版社，1993。

京师大学堂编：《万国史学门科目》，见北京大学校史研究室编：《北京大学史料》第1卷，104页，北京，北京大学出版社，1993。

周文玖：《我国二十世纪三四十年代的史学评述》，载《史学理论研究》第2期，1999年，38—49页。

周予同：《五十年来中国之新史学》，见杜维运、陈锦忠编：《中国史学史论文选集》（三），371—428页，台北，华世出版社，1980。

周佳荣：《梁启超与近代中国学术文化的更新》，见《新民与复兴——近代中国思想论》，151—167页，香港，香港教育图书公司，1999。

周邦道：《南雍感旧》，见《文艺复兴》（专集），1980年，34—35页。

周邦道：《梅光迪、段锡朋、熊育

锡》，载《中外杂志》第 19 卷第 7 期，1979 年，63—65 页。

周明之：《胡适与文学革命——中国近代知识分子的疏离和抗议》，见张玉法编：《中国现代史论集》第 6 辑，429—446 页，台北，联经出版事业公司，1981。

杭江：《教育家江谦》，载《中外杂志》第 51 卷第 6 期，1992 年，53—56 页。

杭江：《筚路蓝褛 创业维艰——南京高等师范学校的奠基人江谦》，见朱一雄主编：《东南大学校史研究》第 1 辑，40—50 页，南京，东南大学出版社，1989。

林纾：《致蔡鹤卿太史书》，转引自郑振铎：《导言》，见赵家璧主编：《中国新文学大系》第 2 集，15—17 页，上海，上海文艺出版社，2003。

林纾：《论古文白话之相消长》，见张若英编：《中国新文学运动史资料》，100—103 页，上海，上海书店，1982。

林毓生：《五四式反传统思想与中国意识的危机——兼论五四精神、五四目标与五四思想》，见《思想与人物》，121—138 页，台北，联经出版事业公司，1983。

林毓生：《五四时代的激烈反传统思想与中国自由主义的前途》，见《思想与人物》，138—196 页，台北，联经出版事业公司，1993。

林毓生：《开放心灵的认识与了解——对"五四"中西文化与文学的意见》，见《思想与人物》，231—242 页，台北，联经出版事业公司，1993。

林毓生：《论梁巨川先生的自杀》，见《思想与人物》，197—230 页，台北，联经出版事业公司，1993。

林丽月：《〈学衡〉与新文化运动》，见张玉法主编：《中国现代史论集》第 6 辑，505—530 页，台北，联经出版事业公司，1981。

林丽月：《梅光迪与新文化运动》，见汪荣祖编：《五四研究论文集》，383—402 页，台北，联经出版事业公司，1979。

竺可桢：《中央大学地学之前途》，载《地理杂志》第 1 卷第 1 期，1928 年，（总）6—9 页。

竺可桢：《中国之雨量及风暴说》（原刊《科学》第 2 卷第 2 期），见《竺可桢文集》，5—7 页，北京，科学出版社，1979。

竺可桢：《中国气候区域论》（原刊

《气象研究所集刊》第 1 号），见《竺可桢文集》，124—132 页，北京，科学出版社，1979。

竺可桢：《本年（1922）一月至三月南京气象报告》，载《史地学报》第 1 卷第 1 期，1921 年，207—216 页。

竺可桢：《地理教学法之商榷》，载《史地学报》第 2 卷第 3 期，1923 年，14—20 页。

竺可桢：《何谓地理学》，载《史学与地学》第 1 期，1926 年，（总）7—9 页。

竺可桢：《我国地理学家之责任》，载《史地学报》第 1 卷第 1 期，1922 年，43—49 页。

竺可桢：《杭州西湖生成的原因》（原刊《科学》第 6 卷第 4 期），见《竺可桢文集》，17—20 页，北京，科学出版社，1979。

竺藕舫(竺可桢)：《直隶地理的环境和水灾》，载《史学与地学》第 3 期，1927 年，（总）413—428 页。

竺可桢：《青岛接收之情形》，载《史地学报》第 2 卷第 2 期，1923 年，85—90 页。

竺可桢：《南京之气候》，载《史学与地学》第 4 期，1928 年，（总）653—675 页。

竺可桢：《论以岁差定尚书尧典四仲中星之年代》，载《史学与地学》第 2 期，1927 年，（总）325—342 页。

竺可桢：《发刊辞》，载《地理杂志》第 1 卷第 1 期，1928 年，（总）1—3 页。

邱成悌、刘郎、叶朗：《我校研究生教育发展史》，见朱一雄主编：《东南大学校史研究》第 2 辑，205—207 页，南京，东南大学出版社，1992。

侯仁之：《历史地理学刍议》，见《历史地理学的理论与实践》，1—32 页，上海，上海人民出版社，1979。

侯健：《梅光迪与儒家思想》，见傅乐诗等：《近代中国思想人物论——保守主义》，259—274 页，台北，时报文化出版事业有限公司，1980。

侯云灏：《20 世纪前期中国史学流派略论》，载《史学理论研究》第 2 期，1999 年，28—37 页。

南京旱西门龙蟠里中央大学国学图书馆：《中央大学国学图书馆征求海内世族谱牒启事》，载《国学图书馆年刊》第 1 年刊，1928 年，（总）1 页。

施雅风：《南高东大时期的竺可桢》，载《南京大学学报》第 2 期，1987 年，45—52 页。

柳定生:《柳诒徵先生年谱》,载《华冈文科学报》第18期,1991年,214、250、335—378页。

柳定生:《柳诒徵传略》,见北京图书馆《文献》丛刊编辑部、吉林省图书馆学会会刊编辑部编:《中国当代社会科学家》第1辑,266—280页,北京,书目文献出版社,1983。

柳长勋:《罗志希校长和中大》,载《中外杂志》第7卷第3期,1970年,58—61页。

柳曾符:《柳诒徵——胸罗万卷,钟情师范》,见陈乃林主编:《师范群英光耀中华》第11卷下册,21—30页,西安,陕西人民教育出版社,1994。

柳曾符:《陈善余先生与先祖柳翼谋》,见中国人民政治协商会议镇江市委员会文史资料研究委员会编:《镇江文史资料》第29辑,中国人民政治协商会议镇江市委员会,143—146页,1996。

柳曾符:《霞墅检书记》,见中国人民政治协商会议镇江市委员会文史资料研究委员会编:《镇江文史资料》第11辑《柳翼谋先生纪念文集》,204—215页,中国人民政治协商会议镇江市委员会,1986。

柳诒徵(柳曾符整理):《缪荃孙与盛孙怀书跋》,载《学林》第7卷,1996年,7—8页。

柳诒徵:《大夏考》,载《史地学报》第2卷第8期,1923年,63—66页。

柳诒徵:《大错和尚集拾遗》,载《国学图书馆年刊》第8年刊,1935年,(总)5807—5128页。

柳诒徵:《中国文化史》,载《学衡》第49期,1926年,(总)6701—6725页。

柳诒徵:《中国文化西被商榷》,载《学衡》第27期,1924年,(总)3637—3685页。

柳诒徵:《中国史学之双轨》,载《史学与地学》第1期,1926年,(总)1—6页。

柳诒徵:《中国礼俗史发凡》,见柳曾符、柳定生选编:《柳诒徵史学论文续集》,600—652页,上海,上海古籍出版社,1991。

柳诒徵:《火葬考》,载《史学杂志》第1卷第3期,1929年,1—6页。

柳翼谋先生讲、黄锡康笔记:《历史之知识》,载《史地学报》第3卷第7期,1925年,19页。

柳诒徵:《自由教学法》,见《柳诒徵说文化》,358—364页,上海,上海古籍出版社，1999。

柳诒徵：《奴儿干事辑》，载《史地学报》第 3 卷第 6 期，1923 年，41—46 页。

柳诒徵：《弁言》，载《史学与地学》第 1 期，1926 年，（总）1—2 页。

柳诒徵：《江苏各地千六百年间之米价》，载《史学杂志》第 2 卷第 3、4 期合刊，1930 年，1—12 页。

柳诒徵：《江苏明代倭寇事辑》，载《国学图书馆年刊》第 5 年刊，1932 年，（总）2025—2196 页。

柳诒徵：《江苏社会志初稿》，载《国学图书馆年刊》第 4 年刊，1931 年，（总）1265—1469 页。

柳诒徵：《江苏钱币志初稿》，载《史学杂志》第 2 卷第 5、6 期合刊，1931 年，1—45 页。

柳诒徵：《宋太宗实录校证》，载《史学与地学》第 3 期，1927 年，（总）512—520 页。

柳诒徵：《序》，载《史地学报》第 1 卷第 1 期，1921 年，卷首。

柳诒徵：《我的自述》，见中国人民政治协商会议镇江市委员会文史资料研究委员会编：《镇江文史资料》第 11 辑《柳翼谋先生纪念文集》，1—12 页，中国人民政治协商会议镇江市委员会，1986。

柳诒徵：《里乘》，载《国学图书馆年刊》第 8 年刊，1935 年，（总）4327—5915 页。

柳诒徵：《明伦》，载《学衡》第 26 期，1924 年，（总）3845—3865 页。

柳诒徵：《南朝太学考》，载《史学杂志》第 1 卷第 5 期，1929 年，1—15 页；第 1 卷第 6 期，1929 年，16—22 页；第 2 卷第 1 期，1930 年，1—6 页；第 2 卷第 2 期，1930 年，1—8 页；第 2 卷第 3、4 期合刊，1930 年，1—8 页。

柳诒徵：《校歌》，见南京师大附中编：《南京师大附中》，10 页，北京，人民教育出版社，1997。

柳诒徵：《记王锡侯字贯案》，载《史学杂志》第 1 卷第 2 期，1929 年，1—6 页。

柳诒徵：《罪言》，载《学衡》第 40 期，1925 年，（总）5415—5417 页。

柳诒徵：《学潮征故》，载《学衡》第 40 期，1925 年，（总）5418—5420 页。

柳诒徵：《国学书局本末》，载《国学图书馆年刊》第 3 年刊，1930 年，（总）733—749 页。

柳诒徵：《国学之界说》，见《柳诒

柳诒徵：《婆罗门述》，载《史地学报》第2卷第5期，1923年，31—41页。

柳诒徵：《清史刍议》，载《史地学报》第1卷第1期，1921年，63—82页。

柳诒徵：《清德宗之大婚》，载《史学与地学》第3期，1927年，（总）430—475页。

柳诒徵：《钦天山重建观象台议》，载《史地学报》第1卷第3期，1922年，17—20页。

柳诒徵：《发刊辞》，载《史学杂志》第1卷第1期，1929年，1页。

柳诒徵：《发刊辞》，载《国风》创刊号，1932年，1页。

柳诒徵：《发刊词》，载《国学图书馆年刊》第1年刊，1928年，（总）15页。

柳诒徵：《华化渐被史》，载《学衡》第7期，1922年，（总）905—931页。

柳诒徵：《盋山丁书检校记》，载《浙江省立图书馆馆刊》第1卷第7、8期合刊，1932年，57—63页。

柳诒徵：《盋山书影序》，见江苏省立国学图书馆编：《盋山书影》，1页，台北，广文书局有限公司，1970（据1929年江苏国学图书馆编印本影印）。

柳诒徵：《汉官议史》，载《学衡》第1期，1922年，（总）52—66页。

柳诒徵：《说文句读稿本校记》，载《国学图书馆年刊》第2年刊，1929年，（总）134—152页。

柳诒徵：《说吴》，载《史学与地学》第2期，1926年，（总）262—268页。

柳诒徵：《论大学生之责任》，载《学衡》第6期，1922年，（总）785—794页。

柳诒徵：《论中国近世之病源》，载《学衡》第5期，1922年，（总）385—388页。

柳诒徵：《论以说文证史必先知说文之谊例》，载《史地学报》第3卷第1、2期合刊，1924年，5—9页。

柳诒徵：《历史之知识》，载《史地学报》第3卷第7期，1926年，5—9页。

柳诒徵：《卢抱经先生年谱》，载《国学图书馆年刊》第1年刊，1928年，（总）43—100页。

柳诒徵：《与陈叔谅书》，见《柳诒徵说文化》，353页，上海，上海古籍出版社，1999。

柳诒徵：《选举阐微》，载《学衡》第4期，1922年，（总）509—514页。

柳诒徵：《顾氏学述——附陈第毛诗古音考释》，载《学衡》第 5 期，1922 年，（总）623—639 页。

柳诒徵：《弁言》，载《学衡》第 1 期，1922 年，卷首。

柳诒徵：《辽事纪闻经略》（原刊 1936 年），见柳定生、柳曾符编：《柳诒徵劬堂题跋》，266—267 页，台北，华正书局，1996。

柳诒徵：《经略复国要编跋》（原刊 1937 年），见柳定生、柳曾符编：《柳诒徵劬堂题跋》，268 页，台北，华正书局，1996。

柳诒徵：《嘉靖东南平倭通录》（原刊 1937 年），见柳定生、柳曾符编：《柳诒徵劬堂题跋》，269—270 页，台北，华正书局，1996。

柳肇嘉：《清道人传》《清道人遗集佚稿》，见李瑞清：《清道人遗集》第 2 卷，1 页，香港中文大学崇基书院图书馆藏本（据 1939 年刊本）。

胡先骕：《评尝试集》，载《学衡》第 1 期，1922 年，（总）125—163 页。

胡先骕：《朴学之精神》，载《国风》第 8 卷第 1 期，1936 年，13—15 页。

胡先骕：《评尝试集(续)》，载《学衡》第 2 期，1922 年，（总）295—324 页。

胡先骕译：《白璧德中西人文教育谈》，载《学衡》第 2 期，1922 年，（总）325—336 页。

胡堇人：《顾颉刚先生论古史书以后》（原文出版于 1923 年 6 月 20 日），见顾颉刚：《古史辨》第 1 册，93—95 页，上海，上海书店，1930（据朴社本影印）。

胡焕庸：《日本之海上政策与殖民政策》，载《史地学报》第 1 卷第 4 期，1923 年，161—163 页。

胡焕庸：《竺可桢先生——我国近代地理学的奠基人》，见《纪念科学家竺可桢论文集》编辑小组：《纪念科学家竺可桢论文集》，1—13 页，北京，科学普及出版社，1982。

胡焕庸：《新俄之田制》第 3 期，1927 年，（总）477—491 页。

胡焕庸：《欧洲大战记》，载《史地学报》第 1 卷第 1 期，1922 年，179—182 页。

Fairgrieve：《各国历史所受地理之支配》，胡焕庸节译，载《史地学报》第 1 卷第 4 期，1922 年，133—139 页；第 2 卷第 2 期，1923 年，79—84 页；第 2 卷第 3 期，1923 年，103—108 页；第 2 卷第 5 期，1923 年，85—96 页；第 2 卷第

6 期，1923 年，109—122 页。

Emm. de Martonne：《巴黎地理教育》，胡焕庸译，载《史学与地学》第 4 期，1928 年，（总）603—609 页。

胡适：《古史讨论读后感》（原文出版于 1924 年 2 月 8 日），见顾颉刚：《古史辨》第 1 册，189—198 页，上海，上海书店，1930（据朴社本影印）。

胡适：《治学的方法与材料》，见《胡适文存三集》（一），342—350 页，上海，亚东图书馆，1930。

胡适：《逼上梁山》，见赵家璧主编：《中国新文学大系》第 1 集，34—37 页，上海，上海文艺出版社，2003。

胡适：《清代学者的治学方法》，见《胡适文存》（二），380—399 页，上海，亚东图书馆，1930。

胡适：《实验主义》，见《胡适文存》（二），290—298 页，上海，亚东图书馆，1930。

胡适：《导言》，见《中国哲学史大纲》，1—20 页，台北，远流出版社，1994（原出版于 1919 年）。

胡适：《题学衡》，见《尝试集》，85—86 页，台北，胡适纪念馆，1978。

范存忠：《十七世纪英国流行的中国思想》（上、下），载《文史哲季刊》第 1 卷第 1 期，1943 年，（总）5—26 页；第 1 卷第 2 期，1943 年，（总）377—404 页。

范希曾：《南献遗征笺》，载《国学图书馆年刊》第 1 年刊，1928 年，（总）101—134 页。

范希曾：《书目答问史部目补正》，载《史学杂志》第 1 卷第 5 期，1929 年，1—28 页；第 2 卷第 2 期，1930 年，1—32 页。

范希曾：《校雠学杂述》，载《史学杂志》第 1 卷第 1 期，1929 年，1—7 页。

茅以升：《桥话编写旨趣》，见茅以升科技教育基金会选编：《茅以升桥话》，1 页，成都，西南大学出版社，1997。

茅家琦：《梅光迪与学衡》，载《南京大学学报》第 2 期，1992 年，81—87 页。

韦钰：《茅以升与东南大学》，见中国人民政治协商会议江苏省镇江市委员会编：《镇江文史资料》第 20 辑《桥梁专家茅以升》，126—132 页，北京，中国文史出版社，1990。

徐葆耕：《吴宓：会通派与解释学》，见《释古与清华学派》，98—118 页，北京，清华大学出版社，1997。

徐葆耕：《吴宓的文化个性及其对传统的阐释》，见《释古与清华学派》，83—98 页，北京，清华大学出版社，1997。

徐葆耕：《从东南学派到清华学派》，见《释古与清华学派》，60—67 页，北京，清华大学出版社，1997。

徐葆耕：《释古与清华学派》，见《释古与清华学派》，41—59 页，北京，清华大学出版社，1997。

徐则陵：《历史教学之设备问题及其解决方法》，载《史地学报》第 1 卷第 3 期，1922 年，3—4 页。

徐则陵：《今夏中华教育改进社关于史地教育之提案及历史教育组地理教学组之会议纪录》，载《史地学报》第 2 卷第 1 期，1922 年，1—3 页。

徐则陵：《史之一种解释》，载《史地学报》第 1 卷第 1 期，1921 年，1—6 页。

徐则陵：《高级中学世界文化史学程纲要》，载《史地学报》第 2 卷第 4 期，1923 年，49—55 页。

徐则陵：《学校设历史一科应以何者为目的》，载《史地学报》第 2 卷第 2 期，1923 年，1—6 页。

徐则陵：《历史教育上之心理问题》，载《史地学报》第 2 卷第 1 期，1922 年，1—5 页。

徐震堮译：《柯克斯论理进步之幻梦识语》，载《学衡》第 27 期，1924 年，（总）3645—3646 页。

桑兵：《近代中国学术的地缘与流派》，载《历史研究》第 3 期，1999 年，24—41 页。

桑兵：《晚清民国时期的国学研究与西学》，载《历史研究》第 5 期，1996 年，30—45 页。

秦蒙生：《从东大附中到中央大学——大学生活回忆》，载《中外杂志》第 14 卷第 3 期，1973 年，30—31 页。

《1918 年南京高等师范学校现行规章》，见南京大学校庆办公室校史资料编辑组、南京大学学报编辑部编：《南京大学校史资料选辑》，43—47 页，南京，南京大学出版社，1982。

《丁松生先生百周年纪念号》，载《浙江省立图书馆馆刊》第 1 卷第 7、8 期合刊，1932 年，947—953 页。

《十三年（1924）本校教育事业》，见《国立东南大学概况》，14—17 页，南京大学图书馆藏本（据 1924 年刊本）。

《弁言》，见《史学述林》第 1 期，1942 年，1 页。

《江苏省行政公署关于查封学堂的指令》，见南京大学校庆办公室校史资料编辑组、南京大学学报编辑部编：《南京大学校史资料选辑》，20页，南京，南京大学出版社，1982。

《李承颐呈报兵劫学堂文》(1913年9月30日)，见南京大学校庆办公室校史资料编辑组、南京大学学报编辑部编：《南京大学校史资料选辑》，21—22页，南京，南京大学出版社，1982。

《李承颐接管两江师范学堂情形的呈报》，见南京大学校庆办公室校史资料编辑组、南京大学学报编辑部编：《南京大学校史资料选辑》，21页，南京，南京大学出版社，1982。

《南京高等师范学校内部组织试行简章》，见南京大学校庆办公室校史资料编辑组、南京大学学报编辑部编：《南京大学校史资料选辑》，67—69页，南京，南京大学出版社，1982。

《南京高等师范学校各委员会名单》，见南京大学校庆办公室校史资料编辑组、南京大学学报编辑部编：《南京大学校史资料选辑》，45—62页，南京，南京大学出版社，1982。

《南京高等师范学校校务会议细则》，见南京大学校庆办公室校史资料编辑组、南京大学学报编辑部编：《南京大学校史资料选辑》，71—73页，南京，南京大学出版社，1982。

《南京高等师范学校调查表》(1917年7月至1918年6月)，见南京大学校庆办公室校史资料编辑组、南京大学学报编辑部编：《南京大学校史资料选辑》，38—40页，南京，南京大学出版社，1982。

《南京高等学校各委员会通则》，见南京大学校庆办公室校史资料编辑组、南京大学学报编辑部编：《南京大学校史资料选辑》，63—65页，南京，南京大学出版社，1982。

《记事》，载《教育杂志》第3卷第11期，1913年，77—79页。

《奏定师范学堂章程》，见湖北学务处：《奏定学堂章程》[光绪二十九年(1903)十一月]，1—24页，台北，文海出版社，1965。

《校具为军队所借呈报都督文》，见南京大学校庆办公室校史资料编辑组、南京大学学报编辑部编：《南京大学校史资料选辑》，19页，南京，南京大学出版社，1982。

《国立中央大学图书馆概况》，载《图书馆学季刊》第5卷第1期，1931

年，137—139页。

《国立中央大学历史学会会务记事》，载《史学述林》第1期，1942年，72—75页。

《国风社员简录》，载《国风》第6号，1932年，1页。

《钦定京师大学堂章程》[光绪二十八年(1902)十一月]，见北京大学校史研究室编：《北京大学史料》第1卷，87—94页，北京，北京大学出版社，1993。

《发刊词》，载《史学》创刊号，1930年，1页。

袁李来：《中央大学研究生教育》，载《校友》(校友内部读物)第1期，228—232页，南京，南京大学校友总会，1992。

袁李来：《李瑞清——近代师范教育的开拓者》，见陈乃林主编：《师范群英 光耀中华》第11卷下册，1—7页，西安，陕西人民教育出版社，1994。

高明：《鄞县张晓峰先生其昀行状》，见"中国文化大学"张其昀先生纪念文集编纂委员会编：《张其昀先生纪念文集》，1—7页，台北，"中国文化大学"出版部，1986。

区志坚：《1949年以来中国大陆对民国史学史研究概况》，载《国史馆馆刊》(复刊)第25期，1999年，223—250页。

崔之华：《南京大学传承母校基业》，载《中大校友通讯》第11期，1992年，75—77页。

康桥：《缪凤林书生报国》，载《中外杂志》第14卷第4期，1973年，32—36页。

康虹丽：《论梁任公的新史学和柳翼谋的国史论》，载《幼师学志》第10卷第2期，1972年，35—72页。

张乃燕：《中央大学一年来工作报告》(1928年)，见南京大学校庆办公室校史资料编辑组、南京大学学报编辑部编：《南京大学校史资料选辑》，235—240页，南京，南京大学出版社，1982。

张之洞：《创办三江师范学堂折》，见《张文襄公全集》第58卷第6册，14—17页，台北，文海出版社，1963[据北平楚学精卢藏版(1937年版)影印]。

张文建：《柳诒徵和〈中国文化史〉》，载《学术月刊》第5期，1985年，68—72页。

张文建：《传统史学的反思——柳诒徵和〈国史要义〉》，载《学术月刊》第4期，1988年，58—64页。

张文建：《学衡派的文化保守主义及其影响》，载《史学理论研究》第4期，1995年，89—102页。

张文建：《学衡派的史学研究》，载《史学史研究》第2期，1994年，35—41页。

张文建：《陈庆年和〈兵法史略学〉》，见中国人民政治协商会议镇江市委员会文史资料研究委员会编：《镇江文史资料》第17辑，179—189页，中国人民政治协商会议镇江市委员会，1990。

张先恭：《竺可桢对历史气候的研究与我国五百年旱涝的初步分析》，见《纪念科学家竺可桢论文集》编辑小组编：《纪念科学家竺可桢论文集》，145—158页，北京，科学普及出版社，1982。

张其昀：《"南高"之精神》，载《国风》第7卷第2号，1935年，14—26页。

张其昀：《人生地理学之态度与方法》，载《史学与地学》第1期，1926年，（总）142—159页。

张其昀：《中国山岳之分类》，载《史学与地学》第4期，1928年，（总）587—601页。

张其昀：《中国自然区域简说》，载《中央周报》第410期，1936年，5页。

张其昀：《中国与中道》，载《学衡》第41期，1925年，（总）5515—5619页。

张其昀：《中华五千年史·自序（二）》，见"中国文化大学"华冈学会编：《张其昀博士的生活和思想》上册，35—36页，台北，"中国文化大学"出版部，1982。

张其昀：《中学地理教学法之商榷》，载《地理杂志》第2卷第2期，1929年，（总）301—321页。

张其昀：《本校地学系地理门应独立成系建议书》，载《地理杂志》第2卷第5期，1929年，（总）499—500页。

张其昀：《地理教育的目的》，载《地理杂志》第1卷第2期，1928年，（总）67—70页。

张其昀：《地理学与大学教育》，载《地理杂志》第2卷第6期，1929年，（总）572—573页。

张其昀：《宋代四明之学风》，载《史学杂志》第1卷第3期，1929年，1—12页。

张其昀：《自序》，见《中华五千年史》第1册，1—12页，台北，"中国文化大学"出版部，1981。

张其昀：《我所希望于本校同学者》，载《国立中央大学半月刊》第1卷张其昀:《明清年间金陵之都市生活》,载《史学杂志》第 1 卷第 1 期,1929 年,1—7 页。

张其昀:《初级中学地理课程标准草案》,载《地理杂志》第 2 卷第 5 期,1929 年,(总)506—511 页。

张其昀:《南宋杭州之国立大学》,载《国风》第 8 卷第 19 期,1936 年,8—14 页。

张其昀:《南高之学风》,见"中大"八十年校庆特刊编辑委员会编:《"中大"八十年:校庆特刊》,354—358 页,中坜,"中央大学",1985。

张其昀:《首都新气象》,载《史学杂志》第 2 卷第 3、4 期合刊,1930 年,1—7 页。

张其昀:《师范教育》,见"国史馆"编:《中华民国史教育志》,102—175 页,台北,"国史馆",1990。

张其昀:《国防丛谈》(原刊《中央时事周报》1933 年 3 月至 5 月),见"中国文化大学""国史馆"编:《张其昀先生文集》第 11 册"政论类",(总)5321—5369 页,台北,"国史馆",1985。

张其昀:《悼梁任公先生》,载《史学杂志》第 1 卷第 5 期,1929 年,1—4 页。

张其昀:《发刊辞》,载《地理学报》创刊号,1934 年,1 页。

张其昀:《源远流长之南京国学》,载《国风》第 7 卷第 2 号,1935 年,34 页、51—56 页。

张其昀:《歌颂大学自序》,见《歌颂大学》,1—2 页,台北,"中国文化学院"出版部,1970。

张其昀:《刘伯明先生逝世纪念日》,载《国风》第 9 号,1932 年,65—67 页。

张其昀:《刘知几与章实斋之史学》,载《学衡》第 5 期,1922 年,(总)641—696 页。

张其昀:《热河形势论》,载《国风》创刊号,1932 年,1—24 页。

张其昀:《论宁波地理学之新精神》,载《史地学报》第 3 卷第 8 期,1925 年,42—49 页。

张其昀:《论宁波建省之希望》,载《史地学报》第 3 卷第 7 期,1925 年,1—21 页。

张其昀:《学地理之兴趣》,载《史地学报》第 2 卷第 4 期,1923 年,57—63 页。

布沦汗(Jean Bruches)、克米尔

（Camille Vallaux）：《历史地理学》，张其昀译，载《史地学报》第 2 卷第 2 期，1923 年，70—78 页。

顾立雅（Creel Herrlee Glessner）：《梅迪生——君子儒》，张其昀译，载《思想与时代》第 46 期，1947 年，11—12 页。

张厚生：《东南大学图书馆志要》，见朱一章、郑姚铭主编：《东南大学校史研究》第 3 辑，242—271 页，南京，东南大学出版社，1998。

张宣：《言文合一评议》，载《国故月刊》第 1 期，1919 年，（总）15—24 页。

张宣：《新潮国故和科学精神》，载《国故月刊》第 3 期，1919 年，（总）55—62 页。

张星烺：《中国史书上关于马黎诺里使节之记载》，载《史学与地学》第 3 期，1928 年，（总）493—506 页。

张星烺：《泉州访古记》，载《史学与地学》第 4 期，1928 年，（总）637—652 页。

张效乾：《史学家缪凤林》，载《中外杂志》第 43 卷第 6 期，1988 年，106—108 页。

张寿庠：《土木工程系简史》，见朱一雄主编：《东南大学校史研究》第 2 辑，256—282 页，南京，东南大学出版社，1992。

张德昌：《缪凤林著〈中国通史纲要〉》，载《图书评论》第 1 卷第 6 期，1938 年，（总）45—47 页。

张荫麟：《评近人对中国古史之讨论》（原刊 1925 年），见顾颉刚：《古史辨》第 2 册，271—283 页，上海，上海书店，1930（据朴社本影印）。

张謇：《师范学校开校演说》，见张謇研究中心、南通市图书馆编：《张謇全集》第 4 卷，24—25 页，南京，江苏古籍出版社，1994。

梁启超：《中国之都市》，载《史学与地学》第 2 期，1926 年，（总）286—294 页。

梁启超：《历史统计学》，载《史地学报》第 2 卷第 2 期，1922 年，1—10 页。

梁实秋：《关于白璧德先生及其思想》，见《文学因缘》，61—62 页，台北，文星书店，1965。

梅光迪：《九年后之回忆》，载《国风》第 9 号，1932 年，24—29 页。

梅光迪：《孔子之风度》，载《国风》第 3 号，1932 年，6—9 页。

梅光迪:《现今西洋人文主义》,载《学衡》第 8 期,1922 年,(总)1047—1062 页。

梅光迪:《评今人提倡学术方法》,载《学衡》第 2 期,1922 年,(总)165—173 页。

梅光迪:《论今日吾国学术界之需要》,载《学衡》第 4 期,1922 年,(总)463—470 页。

梅宪华:《晚清官书局》,载《出版史料》1989 年第 3、4 期合刊,3—5 页。

许廷长:《清末至民国时期南京图书馆的兴起与发展》,载《江苏社会科学》第 1 期,1998 年,187—190 页。

许廷长:《缪荃孙创办江南图书馆与柳诒徵振兴国学图书馆》,载《中国典籍与文化》第 3 期,1996 年,81—88 页。

郭武平:《文学革命与新青年杂志》,见张玉法主编:《中国现代史论集》第 6 辑,305—304 页,台北,联经出版事业公司,1981。

郭秉文:《南京高等师范学校概况》,见南京大学校庆办公室校史资料编辑组、南京大学学报编辑部编:《南京大学校史资料选辑》,47 页,南京,南京大学出版社,1982。

郭秉文:《刘伯明事略》,载《国风》第 9 号,1932 年,73—76 页。

郭斌龢:《南京高等师范学校二十周年纪念之意义》,载《国风》第 7 卷第 2 号,1935 年,3—4 页。

郭斌龢:《梅光迪先生传略》,载《思想与时代》第 64 期,1947 年,9—10 页。

郭双林:《晚清西方地理环境决定论在中国的际遇》,见汪晖、陈平原、王守常主编:《学人》第 9 辑,191—218 页,南京,江苏文艺出版社,1996。

欧阳军喜:《五四文化运动与儒学:误解及其他》,载《历史研究》第 3 期,1999 年,42—53 页。

陈三立:《清道人遗集序》,见李瑞清:《清道人遗集》第 1 卷,1—2 页,香港中文大学崇基书院图书馆藏本(据 1939 年刊本)。

陈以爱:《"整理国故"运动的普及化》,见吕芳上、张哲郎主编:《五四运动八十周年学术研讨会论文集》,37—62 页,台北,政治大学文学院,1999。

陈平原:《学术史研究随想》,见陈平原、王守常、汪晖主编:《学人》第 1 辑,2—5 页,南京,江苏文艺出版社,1991。

陈尚胜:《郑鹤声》,见《中国历史

学年鉴》，388—390 页，北京，生活·读书·新知三联书店，1990。

陈尚胜:《郑鹤声教授对中国历史研究的贡献》，载《文史哲》第 3 期，1996 年，61—65 页。

叔谅(陈训慈):《丁氏复兴文澜阁书纪》，载《浙江省立图书馆馆刊》第 1 卷第 5、6 期合刊，1932 年，10—17 页。

陈训慈:《中国之史学运动与地学运动》，载《史地学报》第 2 卷第 3 期，1923 年，33—45 页。

陈训慈:《太平天国之宗教政治》，载《史学杂志》第 2 卷第 1 期，1930 年，1—13 页。

陈训慈:《史之过去与将来》，载《史地学报》第 1 卷第 2 期，1922 年，1—14 页。

叔谅(陈训慈):《国际历史学会第六次大会》，载《史学杂志》第 1 卷第 1 期，1929 年，13 页。

陈训慈:《四明万氏之民族精神》，载《越风》第 13 期，1936 年，15—21 页。

陈训慈:《本校(南高)沿革史略》，载《南高文史地部第一级会纪念刊》，1—9 页，南京大学图书馆特藏部藏南高文史地部 1924 年刊本。

陈训慈:《本馆(浙江省立图书馆)三十周年纪念文物展览会之回顾》，载《浙江省立图书馆馆刊》第 2 卷第 3 期，1933 年，12—35 页。

陈训慈:《全国省立图书馆现状之鸟瞰》，载《浙江省立图书馆馆刊》第 3 卷第 4 期，1935 年，21—32 页。

陈训慈:《希腊四大史学家小传》，载《史学与地学》第 1 期，1926 年，(总)217—233 页。

陈训慈:《序》，载《浙江省立图书馆馆刊》第 1 卷第 1 期，1932 年，1 页。

陈训慈:《初级中学历史课程标准草案》，载《史学杂志》第 1 卷第 1 期，1929 年，1—12 页。

陈训慈:《南京明故宫发掘古物记》，载《史学杂志》第 1 卷第 6 期，1929 年，1—4 页。

陈训慈:《南高小史》，载《国风》第 7 卷第 2 号，1935 年，54—68 页。

陈训慈:《桐乡劳玉初先生小传》，载《文澜学报》第 1 卷第 1 期，1936 年，1—9 页。

陈训慈:《浙江省立图书馆三十周年纪念会纪》，载《浙江省立图书馆馆刊》第 2 卷第 6 期，1933 年，1—20 页。

陈训慈:《浙江图书馆之回顾与展望》，载《浙江省立图书馆馆刊》第 2 卷第 3 期,1933 年,10—13 页。

陈训慈:《浙东史学管窥》,载《史学》创刊号,1930 年,113—153 页。

陈训慈:《晚近浙江省文献述概》,载《文澜学报》第 1 期,1935 年,1—32 页。

陈训慈:《清代浙东之史学》,载《史学杂志》第 2 卷第 5、6 期合刊,1931 年,1—41 页。

陈训慈:《组织中国史学会问题》,载《史地学报》第 1 卷第 2 期,1922 年,219—220 页。

陈训慈:《欧洲独裁与前途》,载《史学杂志》第 1 卷第 3 期,1929 年,1—15 页。

陈训慈:《历史之社会价值》,载《史地学报》第 2 卷第 7 期,1923 年,1—18 页。

Roy Chapman Andrews:《蒙古探险记》,陈训慈译,载《史学与地学》第 4 期,1928 年,(总)677—706 页。

陈训慈:《劬堂师从游脞记》,见中国人民政治协商会议镇江市委员会文史资料研究委员会编:《镇江文史资料》第 11 辑《柳翼谋先生纪念文集》,105—141 页,中国人民政治协商会议镇江市委员会,1986。

陈启天:《回忆南高东大》,载《中外杂志》第 14 卷第 5 期,1973 年,53—55 页。

陈庆年:《上张广雅书》(1898),见《横山乡人类稿》卷十,29—32 页,香港中文大学新亚图书馆藏本。

陈毅:《致那珂通世的信》(1902),见李庆编注:《东瀛遗墨——近代中日文化交流稀见史料辑注》,111—113 页,上海,上海人民出版社,1999。

陈庆年:《与黄鲜庵学士书》(1904),见《横山乡人类稿》卷十,33—38 页,香港中文大学新亚图书馆藏本。

陈庆年:《兵法史略学序》(1901),见《横山乡人类稿》卷二,7—16 页,香港中文大学新亚图书馆藏本。

陈裕菁:《北宋米价考》,载《史学杂志》第 1 卷第 3 期,1929 年,1—18 页。

陈汉章:《小方壶斋舆地丛钞点勘要略》,载《史学与地学》第 4 期,1928 年,(总)585—586 页。

陈汉章:《中国古代铁兵考》,载《史学杂志》第 1 卷第 4 期,1929 年,1—4 页。

陈汉章:《中国回教史》,载《史学与地学》第 1 期,1926 年,(总)181—216 页。

陈汉章:《史通通释》,载《史学杂志》第1卷第5期,1929年,(总)1—3页。

陈独秀:《一九一六》,载《新青年》第1卷第5号,1916年,1—6页。

陈独秀:《今日教育方针》,载《新青年》第2卷第4号,1916年,42—52页。

陈独秀:《吾人最后之觉悟》,载《新青年》第1卷第6号,1916年,1—4页。

陈独秀:《答新青年爱读读者》,载《新青年》第1卷第2号,1915年,1—4页。

陈独秀:《新青年罪案之答辩书》,载《新青年》第1卷第5号,1916年,28—36页。

陈独秀:《宪法与孔子》,载《新青年》第2卷第3号,1916年,1—5页。

陈鉴:《忆二十年中期东南大学易长风潮》,载《南京大学学报》第2期,1988年,4—7页。

陈鉴:《忆张其昀二三事》,载《南京大学学报》第2期,1988年,15—16页。

陆鸿图译:《德国文献之一:华刚讷行状》,载《国风》第2卷第4号,1933年,42—48页。

章行严(章士钊):《新时代之青年》,载《东方杂志》第16卷第11号,1919年,35—39页。

伧父(杜亚泉):《战后东西文明之调和》,载《东方杂志》第14卷第4号,1917年,8—19页。

伧父(杜亚泉):《迷乱之现代人心》,载《东方杂志》第15卷第4号,1918年,2—6页。

伧父(杜亚泉):《静的文明与动的文明》,载《东方杂志》第13卷第10号,1916年,45—53页。

[美]杜威:《中国人的人生哲学》,愉之译,载《东方杂志》第19卷第3期,1922年,28—32页。

景昌极:《民国以来学校生活的回忆和感想》,载《国风》第7卷第2号,1935年,28—33页。

景昌极:《历史哲学》,载《史学杂志》第2卷第2期,1930年,1—18页。

汤用彤:《评近人之文化研究》,载《学衡》第12期,1922年,(总)1545—1548页。

程光裕:《大学时代师友的怀念》,见《国立浙江大学史地系成立二十周年纪念集》,14—17页,台北,"中国文化大学"研究所出版部，1964。

贺忠儒：《张晓峰先生对中国地理学之贡献》，见"中国文化大学"华冈学会编：《张其昀博士的生活与思想》下册，963—966页，台北，"中国文化大学"出版部，1982。

贺昌群：《江南文化与两浙文人》，载《国风》第8卷第19期，1936年，33—36页。

黄一鸾：《东南大学十英烈》，见《东南大学校史资料》(内部文件)第4期，1988年，30—47页。

黄一鸾：《记两江师范学堂监督李瑞清》，见朱一雄主编：《东南大学校史研究》第1辑，32—39页，南京，东南大学出版社，1989。

黄克武：《民国初年孔教问题之争论(1912—1917)》，载《台湾师范大学历史学报》第12期，1984年，197—219页。

黄汲清：《中国地质科学的主要成就》，载《中国科学技术史料》第3期，1988年，1—11页。

黄金麟：《历史的仪式戏剧——"欧战"在中国》，载《新史学》第7卷第3期，1996年，91—129页。

杨周翰：《吴宓——中国比较文学的拓荒者》，见黄世坦编：《回忆吴宓先生》，15—19页，西安，陕西人民出版社，1990。

杨振亚、周萧：《郭秉文与东南大学》，载《南京大学学报》第2期，1988年，24—28页。

杨振亚：《三江师范学堂的创建及其发展》，载《高校研究与探索·校史研究专刊》第2期，1987年，60—62页。

杨翠华：《历史地质学在中国的发展，1912—1937》，载《"中央研究院"近代史研究所集刊》第15期，1986年，319—334页。

温源宁：《吴宓先生其人——一位学者和博雅之士》，见黄世坦编：《回忆吴宓先生》，20—29页，西安，陕西人民出版社，1990。

瑞方：《奏请选派学生分赴东西洋留学折》，见南京大学校庆办公室校史资料编辑组、南京大学学报编辑部编：《南京大学校史资料选辑》，10页，南京，南京大学出版社，1982。

裴英：《罗家伦在中央大学》，见朱一雄编：《东南大学校史研究》第2辑，68—83页，南京，东南大学出版社，1992。

蒙文通、缪凤林：《三皇五帝说探

371

源》，载《史学杂志》第 1 卷第 5 期，1929 年，1—9 页。

蒙文通：《经学抉原处违论》，载《史学杂志》第 2 卷第 5、6 期合刊，1930 年，1—16 页。

赵长林：《图书馆简史》，载《南京大学学报》第 2 期，1992 年，123—125 页。

赵万里：《王静安先生著作目录》，载《史学与地学》第 3 期，1927 年，（总）521—562 页。

远生（黄远庸）：《新旧思想之冲突》，载《东方杂志》第 13 卷第 6 号，1914 年，36—39 页。

刘伯明：《共和国民之精神》，载《学衡》第 10 期，1922 年，（总）1271—1273 页。

刘伯明：《杜威论中国思想》，载《学衡》第 5 期，1922 年，（总）609—615 页。

刘伯明：《学者之精神》，载《学衡》第 1 期，1922 年，（总）12—17 页。

刘坤一：《奏陈筹办学堂情形折》(1902 年 5 月 30 日）, 见南京大学校庆办公室校史资料编辑组、南京大学学报编辑部编：《南京大学校史资料选辑》，1—2 页，南京，南京大学出版社，1982。

刘坤一：《致张香涛书》，见《刘坤一遗集》第 3 卷第 5 册，（总）2297—2299 页，台北，文海出版社，1975。

刘掞藜：《史法通论》，载《史地学报》第 2 卷第 5 期，1923 年，1—20 页。

刘掞藜：《读顾颉刚君"与钱玄同先生论古史书"的疑问》（原文发表于 1923 年 5 月 13 日），见顾颉刚：《古史辨》第 1 册，82—83、93—95 页，上海，上海书店，1930（据朴社本影印）。

刘德美：《"新青年"与新文化运动》，见张玉法主编：《中国现代史论集》第 6 辑，481—504 页，台北，联经出版事业公司，1981。

刘鸿喜：《地理学》，见"国史馆"中华民国史学术志编辑委员会编：《中华民国史学术志》，559—573 页，台北，"国史馆"，1996。

乐黛云：《昌明国粹，融化新知——汤用彤与〈学衡〉杂志》，见汤一介编：《国故新知：中国传统文化的再诠释——汤用彤先生诞辰百周年纪念论文集》，30—37 页，北京，北京大学出版社，1993。

蒋永敬：《罗家伦先生的生平及其对中国近代史研究的贡献》，见罗家伦先生文存编辑委员会编：《罗家伦先生文存》第 13 册，751—753 页，台北，"国史馆"、中国国民党中央委员会党史委员会，1986。

蒋君章：《追怀张其昀先生》，见"中国文化大学"张其昀先生纪念文集编纂委员会编：《张其昀先生纪念文集》，167—169 页，台北，"中国文化大学"出版部，1986。

蔡元培：《五十年来中国人生哲学》，见《蔡元培全集》第 4 卷，365—366 页，北京，中华书局，1984。

蔡尚思：《柳翼谋先生之最》，见中国人民政治协商会议镇江市委员会文史资料研究委员会编：《镇江文史资料》第 11 辑《柳翼谋先生纪念文集》，158—163 页，中国人民政治协商会议镇江市委员会，1986。

郑师渠：《学衡派史学思想初探》，载《北京师范大学学报（社会科学版）》第 4 期，1998 年，31—38 页。

郑师渠：《"古今事无殊，东西迹岂两"——论学衡派的文化观》，载《近代史研究》第 4 期，1998 年，55—88 页。

郑师渠：《近代中国的文化民族主义》，载《历史研究》第 5 期，1995 年，88—101 页。

郑师渠：《论欧战后中国社会文化思潮的变动》，载《近代史研究》第 3 期，1994 年，207—234 页。

郑振铎：《中国新文学大系·文学论争集导言》，见《中国新文学大系·文学论争集》，1—2 页，上海，良友图书公司，1935。

郑鹤声：《小方壶斋舆地丛钞撰人作品汇记》，载《地理杂志》第 6 卷第 4 期，1933 年，（总）2187—2218 页。

郑鹤声：《古史官考略》，载《史学杂志》第 2 卷第 1 期，1930 年，1—13 页。

郑鹤声：《正史总论》，载《史学杂志》第 1 卷第 2 期，1929 年，1—20 页。

郑鹤声：《各家后汉书综述》，载《史学与地学》第 1 期，1926 年，64—141 页。

郑鹤声：《地学考察报告——聚宝山》，载《史地学报》第 2 卷第 5 期，1923 年，135—137 页。

郑鹤声：《地学考察报告——汤山》，载《史地学报》第 1 卷第 3 期，1922 年，249—253 页。

郑鹤声：《地学考察报告——紫金山》，载《史地学报》第 2 卷第 1 期，1922 年，131—133 页。

郑鹤声:《地学考察报告——岩山》,载《史地学报》第 1 卷第 4 期,1922 年,217—223 页。

郑鹤声:《江心坡与国防》,载《史学杂志》第 1 卷第 1 期,1929 年,1—7 页。

郑鹤声:《郑鹤声自传》,见晋阳学刊编辑部编:《中国现代社会科学家传略》第 2 辑,233—268 页,太原,山西人民出版社,1982。

郑鹤声:《杭沪定甬绍一带纪游》,载《史地学报》第 2 卷第 4 期,1923 年,89—100 页。

郑鹤声:《重印四库全书所收地理书目专号书后》,载《地理杂志》第 7 卷第 8、9 期合刊,1934 年,(总)3160—3168 页。

郑鹤声:《班孟坚年谱》,载《史学杂志》第 1 卷第 1 期,1929 年,1—15 页。

郑鹤声:《汉唐间之史学》,载《学衡》第 31 期,1924 年,(总)641—690 页。

郑鹤声整理,Bates 教授演讲:《印度之现状及趋势》,载《史地学报》第 2 卷第 5 期,1923 年,113—116 页。

鲁迅:《估〈学衡〉》,见《鲁迅全集》第 2 卷,114—116 页,北京,人民文学出版社,1973。

鲁迅:《对于批评家的希望》,见《鲁迅全集》第 2 卷,122—123 页,北京,人民文学出版社,1973。

鲁实先:《郑氏近世中西史日对照表纠谬》,载《学原》第 2 卷第 7 期,1946 年,1—6 页。

鲁还、畹芬:《徐养秋——慈父尊师》,见陈乃林主编:《师范群英 光耀中华》第 11 卷下册,44—51 页,西安,陕西人民教育出版社,1994。

卢月化:《郭秉文与中大》,载《中外杂志》第 35 卷第 3 期,1984 年,72—75 页。

赖福顺:《民国时期中国历史教材之研讨》(未刊稿),在 1997 年 12 月 18 日至 20 日于台北"国史馆"召开的"中华民国史专题第四届讨论会"上宣读。

钱兆骐、苏颂恩合译:《大战争之第二年》(译自《美国独立周刊》),载《东方杂志》第 13 卷第 11 号,1916 年,19—25 页。

钱穆:《古本竹书纪年辑校补正》,载《史学与地学》第 3 期,1927 年,(总)531—520 页。

钱穆:《刘向刘歆年谱自序》,载

《史学杂志》第 2 卷第 1 期，1930 年，9—12 页。

钱穆：《诸子系年考略》，载《史学杂志》第 2 卷第 2 期，1930 年，1—5 页。

钱穆：《诸子系年考辨略钞》，载《史学杂志》第 2 卷第 3、4 期合刊，1930 年，1—20 页。

鲍莘：《三江师范学院毕业文凭上的慈禧懿旨》，载《南京大学学报》第 2 期，1992 年，52—54 页。

缪荃孙：《江阴先哲遗书序》，见《艺风堂文集》第 5 卷第 1 册，3—6 页，台北，文海出版社，1985。

缪荃孙：《艺风堂藏书记》，见《艺风堂文漫存（乙丁稿）》第 3 卷，466—467 页，台北，文史哲出版社，1973。

缪荃孙：《地理志》，见李鸿章等监修、张之洞等总纂：《光绪顺天府志》第 19 卷第 3 册，（总）1237 页，台北，文海出版社，1965(影印本)。

缪荃孙：《故事志》，见李鸿章等监修、张之洞等总纂：《光绪顺天府志》第 57 卷第 7 册，（总）3707—3714 页，台北，文海出版社，1965(影印本)。

缪荃孙：《序录》，见李鸿章等监修、张之洞等总纂：《光绪顺天府志》第 130 卷第 16 册，（总）10353—10356 页，台北，文海出版社，1965(影印本)。

缪荃孙：《经政志》，见李鸿章等监修、张之洞等总纂：《光绪顺天府志》第 59 卷第 7 册，（总）3927—3952 页，台北，文海出版社，1965(影印本)。

缪凤林：《大学丛书本国史两种》，载《图书评论》第 2 卷第 8 期，1934 年，（总）2685—2686 页。

缪凤林：《中日民族论》，载《史学杂志》第 1 卷第 1 期，1929 年，1—13 页。

缪凤林：《中央大学试验西洋史世界史常识试题纠谬》，载《史学杂志》第 1 卷第 1 期，1929 年，1—2 页。

缪凤林：《中央大学历史系课程规例说明草案要删》，载《史学杂志》第 1 卷第 1 期，1929 年，1—4 页。

缪凤林：《中国人之佛教耶教观》，载《学衡》第 14 期，1923 年，（总）1839—1862 页。

缪凤林：《中国民族史序论》，载《史学杂志》第 2 卷第 3、4 期合刊，1930 年，1—10 页。

缪凤林：《中国民族由来论》，载《史学杂志》第 2 卷第 2 期，1930 年，1—22 页。

缪凤林：《中国礼学史》，"中央训

练团"党政高级训练班印,台湾省图书馆罗刚纪念馆文库藏本。

缪凤林:《文德篇》,载《学衡》第3期,1922年,(总)347—351页。

缪凤林:《日本考略与日本图纂》,载《史学杂志》第1卷第3期,1929年,10—12页。

缪凤林:《日本侵华论》,载《国风》创刊号,1932年,1—42页。

缪凤林:《古代巴蜀文化》,载《文史哲季刊》第1卷第2期,1943年,(总)439—445页。

缪凤林:《古史研究之过去与现在》,载《史学杂志》第2卷第2期,1930年,1—21页。

缪凤林:《四书所启示人生观》,载《学衡》第2期,1922年,(总)199—209页。

缪凤林:《西北科学考查团》,载《史学杂志》第1卷第1期,1929年,1—2页。

缪凤林:《明人著与日本有关史籍提要四种》,载《国学图书馆年刊》第2年刊,1929年,(总)339—428页。

缪凤林:《研究历史之方法》,载《史地学报》第1卷第2期,1922年,1—7页。

缪凤林:《哲学通论》,载《学衡》第28期,1924年,(总)3785—3801页。

缪凤林:《国史上之民族年代及地理述略》,载《史学》创刊号,1930年,63—112页。

缪凤林:《敦煌出土古经录未著录之比丘尼戒本》,载《史学杂志》第1卷第2期,1929年,1—5页。

缪凤林:《评王世杰平均地权的方法》,载《史学杂志》第1卷第2期,1929年,1—6页。

缪凤林:《评王桐龄新著东洋史》,载《史学杂志》第1卷第5期,1929年,1—10页。

缪凤林:《评快乐论上》,载《学衡》第32期,1924年,(总)4377—4392页。

缪凤林:《评杜威平民教育》,载《学衡》第10期,1922年,(总)1380—1389页。

缪凤林:《评胡氏诸子不出于王官论》,载《学衡》第4期,1922年,(总)559—572页。

缪凤林:《评傅斯年君东北史纲卷首》,载《文艺丛刊》第1卷第1期,1941年,131—163页。

缪凤林:《汉武经略河西考》,载《史学述林》第1期,1942年,14—23

页。

缪凤林:《汉胡混合之北统》,载《史学杂志》第 2 卷第 5、6 期合刊,1931 年,1—10 页。

缪凤林:《汉书五行志凡例》,载《史学杂志》第 1 卷第 2 期,1929 年,1—4 页。

缪凤林:《影印洪武城图志》,载《史学杂志》第 1 卷第 1 期,1929 年,33 页。

缪凤林:《历史之意义与研究》,载《史地学报》第 2 卷第 7 期,1923 年,23—29 页。

缪凤林:《读史微言》,载《史学与地学》第 1 期,1926 年,(总)11—34 页。

薛宣:《中国文学改良论》,载《国故月刊》第 4 期,1919 年,(总)63—70 页。

韩光辉:《张其昀的志事与平生》,载《中外杂志》第 62 卷第 6 期,1997 年,13—15 页。

罗志田:《先秦时代的五服制与古代的天下中国观》,见《民族主义与近代中国思想》,29—34 页,台北,东大图书股份有限公司,1998。

罗志田:《从科学与人生观之争看后五四时期对五四基本理念的反思》,载《历史研究》第 3 期,1999 年,5—23 页。

罗志田:《清末民初经学的边缘化与史学的走向中心》,载《汉学研究》第 15 卷第 2 期,1997 年,1—35 页。

罗志田:《学术与社会视野下的 20 世纪中国史学——编书之余的一些反思》,载《近代史研究》第 6 期,1999 年,183—199 页。

罗家伦:《中央大学之最近四年》,见《国立中央大学二十四级毕业纪录》,1—12 页,南京大学图书馆藏本(据 1935 年刊本)。

罗家伦:《五四运动的精神》(原刊《每周评论》第 23 期),见罗家伦先生文存编辑委员会编:《罗家伦先生文存》第 2 册,80—85 页,台北,"国史馆"、中国国民党中央委员会党史委员会,1976。

罗家伦:《炸弹下的长大的中央大学——从迁校到及发展》,见《国立中央大学十周年纪念册》,3—12 页,南京大学图书馆藏本(据 1938 年刊本)。

罗家伦:《研究中国近代史的意义与方法》(此文初发表于武汉大学《社会科学季刊》第 2 卷第 1 期),见罗家伦先生文存编辑委员会编:《罗家伦先生文存》第 2 册，52—76 页，台北，"国史馆"、中国国民党中央委员会党史委员会，1976。

罗家伦：《致顾颉刚函》(原刊 1926 年 9 月 8 日)，见罗家伦先生文存编辑委员会编：《罗家伦先生文存》第 7 册，64 页，台北，"国史馆"、中国国民党中央委员会党史委员会，1988。

罗家伦：《国立中央大学文学院史学系课程规则说明书》，载《史学》创刊号，1930 年，288—311 页。

罗家伦：《国立中央大学文学院沿革概况》，见《国立中央大学二二级同学录(1934)》，43—46 页，南京大学图书馆藏本(据 1934 年刊本)。

罗时实：《十四年学潮与我》，载《传记文学》第 1 卷第 5 期，1965 年，26—29 页。

罗时实：《南雍怀旧录》，载《中外杂志》第 2 卷第 5 期，1973 年，5—8 页。

罗时实：《柳翼谋先生及其学衡诸友》，载《中外杂志》第 7 卷第 6 期，1970 年，13—18 页。

罗岗：《历史中的〈学衡〉》，载《二十一世纪》第 23 期，1990 年，42—45 页。

罗锦堂：《吴宓》，见"中华学术院"编：《中国文化综合研究》，440—459 页，台北，"中国文化学院"出版部，1971。

罗罗：《法兰西文化之危机》，载《东方杂志》第 17 卷第 22 号，1920 年，42—45 页。

顾廷龙：《柳诒徵先生与国学图书馆》，见中国人民政治协商会议镇江市委员会文史资料研究委员会编：《镇江文史资料》第 11 辑《柳翼谋先生纪念文集》，146—148 页，中国人民政治协商会议镇江市委员会，1986。

顾翊群：《敬悼郭秉文先生》，载《中外杂志》第 6 卷第 4 期，1954 年，28—31 页。

顾颉刚：《自序》，见《古史辨》第 1 册，1—103 页，上海，上海书店，1930 (据朴社本影印)。

顾颉刚：《答刘、胡两先生书》(原文发表于 1923 年 6 月 20 日)，见《古史辨》第 1 册，119—127 页，上海，上海书店，1930(据朴社本影印)。

顾颉刚：《与钱玄同先生论古史书》(原文发表于 1923 年 2 月 25 日)，见《古史辨》第 1 册，59—66 页，上海，上海书店，1930(据朴社本影印)。

**(六)中文博士、硕士论文**

王叔慧:《清末学部之研究》,硕士学位论文(未刊稿),东海大学历史所,1987。

王洪钧:《学衡派对文学革命思潮的反响》,硕士学位论文(未刊稿),"中国文化大学"哲学研究所新闻组,1981。

江瑞颜:《奏定学堂章程之中小学堂课程研究》,硕士学位论文(未刊稿),台湾师范大学教育研究所,1994。

林志宏:《战时中国学界的"文化保守"思潮(1941—1948)——以〈思想与时代〉为中心》,硕士学位论文(未刊稿),"中央大学"历史研究所,1997。

侯励英:《郭廷以(1904—1975)及其史学研究》,硕士学位论文(未刊稿),香港浸会大学,1998。

张念平:《清末的师范教育》,硕士学位论文(未刊稿),台湾大学历史研究所,1978。

张隽:《中国本位文化与全盘西化论战》,硕士学位论文(未刊稿),台湾大学历史研究所,1986。

陈以爱:《北京大学国学门早期的发展(1922—1927)——兼论中国现代学术研究机构的兴起》,硕士学位论文(未刊稿),政治大学历史研究所,1997。

陈淑媛:《国立中央大学在台"复校"之研究(1962—1979)》,硕士学位论文(未刊稿),"中央大学"历史研究所,1992。

黄锦树:《近代国学之起源(1891—1927)——相关个案研究》,博士学位论文(未刊稿),台湾清华大学,1998。

刘謦豪:《民国初年的师范教育》,硕士学位论文(未刊稿),台湾大学历史学研究所,1997。

蔡渊絜:《抗战前国民党之中国本位文化建设运动(1928—1937)》,博士学位论文(未刊稿),台湾师范大学历史研究所,1991。

## 二、英文资料

### (一)英文书籍

Alitto, Guy S., *The Last Confucian: Liang Shu-ming and the Chinese Dilemma of Modernity*, Berkeley: University of California Press, 1979.

Bullock, Alan, *The Humanist Tradition in the West*, London: Thames & Hudson, 1985.

Babbit, Irving ed., *Literature and the American College*, Washington: National Humanities Institute, 1986.

Brunches, Jean, La G'eographie Humaine(*Human Geography*), trans. and with "Introduction" by Bowman Isaiah and Elwood Richard, Chicago: The University of Chicago Press, 1920.

Burke, Peter, *The French Historical Revolution: The Annales School Paradigm*, New York: Cornell University Press, 1976.

Borthwick, Sally, *Education and Social Change in China: The Beginnings of the Modern Era*, Stanford: Hoover Institution Press, 1983.

Chang, Hao(张灏), *Chinese Intellectuals in Crisis: Search for Order and Meaning, 1890–1911*, Berkeley: University of California Press, 1971.

Chang, Hao(张灏), *Liang Chi-chao and Intellectual Transition in China, 1890–1907*, Cambridge: Harvard University Press, 1960.

Clopton, Robert W. and Ou, Tsuin-chen eds., *John Dewey Lectures in China, 1919–1920 on Logics, Ethics, Education and Democracy*, Taipei: "Chinese Culture University" Press, 1985.

Chow, Tse-tsung(周策纵), *The May Fourth Movement: Intellectual Revolution in Modern China*, Cambridge: Harvard University Press, 1960.

Carlson, Robert V. and Duchame, Edward R. eds., *School Improvement Theory and Practice*, Lanham: University of America, 1987.

Dirlik, Arif, *Revolution and History: The Origins of Marxist Historiography in China, 1919–1937*, Berkeley: University of California Press, 1978.

Dennerline, Jerry, *Qian Mu and the World of Seven Mansions*, New Haven: Yale University Press, 1989.

Dickinson, Robert E. and Howarth, O. J. R. eds., *The Making of Geography*, Oxford: Oxford University Press, 1930.

Furth, Charlotte ed., *The Limits of Change: Essays on Conservative Alternative in Republican China*, Cambridge: Harvard University Press, 1976.

Grieder, Jerome B. ed., *Intellectual and the State for a Political Form: A Narrative History*, New York: The Free Press, 1981.

Grieder, Jerome B., *Hu Shih and the Chinese Renaissance: Liberalism in the Chinese Revolution, 1917–1937*, Cambridge: Harvard University Press, 1970.

Goldman, Merle ed., *Modern Chinese Literature in the May Fourth Era*, Cambridge: Harvard University Press, 1977.

Hartshorne, Richard, *The Nature of Geography: A Critical Survey of Current Thought in the Light of Current Thought*, Lancaster: The Association of American Geographers, 1946.

Hung, Chang-ta(洪长泰), *Going to the People: Chinese Intellectuals and Folk Literature, 1918-1937*, Cambridge: Harvard University Press, 1985.

Hayhoe, Ruth, *Education and Modernization: The Chinese Experience*, Oxford: Pergamon, 1992.

Israel, John, *Student Nationalism in China, 1927-1937*, Standford: Stanford University Press, 1966.

Irvwin, Terence, *Classical Thought*, Oxford: Oxford University Press, 1989.

Kennan, Barry, *Imperial China's Last Classical Academies Period: Social Chang in the Lower Yangzi*, Berkeley: University of California Press, 1994.

Folsom, Kenneth E., *Friends, Guests, and Colleagues: The Mu-Fu System in the Late Ch'ing Period*, Berkeley: University of California Press, 1968.

Kwok, D.W.Y.(郭颖颐), *Scientism in Chinese Thought, 1900-1950*, New York:
John Wiley & Son, Inc., 1965.

Liu, Lydia H., *Translingual Practice: Literature, National Culture, and Translated Modernity China, 1900-1937*, Standford: Stanford University Press, 1995.

Lin, Yu-sheng(林毓生), *The Crisis of Chinese Consciousness: Radical Antitraditionalism in the May Fourth Era*, Madison: The University of Wisconsin Press, 1979.

Mannheim, Karl, *Conservatism: A Contribution to the Sociology of Knowledge*, London: Routledge and Kegan Paul, 1986.

Nevin, Thomas R., *Irving Babbit: An Intellectual Study*, Chapel Hill: The University of North California Press, 1984.

Putnam, D. F., *Geography in the Twentieth Century: Geography is a Practical*, New York: Philosophy Library, 1951.

Russell, Bertrand, *The Problems of China*, New York: The Century Company, 1922.

Ralph, G. Lewis and Douglas, H. Smith eds., *Total Quality in High Education*, Delroy Beach: St. Lucie Press, 1994.

Rolf, Wiggesshaus, *The Frankfurt School: Its History Theories, and Political Significance*, trans. by Michael Robertson, Cambridge: The M. I. T. Press, 1994.

Schwartz, Benjamin, *In Search of Wealth and Power: Yen Fu and the West*, Cambridge: Harvard University Press, 1964.

Schwartz, Vera, *The Chinese Enlightenment: Intellectuals and Legacy of the May Fourth Movement of 1919*, Berkeley: University of California Press, 1986.

Schneider, Laurence A. , *Ku Chieh-kang and China's New History: Nationalism and the Quest for Alternative Traditions*, Berkeley: University of California Press, 1971.

Taylar, Griffith ed. , *Geography in the Twentieth Century*, New York City: Philosophy Library, 1960.

Wang, Y.C. ( 汪一驹 ) , *Chinese Intellectuals and the West, 1872-1949*, Chapel Hill: University of North Carolina Press, 1966.

(二) 英文论文

Hummel, Arthur William, "Introduction", in Ku, Chieh-kang, *The Autobiography of a Chinese Historian: Being the Preface to a Symposium On Ancient Chinese History*, trans. by Hummel Arthur William, Leyden: Late E. J. Brill Ltd. , 1931.

Hummel, Arthur William, "What Chinese Historians are Doing in there Own History", *The American Historical Review*, Vol. 34, 1929, pp. 16-23.

Hou, Chien ( 侯健 ) , "Irving Babbit in China", Ph. D. Dissertation ( Unpublished) , State University of New York at Stony Brook, 1980.

Richard Barry, Rosen, "The National Heritage Opposition to the New Culture and Literary Movements of China in the 1920's ", Ph. D. Dissertation ( Unpublished) , University of California, 1969.

Schwartz, Benjamin, "Introduction", in Schwartz, Benjamin ed. , *Reflections on the May Fourth Movement: Symposium*, Cambridge: Harvard University Press, 1973, pp. 4-6.

Schwartz, Benjamin I., "The Limits of 'Tradition Versus Modernity' as Categories of Explanation: The Case of the Chinese Intellectuals", *Dadalus*, Vol. 101, No. 2, 1972, pp. 84-92.

Richter, Ursula, "Obituary: Gu Jiegang, 1893-1980", *The Journal of Asian Studies*, Vol. 41, No. 2, 1982, pp. 2-4.

Richter, Ursula, "Historical Scepticism in the New Culture Era. Gu Jiegang and 'Debate on Ancient History' ", in 《"中央

研究院"近代史研究所集刊》, Vol. 23, 1994, pp. 353-389.

Wang, Fan-shen（王汎森）, "Fu Ssu-nien: History and Politics in Modern China", Ph. D. Dissertation（Unpublished）, Princeton University, 1993.

## 三、日文资料

### （一）日文及汉文书籍

多贺秋五郎：《近代中国教育史资料·清末编》，台北，文海出版社，1976。

那珂通世：《支那通史》，"中研院"近代史研究所藏本，1899[据光绪二十四年（1898）东文学社刊本]。

### （二）日文论文

松元孝次郎：《南清教育近况》，载《教育学术界外报》第21卷第6号，1911年，95—99页；第22卷第2号，1912年，81—85页。

大学问，广西师范大学出版社学术图书出版品牌，以"始于问而终于明"为理念，以"守望学术的视界"为宗旨，致力于以文史哲为主体的学术图书出版，倡导以问题意识为核心，弘扬学术情怀与人文精神。品牌名取自王阳明的作品《〈大学〉问》，亦以展现学术研究与大学出版社的初心使命。我们希望：以学术出版推进学术研究，关怀历史与现实；以营销宣传推广学术研究，沟通中国与世界。

截至目前，大学问品牌已推出《现代中国的形成（1600—1949）》《中华帝国晚期的性、法律与社会》等100余种图书，涵盖思想、文化、历史、政治、法学、社会、经济等人文社会科学领域的学术作品，力图在普及大众的同时，保证其文化内蕴。

# "大学问"品牌书目

**大学问·学术名家作品系列**

朱孝远　《学史之道》
朱孝远　《宗教改革与德国近代化道路》
池田知久　《问道：〈老子〉思想细读》
赵冬梅　《大宋之变，1063—1086》
黄宗智　《中国的新型正义体系：实践与理论》
黄宗智　《中国的新型小农经济：实践与理论》
黄宗智　《中国的新型非正规经济：实践与理论》
夏明方　《文明的"双相"：灾害与历史的缠绕》
王向远　《宏观比较文学19讲》
张闻玉　《铜器历日研究》
张闻玉　《西周王年论稿》
谢天佑　《专制主义统治下的臣民心理》
王向远　《比较文学系谱学》
王向远　《比较文学构造论》

刘彦君　廖奔　《中外戏剧史(第三版)》
干春松　《儒学的近代转型》
王瑞来　《士人走向民间：宋元变革与社会转型》
罗家祥　《朋党之争与北宋政治》
萧　瀚　《熙丰残照：北宋中期的改革》

**大学问·国文名师课系列**
龚鹏程　《文心雕龙讲记》
张闻玉　《古代天文历法讲座》
刘　强　《四书通讲》
刘　强　《论语新识》
王兆鹏　《唐宋词小讲》
徐晋如　《国文课：中国文脉十五讲》
胡大雷　《岁月忽已晚：古诗十九首里的东汉世情》
龚　斌　《魏晋清谈史》

**大学问·明清以来文史研究系列**
周绚隆　《易代：侯岐曾和他的亲友们(修订本)》
巫仁恕　《劫后"天堂"：抗战沦陷后的苏州城市生活》
台静农　《亡明讲史》
张艺曦　《结社的艺术：16—18世纪东亚世界的文人社集》
何冠彪　《生与死：明季士大夫的抉择》
李孝悌　《恋恋红尘：明清江南的城市、欲望和生活》
李孝悌　《琐言赘语：明清以来的文化、城市与启蒙》
孙竞昊　《经营地方：明清时期济宁的士绅与社会》
范金民　《明清江南商业的发展》
方志远　《明代国家权力结构及运行机制》
严志雄　《钱谦益的诗文、生命与身后名》
严志雄　《钱谦益〈病榻消寒杂咏〉论释》
全汉昇　《明清经济史讲稿》
陈宝良　《清承明制：明清国家治理与社会变迁》

**大学问·哲思系列**

罗伯特·S. 韦斯特曼 《哥白尼问题：占星预言、怀疑主义与天体秩序》
罗伯特·斯特恩 《黑格尔的〈精神现象学〉》
A. D. 史密斯 《胡塞尔与〈笛卡尔式的沉思〉》
约翰·利皮特 《克尔凯郭尔的〈恐惧与颤栗〉》
迈克尔·莫里斯 《维特根斯坦与〈逻辑哲学论〉》
M. 麦金 《维特根斯坦的〈哲学研究〉》
G. 哈特费尔德 《笛卡尔的〈第一哲学的沉思〉》
罗杰·F. 库克 《后电影视觉：运动影像媒介与观众的共同进化》
苏珊·沃尔夫 《生活中的意义》
王 浩 《从数学到哲学》
布鲁诺·拉图尔 尼古拉·张 《栖居于大地之上》
何 涛 《西方认识论史》
罗伯特·凯恩 《当代自由意志导论》
维克多·库马尔 里奇蒙·坎贝尔 《超越猿类：人类道德心理进化史》
许 煜 《在机器的边界思考》

**大学问·名人传记与思想系列**

孙德鹏 《乡下人：沈从文与近代中国(1902—1947)》
黄克武 《笔醒山河：中国近代启蒙人严复》
黄克武 《文字奇功：梁启超与中国学术思想的现代诠释》
王 锐 《革命儒生：章太炎传》
保罗·约翰逊 《苏格拉底：我们的同时代人》
方志远 《何处不归鸿：苏轼传》
章开沅 《凡人琐事：我的回忆》
区志坚 《昌明国粹：柳诒徵及其弟子之学术》

**大学问·实践社会科学系列**

胡宗绮 《意欲何为：清代以来刑事法律中的意图谱系》
黄宗智 《实践社会科学研究指南》

黄宗智　《国家与社会的二元合一》
黄宗智　《华北的小农经济与社会变迁》
黄宗智　《长江三角洲的小农家庭与乡村发展》
白德瑞　《爪牙：清代县衙的书吏与差役》
赵刘洋　《妇女、家庭与法律实践：清代以来的法律社会史》
李怀印　《现代中国的形成（1600—1949）》
苏成捷　《中华帝国晚期的性、法律与社会》
黄宗智　《实践社会科学的方法、理论与前瞻》
黄宗智　周黎安　《黄宗智对话周黎安：实践社会科学》
黄宗智　《实践与理论：中国社会经济史与法律史研究》
黄宗智　《经验与理论：中国社会经济与法律的实践历史研究》
黄宗智　《清代的法律、社会与文化：民法的表达与实践》
黄宗智　《法典、习俗与司法实践：清代与民国的比较》
黄宗智　《过去和现在：中国民事法律实践的探索》
黄宗智　《超越左右：实践历史与中国农村的发展》
白　凯　《中国的妇女与财产（960—1949）》
陈美凤　《法庭上的妇女：晚清民国的婚姻与一夫一妻制》

**大学问·法律史系列**

田　雷　《继往以为序章：中国宪法的制度展开》
北鬼三郎　《大清宪法案》
寺田浩明　《清代传统法秩序》
蔡　斐　《1903：上海苏报案与清末司法转型》
秦　涛　《洞穴公案：中华法系的思想实验》
柯　岚　《命若朝霜：〈红楼梦〉里的法律、社会与女性》

**大学问·桂子山史学丛书**

张固也　《先秦诸子与简帛研究》
田　彤　《生产关系、社会结构与阶级：民国时期劳资关系研究》
承红磊　《"社会"的发现：晚清民初"社会"概念研究》

**大学问·中国女性史研究系列**

游鉴明　《运动场内外：近代江南的女子体育(1895—1937)》

**其他重点单品**

郑荣华　《城市的兴衰：基于经济、社会、制度的逻辑》
郑荣华　《经济的兴衰：基于地缘经济、城市增长、产业转型的研究》
拉里·西登托普　《发明个体：人在古典时代与中世纪的地位》
玛吉·伯格等　《慢教授》
菲利普·范·帕里斯等　《全民基本收入：实现自由社会与健全经济的方案》
王　锐　《中国现代思想史十讲》
王　锐　《韶响难追：近代的思想、学术与社会》
简·赫斯菲尔德　《十扇窗：伟大的诗歌如何改变世界》
屈小玲　《晚清西南社会与近代变迁：法国人来华考察笔记研究(1892—1910)》
徐鼎鼎　《春秋时期齐、卫、晋、秦交通路线考论》
苏俊林　《身份与秩序：走马楼吴简中的孙吴基层社会》
周玉波　《庶民之声：近现代民歌与社会文化嬗递》
蔡万进等　《里耶秦简编年考证(第一卷)》
张　城　《文明与革命：中国道路的内生性逻辑》
洪朝辉　《适度经济学导论》
李竞恒　《爱有差等：先秦儒家与华夏制度文明的构建》
傅　正　《从东方到中亚——19世纪的英俄"冷战"(1821—1907)》
俞　江　《〈周官〉与周制：东亚早期的疆域国家》
马嘉鸿　《批判的武器：罗莎·卢森堡与同时代思想者的论争》
李怀印　《中国的现代化：1850年以来的历史轨迹》
葛希芝　《中国"马达"："小资本主义"一千年(960—1949)》